urania

Marie-Noëlle Bayard

Das große Stickbuch

Beliebte Techniken und schöne Modelle

Mit Fotografien von Charlie Abad
Aus dem Französischen von Regine Schmidt
und Angela Tschorsnig

Titel der Originalausgabe: „Broderie, techniques et modèles".

Bibliografische Information Der Deutschen Bibliothek
Die Deutsche Bibliothek verzeichnet diese Publikation in der Deutschen Nationalbibliografie; detaillierte bibliografische Daten sind im Internet über http://dnb.ddb.de abrufbar.

Urania Verlag
in der
Verlagsgruppe Dornier GmbH
Postfach 80 06 69
70506 Stuttgart

www.verlagsgruppe-dornier.de
www.urania-verlag.de

Umschlaggestaltung: Behrend & Buchholz, Hamburg
Lektorat: Susanna Mangold-Tiesler, Coats Kenzingen
Fotos: Charlie Abad
Satz: Schreibbüro Ilchmann, Wolfschlugen
Printed in Slowenien
ISBN 3-332-01797-7
ISBN 978-3-332-01797-7

INHALTSVERZEICHNIS

Vorwort

Kreuzstich, Stielstich, Kettenstich, Knötchenstich – Namen, die wir alle schon einmal gehört haben und mit Sticken in Verbindung bringen. Wer sich aufmacht in das zunächst undurchsichtig scheinende Dickicht der Stickstiche findet sich alsbald staunend auf einer Entdeckungsreise wieder durch die üppig blühende Landschaft der zahlreichen Stiche oder Sticharten.

Das vorliegende Buch beinhaltet nur eine Auswahl von Stichen; es ist der Versuch, rund 100 so zu Gruppen zusammenzustellen, dass sie der interessierten Leserin den Einstieg in die Stickkunst eröffnen. In den einzelnen Kapiteln möchte ich zeigen, welche Variationen es gibt, wie sie aussehen, worin sie sich unterscheiden, wie sie wirken und wo sie eingesetzt werden können.

Lassen Sie sich zu ersten Versuchen mit einfachen Stichen anregen und erweitern Sie danach Ihre Fähigkeiten mit anspruchsvolleren Kombinationen. Zu jedem Stich finden Sie eine Anleitung, in der Schritt für Schritt beschrieben wird, wie er gearbeitet wird; die einzelnen Arbeitsschritte sind jeweils mit einem Foto illustriert. Tipps und Hinweise führen Sie mit den Informationen, die Sie zusätzlich brauchen, ohne Umwege zum Erfolg.

Ein letzter guter Rat, bevor Sie anfangen: Üben Sie! „Üben“ heißt das Zauberwort für jede Stickerin, ganz gleich ob sie viel oder wenig Erfahrung hat. Auf den Stickproben erwerben wir uns das Rüstzeug. Und warum sollen wir nicht, wie es unsere Urgroßmütter taten, die Stilübungen zu Heften und Übersichten zusammenstellen? Wenn sich Hand und Verstand auf Nadel, Faden und Stoff eingestellt haben, können Sie ohne Bedenken die hier im Buch vorgeschlagenen Modelle in Angriff nehmen und dabei zum einen zeigen, was Sie gelernt haben, und zum anderen eigene kreative Ideen umsetzen.

Entdecken Sie Seite für Seite, wie viel Kunstvolles sich aus Garn mithilfe eines einfachen Werkzeuges – einer Nadel – herstellen lässt. Treten Sie ein ins Reich des Stickens.

Marie-Noëlle Bayard

1

AUSSTATTUNG, VORBEREITUNG UND ABSCHLUSSARBEITEN

Stoffe

Jede Sticktechnik verlangt unterschiedliche Stoffe. Das ist eine Grundvoraussetzung, von der der Erfolg der Arbeit abhängt. Hier finden Sie eine Übersicht über diejenigen Stoffarten, die sich zum Sticken eignen.

DEN STOFF AUSWÄHLEN

Der Stoff sollte zu dem gewünschten Ergebnis und der angewandten Sticktechnik passen.

Für Konturenstiche und Füllstiche

Konturenstiche und Füllstiche werden im Allgemeinen auf einer vorgezeichneten Linie gestickt. Dafür kann man fein und eng gewebte Stoffe verwenden. Meistens werden Stoffe aus Naturfasern wie Baumwolle, Leinen, Seide oder Wolle genommen.

Je nachdem, wozu die Stickarbeit bestimmt ist (Kleidung oder Interieur) bieten sich Baumwollstoff, Halbleinen, Leinen oder Wolle als ausgezeichnet geeignete Untergewebe an. Satin und Taft machen die Stickerei kostbar, auch wenn sie mit Baumwollgarnen gefertigt ist.

Sie finden diese Stoffe als Meterware im Handarbeitsfachhandel, in der Stoffabteilung großer Kaufhäuser, in Spezialkatalogen der Versandhäuser, aber auch auf Märkten für Wäsche und Stoffe.

Für gezählte Stiche

Für gezählte Stiche verwendet man Handarbeitszählstoffe und Stramine. Bei den Straminen gibt es einfädige und zweifädige. Bei den Handarbeitszählstoffen werden leinwandbindige Gewebe aus Baumwolle, Baumwollmischgewebe und Leinen angeboten. Diese sind feiner und leichter als Stramine und somit für kleine und feine Motive geeignet. Die Stoffe gibt es in mehreren Stärken von 4 bis 16 F./cm. Auf all diesen Geweben mit einfach gekreuzten Fäden lassen sich die Gewebefäden leicht zählen, über die die gezählten Stiche gestickt werden; das Motiv wird hier nicht vorher auf den Stoff aufgezeichnet.

Für Kreuzstiche sind Aidagewebe weit verbreitet und einfach zu handhaben, da die Gewebefäden klare Kästchen bilden, die leicht zu zählen sind und über die die Stiche ausgeführt werden. Aidastoff wird in mehrere Qualitäten (3 bis 7 Stiche pro cm), verschiedenen Farben und Stoffbreiten angeboten.

Der gebräuchlichste Aidastoff ist die Ausführung mit 5,5 Stichen pro cm. Hierauf wird mit zwei- oder dreifädigem Sticktwist gearbeitet.

Für Ajour- und Weißstickerei

Stoffe aus Leinen, Baumwolle oder Halbleinen sowie Organdy sind speziell für die Techniken der Hohlsaum- und der Weißstickerei geeignet. Wählen Sie Stoffe mit eng gewebtem Schussfaden: Darauf können Sie feine und genaue Stiche ausführen. Bei solchen Stickereien sollte man vor dem Sticken den Stoff von der Appretur befreien (siehe unten). Diese Vorbereitung sorgt dafür, dass der verwendete Stoff seine Größe behält und überschüssige Farbe ausgespült wird.

Für Anlegearbeiten mit Überfangstichen

Mit Anlegearbeiten können raffinierte Stickereien mit empfindlichen und seltenen Garnen wie Seide oder Metallstickgarnen besonders hervorgehoben werden. Man verwendet dafür eher ungewöhnliche Stoffe wie Kaschmir, Seidenvelours, Organza oder Seidentaft. Bei diesen Stoffen sollte die Appretur nicht entfernt werden, man sollte sie auch besser nicht selbst waschen; hier empfiehlt sich eher chemische Reinigung.

Achten Sie während des Stickens darauf, die Fasern der kostbaren Stoffe nicht zu brechen, z. B. wenn Sie diese in den Stickrahmen spannen. Schützen Sie den inneren Ring des Rahmens mit einem um die Mechanik gewickelten Baumwollband oder einem Streifen Seidenpapier (siehe Kasten S. 13).

DIE PROBE

Bevor Sie die endgültige Stickarbeit beginnen, arbeiten Sie auf einem Muster des ausgewählten Stoffes eine Probe. Man sollte wissen, ob Garnstärke und -qualität zum Stich passen, ob die Nadel durch den Stoff gleitet, ohne die Gewebefäden zu beschädigen, und ob das Nadelöhr den Stickfaden nicht zu schnell abnützt. Schließlich sollte man darauf achten, dass der Stoff sich im Lauf der Arbeit nicht verzieht.

ZUSCHNEIDEN

In den Arbeitsanleitungen zu jedem Modell werden die Maße der Stickarbeit angegeben. Geben Sie am Rand 10 cm zu oder richten Sie sich nach den Anleitungen. Um den Stickrahmen mühelos positionieren zu können, muss unbedingt um die Stickerei herum genug Stoff zugegeben werden.

Die Kanten beschneiden

Die Stoffkanten fadengerade abschneiden. Übertragen Sie die angegebenen Maße mit Hilfe eines Lineals mit Zentimetereinteilung und Stecknadeln. Schneiden Sie die Stoffkante mit einer Schneiderschere 2 cm weit ein, ziehen Sie einen Faden heraus und schneiden Sie an diesem Faden entlang, den Sie nach und nach anheben. Dieser „Leitfaden" ermöglicht einen so genannten „fadengeraden" Zuschnitt.

APPRETUR AUS DEM STOFF NEHMEN

Zahlreiche Stoffe sind zum Sticken geeignet. Für Tisch- und Bettwäsche sind die gängigsten Arten Baumwollstoffe, Baumwollmischgewebe, Popelin, Organdy und Feinleinen. Im Bereich des Interieurs geben Flanell, Seidentaft, grobe Leinenstoffe und selbst Raffiabast der Arbeit eine besondere Note.

Diese Stoffe müssen vorab von der Appretur befreit werden, d.h. die industrielle Gewebezurichtung auf neuen Stoffen muss entfernt werden. Für einige Materialien wie Leinen oder Baumwolle ist dieser Vorgang unbedingt notwendig, denn sie können bei der ersten Wäsche bis zu 20% eingehen. Berechnen Sie dies mit ein und geben Sie deshalb für die geplante Stickarbeit genug Stoff zu.

Baumwollstoffe

Gießen Sie heißes Wasser in eine Wanne, geben Sie einige Späne Kernseife dazu und weichen Sie den Stoff mindestens eine Stunde lang darin ein.

Spülen Sie ihn gründlich, drücken Sie ihn ganz vorsichtig aus, ohne zu wringen, und legen Sie den Stoff (nicht auf die Heizung) flach zum Trocknen. Bügeln Sie ihn, solange er noch leicht feucht ist.

Wenn ein Stoff ausfärbt, verhindern Sie das, indem Sie eine Handvoll grobes Salz ins letzte Spülbad geben und den Stoff über Nacht in dieser Lösung einweichen.

Leinenstoffe

Füllen Sie den Boden der Badewanne mit heißem Wasser und geben Sie einige Späne Kernseife dazu. Legen Sie den Stoff so ins Wasser, dass er ganz bedeckt ist, und breiten Sie ihn ganz aus, damit keine Falten entstehen: Die Leinenfasern könnten sonst brechen und die Falten nicht mehr verschwinden. Weichen Sie den Stoff über Nacht ein. Spülen Sie ihn und lassen Sie ihn abtropfen, ohne ihn auszuwringen, und legen Sie den Stoff (nicht auf die Heizung) flach zum Trocknen. Bügeln Sie den Stoff, solange er noch leicht feucht ist. Bringen Sie ihn wieder in Form, indem Sie ihn leicht stärken (siehe S. 20).

Wolle

Legen Sie den Wollstoff in kaltes Wasser und weichen Sie ihn eine Stunde lang ein. Lassen Sie ihn abtropfen, legen Sie ihn flach hin und bügeln Sie ihn nach dem Trocknen.

Seide

Eigentlich wird Seide vor dem Sticken nicht gewaschen. Um die Appretur daraus zu entfernen, nehmen Sie sie in die Hände und reiben Sie die Oberfläche leicht zwischen den Handflächen. Bügeln Sie sie anschließend mit einem trockenen Bügeltuch.

Garne, Materialien und Werkzeug

Garne aus Baumwolle, Wolle, Seide oder auch Synthetikfasern lassen sich auf den jeweiligen Untergeweben ganz verschieden einsetzen. Die subtile Alchimie des Stickens beruht auf der richtigen Auswahl und Zusammenstellung aller Elemente, das heißt Stoffe, Garne, Nadeln und Sticharten. Der Erfolg ergibt sich aus dem Wissen um diese Zusammenhänge.

DAS GARN AUSWÄHLEN

Für die in diesem Buch vorgestellten Modelle werden vor allem Garne aus Baumwolle verwendet, lediglich die Effektgarne sind synthetisch.

Sticktwist

Sticktwist der führenden Hersteller wie z. B. Anchor Sticktwist von Coats ist ein farbechtes Garn aus 100% Baumwolle, das aus sechs Fäden besteht und damit leicht teilbar ist. Wie viele Fäden verwendet werden, richtet sich nach dem jeweiligen Untergrundstoff. Sticktwist eignet sich ebenso gut für klassische Sticktechniken wie für die Arbeit mit gezählten Stichen. Er wird in Strängchen zu 8 m in über 470 Farbtönen angeboten, dazu kommen noch wunderschöne Ombrés und Multicolor-Farben. Die Strängchen lassen sich direkt verarbeiten; der Stickfaden wird gebrauchsfertig herausgezogen.

Effektgarn

Effektgarne sind Synthetikgarne mit metallischem Glanz. Anchor Lamé z. B. wird wie Sticktwist in Strängchen zu 10 m angeboten, lässt sich bis 30° C waschen und besteht aus 12 leicht teilbaren Fäden. Wie viele Fäden verwendet werden, richtet sich nach dem jeweiligen Untergrundstoff. Einfädige Effektgarne wie Coats Reflecta, Coats Diadem, Coats Ophir oder Anchor Metallic gibt es auf Spulen mit 20-200 m. Effektgarn eignet sich ebenso gut für die klassische Stickerei wie für die Arbeit mit gezählten Stichen. Es ist in zahlreichen Farbtönen erhältlich. Die Stränge lassen sich direkt verarbeiten; der Stickfaden wird gebrauchsfertig heraus- oder abgezogen. Effektgarn ist sehr empfindlich, daher sollte es in kurzen Fadenlängen von höchstens 25 cm verarbeitet werden. Erneuern Sie den Arbeitsfaden, sobald die kleinste Abnutzung sichtbar wird. Man benötigt dafür eine Sticknadel mit großem Öhr.

Perlgarn

Das stark glänzende Perlgarn aus 100% Baumwolle ist farbecht und sehr stark gedreht. Es ist in mehreren Garnstärken erhältlich, die vom jeweiligen Untergewebe und der gewünschten Wirkung abhängen. Es wird in Strängen zu 5 g und 50 g für die Stärken Nr. 5 (fein) und Nr. 3 (stärker) angeboten. Nr. 8 (sehr fein) ist auch in 10 g- und 20 g-Knäueln erhältlich. Die Farbskala umfasst mehr als 300 Farbtöne.

Mattstickgarn

Mattstickgarn ist ein ziemlich dickes, stark gedrehtes, mattes Garn aus 100% Baumwolle, farbecht und wird in Strängen zu 10 m in 255 Farbtönen angeboten. Es eignet sich für locker gewebte Stoffe oder groben Stramin.

Vierfach-Stickgarn

Vierfach-Stickgarn ist ein matt glänzendes, stark gedrehtes Garn aus 100% Baumwolle, farbecht und wird hauptsächlich in der Weiß-, Richelieu- oder Hohlsaumstickerei und für das Sticken von Initialen verwendet. Es wird in Strängen zu 30 m in einem breiten Farbsortiment angeboten. Die Stärken Nr. 16, 20 und 25 sind die gängigsten für solche Arbeiten. Vierfach-Stickgarn ist in verschiedenen Stärken von Nr. 12 (dick) bis Nr. 40 (sehr fein) erhältlich.

Tapisserie-Wolle

Bei Tapisserie-Wolle handelt es sich um ein dickeres, stark gedrehtes Garn aus 100% (gegen Mottenbefall behandelter) reiner, gekämmter Schurwolle. Die Farben sind lichtecht. Tapisserie-Wolle wird vor allem für dekorative Stickereien verwendet und in Strängen zu 10 m in einem breiten Farbsortiment angeboten. Eine weitere Aufmachung umfasst 50 Farbtöne in Strängen zu 20 g. Tapisseriewolle kommt vor allem bei der Arbeit auf Kanevas zum Einsatz. Es werden damit sehr häufig Gobelins gestickt.

Die Angaben zu den Garnen beziehen sich auf Anchor- und Coatsgarne der Fa. Coats GmbH, die im Fachhandel erhältlich sind.

STRÄNGE

Es gibt mehrere Sorten von Strängen bzw. Strängchen. Je nach Art der Aufmachung ist bei manchen vor dem Gebrauch ein Arbeitsschritt erforderlich.

• **Sticktwist-Strängchen** lassen sich direkt verarbeiten; der Stickfaden wird vorsichtig herausgezogen. Die Etiketten verbleiben am Strang (Sparstrang).

• **Stark gedrehte Stränge** wie beim Perlgarn oder gefaltete Stränge wie beim Vierfach-Stickgarn müssen für den Gebrauch vorbereitet werden. Entfernen Sie die Etiketten des Strangs, lösen Sie die Drehung, so dass Sie einen langen Strang erhalten, und schneiden Sie die Fäden an einem Ende auf. Nun fädeln Sie das Fußetikett mit der Farbnummer bis zur Mitte wieder auf (so wissen Sie beim Nachkauf immer die richtige Nummer) und flechten die Fäden. Wenn Sie einen Arbeitsfaden brauchen, ziehen Sie oben am Etikett einen Faden heraus.

ARBEITSFADEN

Damit der Faden sich beim Sticken nicht abnützt, benutzen Sie kurze, etwa 30 cm lange Arbeitsfäden.

Das Einfädeln können Sie sich folgendermaßen erleichtern: Legen Sie den Faden genau über der Nadel auf die Hälfte und nutzen Sie den Knick, um den Faden durch das Nadelöhr zu führen.

DEN FADEN NEU VERZWIRBELN

Während des Stickens verliert der gedrehte Faden seine Spannung und dreht sich auf; man muss ihn daher ab und zu neu verzwirbeln. Lassen Sie die Nadel hängen, bis der Faden sich von selbst wieder verdreht.

NADELN

Sticknadeln sind kurz und haben ein großes, langes Nadelöhr. Je nach Sticktechnik ist eine stumpfe oder eine spitze Nadel besser geeignet. In das große Nadelöhr kann man auch etwas dickere Garne einfädeln. Wenn man damit durch den Stoff sticht, schiebt man die Gewebefäden auseinander, so dass der Stickfaden leichter hindurchgeht und sich nicht so schnell abnützt. Schieben Sie beim Einfädeln das Nadelöhr über den Faden.

Stumpfe Sticknadeln
sind speziell für das Arbeiten auf Stramin vorgesehen. Sie sind von 14 bis 26 nummeriert; je höher die Nummer, desto kürzer und feiner ist die Sticknadel. Auf einem sehr feinen Leinenstoff benutzt man eine Nadel Nr. 26.

Spitze Sticknadeln
sind von 16 bis 24 nummeriert; auch hier entspricht die höchste Nummer einer feinen Nadel. Die Stärke der Nadel muss zum Untergewebe und zum Faden passen.

Perlennadeln
werden zum Auffädeln kleiner Rocaille-Perlen benutzt und sind sehr lang. In ihr winziges Nadelöhr passen nur feine Nylonfäden.

Wollnadeln
sind leicht abgerundet und haben ein sehr langes, großes Öhr, das für dicke Woll- oder Baumwollfäden geeignet ist. Mit dem großen Nadelöhr kann man die Gewebefäden gut auseinanderschieben, so dass der Stickfaden leichter hindurchgeht und sich nicht so schnell abnützt.

Nähnadeln
sind unentbehrlich beim Montieren und Fertigstellen der Handarbeiten. Es gibt sie:
- lang (für Heftfäden)
- halblang (zum Versäubern von Kanten und für Säume)
- kurz (zum Nähen)

Sie sind spitz und haben ein kleines, rundes Öhr. Sie sind in verschiedenen Größen erhältlich (die Standardnummern sind 6 - 9).

DIE NADEL WECHSELN

Da Nadeln sich abnützen und durch den Hautkontakt oxidieren, muss man sie öfter austauschen, damit die Stickerei gleichmäßig bleibt.

SCHEREN

Sie brauchen zwei Arten von Scheren: eine Schneiderschere und eine Stickschere. Beide gibt es sowohl für Rechts- als auch für Linkshänderinnen.

Schneiderschere
Mit der Schneiderschere werden Stoffe zugeschnitten. Die großen Klingen müssen durchgängig scharf sein; lassen Sie sie regelmäßig schärfen. Von Zeit zu Zeit können Sie eine Stahlnadel darüber laufen lassen und die Schere selbst schärfen. Bewegen Sie dabei die Stahlnadel von der Schraube zur Spitze der Schere hin und her. Alle Arten von Scheren lassen sich auf diese Weise schärfen.

Stickschere
Mit der kleinen, vorne spitz zulaufenden Stickschere wird das Stickgarn abgeschnitten und an manchen Stellen durch den Stoff gestochen (wie in der Englischen Stickerei) oder die Gewebefäden durchgeschnitten (wie in der Hardanger-Stickerei). Sie ist etwa 12 cm lang. Nehmen Sie am besten eine Stickschere aus Schmiedestahl; sie ist haltbarer und effektiver als eine Schere aus Gussmetall.

STICKRAHMEN

Für eine gelungene Stickarbeit ist der Stickrahmen ein unentbehrliches Hilfsmittel. Während der Arbeit bleibt der Stoff stets gespannt und kann sich nicht verziehen. Die Stiche werden ebenfalls gleichmäßiger, denn die beständige Spannung des Stoffs wirkt sich auch darauf günstig aus.

Es gibt zwei Arten von Rahmen:

– Leistenspannrahmen
– runde oder Tamburierrahmen

Leistenspannrahmen

werden von Profis benutzt, aber man findet im Handarbeitsfachgeschäft auch eine für den Amateurgebrauch abgewandelte Form davon.

Dieser Rahmen besteht aus zwei waagrechten runden Querhölzern, auf die der Stoff gespannt wird, sowie zwei senkrechten Leisten mit zahlreichen Löchern, mit denen sich der Rahmen in der Höhe verstellen lässt.

Es gibt zwei Standardgrößen: 60 und 90 cm. Bei manchen Ausführungen wird ein verstellbarer Ständer mitgeliefert. Sonst wird der Rahmen auf zwei Böcke gestellt.

Runde oder Tamburierrahmen

bestehen aus zwei Holzringen und sind sehr praktisch in der Handhabung. Am äußeren Ring befindet sich eine Schraube zum Öffnen bzw. Feststellen, so dass der Stoff stramm gezogen werden kann. Runde Rahmen gibt es in verschiedenen Größen. Es empfiehlt sich, zum Sticken von Ecken einen Rahmen mit kleinem Durchmesser (10 cm) zu verwenden und einen mit mittlerem Durchmesser (15 cm) für die übrigen Stickarbeiten. Manche Rahmen sind mit einer Klammer ausgerüstet, so dass sie am Tisch befestigt werden können.

SCHUTZ DER GEWEBEFASERN

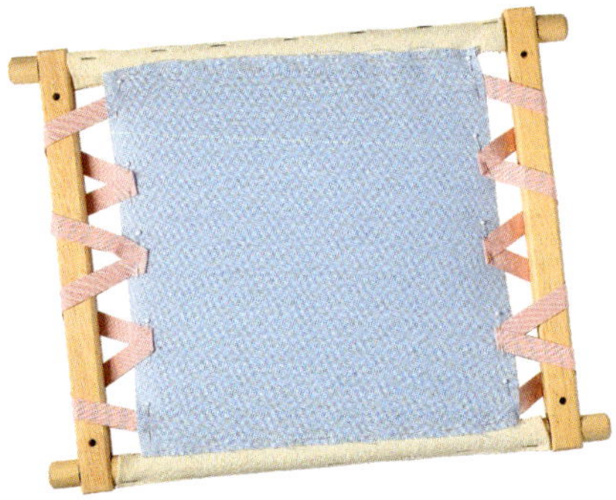

Damit bei empfindlichen Stoffen die Fasern nicht in der Mechanik des Stickrahmens brechen, umwickelt man den inneren Ring mit einem Streifen weißem Seidenpapier oder einem gleichfarbigen Baumwollband.

Achten Sie während des Stickens darauf, dass der Stoff gut gespannt ist; er sollte wie ein Trommelfell widerhallen. Wenn Sie mit der Arbeit aufhören, öffnen Sie die Schraube, um die Spannung zu verringern.

Vorbereitung

Jede Stickerin folgt bei der Wahl von Mustern und Modellen ihren eigenen Vorlieben. Handarbeitshefte, Bücher und alte Vorlagen sind unerschöpfliche Quellen, aus denen sich immer neue Anregungen gewinnen lassen. Ein entscheidender Arbeitsschritt ist das Übertragen des Motivs auf den Stoff. Je sorgfältiger Sie hier arbeiten, desto leichter geht nachher das Sticken von der Hand.

DAS STICKMOTIV VERGRÖSSERN ODER VERKLEINERN

Manche großformatigen Stickvorlagen sind im Buch oder Handarbeitsheft verkleinert abgedruckt und müssen auf die tatsächliche Größe vergrößert werden.

Der Vergrößerungsfaktor ist in der Regel angegeben, und die einfachste Lösung ist, die Vorlage auf dem Kopierer zu vergrößern. Dies gilt auch für Rastervorlagen für gezählte Stiche, die nach dem Vergrößern auf dem Kopierer komfortabler verwendbar sind.

Ebenso kann man ein Motiv auch auf die gewünschte Größe verkleinern. Die einfachste Lösung ist auch hier, es auf einen Kopierer zu legen.

DAS MOTIV AUF DEN STOFF ÜBERTRAGEN

Es gibt verschiedene Arten, wie ein Motiv auf den Stoff übertragen werden kann. Welche Lösung die beste ist, hängt vor allem vom Stoff ab.

Das Motiv auf den Stoff durchpausen

Ist der Stoff fein und hell, lässt sich das Muster durchzeichnen. In diesem Fall die Vorlage auf den Tisch legen und die Ecken darauf mit Klebeband befestigen. Darauf den Stoff legen, auf dem die Mitte des Motivs zuvor mit Heftfaden gekennzeichnet wurde. Den Motivmittelpunkt auf dem Stoff mit der Mitte des Musters auf der Vorlage in Deckung bringen. Den Stoff am Rand mit Klebeband fixieren. Ist das Stoffstück zu groß, beschweren Sie den Bereich rund um das Motiv mit Kieselsteinen oder Lexika und Telefonbüchern.

Mit einem gut gespitzten HB-Bleistift das Motiv auf den Stoff übertragen. Der Bleistiftstrich wird überstickt und verschwindet zudem beim ersten Waschen.

Das Motiv mit Durchschlagpapier abpausen

Ist der Stoff nicht durchscheinend bzw. zu dunkel, wird das Motiv mit Durchschlagpapier übertragen. Im Handarbeitsfachgeschäft oder in Bastelshops finden Sie spezielles Schneiderkopierpapier. Die Bögen sind ca. 50 x 80 cm groß, es gibt sie in mehreren Farben. Wählen Sie dunkles Schneiderkopierpapier für helle oder mittelhelle Stoffe, mittelhelles für Stoffe aller Art und helles für dunkelfarbige Stoffe.

Zunächst den Mittelpunkt des Motivs mit Heftfadenstichen auf dem Stoff kennzeichnen, dann den Stoff flach auf den Tisch legen und mit Gewichten beschweren. Das Durchschlagpapier mit der farbigen Seite auf den Stoff und darauf die Stickvorlage legen. Die Mitte des Motivs auf der Stickvorlage und den auf dem Stoff markierten Mittelpunkt zu Deckung bringen. Die drei Lagen werden mit Stecknadeln zusammengesteckt.

Zeichnen Sie das Motiv mit dem Kugelschreiber nach. Drücken Sie je nach Dicke des Stoffes so fest auf, dass das Muster abgepaust wird, die Vorlage und das Pauspapier jedoch nicht einreißen. Der Strich wird überstickt und verschwindet zudem beim ersten Waschen.

Das Motiv abzeichnen

Im Handarbeitsfachgeschäft gibt es spezielle Farbstifte oder Filzstifte zum Zeichnen auf Stoff. Beachten Sie dabei die Angaben des Herstellers. Mit den Stiften lässt sich gut auf Stoff zeichnen. Der Strich wird überstickt und verschwindet zudem beim ersten Waschen. Es gibt Filzstifte, deren Tinte nach einigen Tagen verblasst. Von solchen Stiften raten wir für zeitintensive Stickarbeiten ab.

Das Motiv mit Seidenpapier übertragen

Mit dieser Methode wird das Muster auf dicke Wolle, Flanell und Samt und auf grob gewebte Stoffe übertragen, auf die Abpausen mit Durchschlagpapier nicht möglich ist.

Das Stickmotiv mit einem schwarzem Stift auf weißes Seidenpapier durchpausen. Den Abdruck auf den Stoff legen und dabei die Mitte des Musters auf der Vorlage und den Motivmittelpunkt auf dem Stoff zur Deckung bringen.

Papier und Stoff mit Nadeln zusammenstecken und alle Motivlinien mit kleinen Stichen mit Heftfaden nachfahren. Dieser Schritt ist ein wenig aufwändig, aber sehr wirkungsvoll.

Ist das gesamte Motiv mit Heftfaden nachgezeichnet, das Seidenpapier herausziehen. Kleine Papierreste, die unter dem Heftfaden klemmen bleiben, mit der Kosmetikpinzette herausziehen.

Wenn die Stickarbeiten abgeschlossen sind, die Heftfäden herausziehen. Eingestickte Heftfadenstücke nicht herausziehen, sondern den Heftfaden knapp am Stich abschneiden.

NACH ZÄHLMUSTERN ARBEITEN

Bei den gezählten Stichen wird das Motiv auf ein Raster übertragen, das als Stickvorlage verwendet wird. Jedes Kästchen des Rasters entspricht einem Stickstich.

Symbole in Rastervorlagen

Für die Farben wird ein entsprechendes Farbsymbol in die Kästchen des Rasters eingetragen. Leere Kästchen bedeuten, dass dort kein Stich gearbeitet wird. Die Legende mit der Zuordnung der Farben zu den Symbolen findet sich in einer Ecke.

Farben in Rastervorlagen

Immer häufiger werden die Muster in Rastervorlagen mit Farben markiert, weil sich damit komfortabel arbeiten lässt. Die Stiche werden jeweils in der Farbe des entsprechenden Kästchens gestickt. Die Legende mit der Farbliste findet sich in einer Ecke.

Üblicherweise wird das Motiv ausgehend vom Mittelpunkt gearbeitet. Dieser wird auf dem Stoff mit Heftfaden gekennzeichnet. Ist die Mitte des Motivs in der Vorlage nicht eingezeichnet, bestimmen Sie auf jeden Fall den entsprechenden Punkt, bevor sie mit dem Sticken anfangen. Manchmal sind Details des Motivs mit einem breiteren Strich eingerahmt. Sie sollen nach dem Sticken mit Steppstich konturiert werden. Sticken Sie die Konturen jedoch erst, nachdem die Stickarbeit mit den gezählten Stichen abgeschlossen ist.

VORLAGEN WIEDERVERWENDEN

Verwenden Sie einen Bleistift zum Ausstreichen der Reihen, die Sie schon gestickt haben, oder um diese am Rand mit einem Zeichen zu markieren. Die Bleistifteintragungen können Sie ausradieren und die Vorlage immer wieder verwenden.

Das 1x1 des Stickens

Sticken muss man üben, wie ein Instrument. Den Tonleitern in der Musik entsprechen die Stickpröbchen, mit denen man für Fingerfertigkeit und die nötige Geläufigkeit sorgt. Denn auch auf der Rückseite des Stoffes müssen die Stiche richtig sitzen.

ANFANG UND ENDE DES FADENS VERWAHREN

In keinem Fall dürfen Anfang oder Ende des Stickfadens geknotet werden. Knoten drücken sich beim Bügeln ab. Sie sind zudem nicht besonders haltbar, sondern gehen leicht auf, besonders wenn der Stoff bewegt und öfter gewaschen wird.

Den Fadenanfang mit 2 bis 3 cm auf der Rückseite des Stoffs stehen lassen und mit dem Zeigefinger festhalten. Die ersten drei oder vier Stiche werden darüber gestickt, so wird der Fadenanfang gleich verwahrt.

Das Ende des Arbeitsfadens – oder auch den Anfang des nächsten – auf der Rückseite des Stoffs mit ein oder zwei Rückstichen unter den zuletzt gestickten Stichen verwahren. Den Faden 2 Millimeter kurz abschneiden.

STICHE LÖSEN

Einzelne Stiche oder sogar mehrere Reihen können während des Stickens wieder gelöst werden.

Einzelne Stiche lösen

Den Faden ausfädeln, die Nadel mit der Ösenseite unter den zu lösenden Stich schieben und den Faden herausziehen. So wird der Stoff nicht beschädigt. Danach auf der Rückseite des Stoffs den Arbeitsfaden mit zwei kleinen Rückstichen unter den zuletzt gestickten Stichen verwahren. Den gebrauchten Faden abschneiden und entsorgen und mit einem neuen Faden weitersticken.

Mehrere Reihen lösen

Die Stichfäden auf der Rückseite des Stoffs anheben, mit der Stickschere aufschneiden und herausziehen. Die geweiteten Ein- und Ausstichstellen (Ausnahme: Aidagewebe) verschwinden, wenn die Stelle überstickt wird. Soll der Stoff unbestickt bleiben, die Stelle mit dem Fingernagel glatt streichen. Lassen sich die Stichstellen nicht schließen, den im Stickrahmen eingespannten Stoff mit Wasser besprengen. Gewebefäden mit der Nadelspitze zurückschieben und den Stoff eingespannt trocknen lassen.

Abschlussarbeiten

Ob eine Handarbeit zum Gebrauch oder zur Dekoration hergestellt wurde, am Ende stehen Abschlussarbeiten, deren häufigste in diesem Abschnitt kurz dargestellt werden. Führen Sie die Abschlussarbeiten sorgfältig aus und sichern Sie Ihrer Stickarbeit damit Haltbarkeit.

VERSÄUBERN

Damit die Ränder nicht ausfransen, während Sie den Stoff besticken, ist es ratsam, sie zu versäubern. Dies kann per Hand erfolgen oder im Zickzackstich mit der Nähmaschine.

SÄUMEN

Tisch- und Bettwäsche, Decken und Umhänge müssen gesäumt werden. Die Breite des Saums ist in der Regel in der Anleitung angegeben. Zunächst am Stoffrand einen Einschlag auf die Rückseite des Stoffs umbügeln. Die Ecken gehren und dazu den Stoff schräg abschneiden. Den ersten Einschlag stecken und einen zweiten Einschlag umbügeln, der etwas breiter ist als der erste. Auf rechte Winkel achten. Den Saum stecken oder heften und dabei alle drei Stofflagen erfassen.

Nähen Sie den Saum von Hand verdeckt an. Hierzu rechts am Anfang des Saums in den Stoffeinschlag zwei Rückstiche arbeiten. Mit kleinen, 1 mm langen Stichen nach links weiterarbeiten und diese dabei in regelmäßigen Abständen einmal in den umgeschlagenen Stoff und einmal in den Stoff unter dem Saum führen.

Wenn Sie eine Nähmaschine haben, können Sie den Saum auch mit farblich passendem Nähgarn, z. B. Coats Polyester, steppen.

NÄHTE FLACH BÜGELN

Bestickte Stoffteile werden häufig zusammengenäht, dabei wird empfohlen, die Nähte flachzubügeln. Bitte beachten Sie, dass sich gegebenenfalls auf bestimmten Stoffen (wie Wolle oder Seide) der überstehende Nahtstoff abdrückt.

Zwei längere Streifen Packpapier abschneiden und beidseitig der Naht zwischen dem Stoff und dem überstehenden Nahtstoff einschieben. Dann die Naht flachbügeln. Mit dieser Methode können Sie auch Saumeinschläge und Falten auf feinen Stoffen bügeln.

VERWENDUNG

Nachfolgend einige Vorschläge für die Verwendung Ihrer Handarbeit.

Aufziehen auf Karton

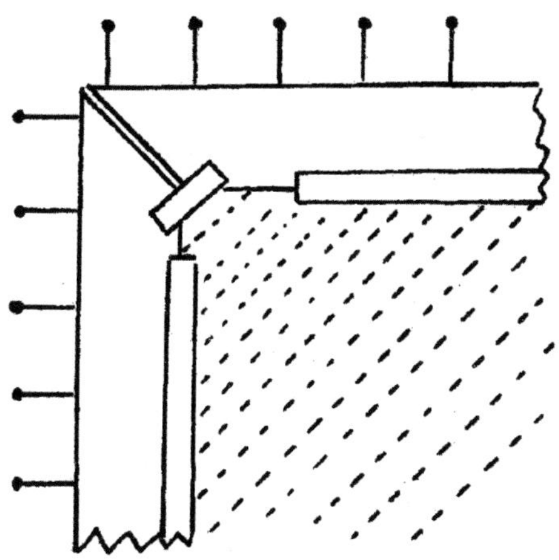

Kräftigen Karton oder Schaumpappe in der Größe passend zur Stickarbeit zuschneiden. Den Stoff mit 8 bis 10 cm Zugabe zum Umschlagen zuschneiden. Zwei Lagen synthetisches Molton in den Abmessungen des Kartons zuschneiden.

Den bestickten Stoff mit der Rückseite nach oben auf den Tisch legen. Die beiden Moltonlagen auf den Stoff und dann auf alle drei Lagen den Karton legen. Den Stoff um den Karton spannen und mit Stecknadeln, die in die Kanten des Kartons gesteckt werden, fixieren. Die Stoffränder auf die Rückseite des Kartons umschlagen.

Den Stoff an den Ecken rechtwinklig einschlagen. Die Stoffränder auf der Rückseite mit kräftigem Klebeband fixieren. Zuletzt einen kleinen Haken auf der Rückseite des Kartons befestigen.

Kissenhülle zum Einstecken

Eine bestickte Kissenhülle lässt sich leichter reinigen, wenn sich das Kissen über einen Schlitz

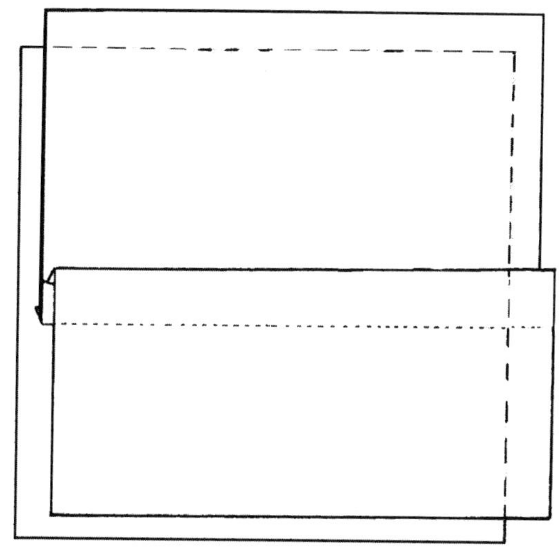

auf der Rückseite jederzeit problemlos herausnehmen lässt.

Die Einsteckhülle besteht aus drei Stoffteilen: aus dem bestickten Vorderteil und zwei Rechtecken als Rückteile, die aus demselben oder aus einem anderen, passenden Stoff bestehen.

Die Länge der beiden rechteckigen Rückteile entspricht der Breite des Vorderteils, gleichzeitig beträgt ihre Breite die halbe Länge der Vorderseite plus 12 Zentimeter. Die Stoffteile versäubern.

Eine der Längsseiten der beiden Rechtecke jeweils 1 cm breit umbügeln und steppen.

Das Vorderteil der Kissenhülle mit der bestickten Seite nach oben auf den Tisch legen. Die Rückteile rechts auf rechts auf das Vorderteil legen, die beiden gesäumten Seiten zeigen dabei zur Mitte des Kissens.

Die Stofflagen stecken und in 0,5 cm Abstand vom Rand steppen.

Die Ecken abschneiden und die Nähte flachbügeln, die Kissenhülle wenden, die Ränder überbügeln und das Kissen einstecken.

Wenn Sie möchten, können Sie die Einstecköffnung mit Klettband oder Druckknöpfen verschließen.

Wenn Sie eine Nähmaschine haben, können Sie am Rand des oben liegenden Rückteils drei oder vier Knopflöcher arbeiten.

PFLEGE

Waschen

Baumwoll- und Leinenstoffe so heiß wie der Stoff es verträgt in der Waschmaschine unter Verwendung von Feinwaschmittel waschen. Legen Sie zur Schonung der Stickfäden bestickte Wäschestücke bei der Maschinenwäsche in einen Feinwäschebeutel oder, wenn Sie keinen solchen zur Hand haben, in einen zuknöpfbaren Kopfkissenbezug.

Die Handarbeit nur leicht schleudern und in einiger Entfernung von direkter Wärmeeinwirkung bzw. – wenn Sie Ihre Wäsche im Freien trocknen – im Schatten flach zum Trocknen legen. Bestickte Woll- oder Seidenstücke am besten chemisch reinigen lassen.

Besteht das handgearbeitete Stück aus verschiedenen Stoffarten, die mit verschiedenen Garnarten bestickt sind, empfiehlt sich ebenfalls die chemische Reinigung, damit nicht einzelne Teile eingehen.

Appretieren

Bett- und Tischwäsche sollte leicht appretiert werden. Verwenden Sie Sprühstärke, die praktisch zu handhaben ist, und halten Sie sich dabei an die Hinweise des Herstellers. Stärken Sie vor allem Leinen- und Baumwollstoffe. Bei Satingewebe sowie bei Seiden- oder Wollstoffen ist hingegen vom Stärken abzuraten, hier besteht die Gefahr, dass sich Flecken bilden.

Bügeln

Leinen- und Baumwollgewebe (und ebenso Mischgewebe aus beiden) sollten gebügelt werden, solange der Stoff noch ein wenig feucht ist. Erforderlichenfalls mit Wasser besprühen.

Legen Sie auf das Bügelbrett ein dickes Moltontuch oder mehrere Lagen dünneres Molton. Die Handarbeit liegt mit der bestickten Seite auf dem Molton. Wählen Sie die für den Stoff passende Hitzestufe (und schalten Sie die Dampfbügelfunktion ein, wenn dies für den Stoff zulässig ist).

Verwenden Sie beim Dämpfen ein Stück weißes gebügeltes Leintuch als Bügeltuch; Sie brauchen es nicht zu befeuchten, da das Bügelstück selbst feucht ist. Das Bügeltuch liegt auf der Rückseite des Stoffes und darauf wird gebügelt. So vermeiden Sie, dass der Stoff speckig wird.

Stoffe aus Seide und Wolle werden trocken gebügelt. Die Dampffunktion beim Bügeleisen ausschalten und beim Bügeln ein trockenes Bügeltuch unterlegen.

Die Konturenstiche gehören zu den gebräuchlichsten Stickstichen. Mit den Stichen aus dieser Gruppe werden leere oder mit Füllstichen bedeckte Flächen konturiert. In diesem Kapitel sind sie nach Schwierigkeitsgrad angeordnet: Die zuerst beschriebenen Stiche eignen sich vor allem für Anfängerinnen; die Variationen sind zumeist technisch anspruchsvoller und ornamentartiger und werden als Einzelstiche verwendet oder betonen ein Detail der Stickerei.

Je nachdem, wie die Konturenstiche gestickt werden, lässt sich mehr oder weniger Reliefwirkung erzielen. Einige Stiche unterscheiden sich wenig, manchmal nur in der Art, wie mit dem Faden gearbeitet oder die Nadel geführt wird.

2 KONTURENSTICHE

Der Stielstich in Variationen

Die Gruppe der Stielstiche umfasst gerade Grundstiche, die für einen erfolgreichen Einstieg ins Sticken hervorragend geeignet sind. Litzen, die den Umriss des Motivs hervorheben. Je nachdem, welche Wirkung beabsichtigt ist, lassen sich mit den Stichen dieser Gruppe auch vollständig bestickte Flächen konturieren.

DER STIELSTICH IN 2 SCHRITTEN

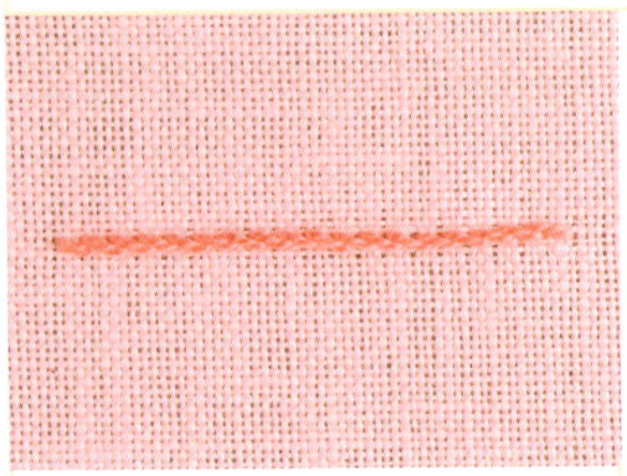

Schwierigkeitsgrad: sehr leicht, für Anfängerinnen geeignet.

Stoff und Garn: Der Stielstich lässt sich mit Garnen aus Baumwolle, Leinen, Seide oder Wolle auf jeder Art von Stoff sticken.

Stickrichtung: waagrecht von links nach rechts.

Der Stielstich verdankt seinen Namen der Tatsache, dass er gerne zum Sticken von Stielen und Ranken floraler Motive benutzt wird. Man verwendet ihn meistens für Musterumrandungen. Er eignet sich auch als Füllstich (dann heißt er Satinstich): In diesem Fall stickt man parallel dicht aneinander liegende Reihen. In der Weißstickerei heißt er auch schräger Stielstich.

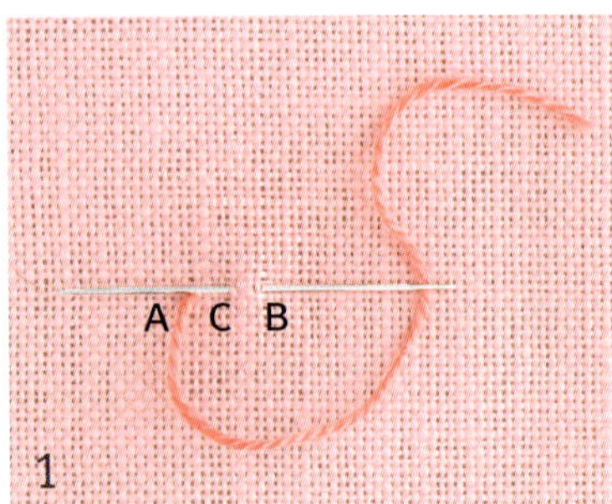

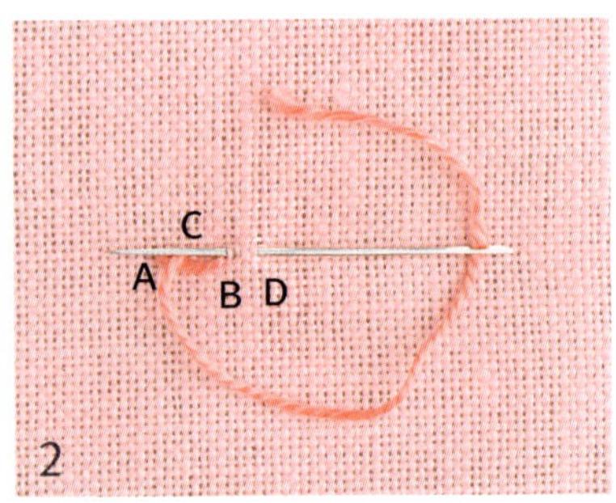

SCHRITT 1

Links am Anfang der Linie bei A durchstechen, einige Millimeter weiter rechts bei B einstechen und auf halber Stichlänge zwischen A und B bei C wieder ausstechen. Den Stickfaden dabei nach unten legen.

TIPP

Beim Sticken von geschwungenen Konturen ist es sinnvoll, die Nadel immer an der Bogeninnenseite auszustechen, damit der Stich gleichmäßig wird. Wenn der Bogen in die andere Richtung verläuft, stickt man auf der nunmehr entstandenen Innenseite weiter und lässt die Stiche kleiner werden, um sie der Rundung anzupassen.

SCHRITT 2

Eine halbe Stichlänge weiter rechts bei D wieder einstechen und bei B, an der Einstichstelle des vorherigen Stichs, wieder ausstechen.

Die weiteren Stiche auf dieselbe Art sticken.

DER DOPPELTE RÜCKSTICH in 3 Schritten

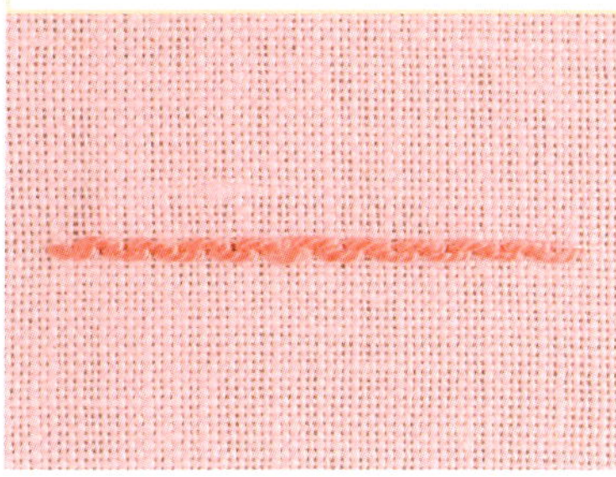

Schwierigkeitsgrad: sehr leicht, für Anfängerinnen geeignet

Stoff und Garn: Der Doppelte Rückstich lässt sich mit Garnen aus Baumwolle, Leinen, Seide oder Wolle auf jeder Art von Stoff sticken.

Stickrichtung: waagrecht von links nach rechts

TIPP

Der Doppelte Rückstich eignet sich nicht zum Sticken von Rundungen, denn durch sein „gebrochenes“ Aussehen würden Kreisbögen ausgefranst wirken. Man stickt damit besser gerade Linien.

Eine Variante des traditionellen Stielstichs ist der Doppelte Rückstich, der etwas gebrochener wirkt. Man verwendet ihn ausschließlich zum Sticken gerader Umrisslinien.

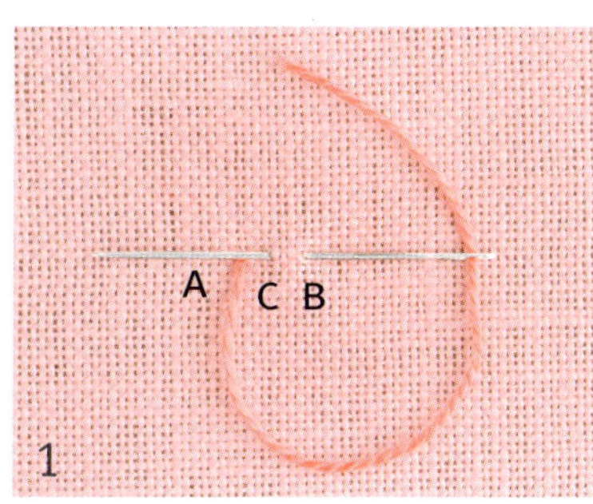

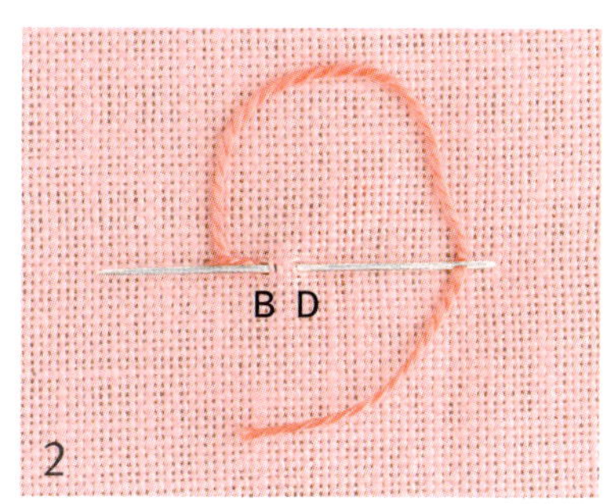

SCHRITT 1

Bei A durchstechen, bei B wieder einstechen und bei C ausstechen.

SCHRITT 2

Den Faden nach oben legen, bei D einstechen und bei B wieder ausstechen. Den Arbeitsfaden locker durchziehen.

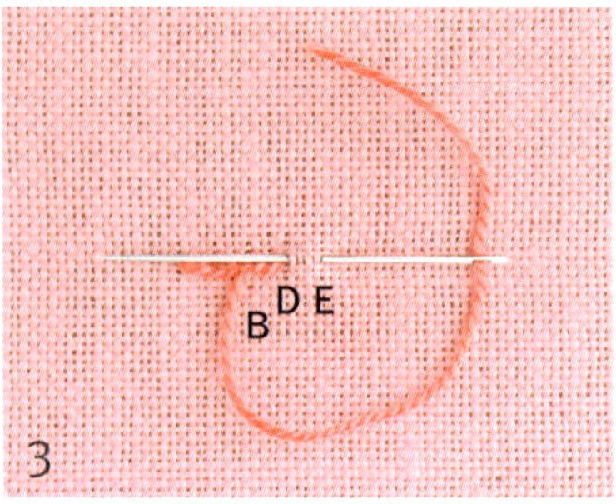

SCHRITT 3

Den Faden diesmal nach unten legen, bei E einstechen und bei D wieder ausstechen. Für den nächsten Stich den Vorgang ab Schritt 2 wiederholen.

Die ganze Reihe entlang Schritt 2 und 3 wiederholen und den Faden abwechselnd nach oben und nach unten legen.

DER SPALTSTICH in 2 Schritten

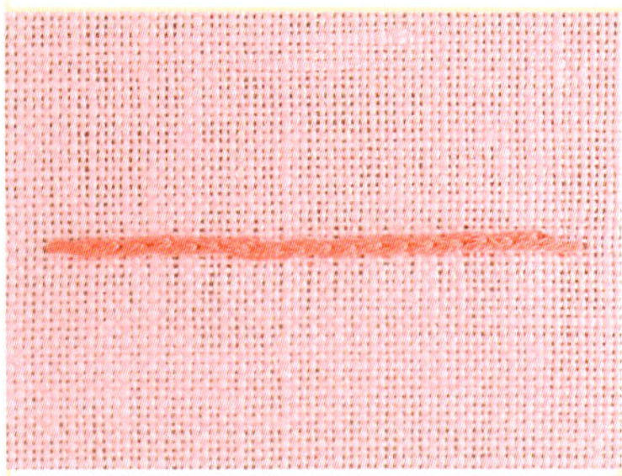

Schwierigkeitsgrad: sehr leicht, für Anfängerinnen geeignet.

Stoff und Garn: Der Spaltstich sollte mit lose gedrehten Garnen (wie z. B. Sticktwist oder leicht gedrehte Seide) auf einem feinen Stoff oder Feinleinen gestickt werden.

Stickrichtung: waagrecht von rechts nach links.

TIPP

Damit dieser Stich optimal gelingt, sollte man ein Stickgarn verwenden, dessen Fäden sich leicht teilen lassen, wie z. B. Sticktwist oder leicht gedrehte Seide.

Der Spaltstich ermöglicht eine noch genauere Linienführung als der herkömmliche Stielstich. Dieser für die chinesische Seidenstickerei typische Stich heißt chinesischer Plattstich, wenn er in dichten Reihen zum Füllen einer Fläche gearbeitet wird. Im angelsächsischen Raum nennt man ihn Kensington-Stich.

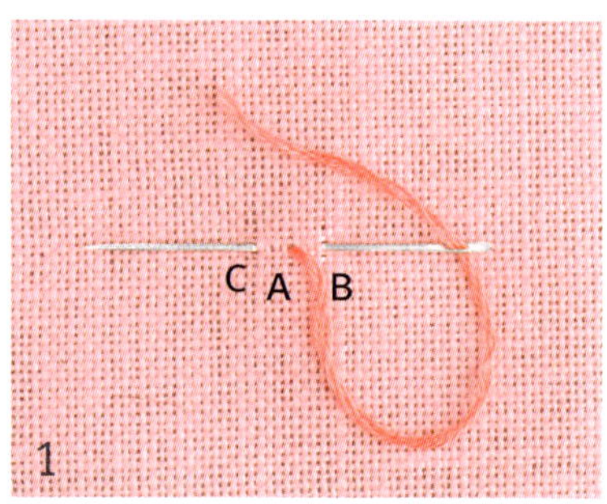

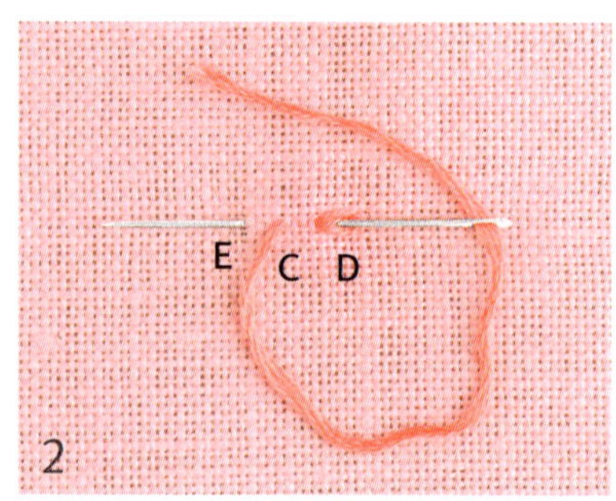

SCHRITT 1

Rechts am Anfang der Linie bei A durchstechen. Einige Millimeter weiter rechts bei B einstechen und bei C wieder ausstechen. Den Arbeitsfaden durchziehen.

SCHRITT 2

In der Mitte des ersten Stichs bei D wieder einstechen und dabei den Faden spalten. Bei E wieder ausstechen.

Für die darauf folgenden Stiche Schritt 2 wiederholen.

DER STEPPSTICH in 2 Schritten

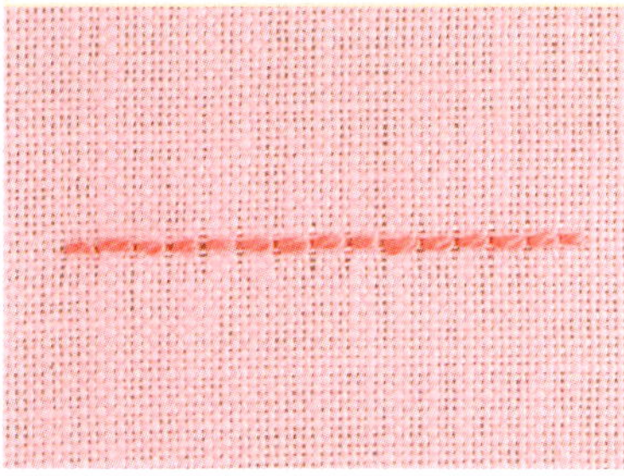

Schwierigkeitsgrad: sehr leicht, für Anfängerinnen geeignet.

Stoff und Garn: Der Steppstich lässt sich mit Garnen aus Baumwolle, Leinen, Seide oder Wolle auf jeder Art von Stoff sticken.

Stickrichtung: waagrecht von rechts nach links.

TIPP

Achten Sie darauf, Stiche von gleichmäßiger Länge zu sticken. Der Steppstich eignet sich auch zur Hervorhebung von Kreuzstichmotiven. In diesem Fall richtet sich die Länge des Steppstichs nach der Breite oder Höhe des zuvor gestickten Kreuzstichs.

Einer der Grundstiche sowohl beim Sticken als auch beim Nähen ist der Steppstich oder Rückstich. Man kann damit sehr flache kleine Stiche sticken und hervorragend ein Motiv umrahmen. Er sorgt für Festigkeit und ist deshalb zur Verwendung auf Stoffen mit ziemlich lockerem Gewebe geeignet.

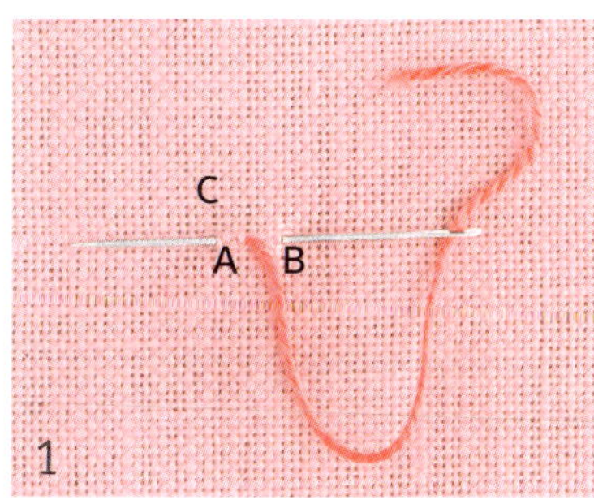

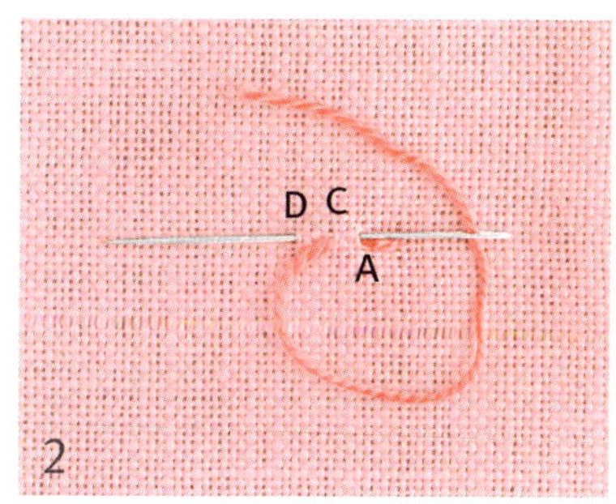

SCHRITT 1

Rechts am Anfang der Linie bei A durchstechen, einige Millimeter weiter rechts bei B wieder einstechen und so einen waagrechten Stich ausführen. Einige Millimeter links von der ersten Ausstichstelle A bei C ausstechen. Den Arbeitsfaden locker durchziehen.

SCHRITT 2

Zurück bei A wieder einstechen und einige Millimeter weiter links auf der Linie bei D wieder ausstechen.

Für die weiteren Stiche Schritt 2 wiederholen.

DER DURCHSCHLUNGENE RÜCKSTICH in 3 Schritten

Schwierigkeitsgrad: sehr leicht, für Anfängerinnen geeignet.

Stoff und Garn: Der Durchschlungene Rückstich lässt sich mit Garnen aus Baumwolle, Leinen, Seide oder Wolle auf jeder Art von Stoff sticken.

Stickrichtung: waagrecht, im ersten Schritt von rechts nach links, im zweiten Schritt von links nach rechts.

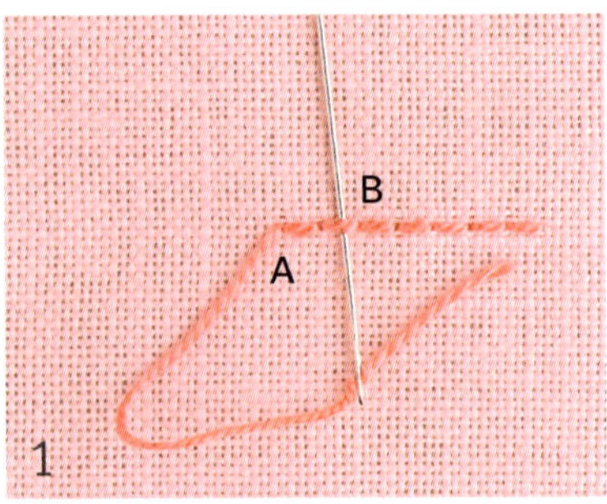

Der Durchschlungene Rückstich basiert auf dem Steppstich. Im zweiten Schritt kann man einen Faden aus andersfarbigem Garn durchziehen; dadurch sieht der Durchschlungene Rückstich etwas fantasievoller aus.

SCHRITT 1

Eine Reihe gleichmäßiger Steppstiche arbeiten, wie auf Seite 25 beschrieben.

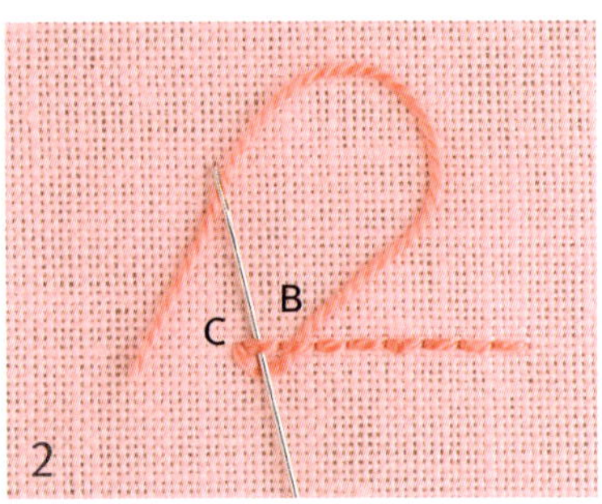

SCHRITT 2

Einen neuen Faden einfädeln. Knapp unter dem Steppstich bei A durchstechen, den Faden unter dem zweiten Stich auf der Linie bei B hindurchführen, dann die Nadel unter dem ersten Stich bei C durchziehen.

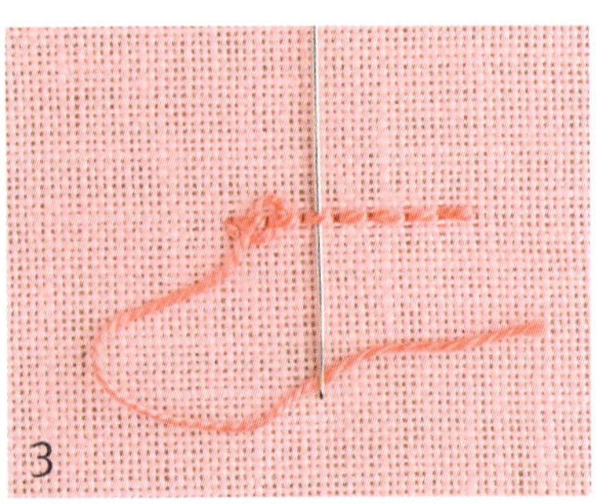

SCHRITT 3

Schritt 2 so oft wie nötig wiederholen, dabei den Faden unter den Steppstichen durchführen. Den Arbeitsfaden vorsichtig durchziehen, damit die Schlingen locker bleiben.

TIPP

Während des zweiten Schritts kann es passieren, dass das Stickgarn sich nach kurzer Zeit aufdreht. Denken Sie daran, den Faden immer wieder zu verzwirbeln, damit die Schlingen gleichmäßig bleiben.

DER SCHNECKENSTICH in 2 Schritten

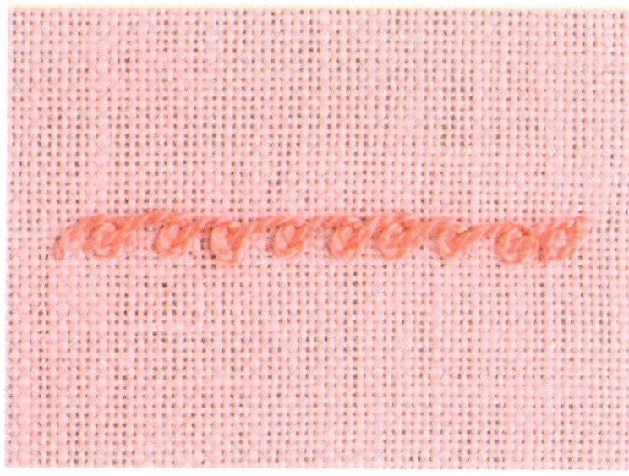

Schwierigkeitsgrad: mittelschwer, für Stickerinnen mit Vorkenntnissen.

Stoff und Garn: Der Schneckenstich lässt sich mit Garnen aus Baumwolle, Leinen, Seide oder Wolle (vorzugsweise mit Perlgarn oder Mattstickgarn) auf jeder Art von Stoff sticken.

Stickrichtung: waagrecht von links nach rechts.

TIPP

Der Schneckenstich wirkt am besten, wenn Sie stark gedrehtes, rundes Garn wie z. B. Perlgarn verwenden. Das interessante Relief der Schlaufen eignet sich sehr gut zum Einfassen eines Motivs oder zur Gestaltung eines Rahmens.

Der Schneckenstich ist die gelungene Verbindung eines Stielstichs mit einem Knötchenstich und eignet sich für luftige Spiralen und Arabesken, aus denen sich hübsche Bordüren kreieren lassen.

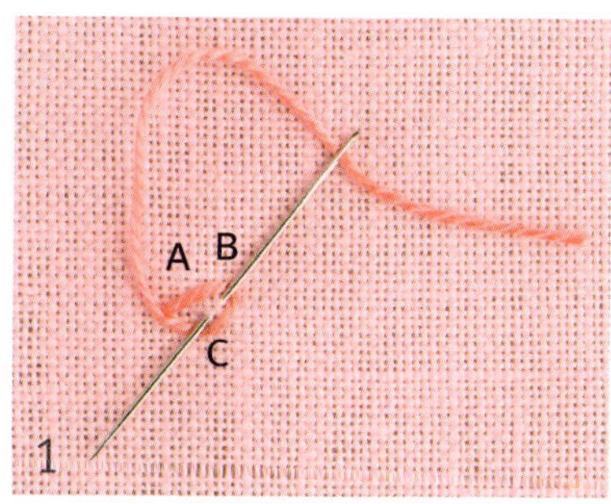

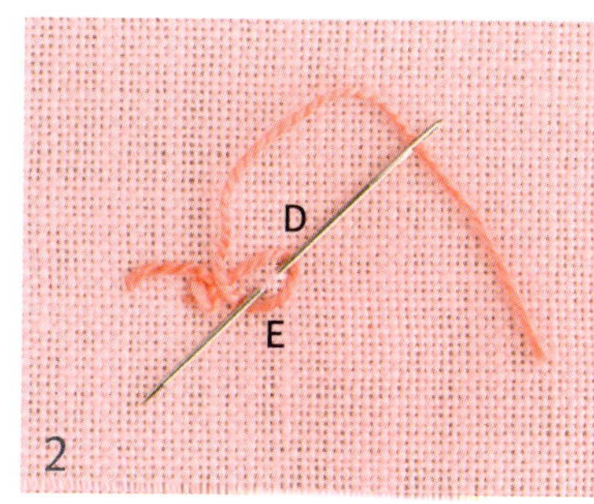

SCHRITT 1

Bei A durchstechen, dann einige Millimeter weiter rechts von B nach C schräg einstechen; den Faden unter die Nadel legen und behutsam durchziehen, so dass eine lockere Schlinge entsteht.

SCHRITT 2

Einige Millimeter weiter rechts bei D einstechen und schräg darunter bei E wieder ausstechen, möglichst im gleichen Winkel wie zuvor. Den Faden unter der Nadel hindurchführen und den Arbeitsfaden wieder locker durchziehen.

Für die darauf folgenden Stiche Schritt 2 wiederholen.

DER DURCHZOGENE STEPPSTICH in 2 Schritten

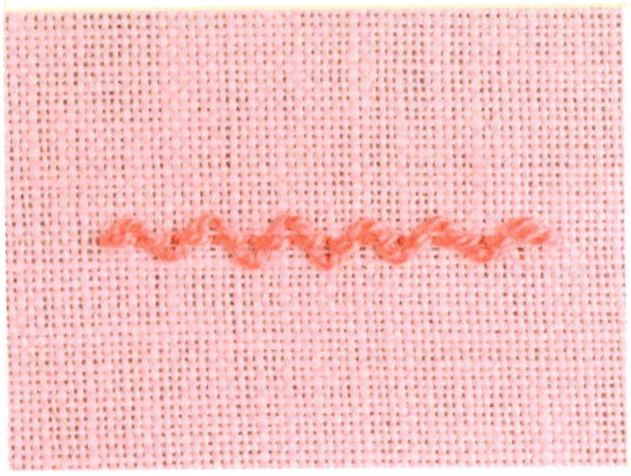

Schwierigkeitsgrad: leicht, für Anfängerinnen geeignet.

Stoff und Garn: Der Durchzogene Steppstich lässt sich mit Garnen aus Baumwolle, Leinen, Seide oder Wolle auf jeder Art von Stoff sticken.

Stickrichtung: waagrecht, im ersten Schritt von rechts nach links, im zweiten Schritt von links nach rechts.

TIPP

So verwahren Sie den Arbeitsfaden des zweiten Schritts: Führen Sie die Nadel nach unten zum nächsten Stich; stechen Sie genau unter diesem Stich wieder ein und fixieren Sie den Faden, indem Sie ihn unter die Steppstiche der ersten Reihe ziehen.

Der Durchzogene Steppstich ist eine weitere, kreative Variation des Grundstichs. Am originellsten wirkt er, wenn man ihn mit zwei Garnen in verschiedenen Farben oder von unterschiedlicher Qualität stickt.

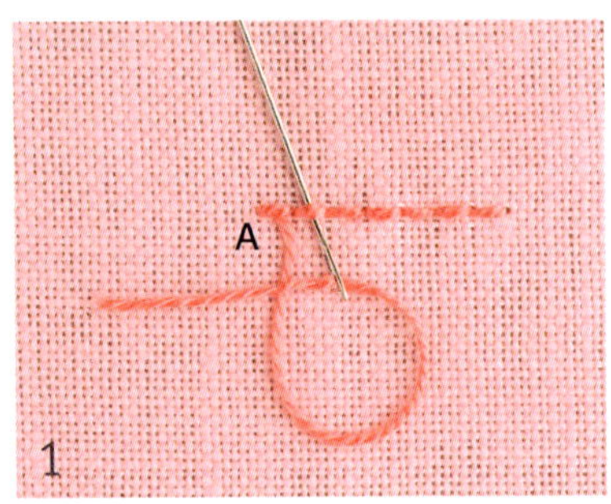

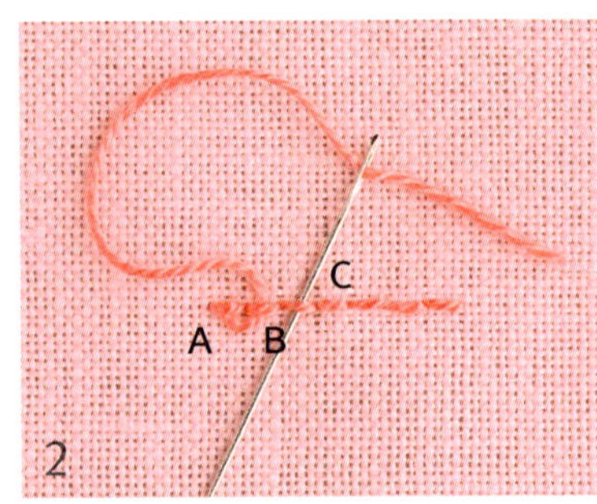

SCHRITT 1

Eine Reihe Steppstiche arbeiten (siehe S. 25). Mit einem neuen Faden links am Anfang der Steppstichreihe unter dem ersten Stich bei A einstechen.

SCHRITT 2

Die Nadel unter dem zweiten Stich bei B nach oben und unter dem dritten Stich bei C nach unten hindurchführen.

Für die weiteren Stiche Schritt 2 wiederholen.

Teetischdecke

Ein Kranz aus japanischen Chrysanthemen schmückt die Mitte einer Leinentischdecke. Die leichte Strichführung der Blütenblätter, die aus einfachen Stielstichen besteht, verleiht dem Stickbild seine Zartheit. Mit dieser Arbeit können Anfängerinnen die Feinheiten der Stickkunst entdecken.

WISSENSWERTES

Schwierigkeitsgrad
Leicht; zeitintensiv

Stickstich
Stielstich (siehe S. 22)

Maße
Die fertige Decke ist 130 x 130 cm groß. Das Stickmotiv in der Mitte hat einen Durchmesser von 32 cm.

MATERIAL

1,5 x 1,5 m teefarbener Leinenstoff, 12 Stiche pro cm
3 Strang Anchor Sticktwist in der Farbe Zartrosa (Fb. 1009)
1 Strang Anchor Sticktwist in der Farbe Helles Gelb (Fb. 305)
Feine Sticknadel
Stickrahmen
Durchschlagpapier, rot oder blau
Kugelschreiber

MOTIV

Die Vorlage auf dem Kopierer vergrößern und die Kanten des Leinenstoffs mit der Nähmaschine oder von Hand versäubern. Die Decke zweimal auf die Hälfte falten und den Mittelpunkt bestimmen. Die Mustervorlage so auf den Stoff legen, dass die Mitte des Motivs mit dem Mittelpunkt der Decke übereinstimmt und an die Mustervorlage auf zwei Seiten feststecken. Das Durchschlagpapier mit der beschichteten Seite nach unten zwischen Stoff und Mustervorlage schieben. Mit dem Kugelschreiber die Konturen des Motivs nachzeichnen.

STICKEN

Den Sticktwist zweifädig verwenden. Den Stoff in den Rahmen spannen. Mit den Blättern im Farbton Helles Gelb beginnen, dann die Blumen in Zartrosa sticken. Beim Sticken folgendes Prinzip beachten: mit den dunklen Farben anfangen und mit den hellen aufhören, damit die Arbeit nicht unsauber wird.

FERTIGSTELLEN

Die Teetischdecke wie folgt säumen: einen 2 cm breiten Einschlag bügeln und heften, dann den Stoff noch einmal 3 cm breit umschlagen; den Saum von Hand festnähen oder mit der Nähmaschine steppen.

Auf 70% verkleinert

HINWEIS

Wenn Sie keinen Stoff in einem Farbton finden, der Ihnen gefällt, färben Sie Ihr Leinen selbst. Waschen Sie den Stoff zunächst, um die Appretur daraus zu entfernen (siehe S. 8). Bereiten Sie einen starken Tee und gießen Sie ihn, mit etwas warmem Wasser verdünnt, in eine große Wanne. Legen Sie das zuvor angefeuchtete Leinen hinein und weichen Sie es eine Nacht lang darin ein, drehen Sie es dabei ein- bis zweimal um, damit es die Farbe gut annimmt. Legen Sie den Stoff zum Trocknen flach hin (nicht ausspülen). Der auf diese Weise erzielte Farbton variiert je nach Stärke des Tees von einem kräftigem Naturfarbton bis Rosa-Beige. Eine solche Naturfärbung ist nicht dauerhaft haltbar, so dass der Stoff mit jedem Waschen heller wird.

Der Kettenstich in Variationen

Der gemeinsame Nenner aller Kettenstiche ist die Schlinge. Man kann diese Schlingen auf verschiedenste Art ineinander greifen lassen und Bordüren mit bemerkenswerten Reliefeffekten damit sticken. Der Kettenstich existiert in zahlreichen zum Teil durchaus komplizierten Variationen, aus denen Bordüren und Borten gearbeitet werden, aber auch in ganz einfachen zum Ausfüllen von Flächen.

DER KETTENSTICH in 3 Schritten

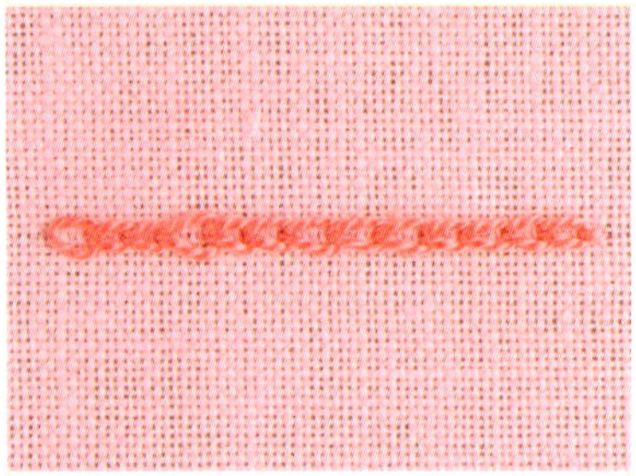

Schwierigkeitsgrad: sehr leicht, für Anfängerinnen geeignet.

Stoff und Garn: Der Kettenstich lässt sich mit Garnen aus Baumwolle, Leinen, Seide oder Wolle auf jeder Art von Stoff sticken.

Stickrichtung: senkrecht von oben nach unten.

Mit dem Kettenstich lassen sich deutliche Konturen sticken. Er eignet sich ebenso für Bordüren wie zum Füllen von Flächen, wenn er in dicht nebeneinander liegenden Reihen gearbeitet wird.

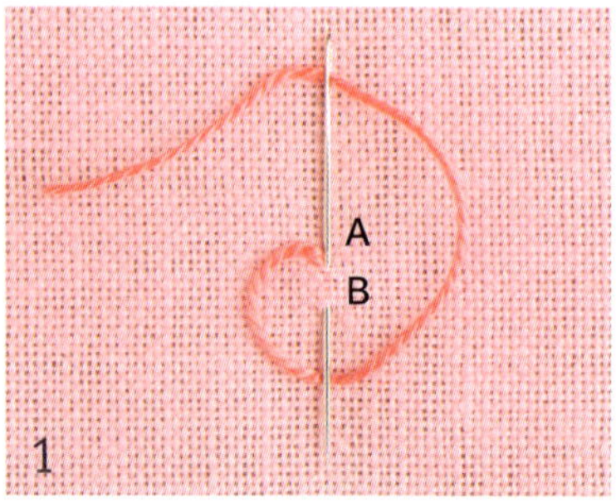

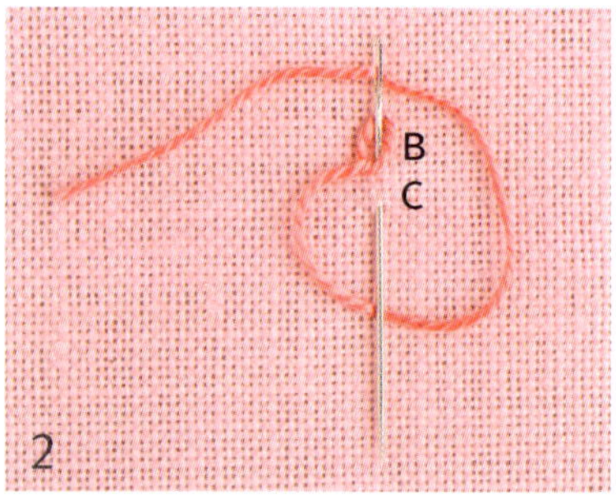

SCHRITT 1

Bei A durchstechen, nochmals in A einstechen und einige Millimeter darunter bei B wieder ausstechen. Den Faden unter der Nadel zu einer Schlinge legen und nicht zu straff durchziehen.

SCHRITT 2

Auf dieselbe Weise einen zweiten Stich sticken. Bei B wieder einstechen, darunter bei C ausstechen, den Faden unter die Nadel legen und locker durchziehen. Diesen Arbeitsgang fortsetzen.

TIPP

Der Kettenstich wird sehr häufig zum Umranden von Motiven angewendet. Auch als Füllstich ist er interessant. Beginnen Sie in diesem Fall mit den Konturen und füllen Sie dann die ganze Form mit dicht nebeneinander liegenden Reihen aus Kettenstichen aus.

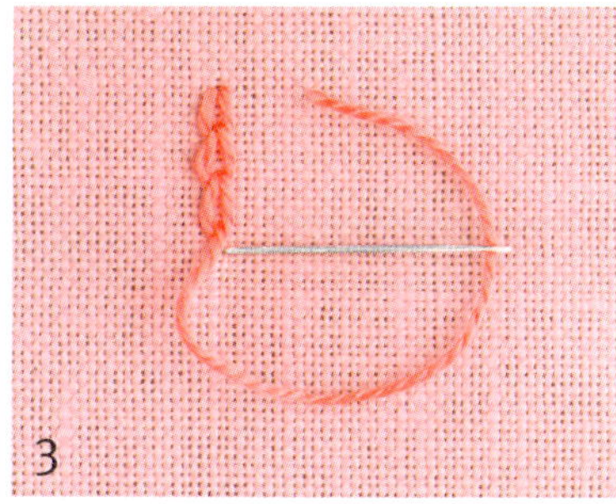

SCHRITT 3

Die Kettenstichreihe muss beim letzten Stich auf dem Stoff befestigt werden, sonst lässt sie sich wie ein Strickpullover „aufziehen". Die letzte Schlinge mit einem kleinen geraden Überfangstich über den Faden auf

DER GEDREHTE KETTENSTICH in 2 Schritten

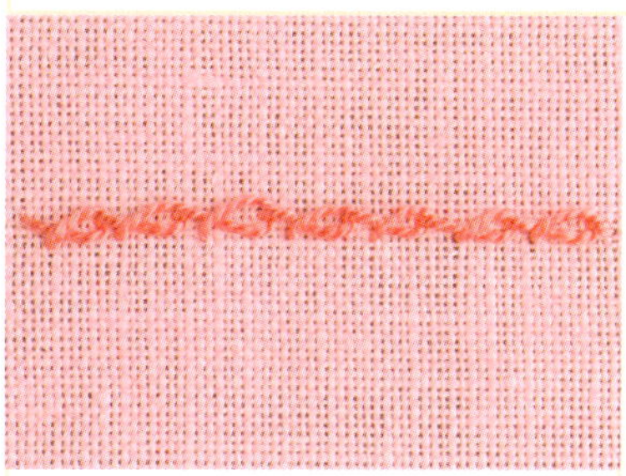

Schwierigkeitsgrad: sehr leicht, für Anfängerinnen geeignet.

Stoff und Garn: Der Gedrehte Kettenstich lässt sich mit Garnen aus Baumwolle, Leinen, Seide oder Wolle auf jeder Art von Stoff sticken.

Stickrichtung: senkrecht von oben nach unten.

Der Gedrehte Kettenstich ist leicht und eignet sich mit seinen gedrehten Schlingen besonders gut dazu, eine Bordüre mit Relief zu gestalten. Er lässt sich mit allen Garnsorten sticken, am besten kommt er jedoch mit Perlgarn oder Mattstickgarn zur Geltung.

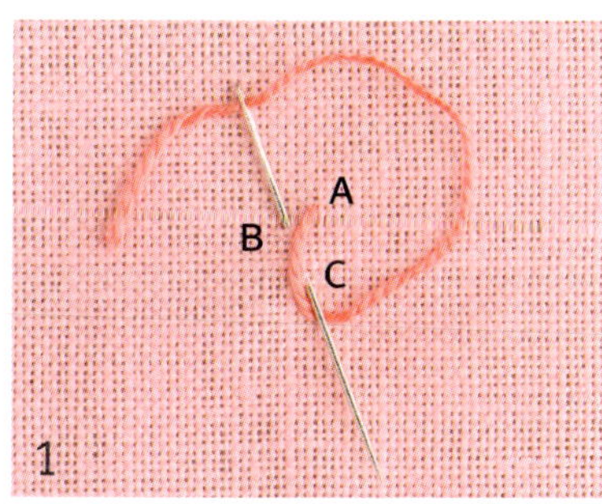

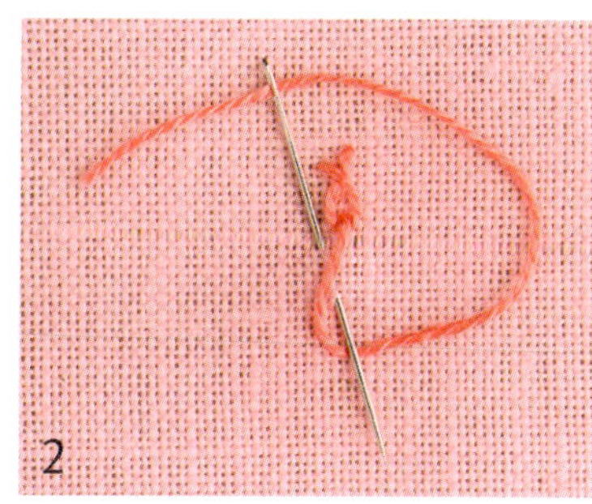

SCHRITT 1

Bei A durchstechen. Leicht nach links versetzt darunter bei B einstechen und noch weiter darunter, nun genau senkrecht unter A, bei C wieder ausstechen. Den Faden unter die Nadel legen und eine lockere Schlinge bilden.

SCHRITT 2

In dieser Weise die ganze Reihe arbeiten. Wie bei allen Kettenstichen am Ende der Reihe einen kleinen geraden Stich über den Faden der letzten Schlinge sticken.

DER SEILKETTENSTICH in 3 Schritten

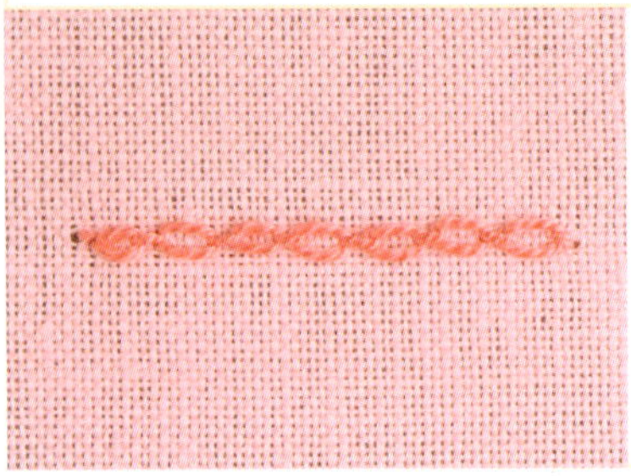

Schwierigkeitsgrad: anspruchsvoll, nur für erfahrene Stickerinnen geeignet.

Stoff und Garn: Der Seilkettenstich lässt sich mit Garnen aus Baumwolle, Leinen, Seide oder Wolle auf jeder Art von Stoff sticken.

Stickrichtung: senkrecht von oben nach unten.

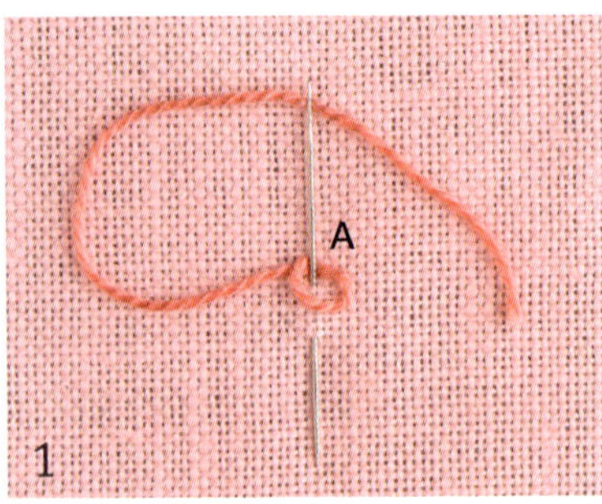

Der Seilkettenstich, eine raffinierte Variante des klassischen Kettenstichs, wirkt wie eine Metallkette mit klar erkennbaren Gliedern.

SCHRITT 1

Bei A durchstechen und den Faden von links nach rechts um die Nadel winden. Seitlich neben A einstechen.

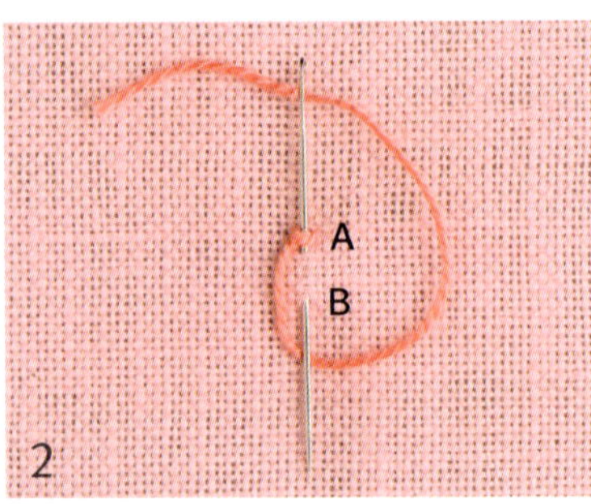

SCHRITT 2

Unterhalb von A bei B wieder ausstechen. Den Faden unter die Nadel legen, locker durchziehen und zur Schlinge legen.

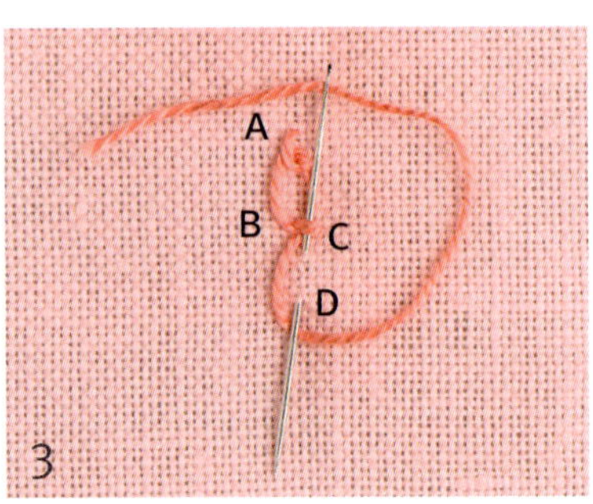

SCHRITT 3

Den Faden von links nach rechts um die Nadel winden und unterhalb von B bei C einstechen. Einige Millimeter darunter bei D wieder ausstechen. Den Faden unter die Nadel legen und durchziehen.

Schritt 3 wiederholen und so die ganze Reihe arbeiten. Am Ende den Faden der letzten Schlinge mit einem kleinen geraden Überfangstich fixieren.

TIPP

Das Interessante am Seilkettenstich ist seine reliefartige Struktur. Versuchen Sie es mit einem stark gedrehten Garn wie z. B. Mattstickgarn oder Perlgarn Nr. 5 oder Nr. 3. Verwenden Sie in diesem Fall eine gröbere Sticknadel, damit die Oberfläche der Fäden nicht zu stark strapaziert wird.

DER LEITERSTICH in 3 Schritten

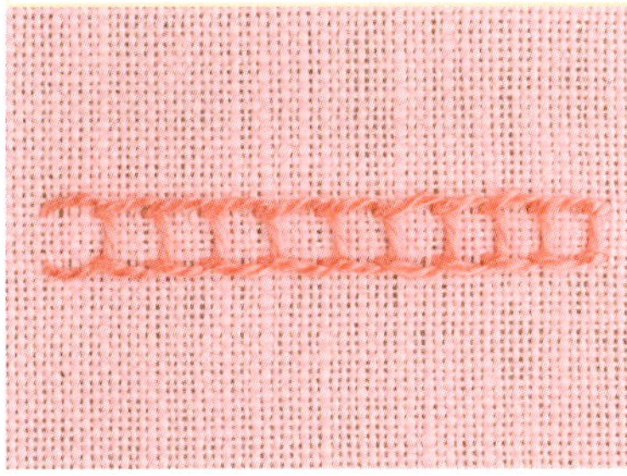

Schwierigkeitsgrad: sehr leicht, für Anfängerinnen geeignet.

Stoff und Garn: Der Leiterstich lässt sich mit Garnen aus Baumwolle, Leinen, Seide oder Wolle auf jeder Art von Stoff sticken.

Stickrichtung: senkrecht von oben nach unten.

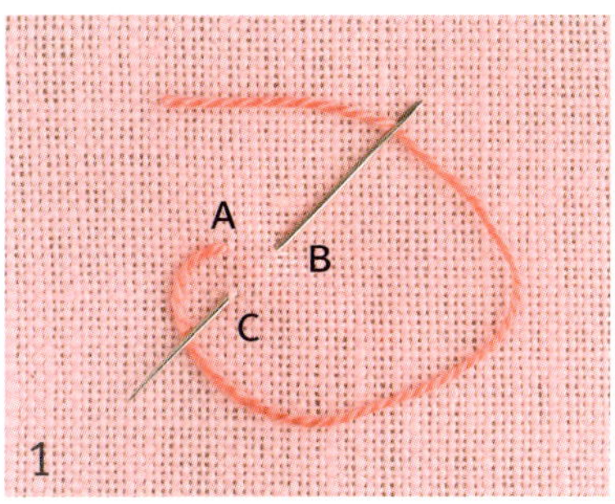

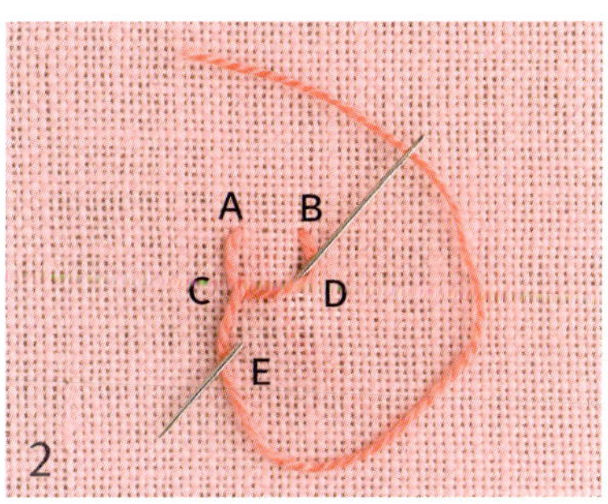

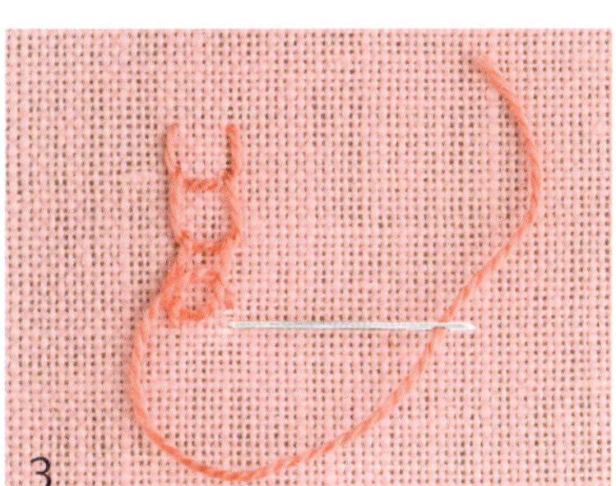

Der Leiterstich, auch unter dem Namen Offener Kettenstich bekannt, stellt eine Version des Kettenstichs mit offenen Schlingen dar, ähnlich den Sprossen einer Leiter.

SCHRITT 1

Bei A durchstechen und einige Millimeter weiter rechts bei B wieder einstechen. Die Punkte A und B liegen dabei auf derselben Höhe. Ein paar Millimeter unterhalb von A bei C wieder ausstechen. Den Faden unter die Nadelspitze legen, vorsichtig durchziehen und eine große Schlinge bilden.

SCHRITT 2

Unterhalb von B auf der Höhe von C bei D einstechen und unterhalb der Punkte A und C bei E wieder ausstechen, dann den Faden unter die Nadel legen.

SCHRITT 3

Auf diese Weise die ganze Reihe arbeiten. Zum Abschluss die letzte Schlinge mit einem kleinen geraden Überfangstich so fixieren, dass sie groß und offen bleibt.

TIPP

Stickanfängerinnen kommen mit dem Leiterstich leichter zurecht, wenn sie einen Leinenstoff mit gut erkennbaren Gewebefäden verwenden. Darauf lassen sich Breite und Höhe der Maschen des Leiterstichs gut abzählen. Der Leiterstich wird dabei wie ein gezählter Stich gearbeitet.

DER UMGEKEHRTE KETTENSTICH in 4 Schritten

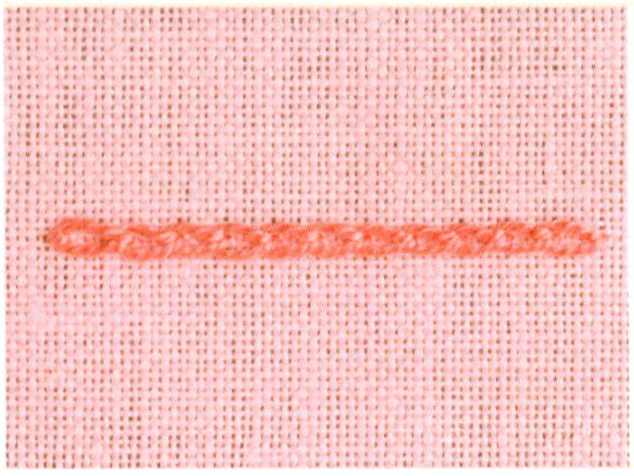

Schwierigkeitsgrad: sehr leicht, für Anfängerinnen geeignet.

Stoff und Garn: Der Umgekehrte Kettenstich lässt sich mit Garnen aus Baumwolle, Leinen, Seide oder Wolle auf jeder Art von Stoff sticken.

Stickrichtung: senkrecht von oben nach unten.

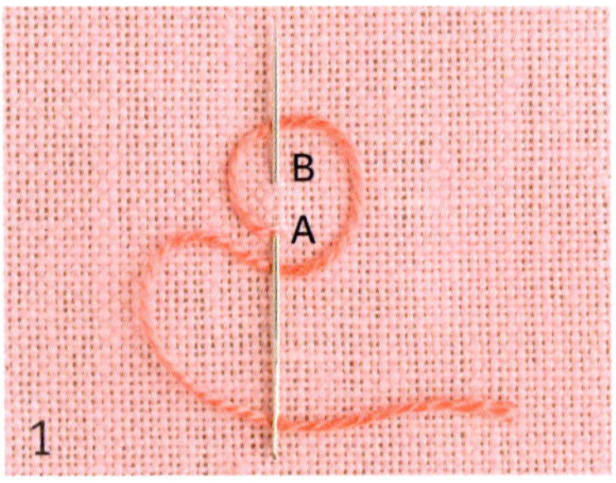

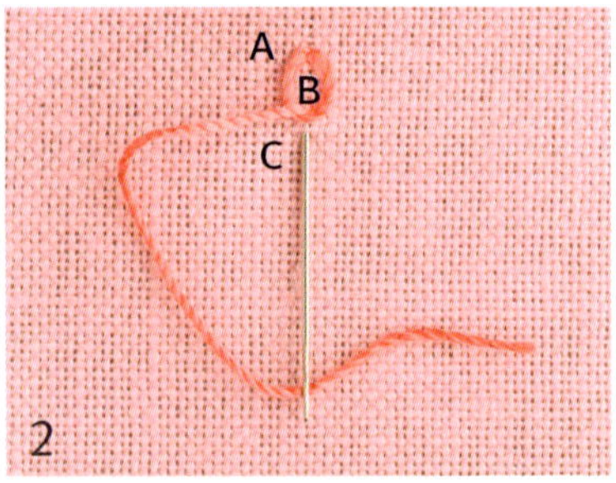

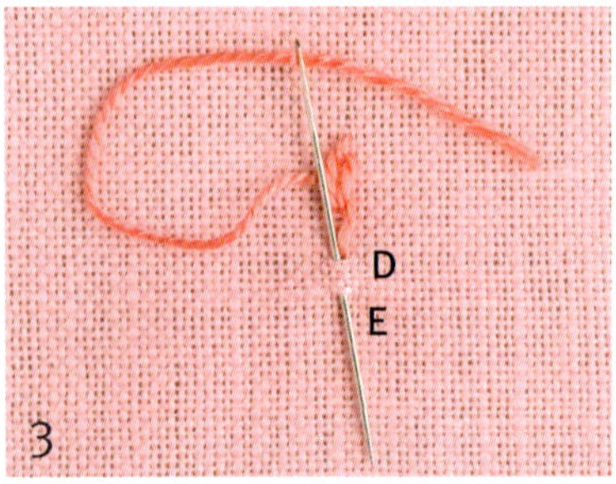

Der Kettenstich lässt sich auch auf einfachere Art sticken. Die Technik des Umgekehrten Kettenstichs eignet sich sehr gut für Anfängerinnen und sogar für Kinder, die mit dem Sticken beginnen.

SCHRITT 1

Bei A durchstechen, an derselben Stelle wieder einstechen und darüber bei B ausstechen. Den Faden unter die Nadel legen.

SCHRITT 2

Den Faden durchziehen, so dass eine Schlinge entsteht, bei C einstechen und dabei die Schlinge mit einem kleinen senkrechten Stich fixieren.

SCHRITT 3

Unterhalb von A bei D ausstechen. Die Nadel von rechts nach links unter der zuvor gelegten Schlinge durchführen, ohne das Gewebe zu erfassen. Nochmals bei D einstechen und bei E wieder ausstechen.

Schritt 3 wiederholen und so die ganze Reihe arbeiten. Am Ende der Reihe nach der letzten Schlinge in den Stoff stechen. Wenn die Schlingen nicht auf dem Stoff fixiert werden sollen den Arbeitsfaden mit dem Nadelöhr voraus durchschieben.

DER MARGERITENSTICH in 2 Schritten

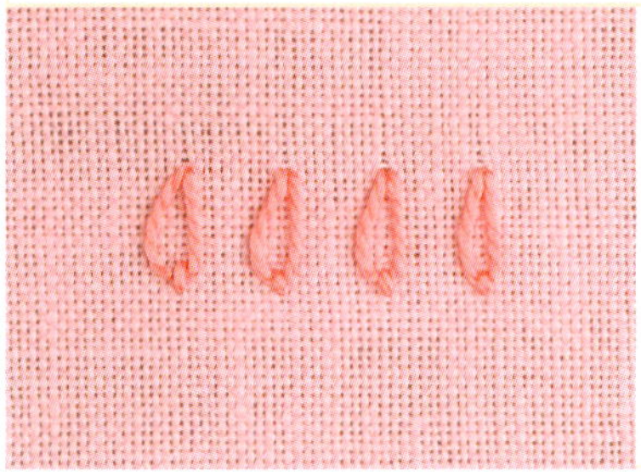

Schwierigkeitsgrad: sehr leicht, für Anfängerinnen geeignet.

Stoff und Garn: Der Margeritenstich lässt sich mit Garnen aus Baumwolle, Leinen, Seide oder Wolle auf jeder Art von Stoff sticken.

Stickrichtung: senkrecht von oben nach unten.

TIPP

Bei manchen feinen Stoffen scheint der lose Faden zwischen den Margeritenstichen von der Rückseite durch. Um diesen unschönen Effekt zu vermeiden, sollten Sie nach jeder fertigen Schlinge den Arbeitsfaden auf der Rückseite vernähen und abschneiden, dann ein Stück weiter wieder neu beginnen.

Der Margeritenstich ist ein Kettenstich, bei dem jede Schlinge einzeln für sich steht. Er kann zum Sticken luftiger Füllungen oder blütenförmiger Gruppen verwendet werden.

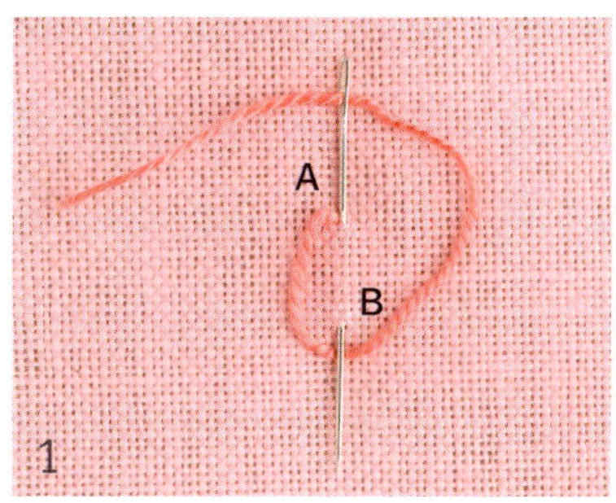

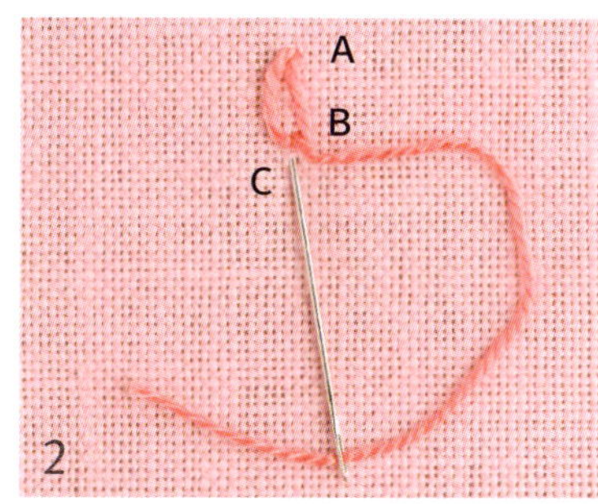

SCHRITT 1

Bei A durchstechen. Nochmals in dieselbe Stelle einstechen und ein paar Millimeter unterhalb von A bei B wieder ausstechen. Den Faden unter die Nadelspitze legen und vorsichtig durchziehen, so dass eine Schlinge entsteht.

SCHRITT 2

Zum Schluss bei C wieder einstechen und dabei einen kleinen senkrechten Stich über der Fadenschlinge ausführen.

In etwas Abstand zum ersten Kettenstich die Arbeitsschritte 1 und 2 wiederholen und so den nächsten Stich sticken.

DER DOPPELTE MARGERITENSTICH in 4 Schritten

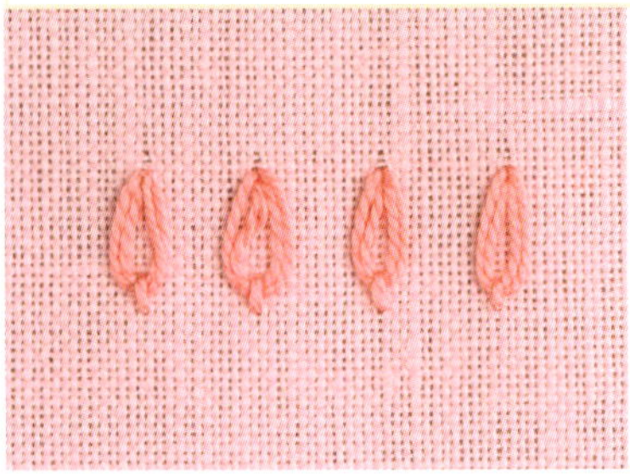

Schwierigkeitsgrad: mittelschwer, für Stickerinnen mit Vorkenntnissen.

Stoff und Garn: Der Doppelte Margeritenstich lässt sich mit Garnen aus Baumwolle, Leinen, Seide oder Wolle auf jeder Art von Stoff sticken.

Stickrichtung: senkrecht von oben nach unten.

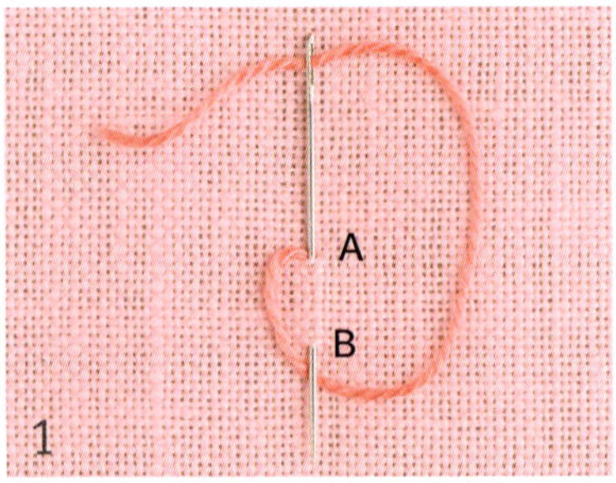

Mit dem aufwändigeren Doppelten Margeritenstich lässt sich eine besondere Wirkung beim Sticken von Blütenblättern erzielen. Damit sie harmonisch aussehen, sollte man die Schlingen so anordnen, dass der kleine Stich zum Befestigen der Schlinge an der Außenseite der Blume liegt.

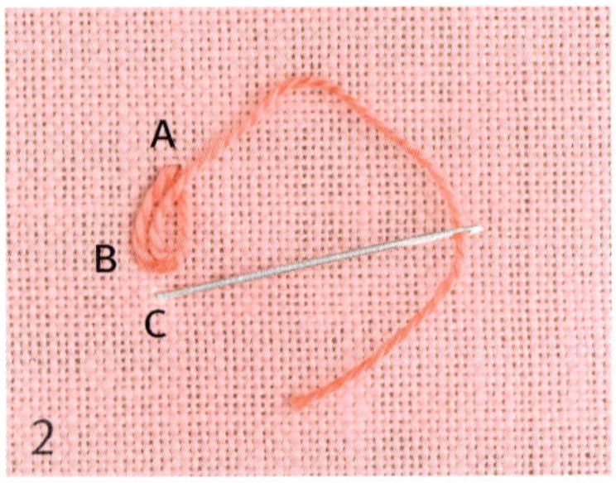

SCHRITT 1

Bei A durchstechen. Nochmals in dieselbe Stelle einstechen und einige Millimeter unterhalb von A bei B wieder ausstechen. Den Faden unter die Nadel legen und durchziehen, so dass eine lockere Schlinge entsteht.

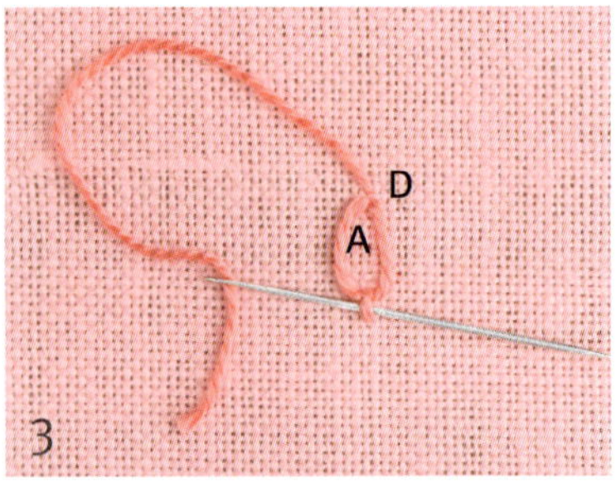

SCHRITT 2

Bei C einstechen und dabei die Schlinge mit einem kleinen senkrechten Stich fixieren.

SCHRITT 3

Nun wieder oberhalb von A bei D ausstechen. Die Nadel unter dem kleinen senkrechten Stich hindurchführen.

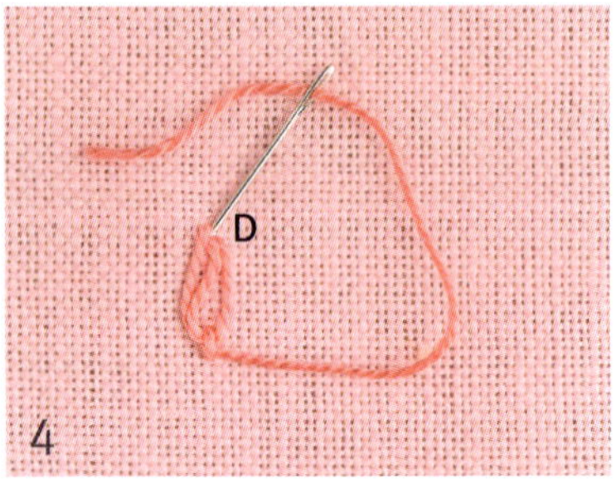

SCHRITT 4

Nochmals bei D einstechen. Den Faden vorsichtig durchziehen, so dass er neben die innere Schlinge zu liegen kommt.

In etwas Abstand den ganzen Vorgang von Schritt 1 bis 4 wiederholen und so den nächsten Stich ausführen.

DER UMSCHLUNGENE KETTENSTICH in 2 Schritten

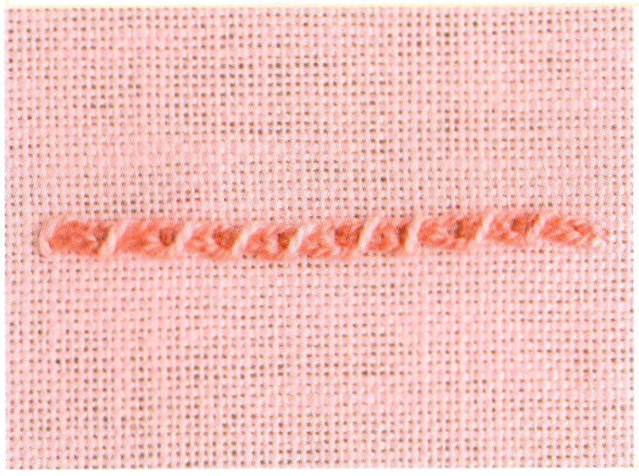

Schwierigkeitsgrad: mittelschwer, für Stickerinnen mit Vorkenntnissen.

Stoff und Garn: Der Umschlungene Kettenstich lässt sich mit Garnen aus Baumwolle, Leinen, Seide oder Wolle auf jeder Art von Stoff sticken.

Stickrichtung: senkrecht von oben nach unten.

TIPP

Der Umschlungene Kettenstich eignet sich gut zum Sticken von Monogrammen auf Ihrer Tisch- und Bettwäsche, denn er passt sich jeder Rundung an. Um die gewünschte Reliefwirkung zu erzielen, können Sie Perlgarn, Mattstickgarn oder Vierfach-Stickgarn verwenden.

Der Umschlungene Kettenstich gehört zu den zusammengesetzten Bordürenstichen. Er besteht aus einer Basisreihe aus Kettenstichen, die mit einer zweiten Reihe überstickt wird. Er sieht wie eine runde Kordel aus; am besten kommt er zweifarbig zur Geltung.

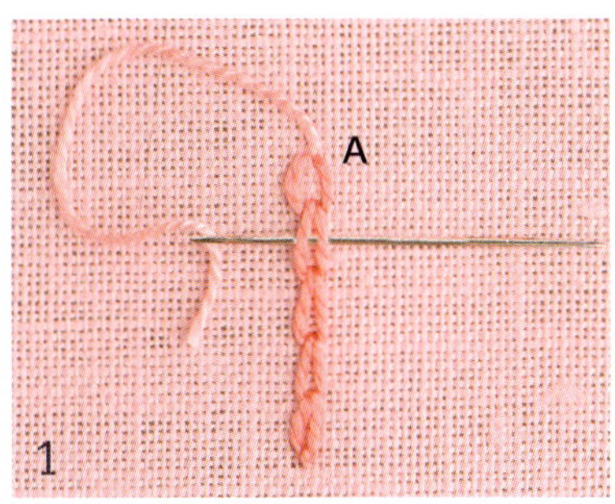

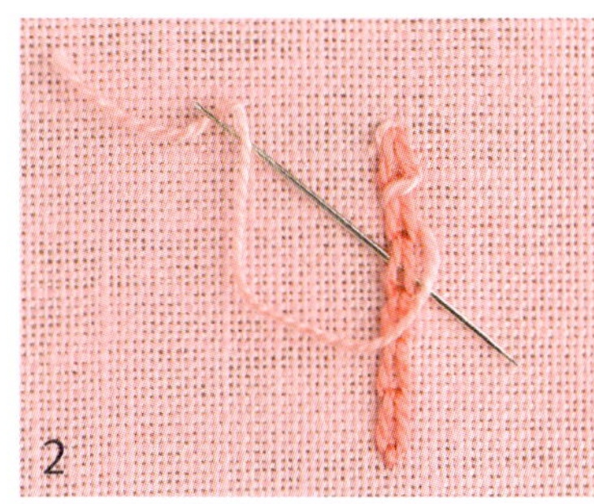

Mit einer Reihe Kettenstiche (siehe S. 32) beginnen.

SCHRITT 1

Einen neuen Arbeitsfaden einfädeln. Am Anfang der Kettenstichreihe bei A durchstechen und die Nadel von links nach rechts unter dem nächsten Stich hindurchführen.

SCHRITT 2

Vorsichtig durchziehen, so dass ein leicht schräger Stich entsteht. Unter der nächsten Schlinge wie in Schritt 1 arbeiten.

In dieser Weise die ganze Reihe sticken, am Schluss den Arbeitsfaden von links nach rechts ziehen und knapp neben der letzten Schlinge durch den Stoff stechen.

Einkaufstasche

Ein kreisförmiges Mistelmotiv schmückt eine elegante Einkaufstasche aus Leinen. Das Motiv kommt ebenso auf anderen Textilien, wie z. B. Seidentaft, Baumwollsamt oder einem schönen Wollstoff, gut zur Geltung. Hier kann jede Stickerin spielerisch mit Farben und Stoffen experimentieren.

WISSENSWERTES

Schwierigkeitsgrad
Leicht

Stickstiche
Kettenstich (siehe S. 32)
Knötchenstich (siehe S. 74)

Maße
Die fertige Einkaufstasche ist 33 x 28 cm groß.
Das Stickmotiv in der Mitte hat einen Durchmesser von 15 cm.

MATERIAL

1 naturfarbene Leineneinkaufstasche
1 Strang Anchor Sticktwist in den Farben: Elfenbein (Fb. 926), Blaugrün (Fb. 1062), Opalingrün (Fb. 213), Gelbgrün (Fb. 907), Eichenbraun (898)
1 feine Sticknadel
Stickrahmen
Pauspapier
blaues Durchschlagpapier
Kugelschreiber
1,5 m gelbgrünes Samtband, 1 cm breit

MOTIV

Das Mistelmotiv vergrößern und auf Pauspapier übertragen.

Die Vorderseite der Einkaufstasche abmessen, um die Mitte zu bestimmen. Die Mustervorlage so auf den Stoff legen, dass die Mitte des Motivs mit dem Mittelpunkt der Einkaufstasche übereinstimmt. Die Mustervorlage auf zwei Seiten feststecken. Das Durchschlagpapier mit der beschichteten Seite nach unten zwischen Stoff und Mustervorlage schieben. Mit dem Kugelschreiber die Konturen des Motivs nachzeichnen. Danach Durchschlagpapier und Stechknadeln entfernen.

STICKEN

Zwei Fäden Sticktwist nehmen und den Stoff in den Rahmen spannen. Mit den Blättern in Gelbgrün und Opalingrün beginnen, dann die Stiele in der Farbe Blaugrün arbeiten. Danach die Früchte in Elfenbein sticken. In die Mitte jeder Frucht einen blaugrünen Knötchenstich (siehe S. 74) setzen.

Zum Schluss die Randlinie des Motivs in Eichenbraun sticken.

Den Stickrahmen je nach Bedarf versetzen.

FERTIGSTELLEN

Die Leinenhenkel der Tasche entfernen und durch Henkel aus doppeltem Samtband ersetzen.

Auf 90% verkleinert

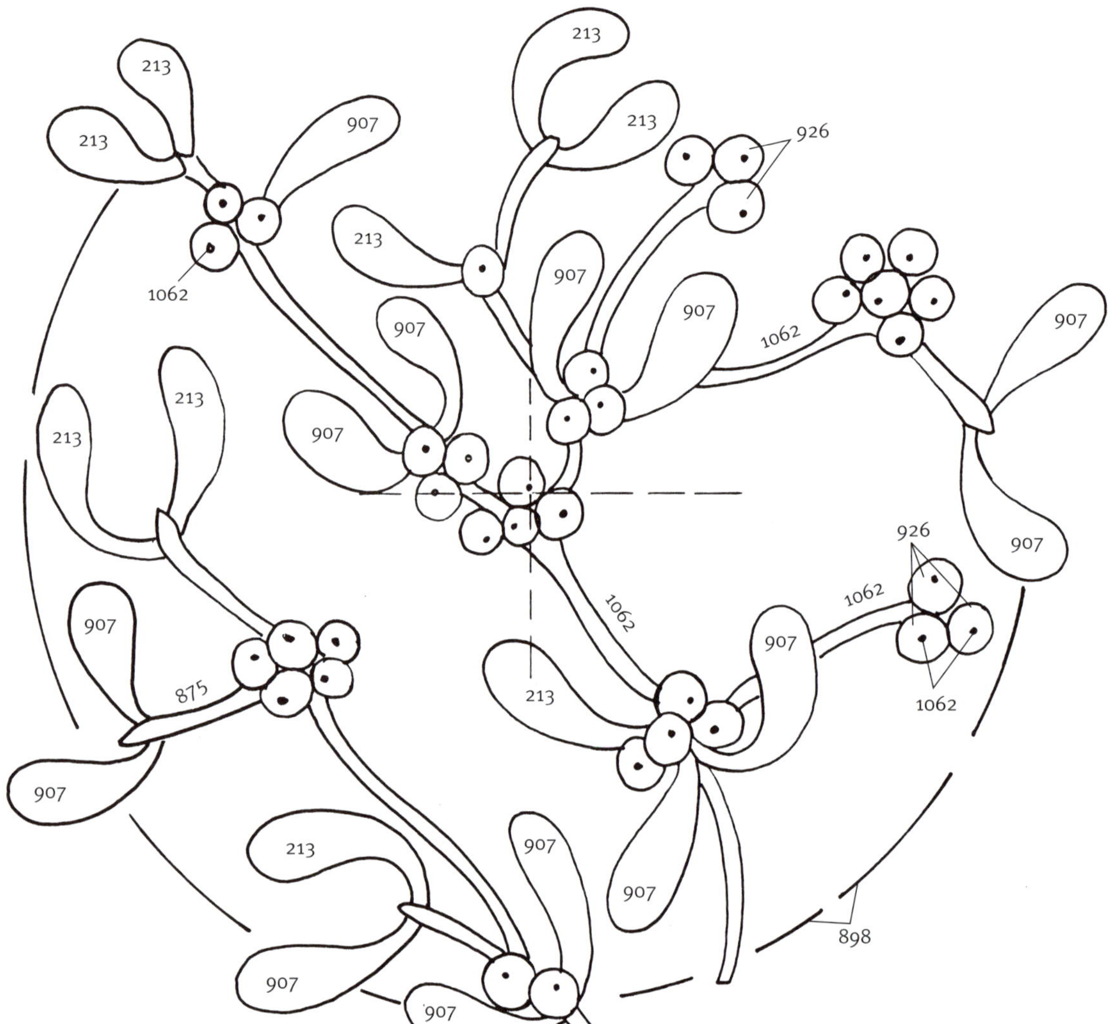

HINWEIS

Damit die Füllung regelmäßig wird, umranden Sie das Motiv zuerst mit Kettenstichen. Sticken Sie dann mit demselben Faden eine zweite Reihe neben die erste, dann eine dritte usw. Füllen Sie so das Motiv nach und nach von außen nach innen aus.

Der Federstich in Variationen

Die Federstiche sind eine Variation der Kettenstiche. Die Reihen bestehen hier aus geöffneten spitzen Schlingen. Mit den Stickereien aus dieser Gruppe lassen sich große und dichte Bordüren gestalten, mit denen man sowohl Kleidungsstücke als auch Einrichtungsgegenstände verzieren kann.

DER FEDERSTICH in 4 Schritten

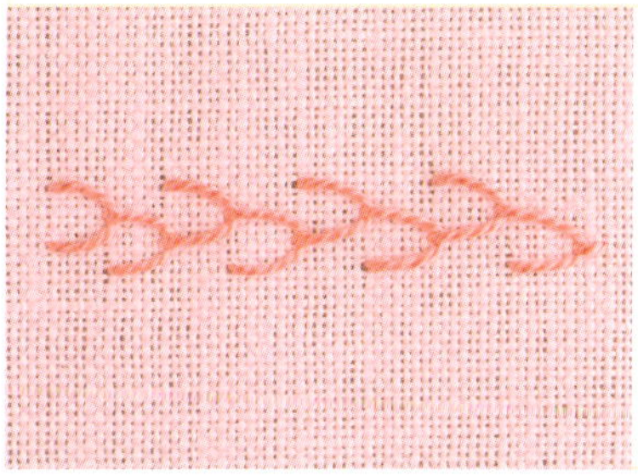

Schwierigkeitsgrad: sehr leicht, für Anfängerinnen geeignet.

Stoff und Garn: Der Federstich lässt sich mit Garnen aus Baumwolle, Leinen, Seide oder Wolle auf jeder Art von Stoff sticken.

Stickrichtung: senkrecht von oben nach unten.

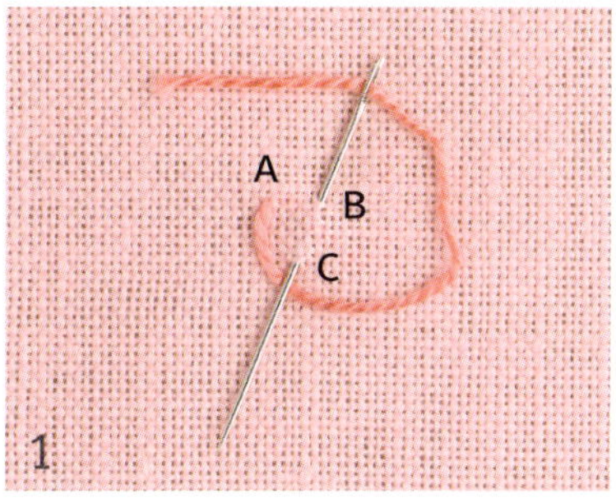

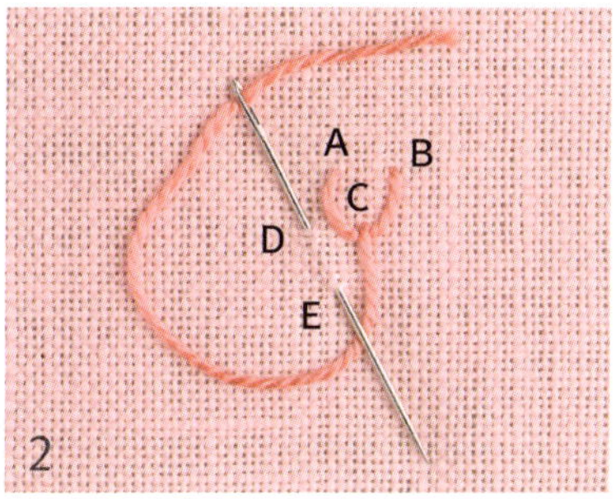

Den Federstich findet man vor allem in der Smokstickerei. Er wird auch zur Verzierung von so genanntem „crazy“ Patchwork verwendet.

SCHRITT 1

Bei A durchstechen. Rechts von A auf derselben Höhe bei B einstechen. Einige Millimeter darunter zwischen A und B bei C wieder ausstechen. Den Faden unter die Nadel legen und vorsichtig durchziehen, so dass eine offene Schlinge entsteht.

SCHRITT 2

Einige Millimeter links von C auf derselben Höhe bei D einstechen. Einige Millimeter darunter zwischen C und D bei E wieder ausstechen.

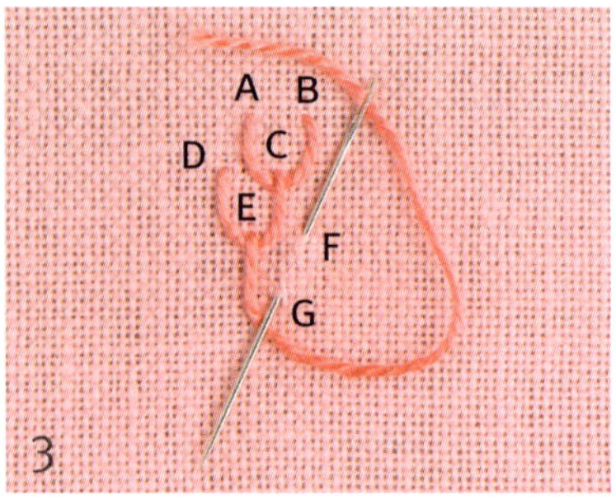

SCHRITT 3

Einige Millimeter unter B bei F einstechen. Einige Millimeter darunter zwischen E und F bei G wieder ausstechen. Den Faden unter die Nadel legen und vorsichtig durchziehen, so dass eine offene Schlinge entsteht.

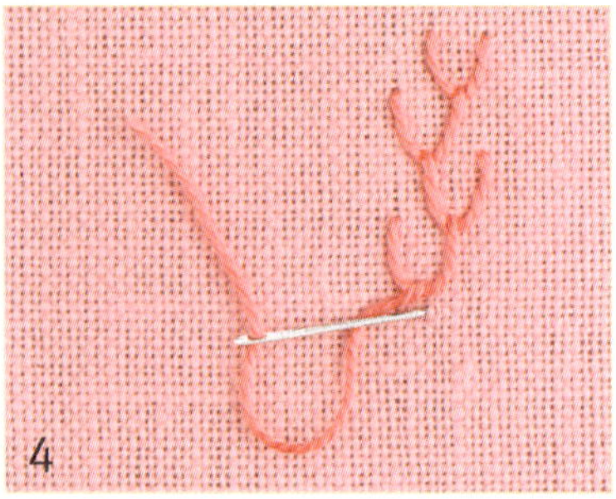

SCHRITT 4

Schritt 2 und 3 wiederholen und so fortfahren. Am Ende der Reihe die offene Schlinge mit einem geraden Überfangstich fixieren.

TIPP

Wird der Federstich breit gearbeitet, ergibt sich ein Bild von weit offenen Schlingen, die abwechselnd nach links und nach rechts gerichtet sind.

DER DOPPELTE FEDERSTICH in 3 Schritten

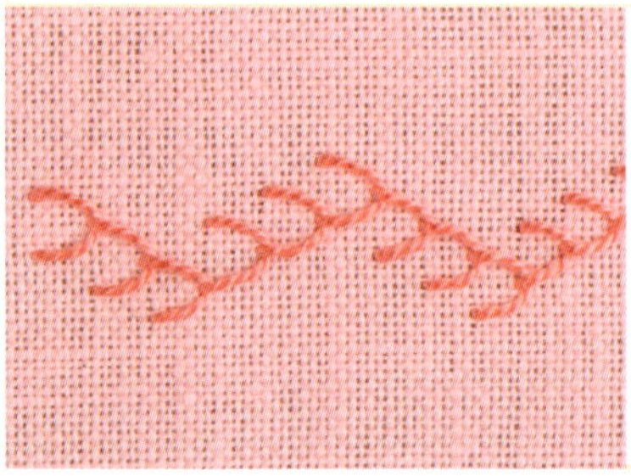

Schwierigkeitsgrad: mittelschwer, für Stickerinnen mit Vorkenntnissen.

Stoff und Garn: Der Doppelte Federstich lässt sich mit Garnen aus Baumwolle, Leinen, Seide oder Wolle auf jeder Art von Stoff sticken.

Stickrichtung: senkrecht von oben nach unten.

TIPP

Die Größe der Zacken hängt von der Anzahl der offenen Schlingen ab, aus denen der Auf- und Abstrich jeweils besteht. Hier haben wir mit drei Stichen gearbeitet; so viele braucht man mindestens, um eine schöne Zackenzeichnung zu erzielen.

Der Doppelte Federstich wird ebenfalls in der Smok- und Bordürenstickerei angewandt. Durch die Zackenzeichnung gehört er zu den dekorativsten Bordürenstichen.

Die Auf- und Abstriche der Zacken beim Doppelten Federstich bestehen jeweils aus derselben Anzahl offener Schlingen. Man arbeitet die Stiche abwechselnd schräg nach links und schräg nach rechts von oben nach unten.

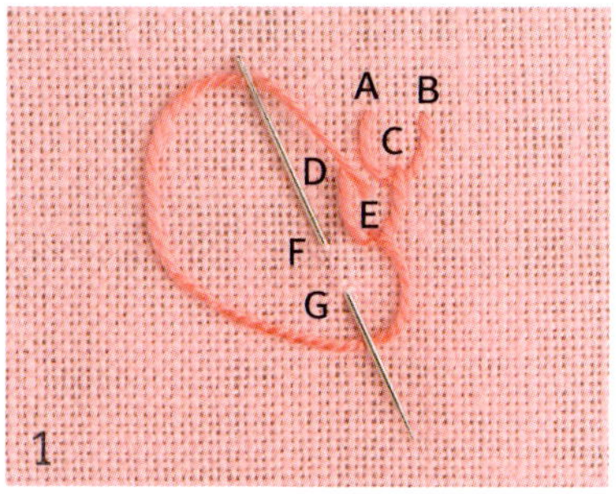

SCHRITT 1

Bei A durchstechen. Rechts auf der Höhe von A bei B einstechen. Einige Millimeter darunter zwischen A und B bei C wieder ausstechen. Den Faden unter die Nadel legen und durchziehen, so dass eine offene Schlinge entsteht. Bei D, E, F und G fortfahren und dabei die Stiche nach links versetzen.

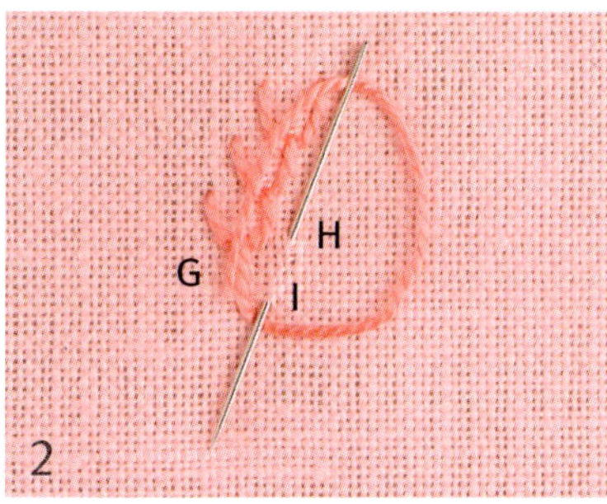

SCHRITT 2

Der vierte Stich wird nach rechts versetzt und liegt somit genau unter dem zweiten Stich. Auf der Höhe von G einige Millimeter weiter rechts bei H einstechen. Bei I wieder ausstechen, den Faden unter die Nadel legen und locker durchziehen.

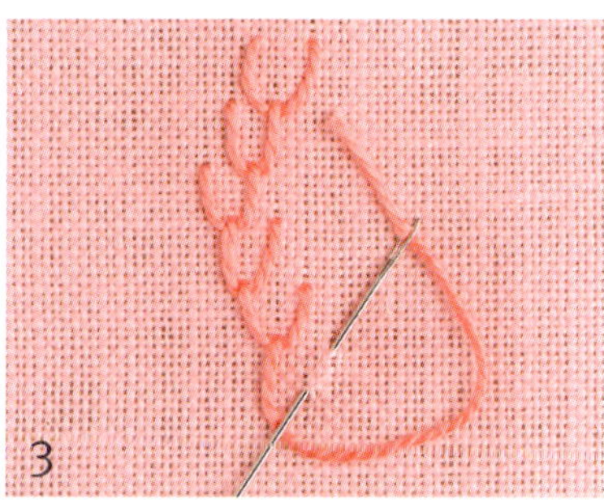

SCHRITT 3

Abwechselnd drei Stiche nach links und drei Stiche nach rechts arbeiten und so die Zackenreihe weitersticken.

Am Ende die offene Schlinge mit einem kleinen senkrechten Überfangstich fixieren.

DER UNREGELMÄSSIGE FEDERSTICH in 3 Schritten

Schwierigkeitsgrad: sehr leicht, für Anfängerinnen geeignet.

Stoff und Garn: Der Unregelmäoige Federstich lässt sich mit Garnen aus Baumwolle, Leinen, Seide oder Wolle auf jeder Art von Stoff sticken.

Stickrichtung: senkrecht von oben nach unten.

Der Unregelmäßige Federstich hat unterschiedlich lange Seiten. Er hat Ähnlichkeit mit einem Fischgrätmuster.

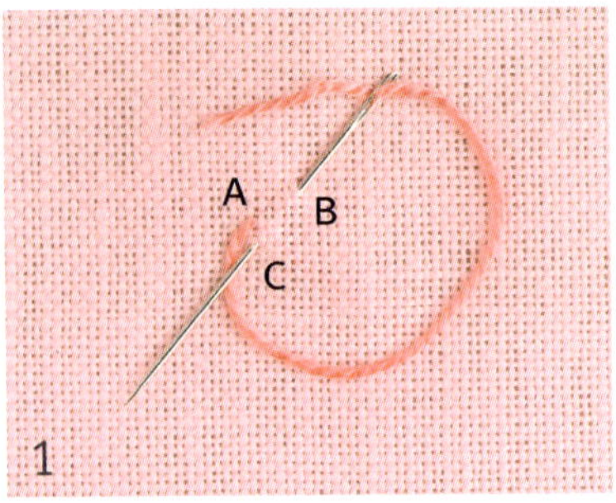

SCHRITT 1

Bei A durchstechen. Schräg aufwärts nach rechts bei B einstechen und unterhalb von A bei C wieder ausstechen. Den Faden unter die Nadel legen und locker durchziehen, so dass eine offene Schlinge entsteht.

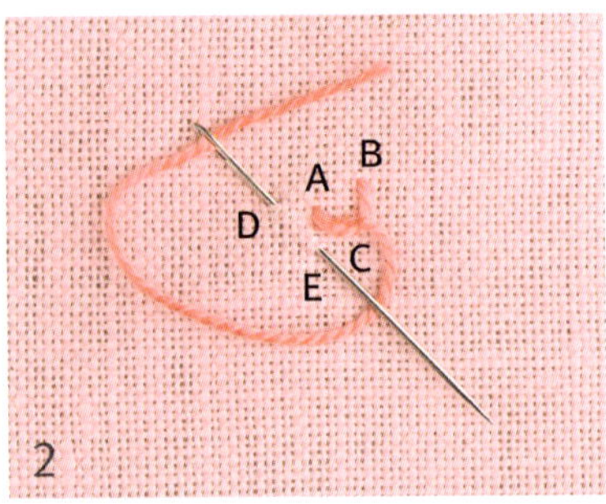

SCHRITT 2

Schräg aufwärts nach links bei D einstechen. Unter A und C bei E wieder ausstechen. Den Faden unter die Nadel legen und locker durchziehen.

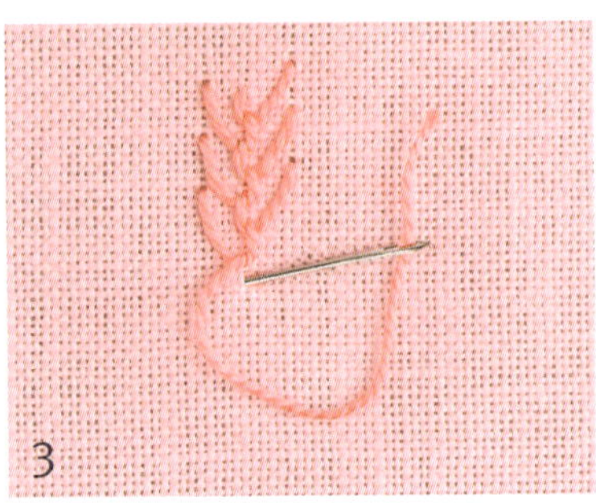

SCHRITT 3

Weiter abwechselnd einen Stich nach rechts und einen Stich nach links arbeiten, am Ende der Reihe die letzte offene Schlinge mit einem kleinen senkrechten Überfangstich fixieren.

TIPP

Die Seiten der Zacken sollten die ganze Reihe entlang gleich schräg geneigt und gleich lang sein. Damit das gelingt, empfiehlt es sich, einen Leinenstoff mit gut erkennbaren Gewebefäden zu verwenden (z. B. Baumwoll- oder Leinenzählstoff).

DER ÄHRENSTICH in 4 Schritten

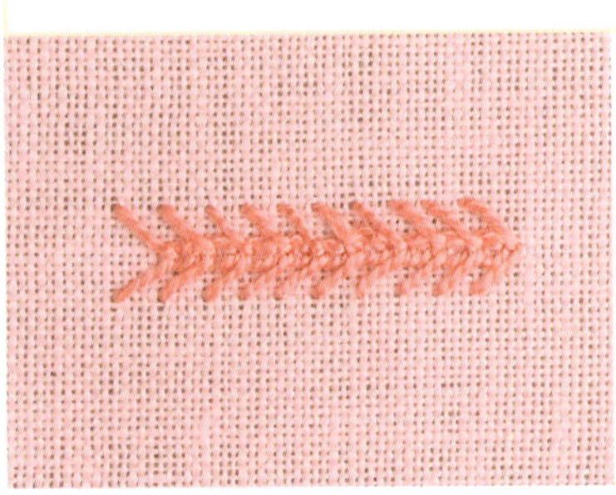

Schwierigkeitsgrad: mittelschwer, für Stickerinnen mit Vorkenntnissen.

Stoff und Garn: Der Ährenstich lässt sich auf jeder Art von Stoff sticken. Als Garn empfiehlt sich ein stark gedrehtes Baumwollgarn wie Perlgarn oder Mattstickgarn, das die beste Reliefwirkung hat.

Stickrichtung: senkrecht von oben nach unten.

Der Ährenstich wird sehr gern zum Sticken von Kornähren in Pflanzenmotiven verwendet. Er besteht aus einem Stich in Form eines Zackens, dessen Mitte durch eine geschlossene Schlinge betont wird.

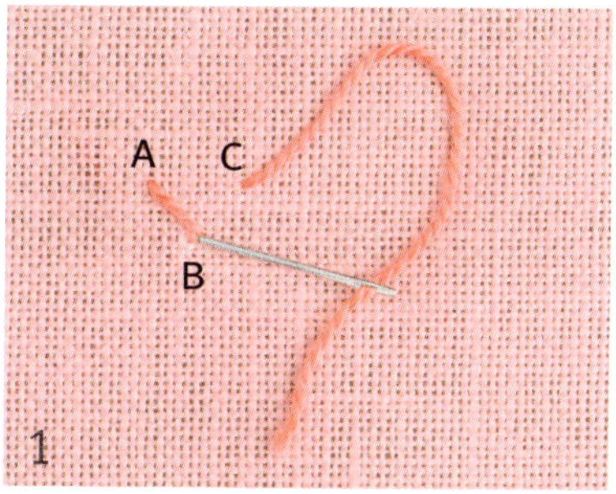

SCHRITT 1

Bei A durchstechen. Einige Millimeter schräg rechts darunter bei B wieder einstechen. Punkt B bildet die Mitte der Reihe. Auf der Höhe von A bei C ausstechen und bei B wieder einstechen.

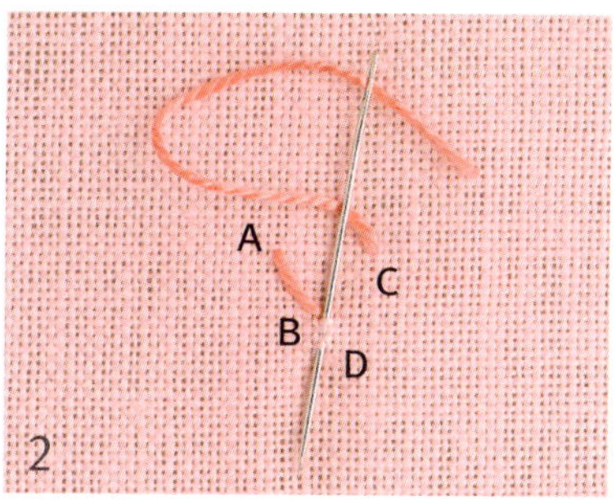

SCHRITT 2

Einige Millimeter unterhalb von B bei D ausstechen. Den Faden locker durchziehen.

SCHRITT 3

Die Nadel von rechts nach links unter den beiden Zackenseiten hindurchführen und so einen Kettenstich bilden.

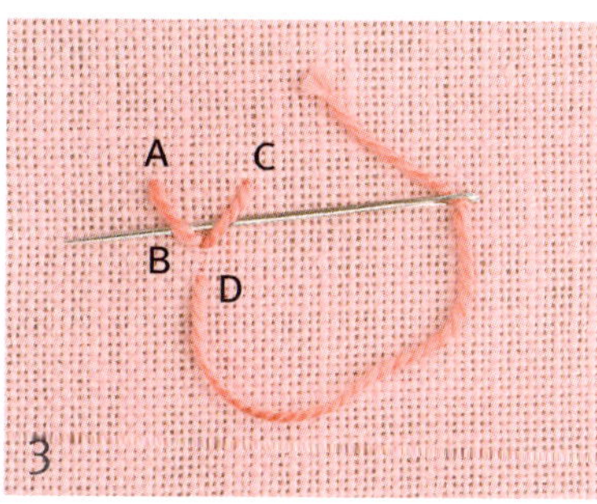

SCHRITT 4

Nochmals bei D einstechen, den Arbeitsfaden vorsichtig durchziehen, so dass eine Schlinge entsteht, und einige Millimeter unterhalb von A bei E ausstechen.

Den Vorgang ab Schritt 1 wiederholen und die Reihe bis zum letzten Zacken weitersticken.

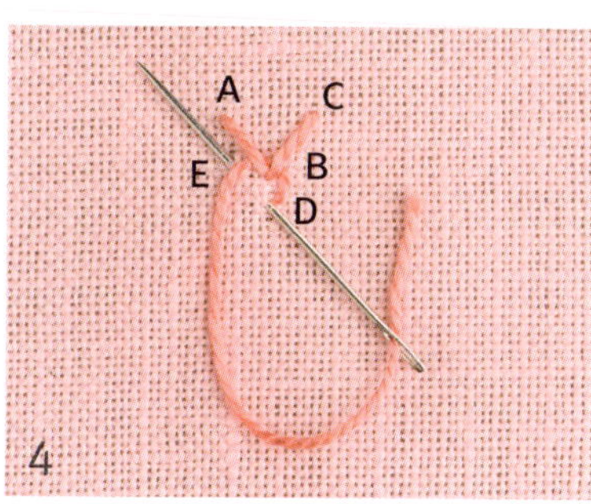

TIPP

Beim Sticken von Federmotiven können Sie mit dem Ährenstich durch seine Reliefmaserung schöne Ergebnisse erzielen. Setzen Sie die Stiche dicht nebeneinander, so dass die ganze Fläche des Motivs bedeckt wird, und passen Sie die Länge der Zackenseiten an das Federmuster an.

DER ANGELEGTE FEDERSTICH in 3 Schritten

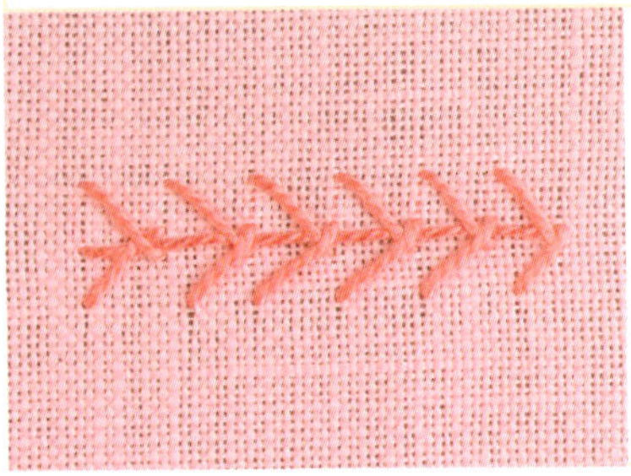

Schwierigkeitsgrad: sehr leicht, für Anfängerinnen geeignet.

Stoff und Garn: Der Angelegte Federstich lässt sich mit Garnen aus Baumwolle, Leinen, Seide oder Wolle auf jeder Art von Stoff sticken.

Stickrichtung: senkrecht von oben nach unten.

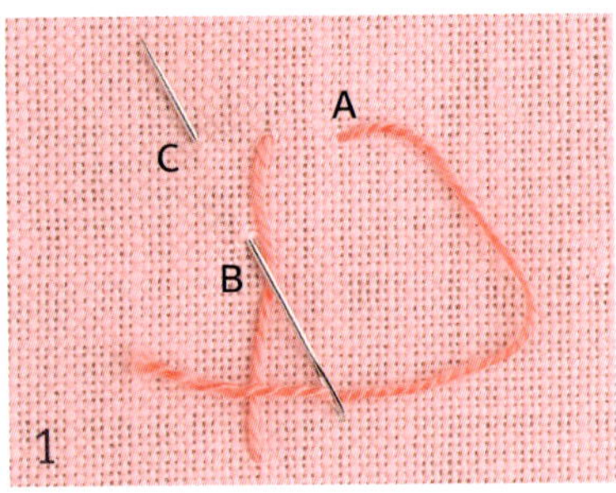

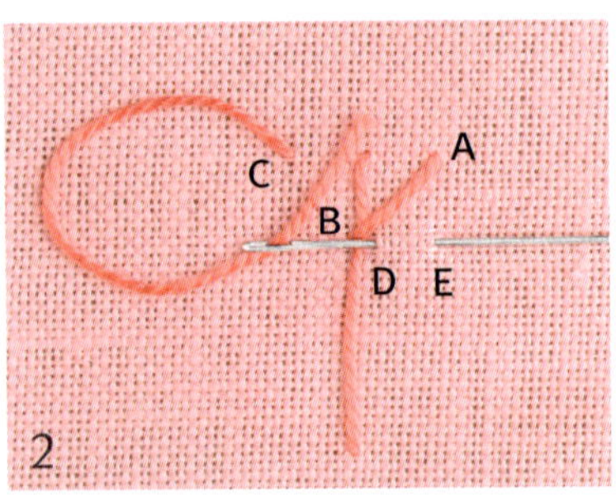

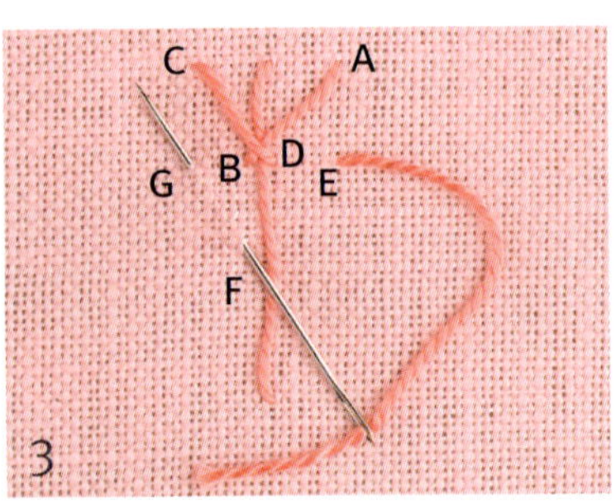

Der Angelegte Federstich, auch als Gekreuzter Federstich bekannt, eignet sich für die Darstellung von Stielen, Zweigen und Blättern in Pflanzenmotiven, wenn die Stiche eng gestickt werden. Der lange erste Stich, der im weiteren Verlauf dann „angelegt“ wird, kann auch in einer Kontrastfarbe gestickt werden. Wenn Sie hierfür Effektgarn verwenden, bekommt Ihre Stickarbeit eine ganz besondere Note.

SCHRITT 1

Einen langen senkrechten Stich (siehe S. 97) vorspannen. Einige Millimeter rechts von diesem Spannstich bei A ausstechen. Links vom Spannstich bei B einstechen. Links oberhalb davon auf der Höhe von A bei C wieder ausstechen.

SCHRITT 2

Rechts vom Spannstich auf der Höhe von B bei D einstechen. Einige Millimeter unterhalb von A bei E wieder ausstechen.

SCHRITT 3

Links vom Spannstich einige Millimeter unterhalb von B bei F einstechen. Links davon auf der Höhe von E bei G den Faden herausführen.

Die Zackenstriche abwechselnd links und rechts sticken und so die Reihe fortsetzen. Der Spannstich in der Mitte wird dabei mit sich überkreuzenden Stichen auf dem Stoff fixiert.

TIPP

Soll sich der Angelegte Federstich an geschwungenen Linien ausrichten, arbeiten Sie den angelegten Stich entlang der Motivlinie mit großen Steppstichen (siehe S. 25).

DER GESCHLOSSENE FEDERSTICH in 4 Schritten

Schwierigkeitsgrad: sehr leicht, für Anfängerinnen geeignet.

Stoff und Garn: Der Geschlossene Federstich lässt sich mit Garnen aus Baumwolle, Leinen, Seide oder Wolle auf jeder Art von Stoff sticken.

Stickrichtung: senkrecht von oben nach unten.

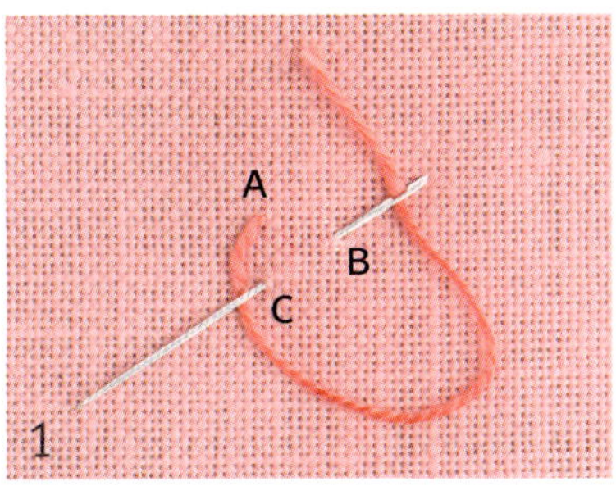

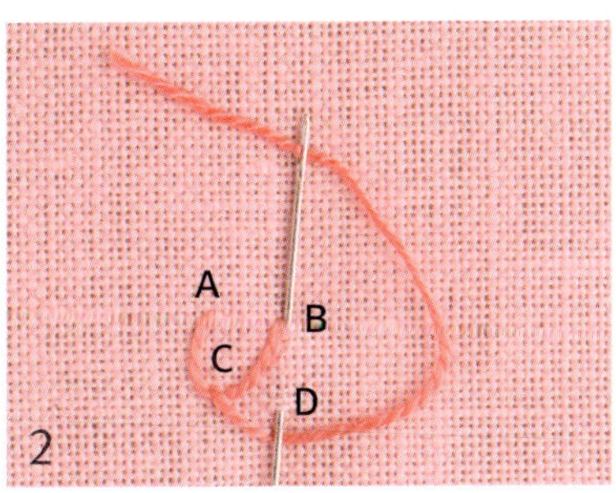

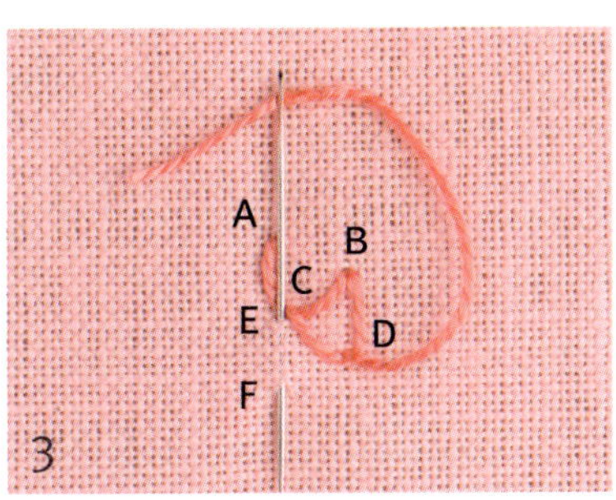

Der Geschlossene Federstich ist eine Abwandlung des einfachen Federstichs. Das geschlossene Motiv entsteht dadurch, dass die Seiten der Stiche gegeneinander gelegt werden. Man kann diesen Stich auch auf einem feinen farbigen Band sticken.

SCHRITT 1

Bei A durchstechen. Schräg nach rechts aufwärts bei B einstechen. Einige Millimeter unterhalb von A bei C wieder ausstechen. Den Faden unter die Nadel legen und locker durchziehen, so dass eine offene Schlinge entsteht.

SCHRITT 2

Bei B einstechen, dann einige Millimeter weiter unten bei D wieder ausstechen. Den Faden unter die Nadel legen und locker durchziehen, so dass eine offene Schlinge entsteht, die an der Seite des vorhergehenden Stichs geschlossen wird.

SCHRITT 3

Unter C bei E einstechen und einige Millimeter unter E bei F wieder ausstechen. Den Faden unter die Nadel zur Schlinge legen und locker durchziehen.

SCHRITT 4

Schritt 2 und 3 wiederholen und so die Reihe sticken. Die Federstiche im Wechsel nach rechts und nach links ausrichten. Die letzte Schlinge mit einem kleinen senkrechten Überfangstich fixieren.

DER KRETISCHE FEDERSTICH in 4 Schritten

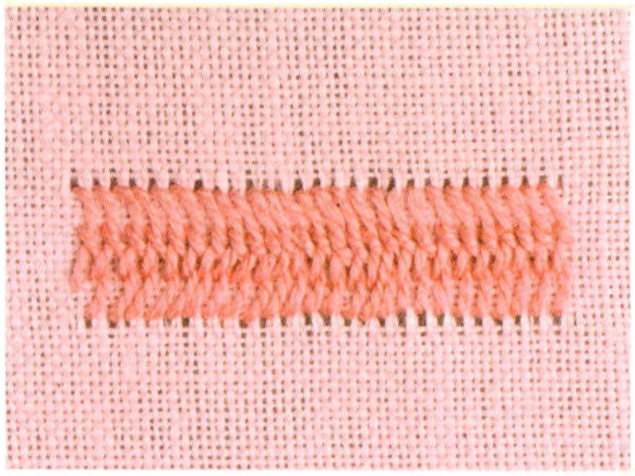

Schwierigkeitsgrad: sehr leicht, für Anfängerinnen geeignet.

Stoff und Garn: Der Kretische Federstich lässt sich mit Garnen aus Baumwolle, Leinen, Seide oder Wolle auf jeder Art von Stoff sticken.

Stickrichtung: senkrecht von oben nach unten.

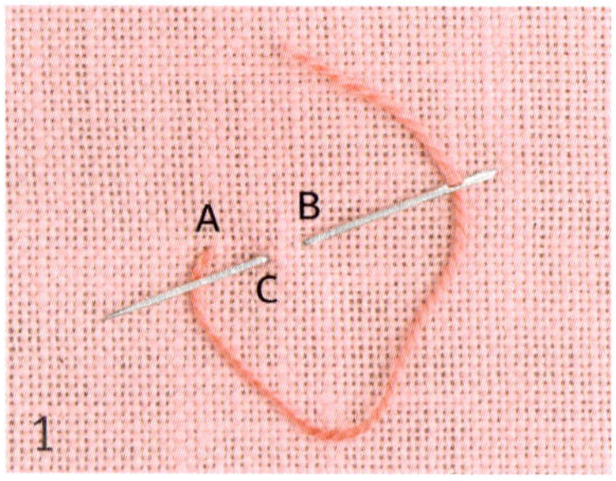

1

In dieser Variante des Federstichs werden die Schlingen weit offen, fast waagrecht gestickt. Den Kretischen Federstich findet man häufig auf bestickten Trachten aus Kreta; er heißt auch Kretischer Stich.

SCHRITT 1

Bei A durchstechen, dann nach rechts versetzt bei B einstechen und bei C wieder ausstechen. Den Faden unter die Nadel legen und locker durchziehen. Die leicht schräg stehenden Stiche sehen aus, als wären sie auf einer waagrechten Ebene gearbeitet.

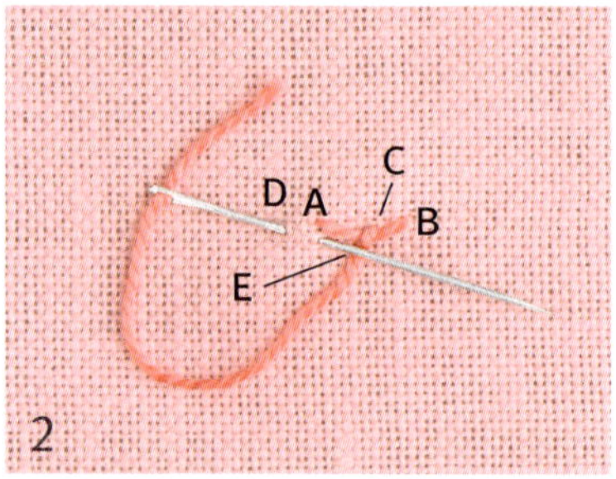

2

SCHRITT 2

Links von A bei D einstechen. Unterhalb von A bei E wieder ausstechen, den Faden unter die Nadel legen und die offene Schlinge locker durchziehen.

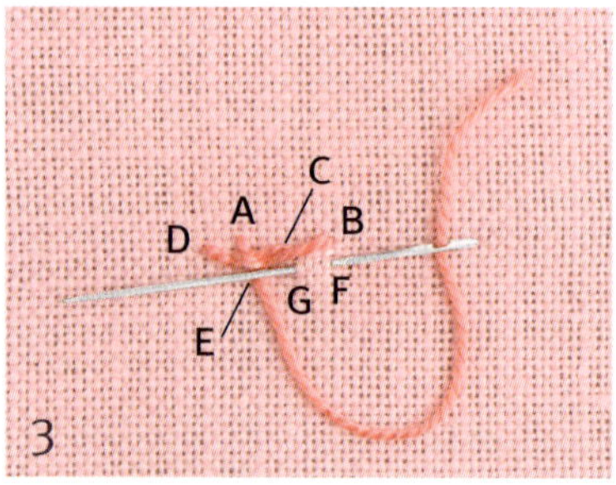

3

SCHRITT 3

Rechts unter B bei F einstechen und unterhalb von C bei G wieder ausstechen. Den Faden unter die Nadel legen und die offene Schlinge locker durchziehen.

4

SCHRITT 4

Nun Schritt 2 und 3 wiederholen und so die Reihe arbeiten. Abwechselnd Stiche nach rechts und nach links sticken. Am Schluss den letzten Stich mit einem kleinen senkrechten Überfangstich fixieren.

Rahmen

Die Arabesken dieses Motivs erinnern an die Rankenornamente klassischer Rahmen. Es ist ein gutes Beispiel dafür, dass der Federstich auch zu geschwungenen und relativ komplexen Mustern passt. Wenn man das Motiv vergrößert, kann man es auch anderweitig anwenden, z. B. als Bordüre für ein Kissen oder als dekorative Ecken auf einer Tischdecke.

WISSENSWERTES

Schwierigkeitsgrad
Mittelschwer

Stickstich
Federstich (siehe S. 43)

Maße
Der fertige Rahmen ist 25 x 25 cm groß.
Das gestickte Arabeskenmotiv misst 9 x 9 cm.

MATERIAL

40 x 40 cm Baumwollstoff, lavendelblau
2 Strang Anchor Vierfach-Stickgarn Nr. 16 in Weiß (Fb. 1)
Mittelgroße spitze Sticknadel
Stickrahmen
Pauspapier
blaues Durchschlagpapier
Kugelschreiber
Schaumpappe
Stecknadeln
Textilkleber

MOTIV

Das Arabeskenmotiv vergrößern und auf Pauspapier übertragen.

Die Konturen des Rahmens mit einem Heftfaden markieren und die Mustervorlage so auf den Stoff legen, dass die Ecken des Motivs mit denen des Rahmens übereinstimmen.

Die Mustervorlage auf zwei Seiten feststecken.

Das Durchschlagpapier mit der beschichteten Seite nach unten zwischen Stoff und Mustervorlage schieben. Mit dem Kugelschreiber die Konturen des Motivs nachzeichnen. Danach Durchschlagpapier und Stecknadeln entfernen.

STICKEN

Den Stoff in den Rahmen spannen.

Das Arabeskenmotiv von außen nach innen arbeiten. Zum Schluss die Fäden auf der Rückseite verwahren, den Arbeitsfaden abschneiden und mit der nächsten Ecke weitermachen.

Den Stickrahmen je nach Bedarf versetzen.

FERTIGSTELLEN

Die Rahmenform aus Schaumpappe ausschneiden.

Das Quadrat in der Mitte 1,5 cm oberhalb der gestrichelten Linie

HINWEIS

Die Federstichreihen sollen wie aufgesetzte Litzen wirken. Dazu müssen die beiden Linien der Arabeskenbögen deutlich aufgezeichnet werden. Der Federstich wird zwischen den beiden parallel laufenden Linien geführt, der Stich bleibt immer gleich breit.

(mit einer Schere) aus dem bestickten Stoff ausschneiden. Den Stoff auf die Pappe spannen, mit ein paar Stecknadeln auf der Schaumpappe befestigen und den überstehenden Stoff auf der Rückseite der Pappe einschlagen. Die Ecken des Stoffs passend abschneiden und den Stoff auf der Rückseite der Pappe festkleben. Ein weiteres Pappquadrat mit 25 cm Seitenlänge ausschneiden und auf der Rückseite der Pappe befestigen.

Auf 50 % verkleinert

Der Hexenstich in Variationen

Diese Gruppe besteht aus langen und gekreuzten Stichen. Hexenstiche sind schon seit der Antike bekannt und tragen häufig den Namen einer Region, in der sie seit Jahrhunderten verwendet werden. Sie sind vor allem auf großen flächendeckenden Schmuckfriesen zu finden; manchmal werden sie als gezählte Stiche gearbeitet und mit anderen Sticktechniken wie z.B. Kreuzstichmotiven kombiniert.

DER HEXENSTICH in 3 Schritten

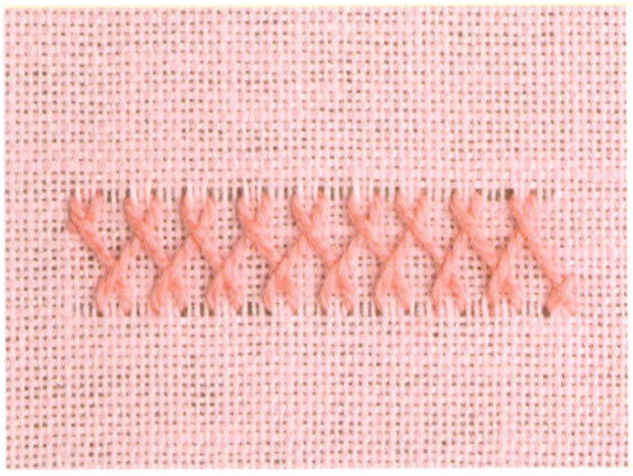

Schwierigkeitsgrad: sehr leicht, für Anfängerinnen geeignet.

Stoff und Garn: Der Hexenstich lässt sich mit Garnen aus Baumwolle, Leinen, Seide oder Wolle auf jeder Art von Stoff sticken.

Stickrichtung: waagrecht von links nach rechts.

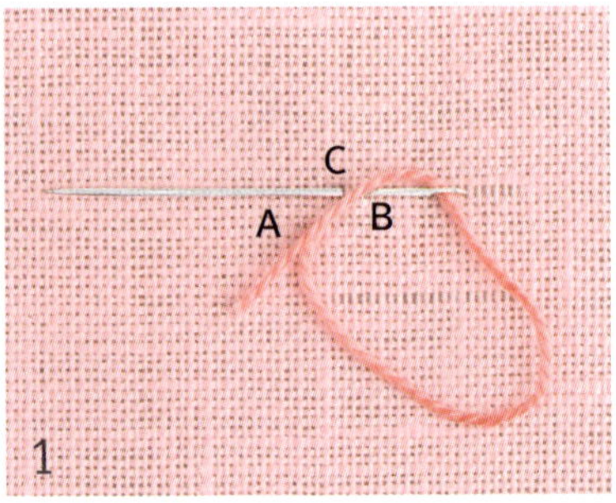

In der Schneiderei wird der Hexenstich zum Nähen von Säumen benutzt und heißt dann Flanellstich. Beim Sticken kann er entweder als gezählter Stich auf einem Leinenstoff mit gut erkennbaren Gewebefäden oder zwischen zwei parallelen Linien eines Motivs auf feineren Stoffen gearbeitet werden. Für einen eindeutigen Verlauf des Stichs zwischen der oberen und der unteren Linie kann man zur Markierung seiner Außengrenze zwei Fäden ziehen.

SCHRITT 1

Am Anfang der Reihe links zwischen den beiden Hilfslinien bei A durchstechen. Rechts davon an der oberen Hilfslinie bei B einstechen. Auf derselben Linie bei C wieder ausstechen.

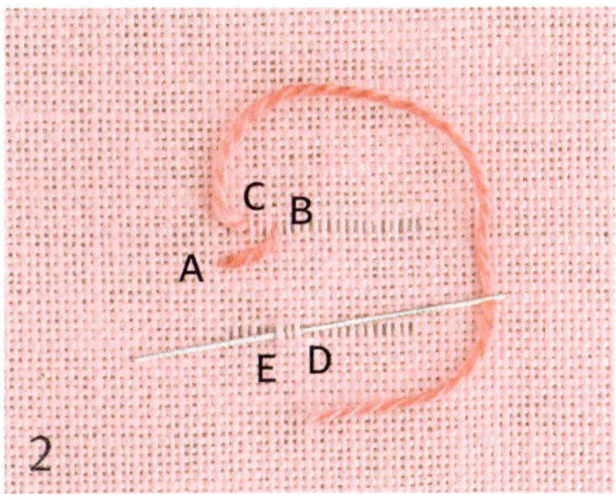

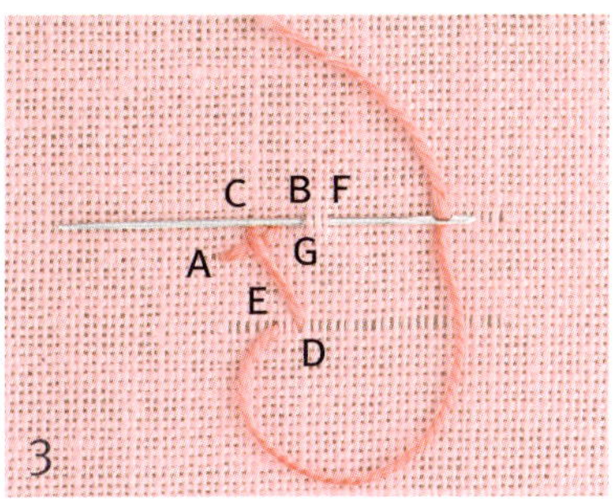

SCHRITT 2

Rechts schräg darunter an der unteren Hilfslinie bei D wieder einstechen. Weiter links auf dieser Linie bei E wieder ausstechen. Die ersten beiden Stiche liegen über Kreuz.

SCHRITT 3

Weiter rechts auf der oberen Hilfslinie weiter bei F wieder einstechen und bei G ausstechen.

Schritt 2 und 3 wiederholen und zum Abschluss einen halben Schrägstich setzen.

TIPP

Die besten Ergebnisse erzielen Sie, wenn Sie den Hexenstich mit einem dicken, stark gedrehten Garn, wie Perlgarn oder Mattstickgarn, sticken.

DER GESCHLOSSENE HEXENSTICH in 3 Schritten

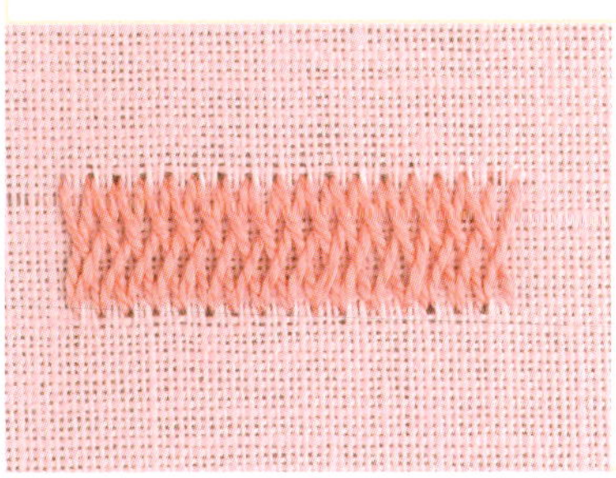

Schwierigkeitsgrad: sehr leicht, für Anfängerinnen geeignet.

Stoff und Garn: Der Geschlossene Hexenstich lässt sich mit Garnen aus Baumwolle, Leinen, Seide oder Wolle auf jeder Art von Stoff sticken.

Stickrichtung: waagrecht von links nach rechts.

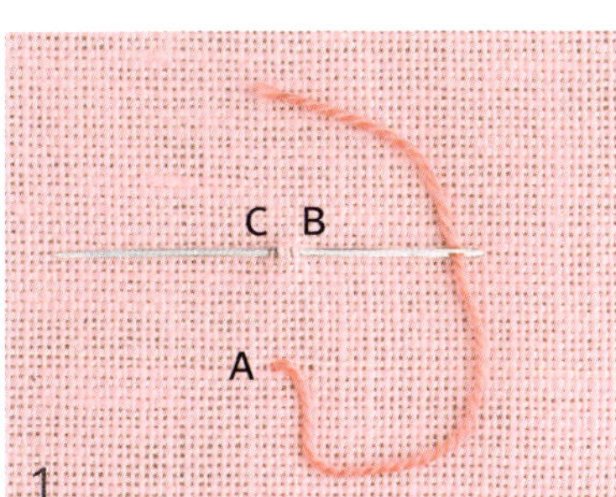

Der Geschlossene Hexenstich, auch Kreuzsteppstich genannt, wird wie der Offene Hexenstich gestickt, jedoch bilden seine eng nebeneinander liegenden Stiche ein flächendeckendes Gitter aus Schrägstichen. Für einen eindeutigen Verlauf des Stichs zwischen der oberen und der unteren Linie kann man zur Markierung seiner Außengrenze zwei Fäden ziehen.

SCHRITT 1

An der unteren Linie bei A durchstechen. Rechts schräg darüber an der oberen Hilfslinie bei B einstechen. Weiter links auf dieser Linie bei C wieder ausstechen.

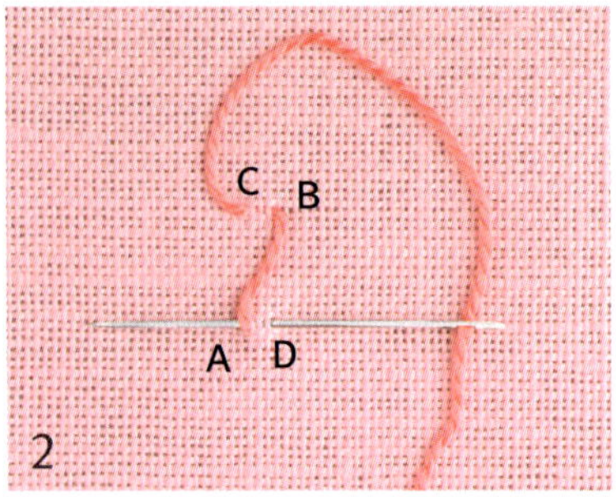

SCHRITT 2

An der unteren Linie einige Millimeter rechts von Punkt A bei D einstechen. Bei A wieder ausstechen.

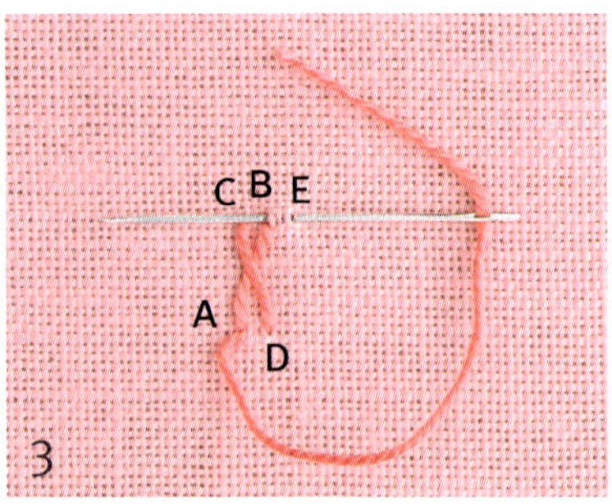

SCHRITT 3

An der oberen Linie einige Millimeter rechts von Punkt B bei E einstechen und bei B wieder ausstechen.

Schritt 2 und 3 wiederholen und so mit der Reihe fortfahren.

TIPP

Damit der Geschlossene Hexenstich gelingt, muss der Stoff richtig in den Rahmen gespannt werden, sonst liegen die langen gekreuzten Stiche zu locker auf dem Stoff.

DER ZACKENSTICH in 4 Schritten

Schwierigkeitsgrad: sehr leicht, für Anfängerinnen geeignet.

Stoff und Garn: Der Zackenstich lässt sich mit Garnen aus Baumwolle, Leinen, Seide oder Wolle auf jeder Art von Stoff sticken.

Stickrichtung: waagrecht von links nach rechts.

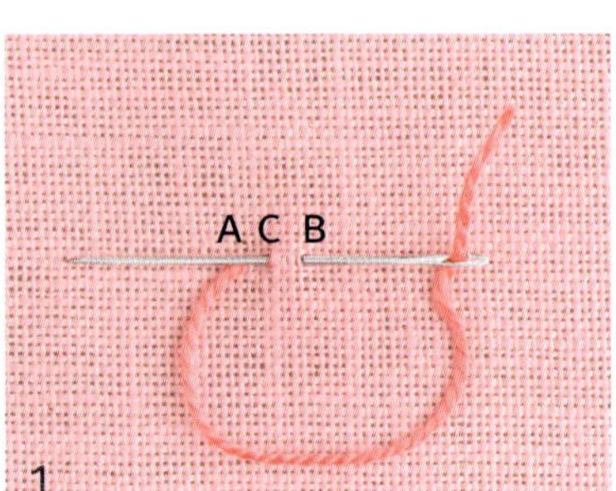

Mit dem Zackenstich, der luftiger als der klassische Hexenstich wirkt, kann man Bordüren anfertigen oder eine flache Borte befestigen. Beim Nähen verwendet man eine Variante des Zackenstichs dazu, Stoffkanten aneinander zu fügen.

SCHRITT 1

Bei A durchstechen, etwas weiter rechts bei B einstechen und zwischen den beiden vorhergehenden Stichen bei C wieder ausstechen. Den Faden unter die Nadel legen.

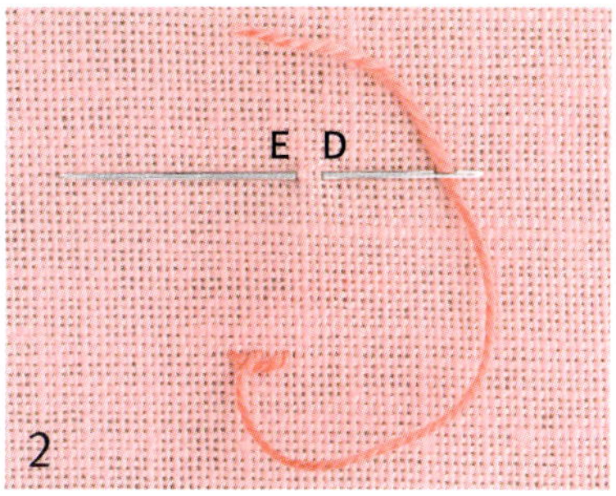

SCHRITT 2

Schräg rechts darüber an der oberen Linie bei D einstechen. Auf derselben Linie weiter links bei E wieder ausstechen.

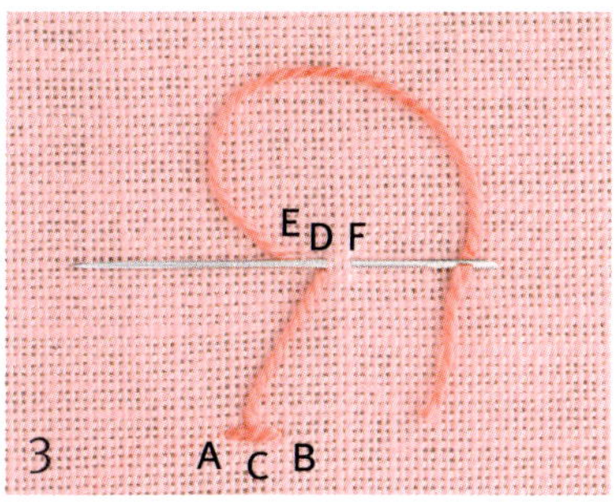

SCHRITT 3

Weiter rechts auf der oberen Linie bei F einstechen und bei D wieder ausstechen. Die Fadenschlinge nach oben legen.

SCHRITT 4

Auf der unteren Linie bei G einstechen. Links davon bei H wieder ausstechen, dann weiter rechts auf derselben Linie bei I wieder einstechen und den Arbeitsfaden bei G durchziehen. Die Fadenschlinge nach unten legen.

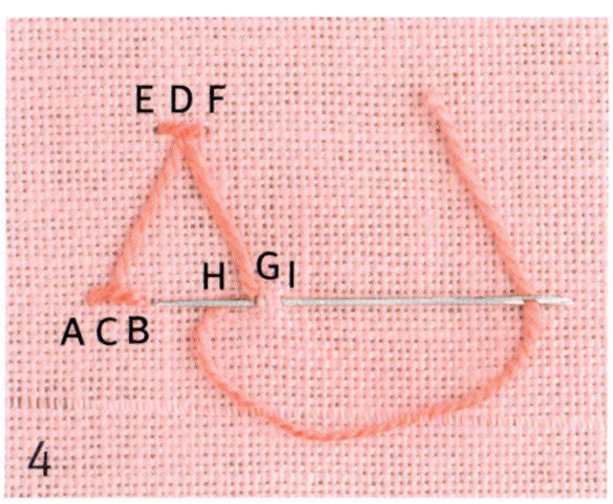

Schritt 2 bis 4 wiederholen und so die Reihe weitersticken. Die Reihe mit einem kleinen Flachstich oben oder unten an den Zacken anfangen und beenden.

TIPP

Achten Sie darauf, gleichmäßige Stiche zu arbeiten. Die kleinen waagrechten Stiche sollten alle gleich lang und die Diagonalstiche genau parallel sein

DER GRIECHISCHE SCHLINGSTICH in 3 Schritten

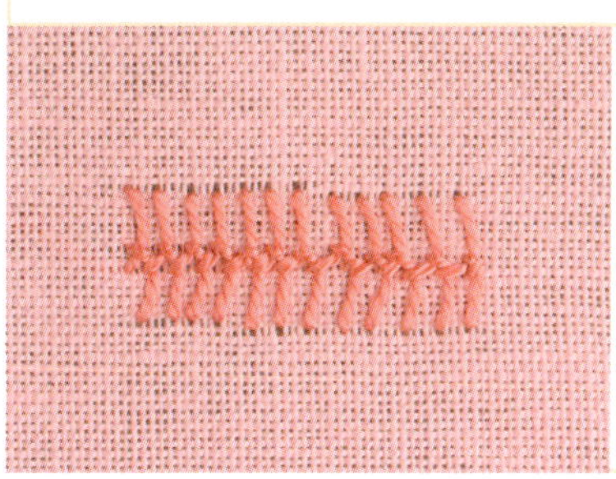

Schwierigkeitsgrad: mittelschwer, für Stickerinnen mit Vorkenntnissen.

Stoff und Garn: Der Griechische Schlingstich lässt sich mit Garnen aus Baumwolle, Leinen, Seide oder Wolle auf jeder Art von Stoff sticken.

Stickrichtung: beliebig, hier zum besseren Verständnis von oben nach unten dargestellt.

Im Gegensatz zu den anderen Variationen des Hexenstichs verwendet man den Griechischen Schlingstich ausschließlich zur Flächenfüllung. Die Länge der Stiche richtet sich nach dem jeweiligen Motiv. In der Mitte entsteht eine Blattader.

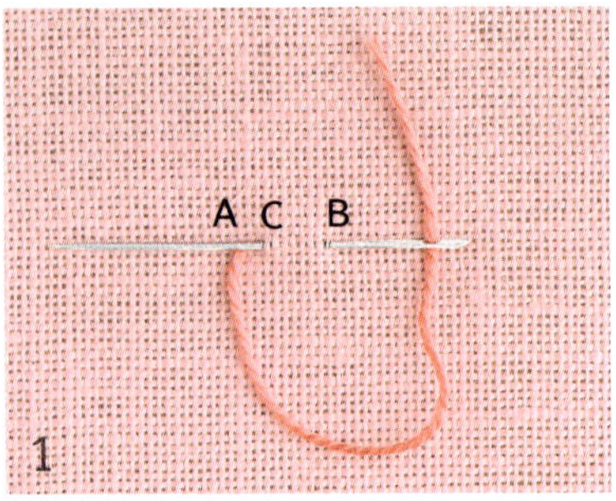

SCHRITT 1

Links am Anfang der Reihe bei A durchstechen. Weiter rechts auf der Höhe von A bei B einstechen und bei C wieder ausstechen. Den Faden unter die Nadel legen.

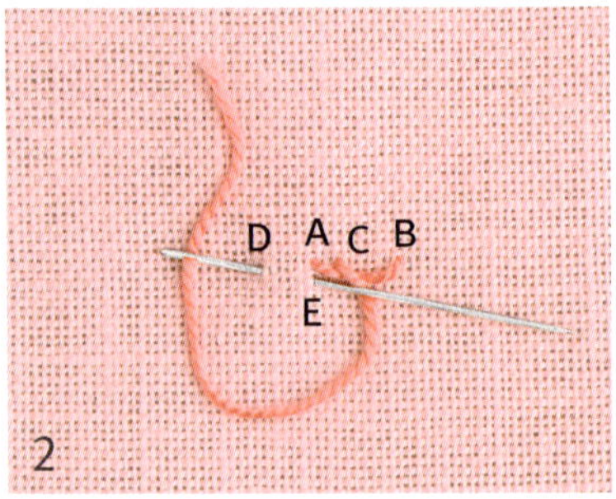

SCHRITT 2

Weiter links knapp unter dem vorhergehenden Stich bei D einstechen. Unterhalb von Punkt A, in der Mitte des Stichs, bei E wieder ausstechen. Den Faden unter die Nadel legen.

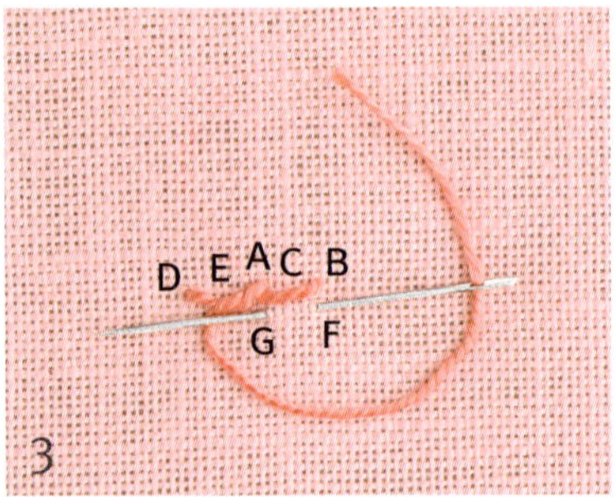

SCHRITT 3

Weiter rechts unterhalb von Punkt B bei F einstechen, unterhalb von C bei G ausstechen und den Faden unter die Nadel legen. Schritt 2 und 3 wiederholen und dabei die Stiche abwechselnd an beiden Seiten der Blattader anbringen.

TIPP

Wenn Sie z. B. eine Blattform ausfüllen wollen, zeichnen Sie zunächst die Konturen des Blatts und die Linie der Blattader (auf der dann die Mittellinie des Stichs verläuft) auf den Stoff. Die Länge der abwechselnd nach links und rechts ausgerichteten Stiche variiert je nach der Form des Motivs. Setzen Sie die Stiche dicht nebeneinander, um die Fläche vollständig zu bedecken.

DER GEGENSEITIGE SCHLINGSTICH in 3 Schritten

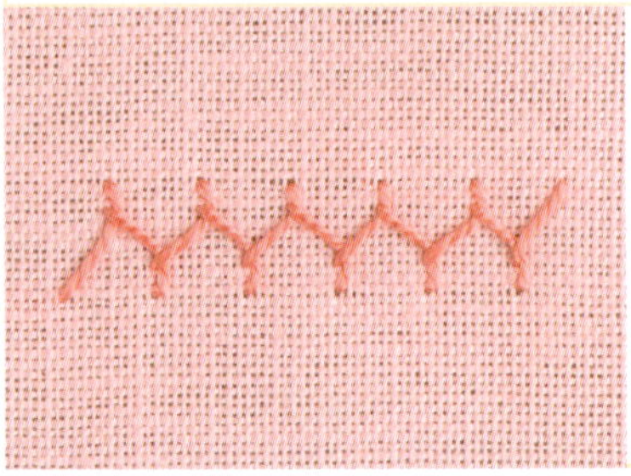

Schwierigkeitsgrad: sehr leicht, für Anfängerinnen geeignet.

Stoff und Garn: Der Gegenseitige Schlingstich lässt sich mit Garnen aus Baumwolle, Leinen, Seide oder Wolle auf jeder Art von Stoff sticken.

Stickrichtung: waagrecht von links nach rechts.

Der Gegenseitige Schlingstich lässt sich leicht und schnell sticken. Im Unterschied zum Hexenstich, der in waagrechten Stichen gearbeitet wird, besteht er aus kleinen senkrechten Stichen.

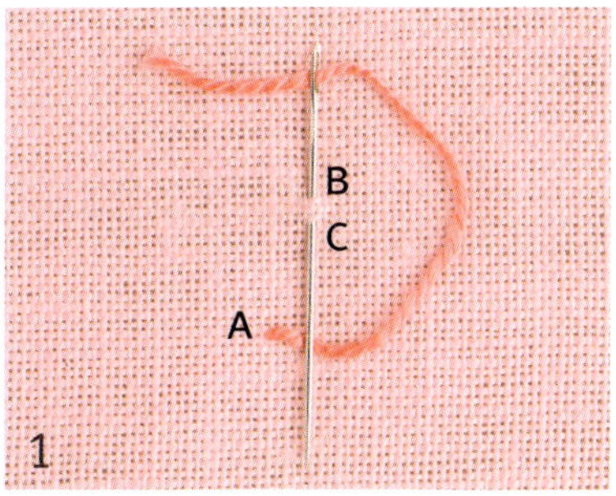

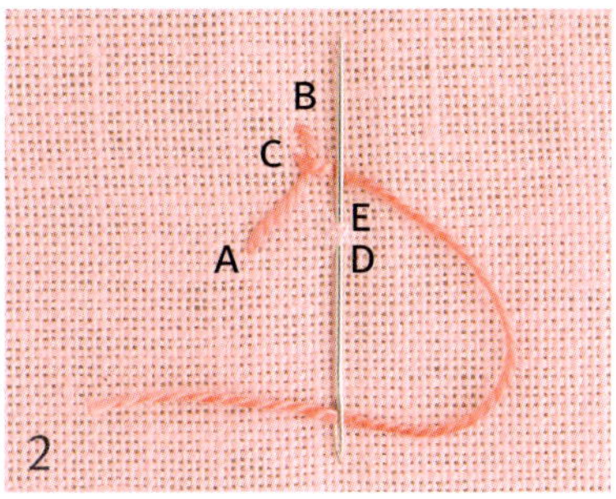

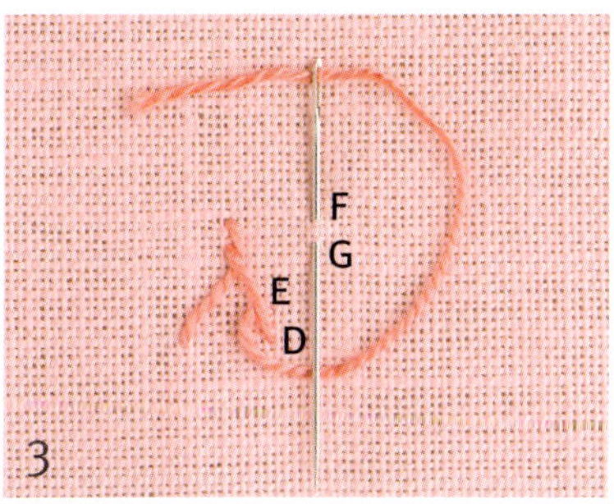

SCHRITT 1

Bei A unterhalb des ersten Zackenstichs durchstechen. Schräg rechts darüber bei B einstechen. Die Nadelspitze senkrecht darunter bei C wieder herausführen und den Faden darunter legen.

SCHRITT 2

Weiter rechts auf der unteren Hilfslinie bei D einstechen. Die Nadelspitze knapp darüber bei E wieder herausführen, den Faden unter die Nadel legen, die Fadenlänge durchziehen und so den zweiten Zackenstich sticken.

SCHRITT 3

Auf der oberen Linie bei F einstechen und die Nadelspitze senkrecht darunter bei G wieder herausführen. Den Faden unter die Nadelspitze legen. Schritt 2 und 3 stets wiederholen.

TIPP

Wie schon die vorhergehenden Stiche erfordert auch der Gegenseitige Schlingstich gleichmäßiges Arbeiten. Achten Sie auf gleiche Länge und gleichen Abstand der Stiche und vor allem darauf, bei jedem kleinen senkrechten Stich den Faden unter die Nadel zu legen, da sonst der Effekt der gedrehten Schlinge nicht zur Geltung kommt.

Kissen

Mit dem Hexenstich kann man nicht nur Friese und Bordüren ausfüllen. Lernen Sie ihn mit dieser Ton in Ton fein bestickten Kissenhülle von einer anderen Seite kennen. Das Muster lässt sich auch leicht auf eine Auflage für eine Fußstütze übertragen.

WISSENSWERTES

Schwierigkeitsgrad
Leicht

Stichstich
Hexenstich (siehe S. 54)

Maße
Der Bezug ist so groß wie das Kissen.
Das Stickmotiv misst 30 x 19 cm.

MATERIAL

80 x 50 cm Leinenstoff, blau
2 Strang Anchor Perlgarn Nr. 5 in der Farbe Blau (Fb. 144)
Mittelgroße stumpfe Sticknadel
Stickrahmen
Pauspapier
blaues Durchschlagpapier
Kugelschreiber
Großes Kissen, 30 x 40 cm
blaues Nähgarn

MOTIV

Den Stoff in der Mitte falten und entlang der Faltkante zwei 40 x 50 cm große Rechtecke zuschneiden. Die Stoffränder versäubern. **D**as Hexestichmotiv auf das Pauspapier übertragen. Die Mustervorlage so auf eines der Rechtecke legen, dass die Mitte des Motivs mit der Mitte des Stoffs übereinstimmt. Die Mustervorlage auf zwei Seiten feststecken. Das Durchschlagpapier mit der beschichteten Seite nach unten zwischen Stoff und Mustervorlage schieben. Mit dem Kugelschreiber die Konturen des Motivs nachzeichnen. Danach Durchschlagpapier und Stecknadeln entfernen.

STICKEN

Den Stoff in den Rahmen spannen. Mit den stilisierten Blumenmotiven beginnen, die Fäden danach auf der Rückseite der Arbeit verwahren. Den Arbeitsfaden abschneiden und mit dem nächsten Motiv fortfahren. Dadurch werden lose Fäden auf der Rückseite vermieden. Als nächstes die Hexenstichbordüre arbeiten. Den Stickrahmen je nach Bedarf versetzen.

FERTIGSTELLEN

Die Stickarbeit auf der Rückseite bügeln. Die Ränder der Stoffrechtecke rechts auf rechts feststecken.

HINWEIS

Passen Sie bei den geschwungenen Formen die Stiche an den Verlauf des Motivs an. Sticken Sie sie dabei zur Innenseite der Rundung hin enger und zur Außenseite hin etwas weiter. Halten Sie während der Arbeit stets denselben Abstand zwischen den Stichen ein.

5 cm unterhalb des Randes steppen und auf einer Seite eine Öffnung von 25 cm frei lassen. Den überstehenden Stoff 2 cm über der Steppnaht abschneiden, die Ecken einschneiden. Die Nähte flachbügeln. Den Bezug wenden, das Kissen hineinstecken und die Öffnung mit überwendlichen Stichen von Hand zunähen.

Auf 50% verkleinert

Der Palestrinastich

Der Palestrina- oder Makrameestich, der aus einer Reihe von Knoten besteht, ist ein Konturenstich mit starkem Reliefeffekt. Die Gruppe der Palestrina- oder Makramee-stiche weist dieselben Merkmale auf wie die geknoteten Stiche. Sie sind zwar etwas schwieriger als die bisher beschriebenen, dafür wird die Stickerin mit einem überaus originellen Ergebnis für alle Mühen entschädigt.

DER PALESTRINASTICH in 3 Schritten

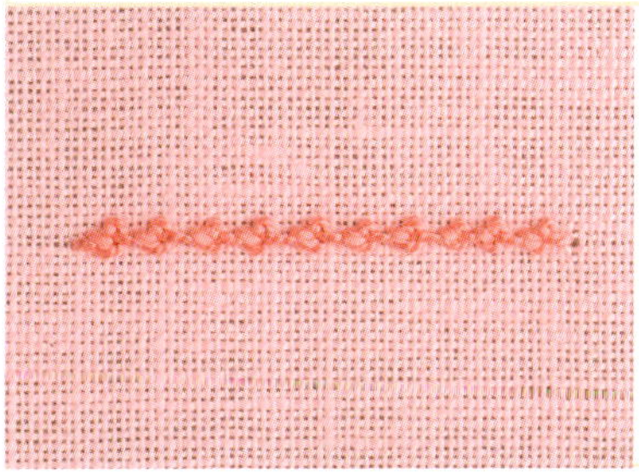

Schwierigkeitsgrad: mittelschwer, für Stickerinnen mit Vorkenntnissen.

Stoff und Garn: Der Palestrina- oder Makrameestich lässt sich mit stark gedrehten Garnen aus Baumwolle, Seide oder Wolle, vorzugsweise mit nicht teilbaren Fäden, auf jeder Art von Stoff sticken.

Stickrichtung: senkrecht von oben nach unten.

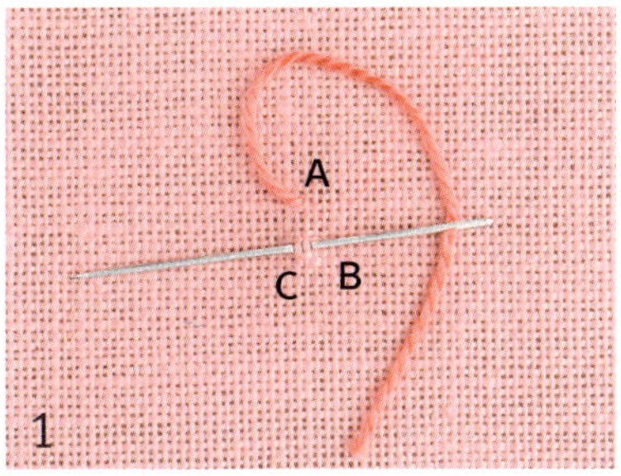

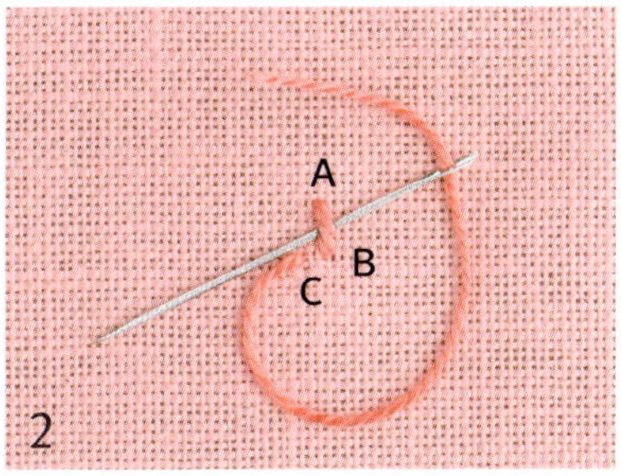

Der Palestrinastich wird normalerweise auf einer Linie gestickt, kann jedoch auch als gezählter Stich gearbeitet werden. Waagrecht gestickt heißt er Italienischer Festonstich. Wegen seines plastischen Effekts verwendet man ihn auch gerne für Bordüren.

SCHRITT 1

Bei A durchstechen und einige Millimeter darunter bei B einstechen. Knapp neben B bei C wieder ausstechen und den Arbeitsfaden zu einem kleinen senkrechten Stich durchziehen.

SCHRITT 2

Die Nadel von rechts nach links unter dem senkrechten Stich hindurchführen.

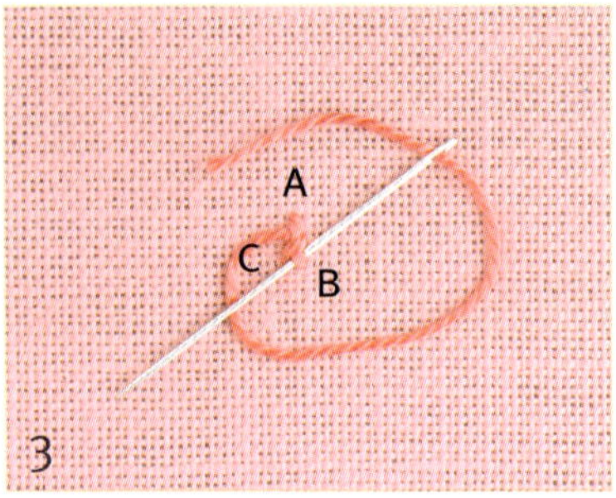

SCHRITT 3

Ohne das Gewebe zu erfassen, die Nadel ein zweites Mal unter dem senkrechten Stich hindurchführen. Den Arbeitsfaden unter die Nadel legen und locker zu einem Knoten durchziehen.
Den Arbeitsvorgang ab Punkt B aus Schritt 1 wiederholen.

DER PERLSTICH in 2 Schritten

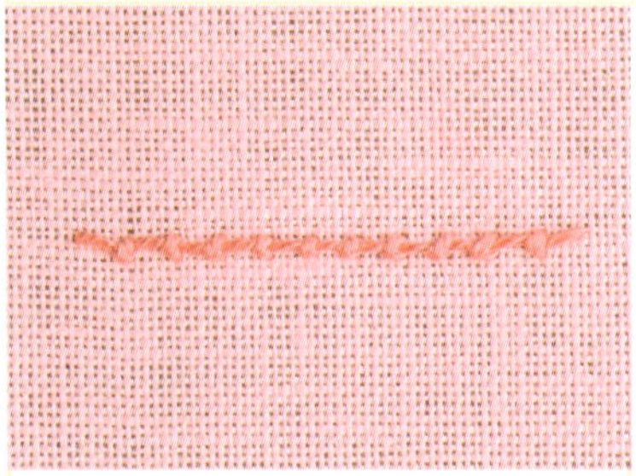

Schwierigkeitsgrad: mittelschwer, für Stickerinnen mit Vorkenntnissen.
Stoff und Garn: Der Perlstich lässt sich mit stark gedrehten Garnen aus Baumwolle, Seide oder Wolle, vorzugsweise mit nicht teilbaren Fäden, auf jeder Art von Stoff sticken.
Stickrichtung: waagrecht von links nach rechts oder umgekehrt.

Dieser Konturenstich, auch Perlenschnurstich genannt, eignet sich vorzüglich zum Sticken von Linienmotiven, Monogrammen und Verzierungen in Reihen. Der Perlstich lässt sich ebenso von links nach rechts wie von rechts nach links ausführen, wobei immer im rechten Winkel zum Stichverlauf eingestochen wird. In der hier beschriebenen Version sticken wir waagrecht von rechts nach links.

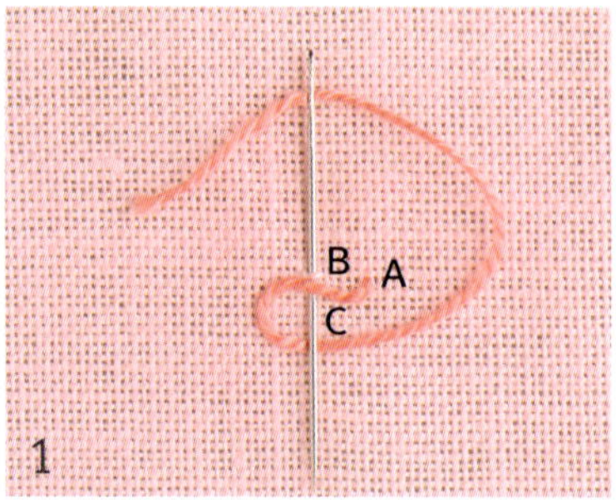

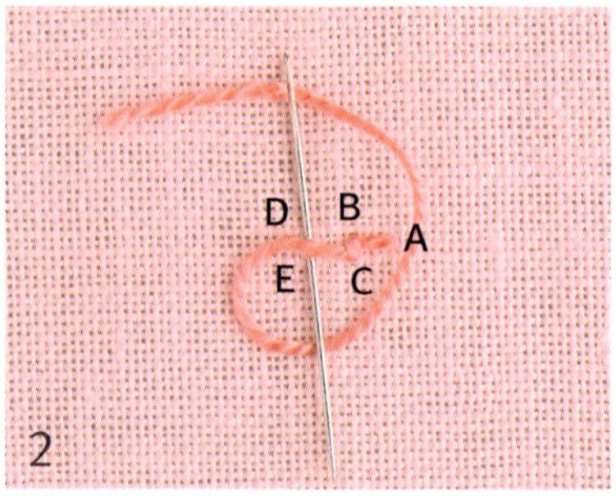

SCHRITT 1

Bei A durchstechen und einige Millimeter weiter links bei B einstechen. Senkrecht darunter bei C ausstechen. Den Faden von rechts nach links um die Nadel legen und locker zu einem Knoten durchziehen.

SCHRITT 2

Einig Millimeter weiter links bei D einstechen und senkrecht darunter bei E wieder ausstechen. Den Faden von rechts nach links um die Nadel legen und locker zu einem Knoten durchziehen. Zum Weiterarbeiten Schritt 2 wiederholen.

TIPP

Um die Knoten gleichmäßig auf einer geraden Linie anzuordnen, die Fadenschlinge um die Nadelspitze gut anlegen. Beim Durchziehen dann den Faden nicht zu fest anziehen, damit der Stich genügend Volumen hat.

DER ROSETTENSTICH in 3 Schritten

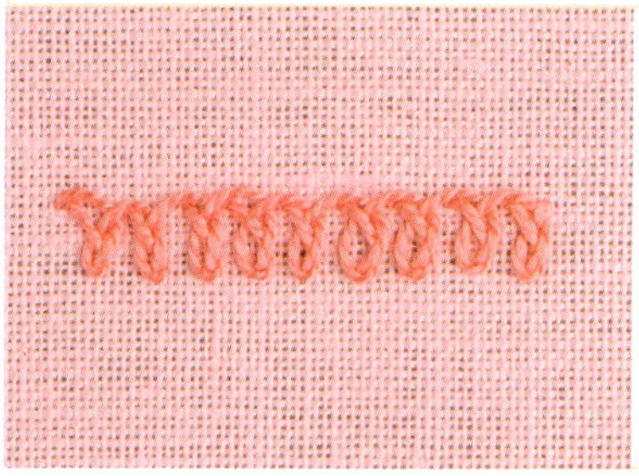

Schwierigkeitsgrad: mittelschwer, für Stickerinnen mit Vorkenntnissen.

Stoff und Garn: Der Rosettenstich lässt sich mit stark gedrehten Garnen aus Baumwolle, Seide oder Wolle, vorzugsweise mit nicht teilbaren Fäden, auf jeder Art von Stoff sticken.

Stickrichtung: waagrecht von rechts nach links.

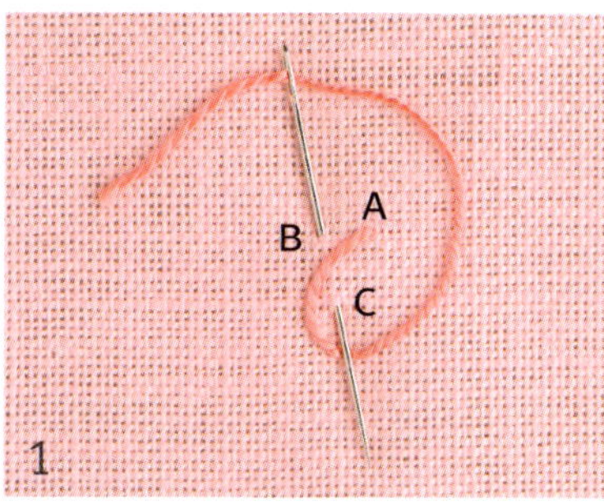

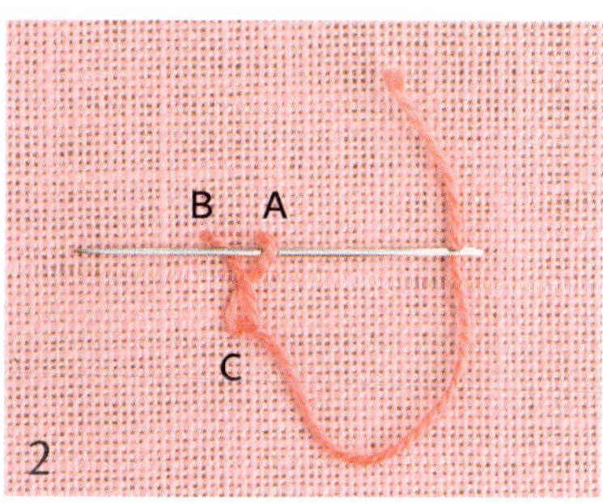

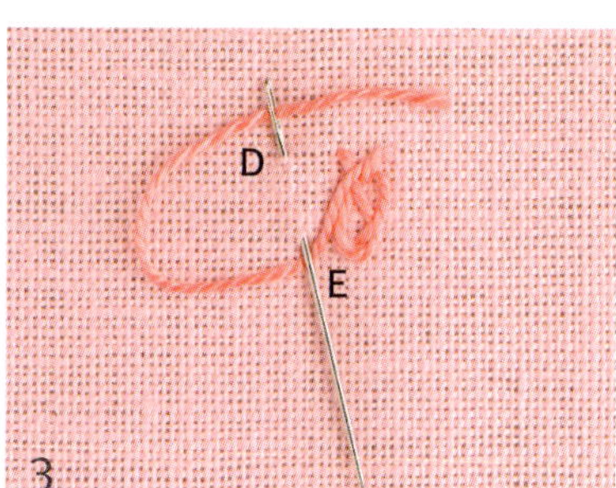

Der Rosettenstich ähnelt dem Gedrehten Kettenstich. Da er jedoch mit großen offenen Knoten gestickt wird, ist er eher den geknoteten Stichen zuzordnen.

SCHRITT 1

Bei A durchstechen. Links davon bei B einstechen und die Nadelspitze leicht schräg darunter bei C wieder herausführen. Den Arbeitsfaden unter der Nadelspitze zu einer großen Schlinge legen und locker durchziehen.

SCHRITT 2

Rechts von der Schlinge, neben Punkt A, die Nadel von rechts nach links unter dem oberen Teil des Stichs hindurchführen. Den Arbeitsfaden locker durchziehen.

SCHRITT 3

Ein paar Millimeter weiter links bei D einstechen und die Nadelspitze leicht schräg darunter bei E wieder herausführen. Den Arbeitsfaden unter der Nadelspitze zu einer großen Schlinge legen und locker durchziehen.
Schritt 2 und 3 wiederholen und so die Reihe weitersticken.

TIPP

Als Einzelbordüre wirkt der Rosettenstich besonders dekorativ. Gleichmäßig gearbeitet, sieht er wie eine Spitzenborte aus. Für ein gutes Ergebnis sollte er jedoch höchstens mit 1 cm Stichbreite gearbeitet werden.

DER DOPPELTE KNOTENSCHNURSTICH in 4 Schritten

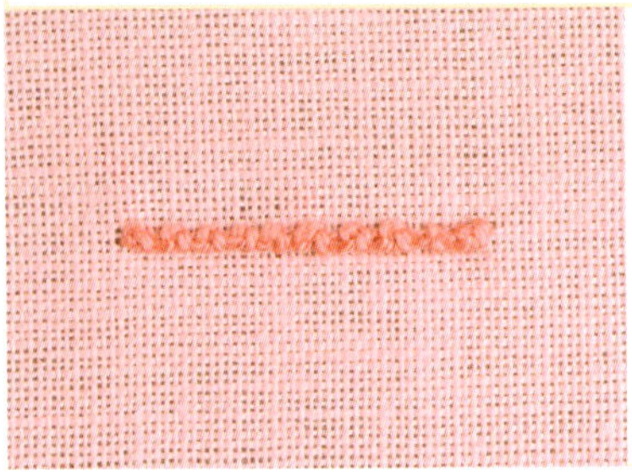

Schwierigkeitsgrad: recht anspruchsvoll, für erfahrene Stickerinnen.

Stoff und Garn: Der Doppelte Knotenschnurstich lässt sich mit stark gedrehten Garnen aus Baumwolle, Seide oder Wolle, vorzugsweise mit nicht teilbaren Fäden, auf jeder Art von Stoff sticken.

Stickrichtung: waagrecht von rechts nach links.

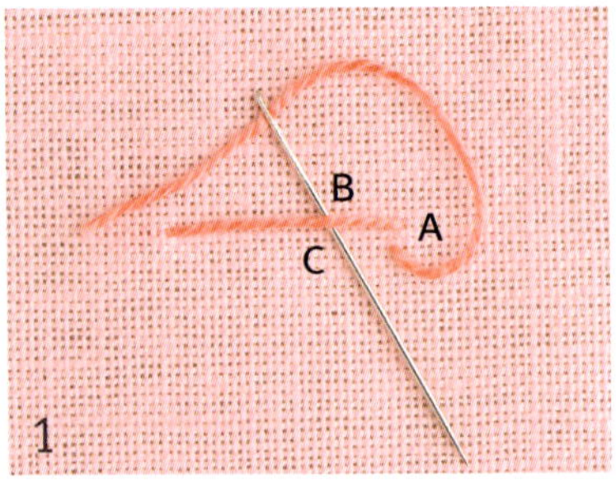

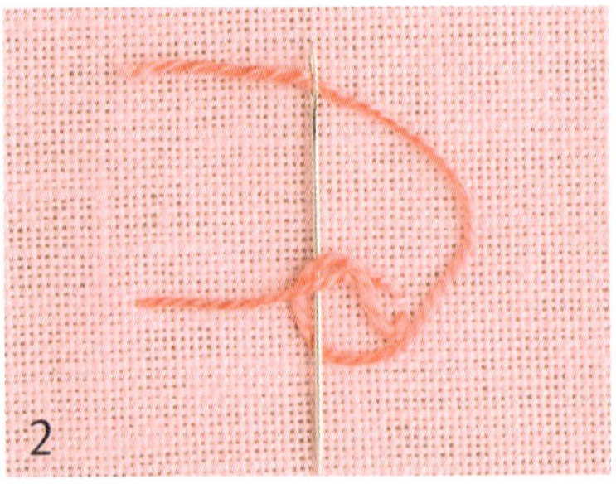

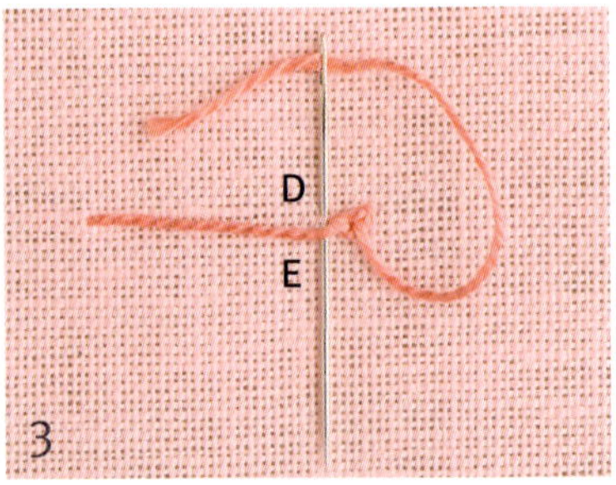

Der Doppelte Knotenschnurstich, der über einen vorgespannten Faden gearbeitet wird, erzielt eine starke Reliefwirkung. Die Abstände und die Fadenspannung sollten sehr gleichmäßig sein.

SCHRITT 1

Einen großen waagrechten Stich vorspannen. Einige Millimeter rechts davon bei A ausstechen. Die Nadel senkrecht unter dem vorgespannten Faden hindurchführen und bei B einstechen. Bei C wieder ausstechen und den Faden vorsichtig durchziehen.

SCHRITT 2

Die Nadel nochmals von oben nach unten unter dem vorgespannten Faden hindurchführen, ohne das Gewebe zu erfassen. Den Arbeitsfaden unter die Nadelspitze legen, vorsichtig durchziehen und die Schlinge locker zu einem Knoten zusammenziehen.

SCHRITT 3

Einige Millimeter weiter links bei D von oben in den Stoff einstechen. Unter dem vorgespannten Faden bei E wieder ausstechen und darauf achten, dass eine Schlinge erhalten bleibt.

SCHRITT 4

Die Nadel von oben nach unten unter den gespannten Faden legen. Die Nadel durch die Schlinge führen, den Faden durchziehen und über dem Spannstich locker zu einem Knoten zusammenziehen. Schritt 3 und 4 wiederholen und so die ganze Reihe sticken.

DER ZICKZACK-PERLENSCHNURSTICH in 3 Schritten

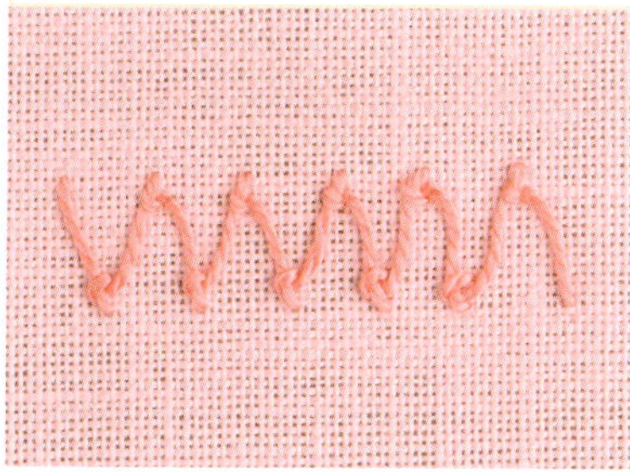

Schwierigkeitsgrad: mittelschwer, für Stickerinnen mit Vorkenntnissen.

Stoff und Garn: Der Zickzack-Perlenschnurstich lässt sich mit verzwirnten Garnen aus Baumwolle, Seide oder Wolle, vorzugsweise mit nicht teilbaren Fäden, auf jeder Art von Stoff sticken.

Stickrichtung: waagrecht von rechts nach links.

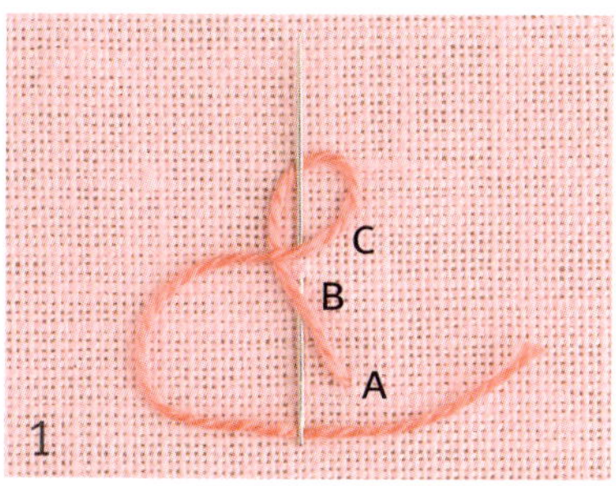

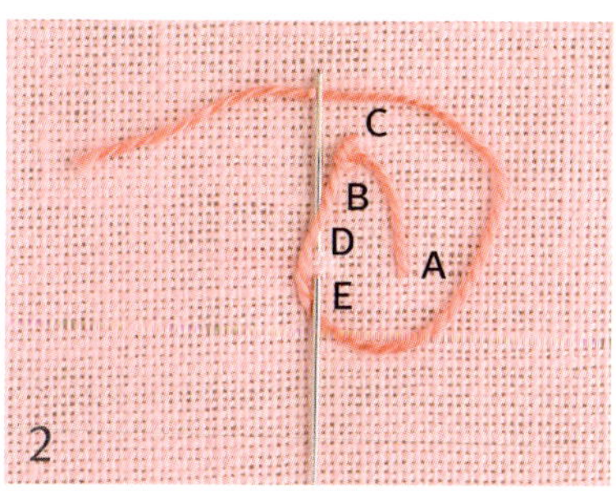

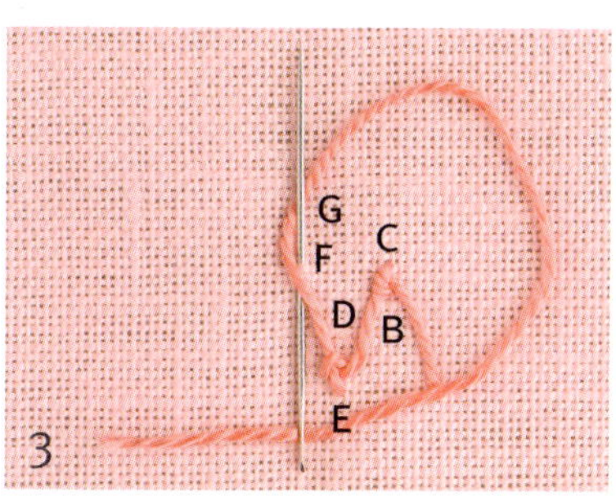

Der Zickzack-Perlenschnurstich ist eine gelungene Kombination aus einem Zackenstich und einem geknoteten Stich. Er wird wie der Perlstich gestickt, jedoch mit Hilfe zweier paralleler Linien. Die Zacken entstehen dadurch, dass der Stich zwischen den beiden Linien hin und her läuft.

SCHRITT 1

An der unteren Hilfslinie bei A durchstechen. Etwas links davon an der oberen Linie bei B einstechen und senkrecht darüber bei C wieder ausstechen. Den Faden von links nach rechts unter der Nadelspitze durchführen, eine Schlinge bilden.

SCHRITT 2

An der unteren Linie etwas links von A bei D einstechen und senkrecht darunter bei E wieder ausstechen. Den Faden von links nach rechts unter der Nadelspitze durchführen, eine Schlinge bilden und locker durchziehen. Damit ist der erste Zacken fertig.

SCHRITT 3

An der oberen Linie etwas links von B bei F einstechen und senkrecht darunter bei G wieder ausstechen. Den Faden von links nach rechts unter der Nadelspitze durchführen, eine Schlinge bilden und locker durchziehen.

Die Stiche abwechselnd nach oben und unten ausführen. Schritt 2 und 3 wiederholen und so die Reihe weitersticken.

TIPP

Der Zickzack-Perlenschnurstich eignet sich ganz besonders für die Smokstickerei. Er ist ein höchst dekorativer Stich, dem die oben und unten an den Zackenspitzen sitzenden Knoten Festigkeit verleihen.

DER SIND-STICH in 3 Schritten

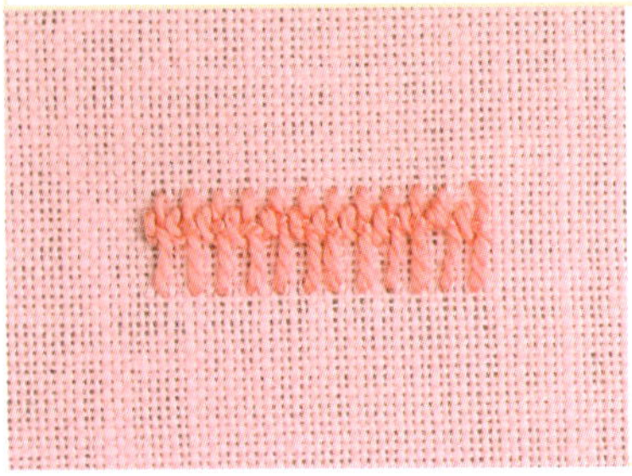

Schwierigkeitsgrad: recht anspruchsvoll, für erfahrene Stickerinnen.

Stoff und Garn: Der Sind-Stich lässt sich mit stark gedrehten Garnen aus Baumwolle, Seide oder Wolle, vorzugsweise mit nicht teilbaren Fäden, auf jeder Art von Stoff sticken.

Stickrichtung: senkrecht von oben nach unten.

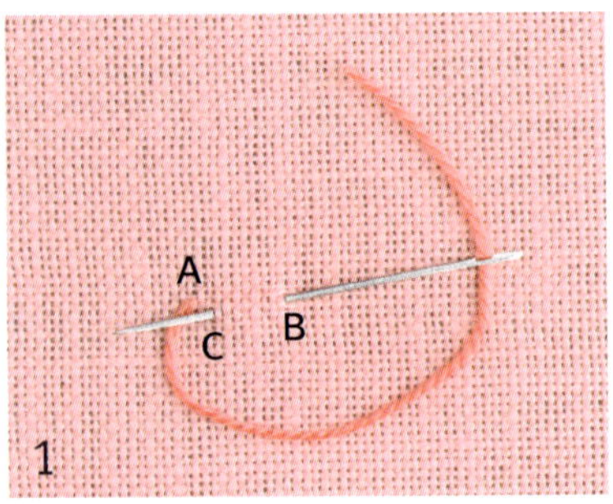

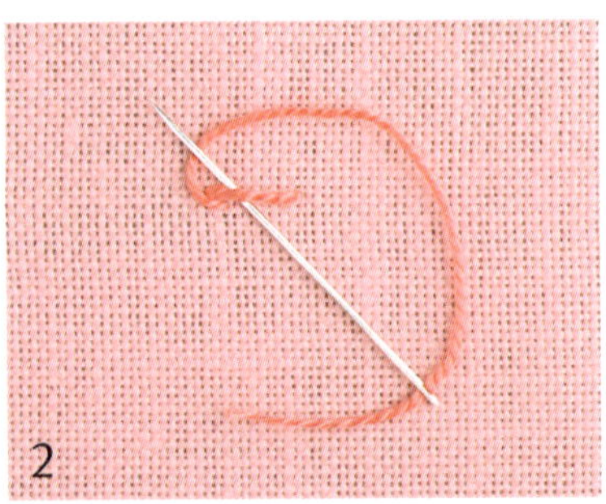

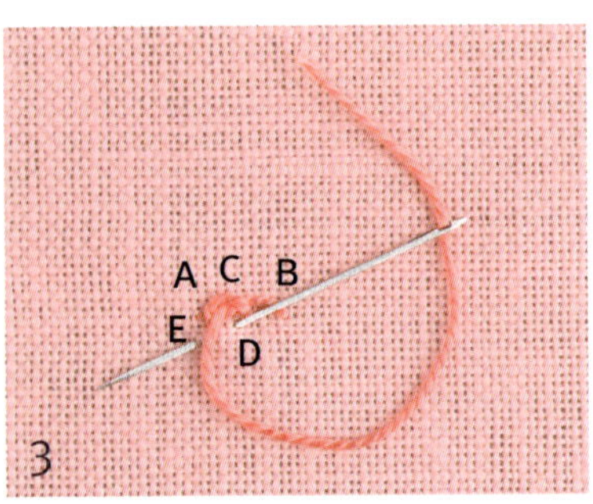

Der Sind-Stich stammt aus der gleichnamigen Gegend in Pakistan im östlichen Teil des unteren Industals. Er schmückt dort die traditionelle Kleidung und wird zumeist mit Baumwoll- oder Seidengarn auf indigogefärbten Baumwollstoffen gestickt. Er besteht aus Knoten auf einem längeren Trägerstich.

SCHRITT 1

Bei A durchstechen. Einige Millimeter rechts davon auf derselben Höhe bei B einstechen. Die Nadel nach links richten und leicht schräg knapp vor A bei C wieder ausstechen. Den Arbeitsfaden so durchziehen, dass ein großer waagrechter Stich entsteht.

SCHRITT 2

Die Nadel von unten nach oben unter dem großen waagrechten Stich hindurchführen. Den Faden unter die Nadelspitze zu einer Schlinge legen und locker zu einem Knoten über dem waagrechten Stich zusammenziehen.

SCHRITT 3

Dicht neben C bei D einstechen und den Knoten fixieren. Weiter links unterhalb von A bei E ausstechen. Den Faden locker durchziehen und den Knoten auf dem Stoff fixieren.

Alle drei Arbeitsgänge wiederholen und so den nächsten Stich ausführen.

DER KORALLENSTICH in 3 Schritten

Schwierigkeitsgrad: mittelschwer, für erfahrene Stickerinnen.

Stoff und Garn: Der Korallenstich lässt sich mit stark gedrehten Garnen aus Baumwolle, Seide oder Wolle, vorzugsweise mit nicht teilbaren Fäden, auf jeder Art von Stoff sticken.

Stickrichtung: waagrecht von rechts nach links.

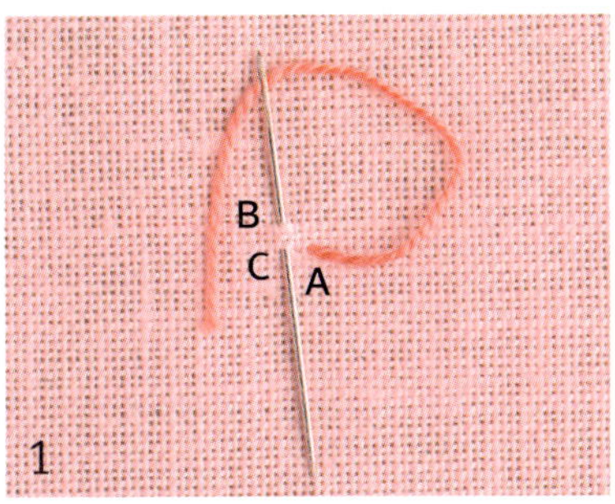

Der Korallenstich gehört zur Gruppe der gereihten Knotenstiche. Er wirkt besonders dekorativ, wenn die Stiche wie bei einer Perlenkette dicht nebeneinander gesetzt werden.

SCHRITT 1

Bei A durchstechen. Einige Millimeter nach links oben versetzt bei B einstechen. Die Nadelspitze senkrecht darunter bei C wieder herausführen. Den Arbeitsfaden zu einem schrägen Stich durchziehen.

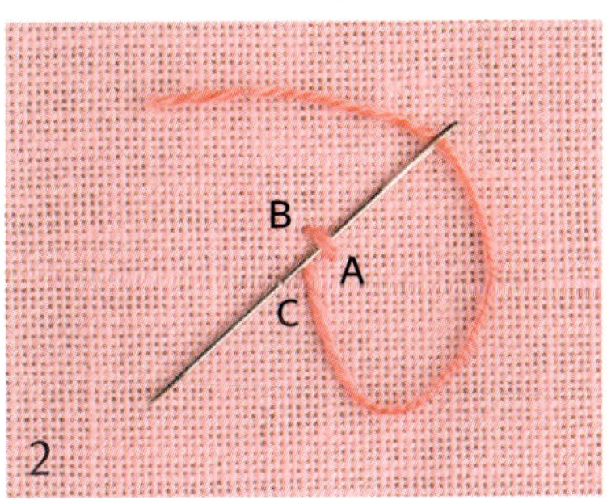

SCHRITT 2

Den Faden von rechts nach links unter dem schrägen Stich hindurchführen und locker durchziehen, um den Stich zu erhöhen.

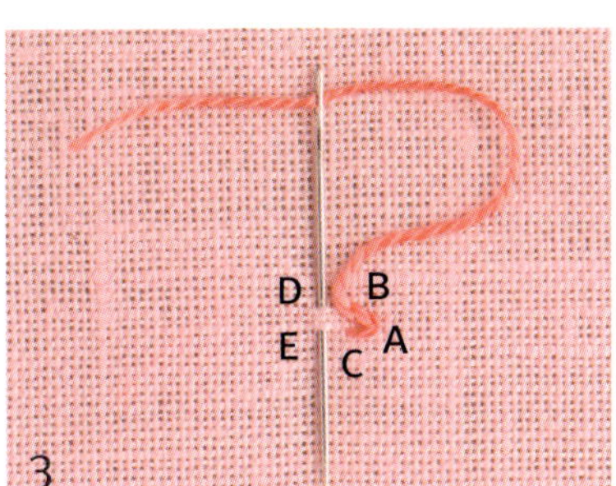

SCHRITT 3

Einige Millimeter links von B bei D einstechen und die Nadelspitze senkrecht darunter bei E wieder herausführen. Unter Wiederholung von Schritt 2 und 3 die Reihe weitersticken.

TIPP

Damit der Stich klein und schön senkrecht wird, achten Sie darauf, jeweils unter der Motivlinie und im rechten Winkel dazu einzustechen.

Tablettdeckchen

Mit dem dezenten und eleganten Knötchenmotiv lässt sich hervorragend ein Tablettdeckchen oder eine Tischdecke verzieren. Sie können entweder vier Motive kranzförmig in der Mitte des Deckchens anordnen oder ein Knötchenmotiv in jede Ecke sticken. Letzteres erfordert etwas Geduld.

WISSENSWERTES

Schwierigkeitsgrad
Anspruchsvoll

Stickstich
Palestrinastich (siehe S. 63)

Maße
Die Größe des Deckchens richtet sich nach den Abmessungen Ihres Tabletts. Stickmotiv 40 x 22 cm.

MATERIAL

50 x 35 cm Leinenstoff, eisblau (Maße entsprechend der Größe Ihres Tabletts)
2 Strang Anchor Perlgarn Nr. 5, Weiß (Fb. 1)
Feine Sticknadel
Stickrahmen
Pauspapier
HB-Bleistift

HINWEIS

Der Palestrinastich muss sehr gleichmäßig gestickt werden. Damit die Stickerei luftig wirkt, sollten die Knötchen im Abstand von 2 bis 3 mm gesetzt werden.

MOTIV

Das Motiv auf dem Kopierer vergrößern. Die Mustervorlage so unter den Stoff legen, dass die Mitte des Motivs mit der des Leinenstoffs übereinstimmt. Die Mustervorlage unter dem Stoff feststecken. Mit dem Bleistift die durchscheinenden Konturen des Motivs auf den Stoff übertragen, dann Mustervorlage und Stecknadeln entfernen.

STICKEN

Den Stoff in den Rahmen spannen. Mit dem Sticken in der Mitte des Motivs beginnen. Jeweils am Ende einer Linie den Faden auf der Rückseite der Arbeit verwahren, abschneiden und für die nächste Linie neu ansetzen. Dadurch werden lose liegende Fäden auf der Rückseite vermieden.
Den Stickrahmen je nach Bedarf versetzen.

FERTIGSTELLEN

Den Leinenstoff entsprechend den Maßen Ihres Tabletts zuschneiden. Um das Deckchen an den Rändern zu säumen, einen 1,5 cm breiten Einschlag bügeln. Einen zweiten 2 cm breiten Umschlag heften und steppen. Damit die Ecken nicht zu dick werden, den überstehenden Stoff abschneiden. Den Saum mit der Maschine steppen oder mit überwendlichen Stichen von Hand nähen.

Auf 50% verkleinert

3

Füllstiche werden dazu verwendet, die Fläche eines Stickmotivs teilweise oder ganz zu überdecken. Bestimmte Füllstiche sind in der klassischen Stickerei häufig anzutreffen. Die Anordnung der in diesem Kapitel beschriebenen 35 Stiche folgt Ähnlichkeiten im Aussehen und der Art und Weise, wie sie gearbeitet werden. Je nach Sticktechnik werden die Füllstiche entweder als Streumuster in einzelnen Stichen gearbeitet oder in Reihen aus dicht nebeneinander liegenden Stichen, die den Stoff vollständig bedecken. Geknotete Stiche, lange gespannte Stiche oder gekreuzte Stiche erzeugen starke Spannung auf dem Stickgrund. Deshalb muss der Stoff in einen Rahmen gespannt werden, damit die Konturen deutlich und die Stiche gleichmäßig werden.

FÜLLSTICHE

Der Knötchenstich in Variationen

Der Knötchenstich gehört zu den Grundstichen der klassischen Stickerei. Man begegnet ihm in verschiedenen Sticktechniken wie z.B. in der Weißstickerei oder bei den gezählten Stichen, wo er als feiner Tupfer ein Detail betonen kann. Mit dem Knötchenstich und seinen Variationen bekommen florale Motive, figürliche Darstellungen oder geometrische Streumuster eine interessante Betonung.

DER FRANZÖSISCHE KNÖTCHENSTICH in 2 Schritten

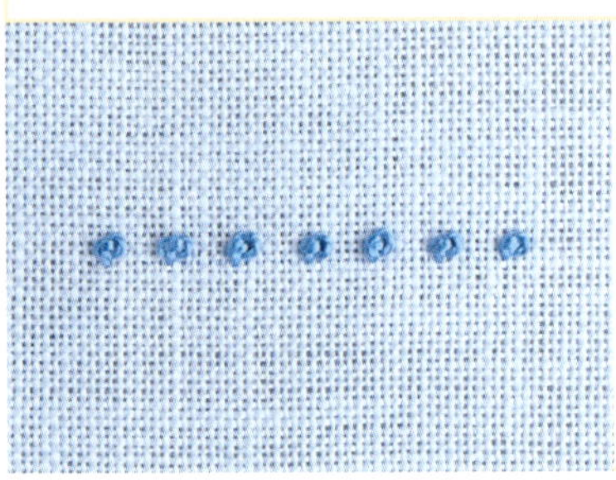

Schwierigkeitsgrad: mittelschwer, für Stickerinnen mit Vorkenntnissen.

Stoff und Garn: Der Französische Knötchenstich lässt sich mit Garnen aus Baumwolle, Leinen, Seide oder Wolle auf jeder Art von Stoff sticken.

Stickrichtung: beliebig, Streumuster.

TIPP

Das Gelingen dies Stichs hängt von vier Faktoren ab:

— Die Schlinge muss im Uhrzeigersinn gelegt werden (Schritt 1).

— Die Einstichstelle B muss etwas von A entfernt liegen, ansonsten besteht die Gefahr, dass der Stich auf der Rückseite des Stoffs verschwindet.

— Das Knötchen muss auf der Vorderseite zusammengezogen werden, bevor man den Faden auf die Rückseite des Stoffs durchzieht.

— Bei der Bildung des Knötchens darf der Arbeitsfaden nicht zu straff durchgezogen.

Der Französische Knötchenstich kann locker als Streumuster angeordnet werden. Achten Sie beim Sticken darauf, dass auf der Rückseite zwischen den Stichen keine losen Fäden geführt werden, die bei feinen Stoffen durchscheinen. Vernähen Sie den Faden lieber nach jedem Stich auf der Rückseite und setzen Sie bei einem entfernter liegenden Stich mit einem neuen Faden an.

SCHRITT 1

Bei A durchstechen und den Faden im Uhrzeigersinn zu einer Schlinge legen. Innerhalb der Fadenschlinge wenige Gewebefäden neben A bei B einstechen.

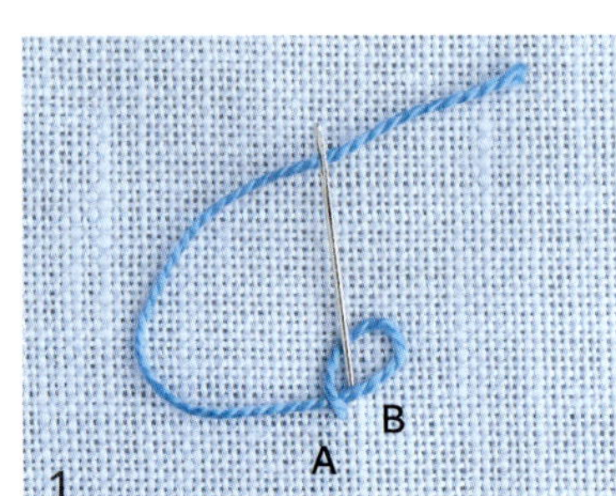

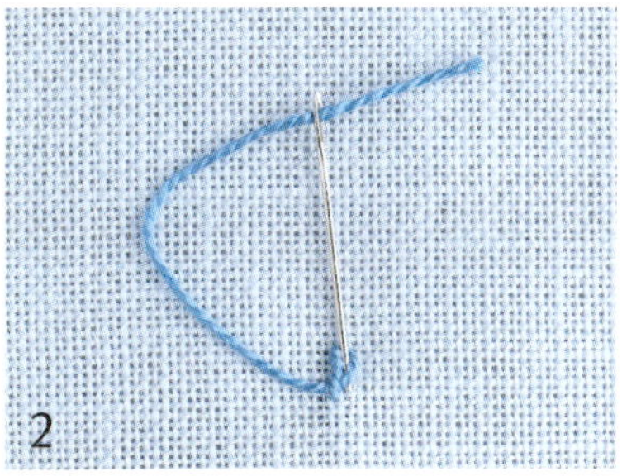

SCHRITT 2

Die Fadenschlinge sorgfältig anziehen und die Nadel auf die Rückseite des Stoffes durchziehen, wobei über B ein Knötchen entsteht .

In geringem Abstand Schritt 1 und 2 wiederholen und einen weiteren Knötchenstich arbeiten.

DER WICKELSTICH in 3 Schritten

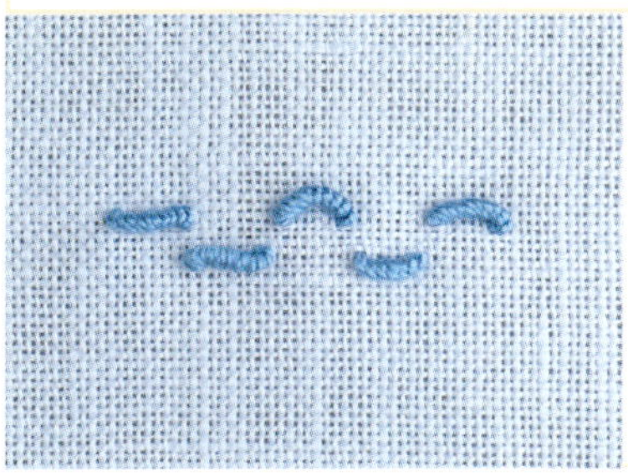

Schwierigkeitsgrad: recht anspruchsvoll, für erfahrene Stickerinnen.

Stoff und Garn: Der Wickelstich lässt sich mit stark gedrehtem Baumwollgarn wie Perlgarn oder Vierfach-Stickgarn, einem Leinen- oder Seidengarn auf jeder Art von Stoff sticken.

Stickrichtung: beliebig, Streumuster.

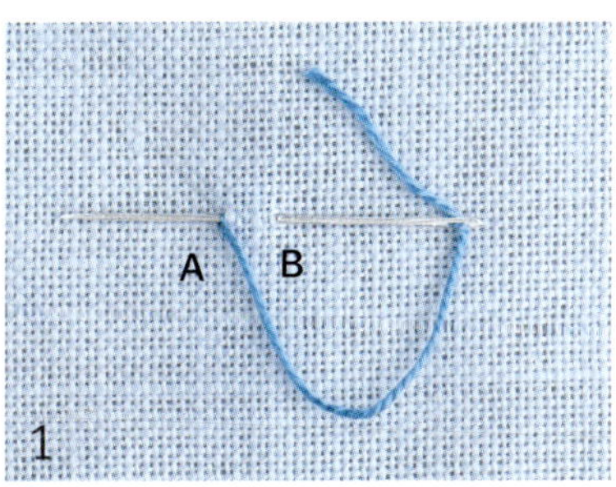

Der Wickelstich, auch Tressenstich genannt, sieht wie ein Schnurbesatz aus. Er kann entweder einzeln oder als Füllstich im Streumuster gearbeitet werden. In der Schneiderei werden damit Ösen für kleine Wäscheknöpfe gebildet.

SCHRITT 1

Bei A durchstechen. Waagrecht rechts daneben bei B einstechen. Die Nadelspitze bei A wieder herausführen.

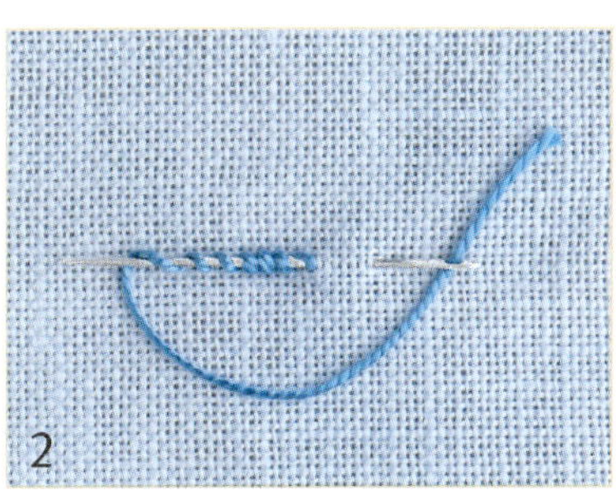

SCHRITT 2

Den Faden mehrmals (etwa fünf- bis siebenmal, je nachdem wie lange der Wickelstich werden soll) nicht zu straff um die Nadelspitze winden.

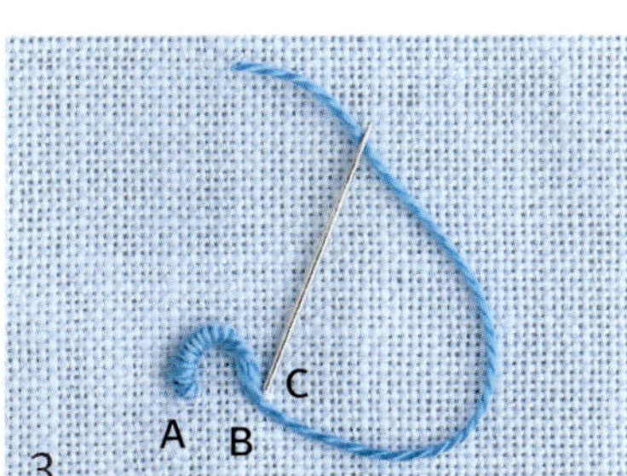

SCHRITT 3

Die Fadenwindungen mit dem Daumen auf dem Stoff festhalten und den Arbeitsfaden durchziehen. Weiterhin festhalten und neben der ersten Einstichstelle knapp hinter B bei C einstechen. Für die nächsten Wickelstiche die Schritte 1 bis 3 wiederholen.

DER SANDSTICH in 2 Schritten

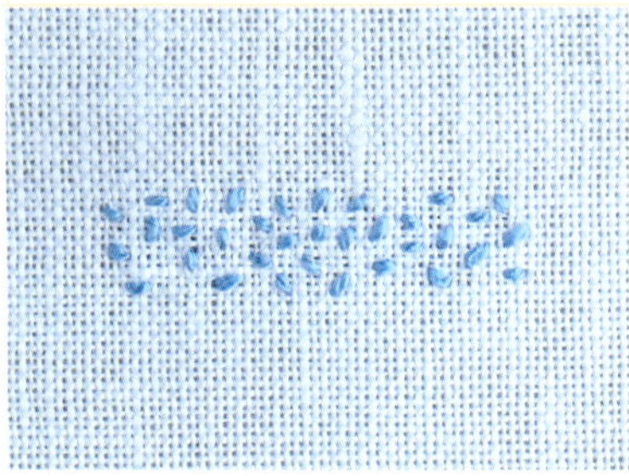

Schwierigkeitsgrad: leicht, für Anfängerinnen geeignet.

Stoff und Garn: Der Sandstich lässt sich mit Garnen aus Baumwolle, Leinen oder Seide auf jeder Art von Stoff sticken.

Stickrichtung: beliebig, Streumuster.

TIPP

Die kleinen Rückstiche müssen jeweils gleich lang sein. Sie sind etwa gleich weit voneinander entfernt, aber jeder verläuft in eine andere Richtung. Man erhält so ein mehr oder weniger dichtes Streumuster. Damit es gleichmäßig wird, achten Sie darauf, dass der Stoff richtig in den Rahmen gespannt ist.

Mit dem Sandstich, der auch Schweizer Stich genannt wird, lassen sich zarte Pünktchenfüllungen sticken. Er findet sich auch als Verzierung von Zahlen und Monogrammen auf feiner Wäsche.

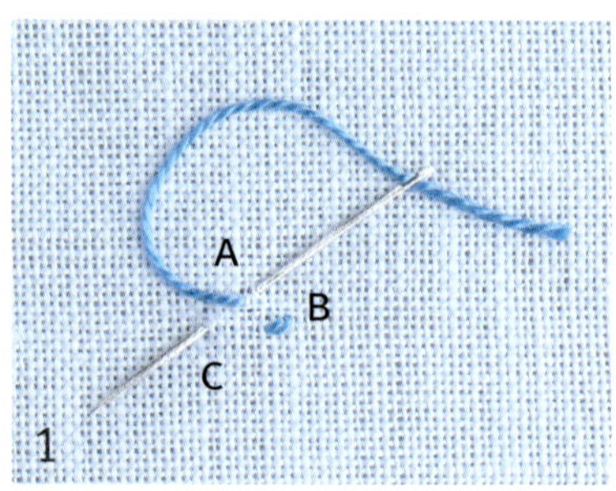

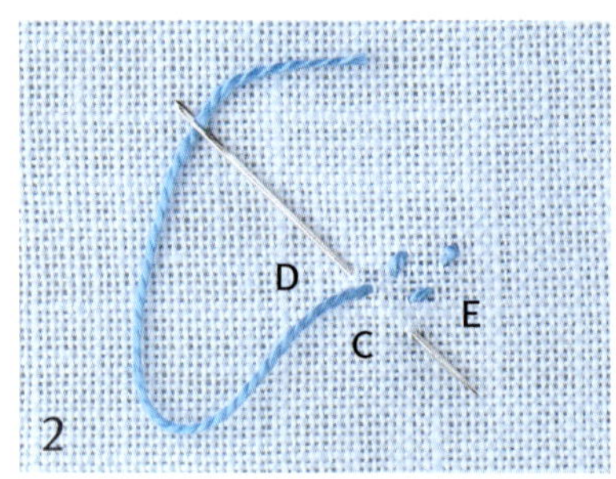

SCHRITT 1

Bei A durchstechen und mit einem kleinen, leicht schrägen Rückstich bei B wieder einstechen. Die Nadelspitze etwas weiter bei C wieder herausführen.

SCHRITT 2

Mit einem kleinen, leicht schrägen Rückstich bei D einstechen. Die Nadelspitze etwas weiter bei E wieder herausführen.

Schritt 2 wiederholen und so die ganze Fläche des Motivs bedecken.

DER DEUTSCHE KNÖTCHENSTICH in 4 Schritten

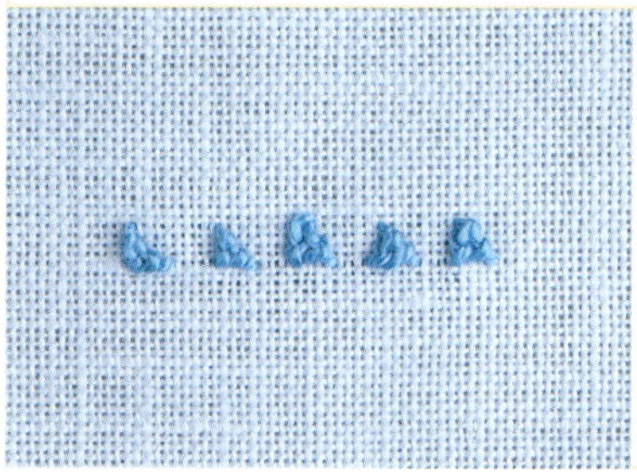

Schwierigkeitsgrad: mittelschwer, für Stickerinnen mit Vorkenntnissen.

Stoff und Garn: Der Deutsche Knötchenstich lässt sich mit Garnen aus Baumwolle, Leinen, Seide oder Wolle auf jeder Art von Stoff sticken.

Stickrichtung: beliebig, Streumuster.

.

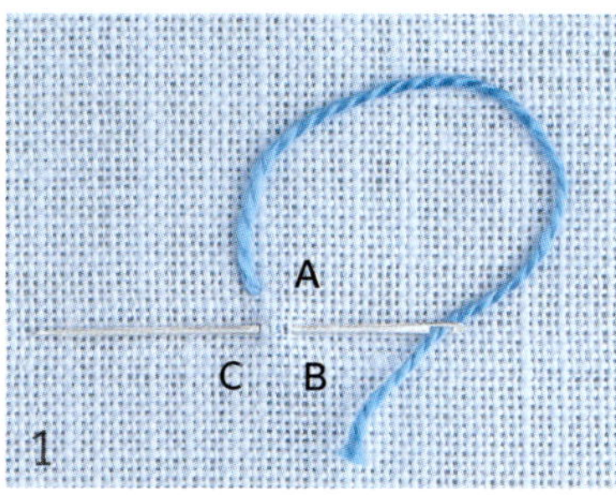

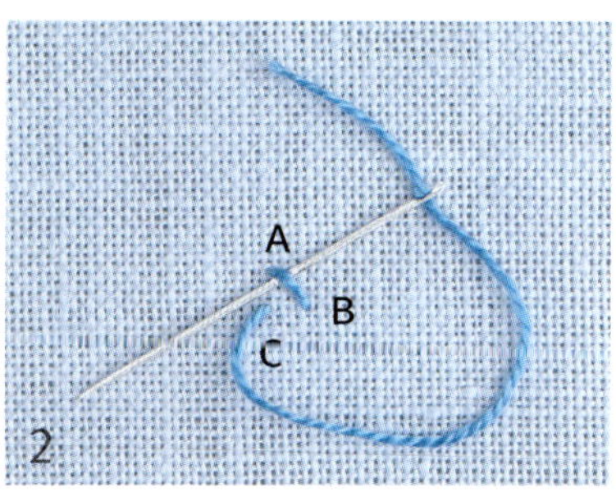

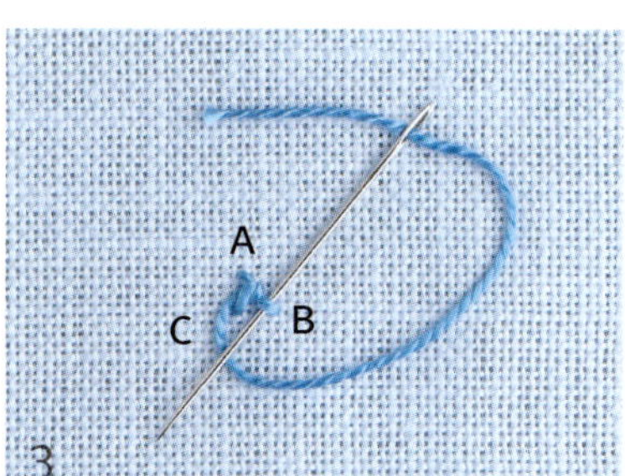

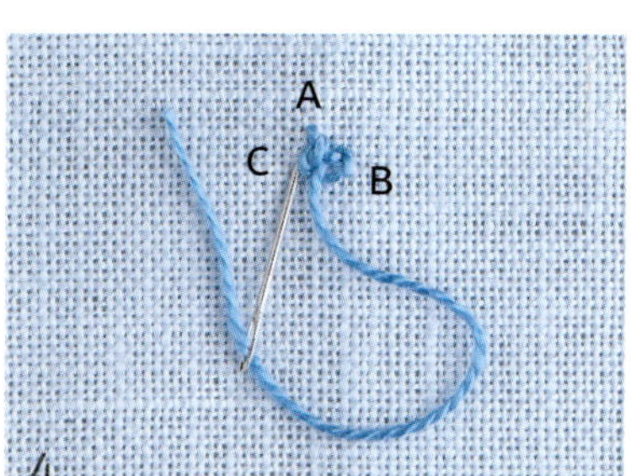

Der Deutsche Knötchenstich hat mit seiner Dreieckform einen ganz eigenen Charakter. Man kann ihn auf zweierlei Art verwenden, nämlich entweder als Einzelstich für Blütenmotive auf Stramin als Linienstich zum Konturieren eines mit einem anderen Stich gestickten Motivs.

SCHRITT 1

Bei A durchstechen, bei B einstechen und dabei einen schrägen Stich bilden. Auf der Höhe von B einige Millimeter daneben bei C ausstechen.

SCHRITT 2

Die Nadel von rechts nach links unter dem schrägen Stich hindurchführen, den Faden dabei nach unten legen. Vorsichtig durchziehen, so dass eine Schlinge entsteht.

SCHRITT 3

Nun die Nadel von oben nach unten zwischen der entstandenen Schlinge und B unter dem schrägen Stich hindurchführen. Den Faden unter die Nadel legen, auf dem Stoff zu einem Knötchen zusammenziehen und locker durchziehen.

SCHRITT 4

Bei C wieder einstechen und das doppelte Knötchen fixieren. Einige Millimeter weiter das nächste Knötchen von Schritt 1 an auf die gleiche Weise arbeiten.

DER SORBELLO-STICH in 4 Schritten

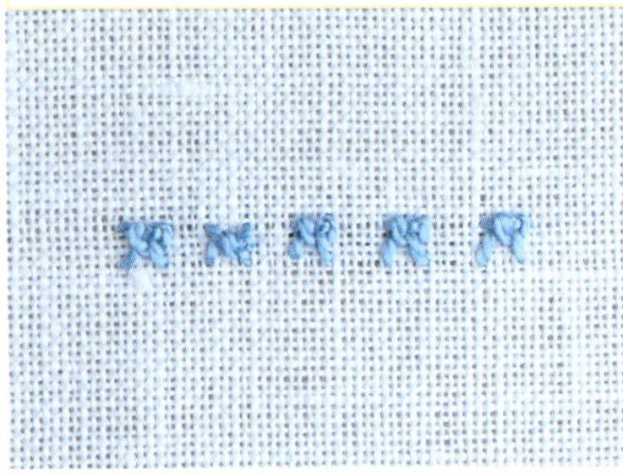

Schwierigkeitsgrad: mittelschwer, für Stickerinnen mit Vorkenntnissen.

Stoff und Garn: Der Sorbello-Stich lässt sich mit stark gedrehtem Baumwollgarn wie Perlgarn, Mattstickgarn oder Vierfach-Stickgarn auf jedem feinen Stoff oder auf einem Gewebe mit gut erkennbaren Fäden sticken.

Stickrichtung: in senkrechten oder waagrechten Reihen.

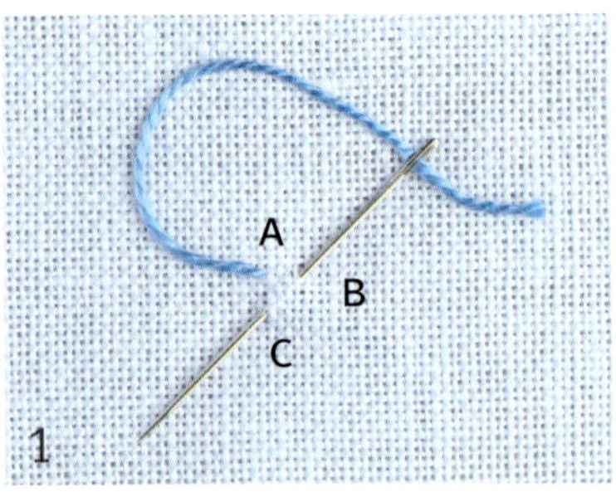

Der aus Italien stammende Sorbello-Stich bildet ein Quadrat. Auf zählbarem Stramin kann er wie ein Kreuzstich gearbeitet werden. Mit seinem außergewöhnlichen Relief eignet er sich zur Gestaltung besonders origineller Stickarbeiten.

SCHRITT 1

Bei A durchstechen. Rechts daneben mit einem geraden Stich bei B einstechen. Einige Millimeter weiter genau unter A bei C ausstechen.

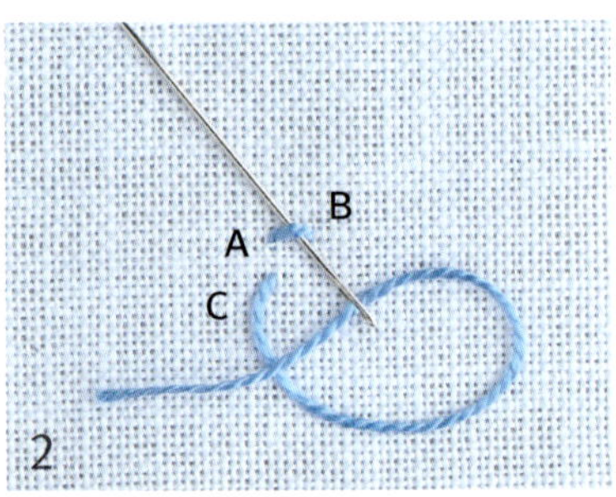

SCHRITT 2

Die Nadel von unten nach oben unter dem geraden Stich hindurchführen.

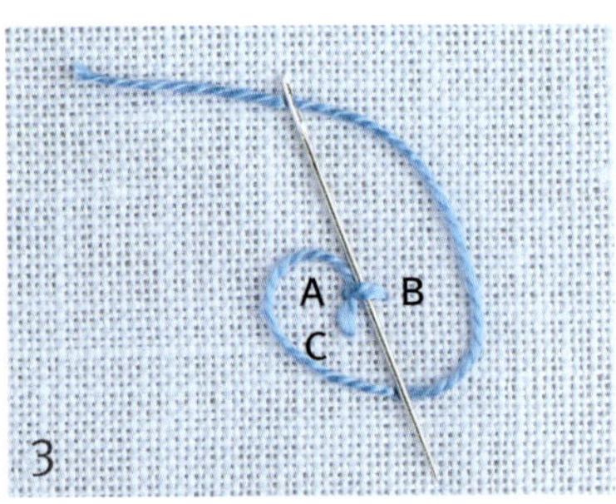

SCHRITT 3

Nun die Nadel von oben nach unten zwischen der entstandenen Schlinge und Punkt B unter dem geraden Stich hindurchführen. Den Faden unter die Nadelspitze legen.

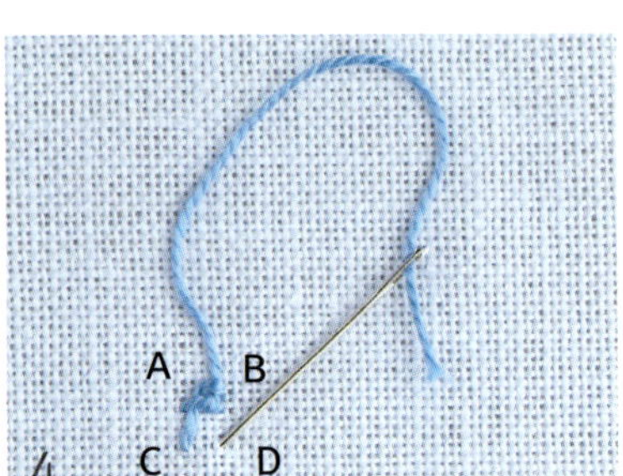

SCHRITT 4

Einige Millimeter daneben, genau unter B, bei D wieder einstechen und das fertige Knötchen fixieren.

Für den nächsten Sorbello-Stich den Vorgang von Schritt 1 an wiederholen. Im Fall einer Stickarbeit mit gezählten Stichen die Stiche dicht nebeneinander setzen. Am Ende der Reihe den Faden vernähen und die nächste Reihe von links beginnen.

DER GESTIELTE KNÖTCHENSTICH in 2 Schritten

Schwierigkeitsgrad: mittelschwer, für Stickerinnen mit Vorkenntnissen.

Stoff und Garn: Der Gestielte Knötchenstich lässt sich mit Garnen aus Baumwolle, Leinen, Seide oder Wolle auf jeder Art von Stoff sticken.

Stickrichtung: beliebig, Streumuster.

TIPP

Wenn die Füllung sehr dicht gearbeitet wird und die Gestielten Knötchenstiche wegen der besseren Reliefwirkung einander überlappen, sollten die Stiele alle in dieselbe Richtung zeigen.

Dieser Stich bietet unterschiedliche Anwendungsmöglichkeiten. Als Streumuster lassen sich damit luftige Füllungen sticken. Wenn man ihn in Form einer Blüte mit den Knötchen nach außen anordnet, eignet er sich für feine Blumenmuster. Als dichte Füllung gearbeitet, ergibt sich eine ausgeprägte Reliefwirkung.

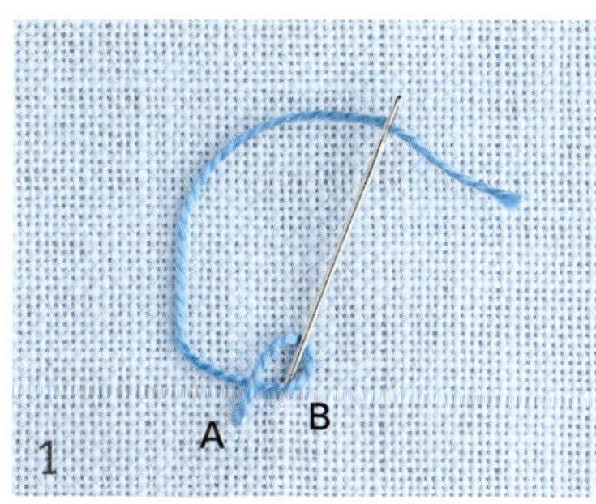

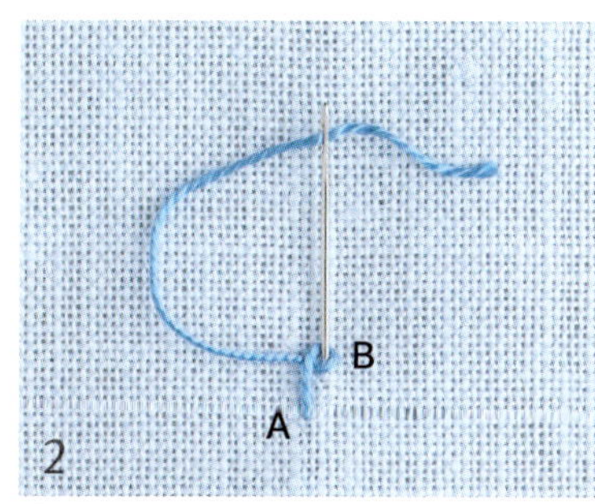

SCHRITT 1

Bei A durchstechen. Den Faden im Uhrzeigersinn zu einer Schlinge legen. Innerhalb dieser Fadenschlinge einige Millimeter neben A bei B einstechen.

SCHRITT 2

Die Fadenschlinge sorgfältig anziehen und die Nadel auf die Rückseite des Stoffes durchziehen, wobei über B ein Knötchen entsteht.

In geringem Abstand dazu Schritt 1 und 2 wiederholen und einen weiteren Gestielten Knötchenstich arbeiten.

DER DOPPELTE SANDSTICH in 2 Schritten

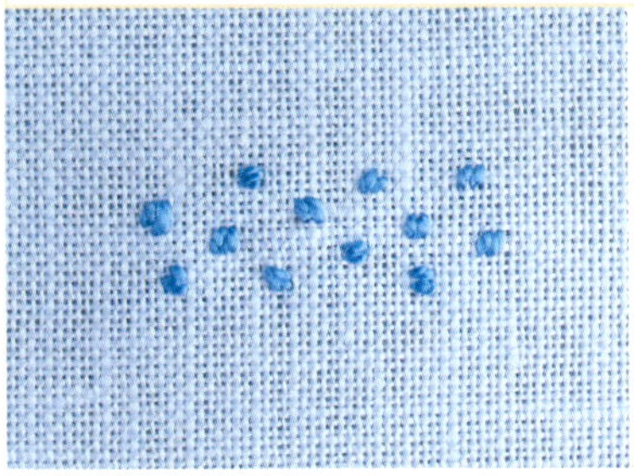

Schwierigkeitsgrad: leicht, für Anfängerinnen geeignet.

Stoff und Garn: Der Doppelte Sandstich lässt sich mit stark gedrehtem Baumwollgarn wie Perlgarn, Mattstickgarn oder Vierfach-Stickgarn auf jedem feinen Stoff oder auf Gewebe mit gut erkennbaren Fäden sticken.

Stickrichtung: waagrecht von links nach rechts.

TIPP

Der Doppelte Sandstich eignet sich ganz besonders für das Sticken von Pünktchen, für die der Unterlegte Plattstich (siehe S. 176) zu groß ist. Wenn man ohne Stickrahmen arbeitet, ist der Doppelte Sandstich auch ein guter Ersatz für den Französischen Knötchenstich. Damit das Stickmotiv noch plastischer hervortritt, können die beiden Rückstiche auch übereinander gestickt werden. Dann wird die Nadel zweimal hintereinander von A nach B geführt.

Der Doppelte Sandstich besteht aus zwei kleinen Rückstichen. Im Allgemeinen verwendet man ihn, um ein Motiv plastisch hervorzuheben oder um eine zuvor mit einem anderen Stich konturierte Fläche zu füllen.

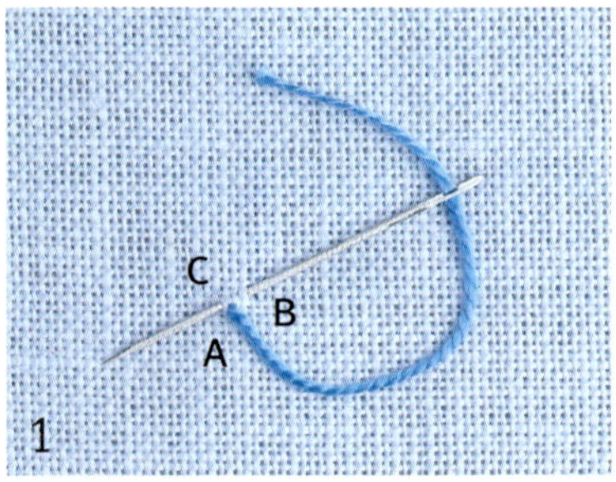

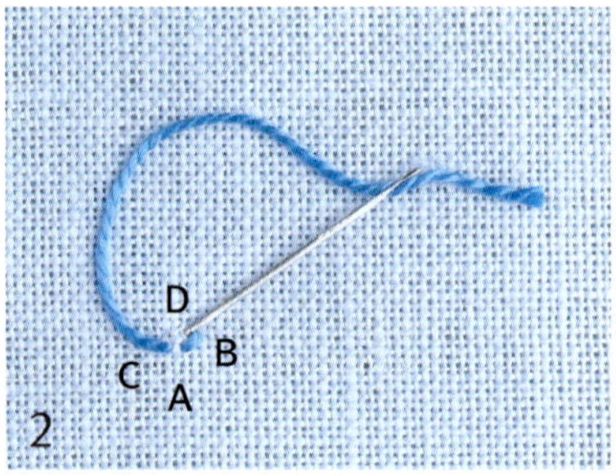

SCHRITT 1

Bei A durchstechen und je nach gewünschtem Effekt mit einem kleinen schrägen oder geraden Rückstich bei B einstechen. Knapp neben A bei C wieder ausstechen und den Arbeitsfaden durchziehen. Damit ist der erste Rückstich fertig.

SCHRITT 2

Knapp neben B bei D einstechen und einen zweiten Rückstich parallel zum ersten bilden.

Schritt 1 und 2 wiederholen und so die Fläche des Stickmotivs bedecken.

DER GEKNOTETE STEPPSTICH in 2 Schritten

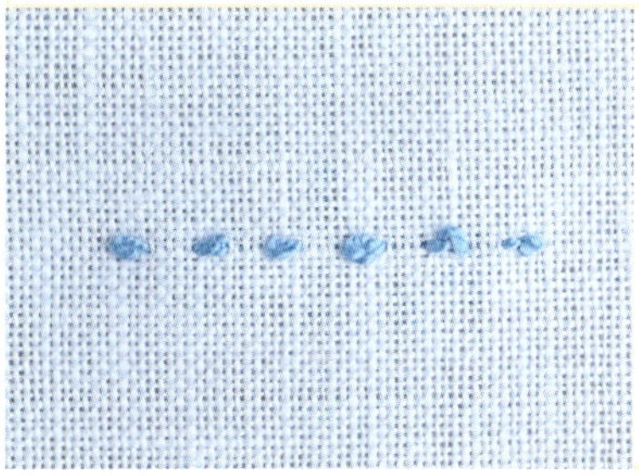

Schwierigkeitsgrad: sehr leicht, für Anfängerinnen geeignet.

Stoff und Garn: Der Geknotete Steppstich lässt sich mit Garnen aus Baumwolle, Leinen, Seide oder Wolle auf jeder Art von Stoff sticken.

Stickrichtung: waagrecht von rechts nach links.

TIPP

Der Geknotete Steppstich bietet sich für das Arbeiten ohne Stickrahmen an. In diesem Fall ist es allerdings bequemer, ihn wie den Margeritenstich (siehe S. 37) von oben nach unten zu arbeiten.

Auf den ersten Blick sieht der Geknotete Steppstich dem einfachen Knötchenstich zum Verwechseln ähnlich, er ist jedoch leichter zu arbeiten. Er besteht einfach aus einem kleinen Kettenstich mit einem Rückstich und gelingt auch Stickanfängerinnen.

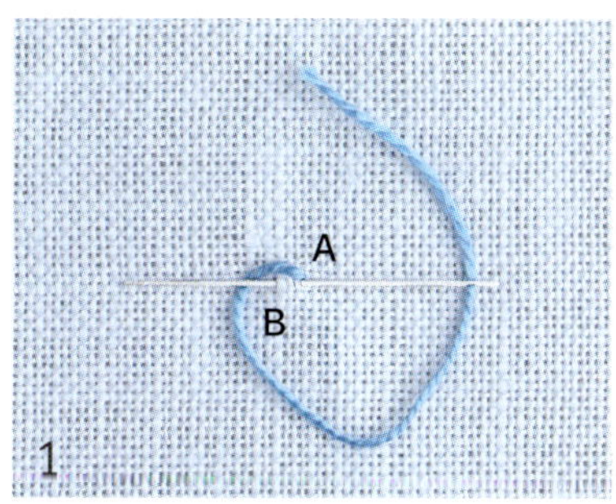

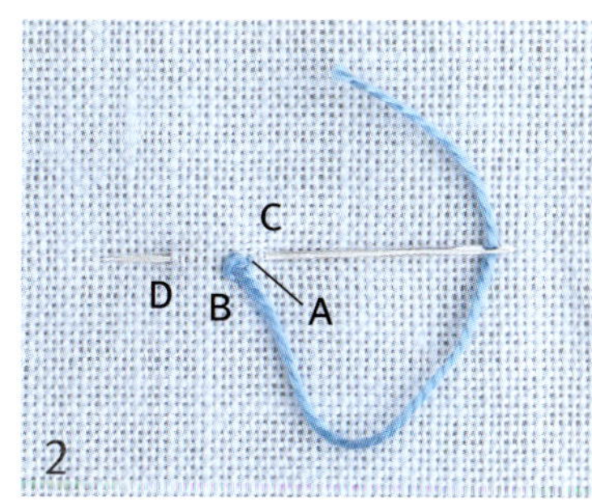

SCHRITT 1

Bei A durchstechen und an derselben Stelle wieder einstechen. Die Nadelspitze einige Millimeter links von A seitlich bei B wieder herausführen. Den Faden unter die Nadel legen und locker durchziehen, so dass eine kleine Schlinge entsteht.

SCHRITT 2

Die Schlinge mit dem Daumen festhalten. Knapp hinter A bei C einstechen. Ein Stück weiter links bei D ausstechen und einen neuen Geknoteten Steppstich beginnen.

Für die nächsten Stiche Schritt 1 und 2 wiederholen.

DER BASKISCHE KNÖTCHENSTICH in 4 Schritten

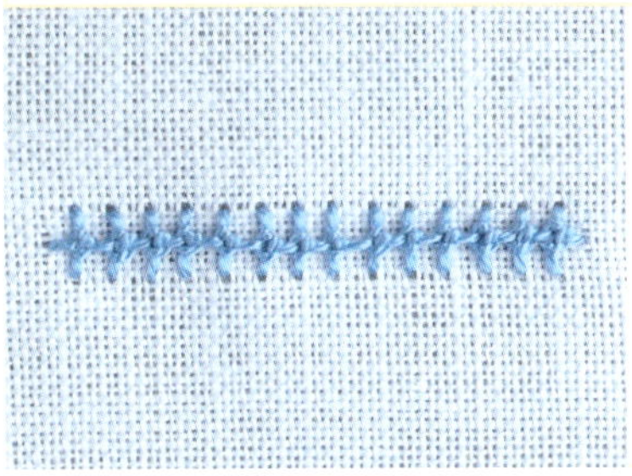

Schwierigkeitsgrad: mittelschwer, für Stickerinnen mit Vorkenntnissen.

Stoff und Garn: Der Baskische Knötchenstich lässt sich mit Garnen aus Baumwolle, Leinen, Seide oder Wolle auf jeder Art von Stoff sticken (vorzugsweise mit stark gedrehtem Garn wie Perlgarn oder Vierfach-Stickgarn).

Stickrichtung: waagrecht von rechts nach links.

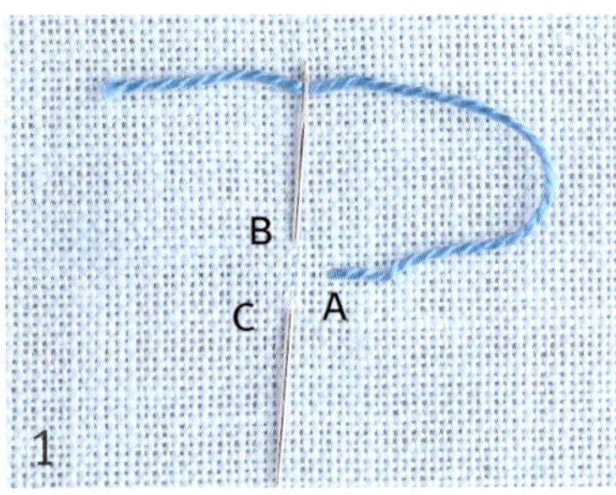

Im Baskenland wurden Kreuze mit erhabenem Mittelpunkt in Reihen auf Männerhemden, Trachtenschürzen und auf Wäsche gestickt. Der Baskische Knötchenstich ist in ganz Südwestfrankreich sowie im Norden der Iberischen Halbinsel verbreitet.

SCHRITT 1

Bei A durchstechen, dann bei B einstechen und senkrecht unter B bei C wieder ausstechen, so dass links von A ein schräger Stich entsteht. Der Punkt A liegt dabei im gleichen Abstand sowohl zu B als auch zu C.

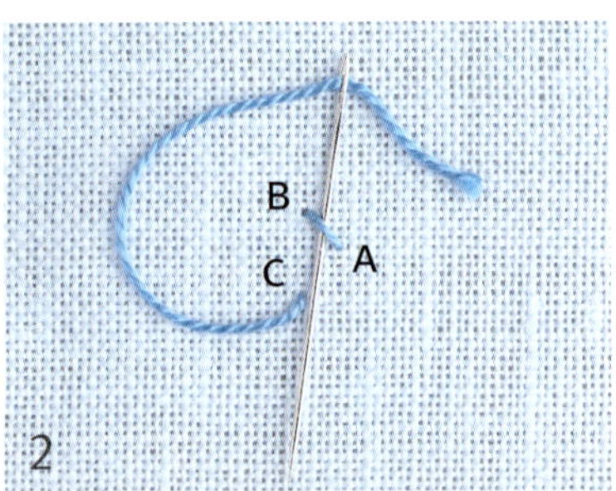

SCHRITT 2

Die Nadel von rechts nach links und von oben nach unten unter dem schrägen Stich hindurchführen, dabei darauf achten, dass der Arbeitsfaden links liegen bleibt. Die so entstandene Schlinge auf die rechte Seite des schrägen Stich schieben.

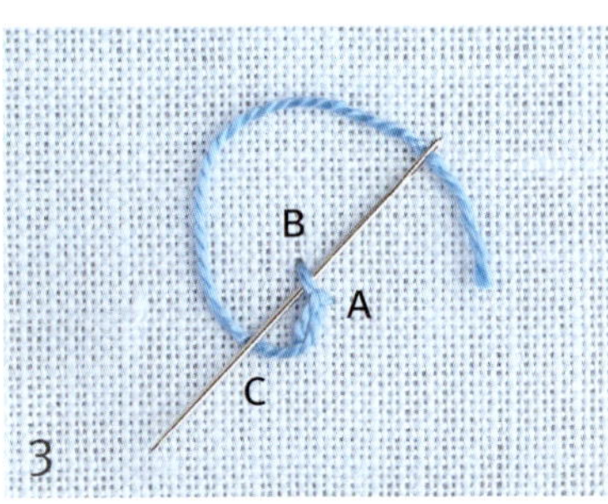

SCHRITT 3

Die Nadel nochmals unter dem schrägen Stich hindurchführen. Den Arbeitsfaden unter die Nadel legen, dann locker zu einem fertigen Knötchen festziehen.

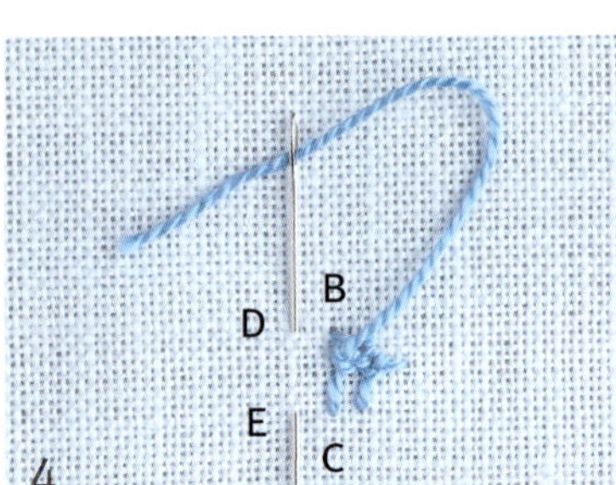

SCHRITT 4

Für den nächsten Stich bei D einstechen und etwas weiter links senkrecht unter D bei E wieder ausstechen. Die Schritte 2 bis 4 wiederholen und so die nächsten Stiche arbeiten.

Hochzeitskissen

Dieses kostbare, seidig schimmernde Kissen bildet bei der Hochzeitszeremonie eine stilvolle Unterlage für die Trauringe. Das Motiv besteht ganz aus kleinen, dicht nebeneinander gesetzten Französischen Knötchenstichen. Dadurch wirkt das Kissen wie ein Damaststoff mit schönen Reliefeffekten.

WISSENSWERTES

Schwierigkeitsgrad
Mittelschwer

Stickstich
Französischer Knötchenstich
(siehe S. 74)

Maße
Das fertige Hochzeitskissen ist
20 x 20 cm groß.
Das Stickmotiv in den Ecken misst
6 x 6 cm.

MATERIAL

25 x 60 cm Seidentaft, hellrosa
2 Strang Anchor Sticktwist in den Farben: Weißgelb (Fb. 386), Apricot hell (Fb. 311), Dottergelb dunkel (Fb. 304)
1 überziehbarer Knopf, 2,5 cm Durchmesser
30 cm Satinband, 1 cm breit, hellrosa
Feine spitze Sticknadel
Stickrahmen
HB-Bleistift
Füllmaterial aus Synthetik
Stecknadeln

MOTIV

Aus dem Seidentaft zwei 25 x 25 cm große Quadrate ausschneiden. Das eine zweimal auf die Hälfte falten und so den Mittelpunkt bestimmen. Die Mustervorlage unter den Stoff legen, dass die Mitte des Motivs sich mit dem Mittelpunkt des Stoffquadrats deckt. Die Mustervorlage unter dem Stoff feststecken. Mit dem Bleistift die durchscheinenden Konturen des Motivs auf dem Stoff nachzeichnen. Das untere Motiv auf einen Stoffrest zeichnen, mit dem der Knopf überzogen wird.

STICKEN

Den Stoff in den Rahmen spannen. Den Sticktwist dreifädig verwenden. Die Motive nacheinander sticken, dabei mit dem dunkelsten Farbton (Dottergelb dunkel) beginnen. Die Stiche dicht nebeneinander setzen, bis die ganze Fläche des Motivs bedeckt ist. Das Garn mit dem hellsten Farbton (Weißgelb) als letztes verarbeiten. In dieser Weise die vier Eckmotive und den Knopfüberzug sticken.

FERTIGSTELLEN

Die Stickarbeit bügeln. Die Stoffquadrate rechts auf rechts aufeinander legen und an den Rändern feststecken. Auf 2,5 cm unter dem Rand mit der Nähmaschine oder von Hand mit Steppstichen zusammennähen; auf einer Seite 10 cm offen lassen.

HINWEIS

Wenn Sie die Mustervorlage stärker vergrößern, können Sie mit dem Motiv auch ein größeres Kissen schmücken. Nehmen Sie in diesem Fall den Sticktwist sechsfädig, damit das Stickrelief zur Größe des Kissens passt.

Den überstehenden Stoff in 1 cm Abstand zur Steppnaht abschneiden und die Nähte flachbügeln. Das Kissen wenden, mit dem Füllmaterial ausstopfen und die Öffnung mit überwendlichen Stichen schließen. Den Knopf entsprechend der Anleitung des Herstellers mit dem bestickten Stoffstück überziehen und in der Mitte des Kissens annähen. Dabei den Faden straff anziehen, so dass im gepolsterten Kissen eine Vertiefung entsteht. Das Satinband durch die Knopföse und anschließend durch die Trauringe ziehen.

Auf 70% verkleinert

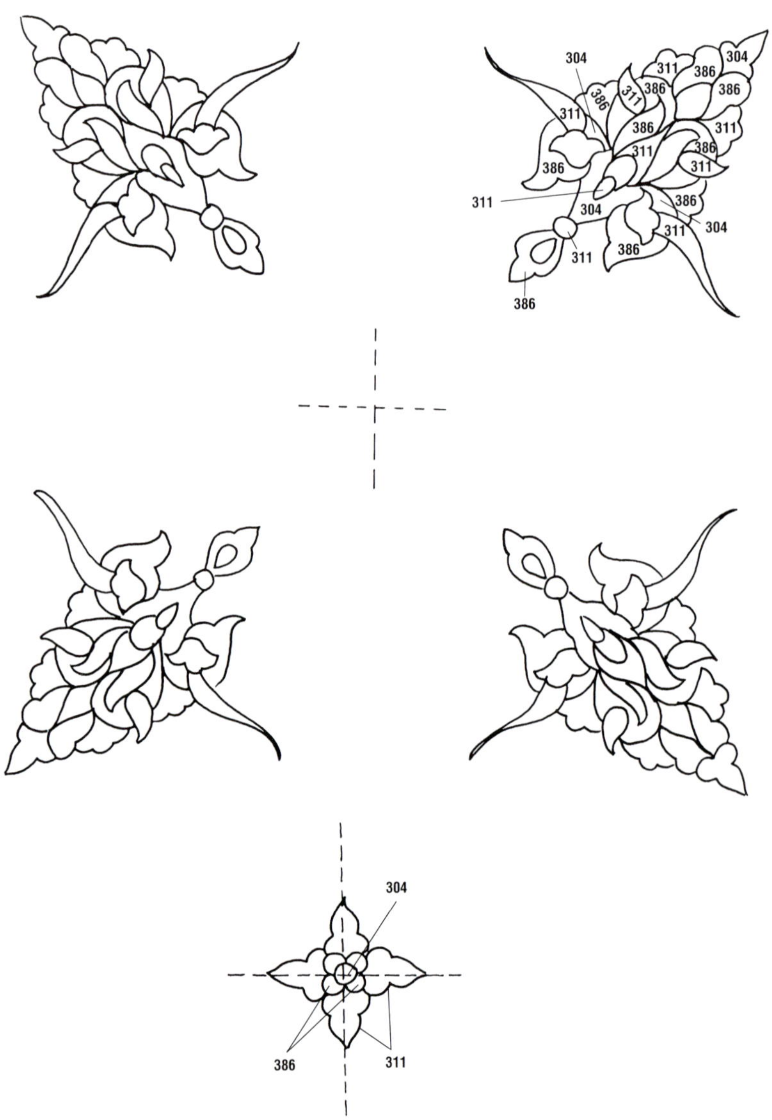

Der Zweigstich in Variationen

Mit Zweigstichen lassen sich besonders Blattformen füllen; sie eignen sich ebenfalls zum Sticken von Blütenblättern und geschwungenen Linien, wie sie in der klassischen Stickerei häufig anzutreffen sind. Im Allgemeinen wird der Zweigstich entlang einer Linie gearbeitet, die die Kontur des Stickmotivs darstellt. Dabei wird der Arbeitsfaden innerhalb dieser Motivumrandung von einer Seite zur anderen geführt.

DER ZWEIGSTICH in 3 Schritten

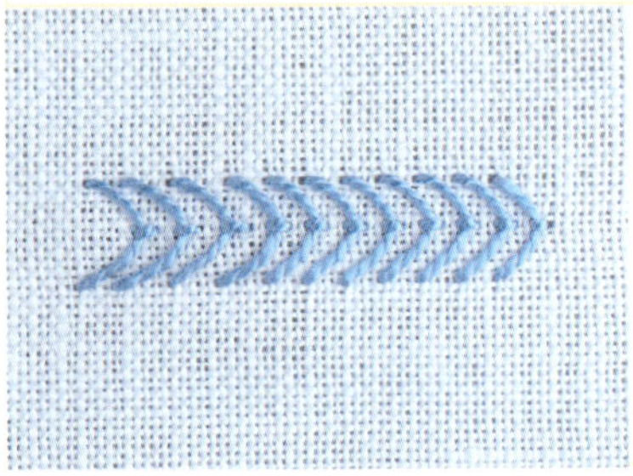

Schwierigkeitsgrad: leicht, für Anfängerinnen geeignet.

Stoff und Garn: Der Zweigstich lässt sich mit Garnen aus Baumwolle, Leinen, Seide oder Wolle auf jeder Art von Stoff sticken. Mit lose gedrehten Garnen wie Sticktwist kann man gut flächendeckend arbeiten.

Stickrichtung: senkrecht von oben nach unten.

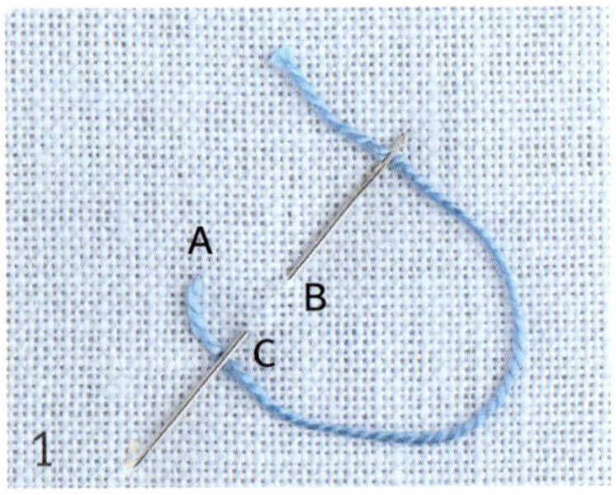

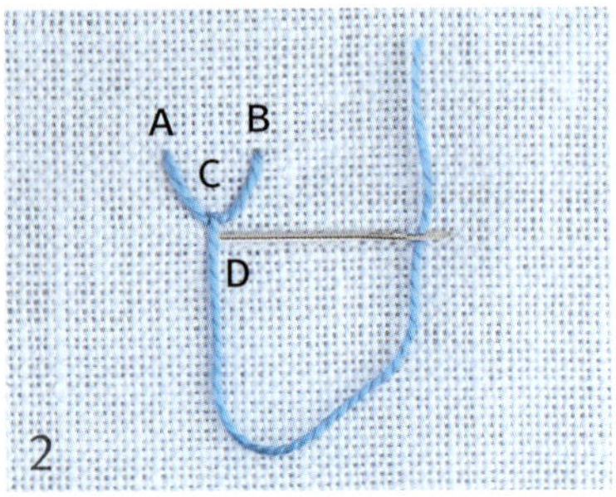

Der Zweigstich eignet sich hervorragend für Füllungen. Das Stickmotiv in Form eines Y wirkt dabei wie ein Blütenblatt mit gut erkennbarer Blattader. Je nachdem, welche Wirkung beabsichtigt ist, kann der Zweigstich mehr oder weniger dicht gestickt werden.

SCHRITT 1

Bei A durchstechen. Rechts davon auf derselben Höhe bei B einstechen. Einige Millimeter weiter unten im gleichen Abstand zu A wie zu B bei C wieder ausstechen. Den Faden unter die Nadel legen.

SCHRITT 2

Knapp unterhalb von C über den entstandenen V-förmigen Stich hinweg bei D wieder einstechen.

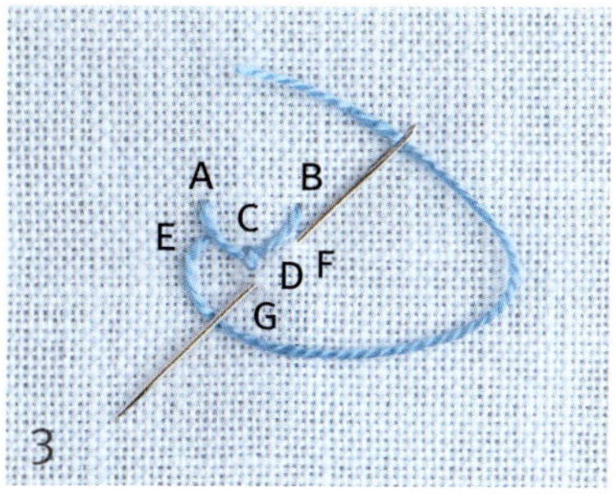

SCHRITT 3

Links unterhalb von A bei E ausstechen. Rechts unterhalb von B bei F einstechen. Die Nadelspitze knapp unter C und D bei G wieder herausführen. Den Faden unter die Nadel legen und zum Schluss einen kleinen Überfangstich in die Mitte des V-förmigen Stichs setzen. Schritt 3 wiederholen und so weiter arbeiten.

DER DOPPELTE ZWEIGSTICH in 2 Schritten

Schwierigkeitsgrad: leicht, für Anfängerinnen geeignet.

Stoff und Garn: Der Doppelte Zweigstich lässt sich mit Garnen aus Baumwolle, Leinen, Seide oder Wolle auf jeder Art von Stoff sticken. Mit lose gedrehten Garnen wie Sticktwist kann man gut flächendeckend arbeiten.

Stickrichtung: senkrecht von oben nach unten.

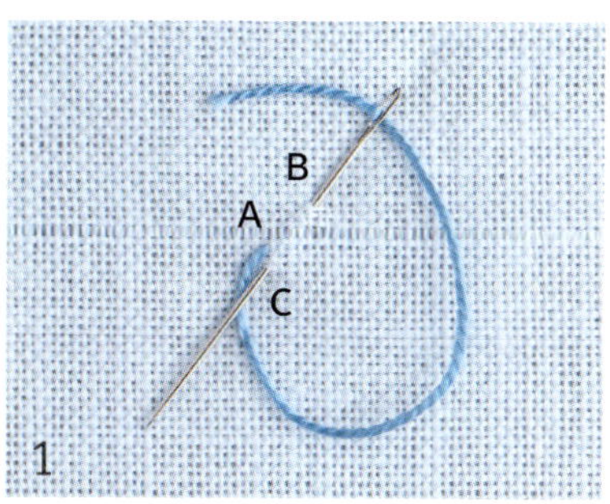

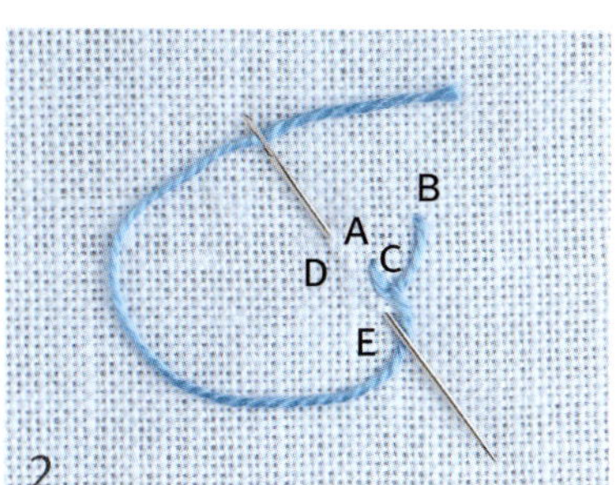

Der Doppelte Zweigstich, eine Variante des einfachen Zweigstichs, heißt so, weil beide Seiten jeweils aus einer offenen Schlinge bestehen. Für solche Stiche braucht man auf jeden Fall einen Stickrahmen.

SCHRITT 1

Mit der rechten Seite des Stichs beginnen. Bei A durchstechen, dann nach rechts aufwärts bei B einstechen, so dass ein schräger Stich entsteht. Unterhalb von A bei C wieder ausstechen und den Faden unter die Nadel legen.

SCHRITT 2

Mit einem schrägen Stich nach links waagrecht zu B bei D wieder einstechen. Knapp unterhalb von C bei E ausstechen und den Faden unter die Nadel legen.

Schritt 1 und 2 wiederholen und dabei die Stiche abwechselnd nach rechts und nach links ausrichten. Die offenen Schlingen jeweils von beiden Seiten zur Mitte arbeiten.

DER KREUZNAHTSTICH in 3 Schritten

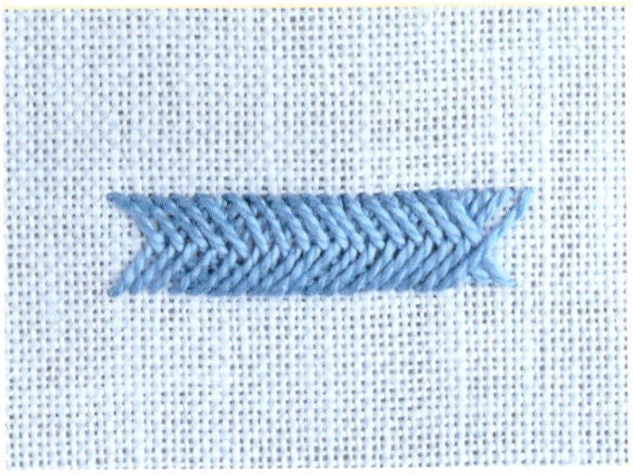

Schwierigkeitsgrad: mittelschwer, für Stickerinnen mit Vorkenntnissen.

Stoff und Garn: Der Kreuznahtstich lässt sich mit Garnen aus Baumwolle, Leinen, Seide oder Wolle auf jeder Art von Stoff sticken. Mit lose gedrehten Garnen wie Sticktwist kann man gut flächendeckend arbeiten.

Stickrichtung: senkrecht von oben nach unten.

Die einander überkreuzenden Fäden dieses dekorativen Stichs erinnern an ein Korbgeflecht. Der einzelne Stich hat als Grundfläche ein Quadrat. Da er in übereinander liegenden Garnschichten gestickt wird, wird mehr Garn verbraucht als gewöhnlich.

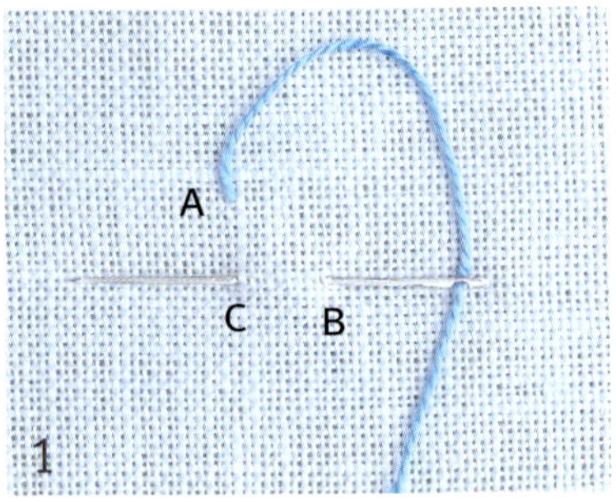

SCHRITT 1

Bei A durchstechen. Schräg rechts abwärts bei B einstechen. Auf der Höhe von B unter A bei C wieder ausstechen.

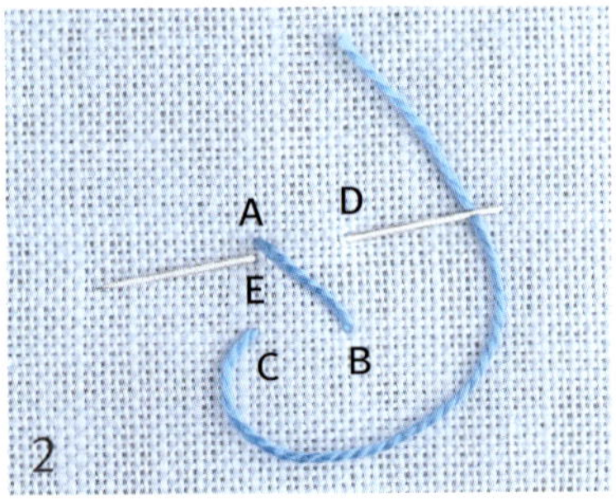

SCHRITT 2

Rechts von A auf derselben Höhe oberhalb von B bei D einstechen. Damit ist das Quadrat gekennzeichnet, in dem sich die beiden Balken des Stichs mittig kreuzen. Unterhalb von A bei E wieder ausstechen.

SCHRITT 3

Nun abwechselnd gleichmäßig gekreuzte Stiche nach links und nach rechts ausführen. Durch Verwendung der zuvor benutzten Ein- und Ausstichstellen verflechten sich die gekreuzten Fäden. Schritt 1 und 2 wiederholen und so die nächsten Stiche arbeiten.

TIPP

Mit Sticktwist wird Ihr Kreuznahtstich schön glatt. Die schräge Ausrichtung der Stiche verleiht Ihrer Stickerei auffallende Glanzeffekte, insbesondere wenn Sie kräftige oder dunkle Farben verwenden.

DER BLATTSTICH in 3 Schritten

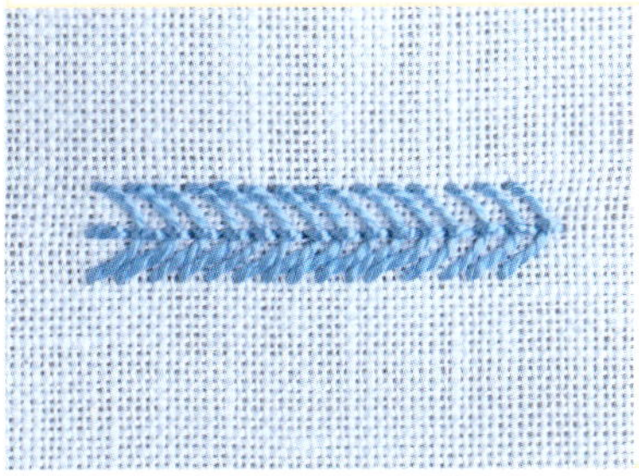

Schwierigkeitsgrad: leicht, für Anfängerinnen geeignet.

Stoff und Garn: Der Blattstich lässt sich mit Garnen aus Baumwolle, Leinen, Seide oder Wolle auf jeder Art von Stoff sticken.

Stickrichtung: senkrecht von oben nach unten.

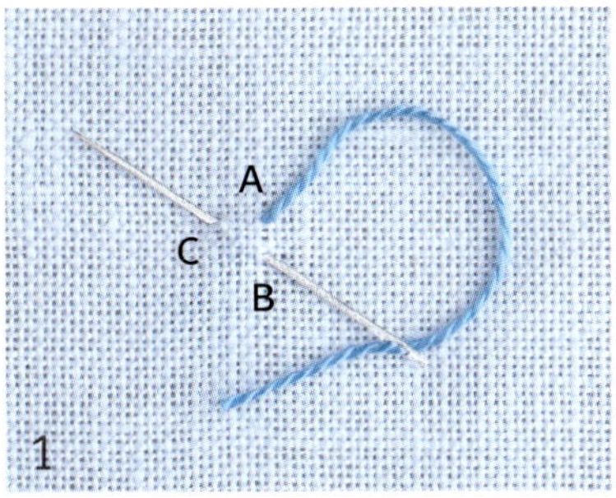

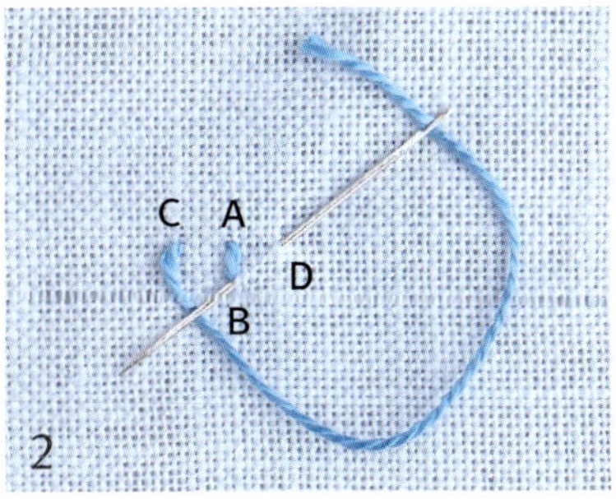

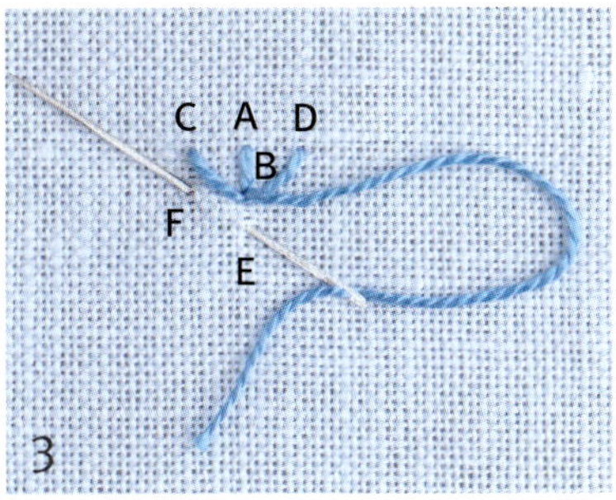

Für eine lockere Füllung ist der Blattstich ideal, denn er passt sich den zu bestickenden Flächen an. Er besteht aus einer Folge Y-förmiger Stiche und wird ähnlich gearbeitet wie der Zweigstich und der offene Grätenstich.

SCHRITT 1

An der gedachten Spitze des Stichs bei A durchstechen. Einige Millimeter unterhalb von A bei B einstechen. Schräg links von A bei C wieder ausstechen und den Faden durchziehen. Der so entstandene erste senkrechte Stich bildet die Mittelachse des Blattstichs.

SCHRITT 2

Rechts von A unter Wahrung desselben Abstands wie zwischen C und A bei D einstechen. Bei B wieder ausstechen. Den Arbeitsfaden locker durchziehen, so dass ein Zacken entsteht.

SCHRITT 3

Einige Millimeter unterhalb von B bei E einstechen. Links davon, einige Millimeter unterhalb von C, bei F ausstechen und den Faden zu dem kurzen senkrechten Stich in der Mitte durchziehen. Schritt 2 und 3 wiederholen und mit dem Füllstich fortfahren.

TIPP

Es sieht schöner aus, wenn der senkrechte Stich in der Mitte nicht allzu kurz ausfällt. Im Blattstich bestickte Flächen sind deshalb nie vollständig überdeckt. Auf der Rückseite der Arbeit sollte eine Zackenlinie entstehen.

DER FARNKRAUTSTICH in 3 Schritten

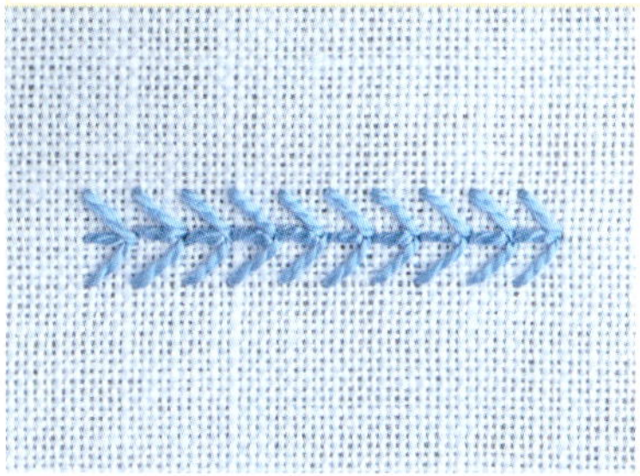

Schwierigkeitsgrad: sehr leicht, für Anfängerinnen geeignet.

Stoff und Garn: Der Farnkrautstich lässt sich mit Garnen aus Baumwolle, Leinen, Seide oder Wolle auf jeder Art von Stoff sticken.

Stickrichtung: senkrecht von oben nach unten.

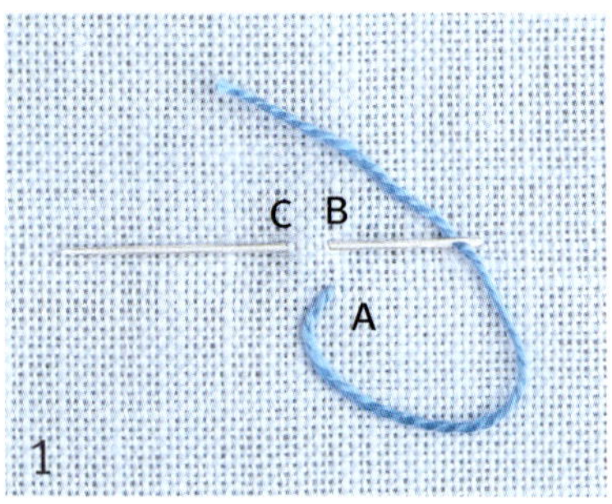

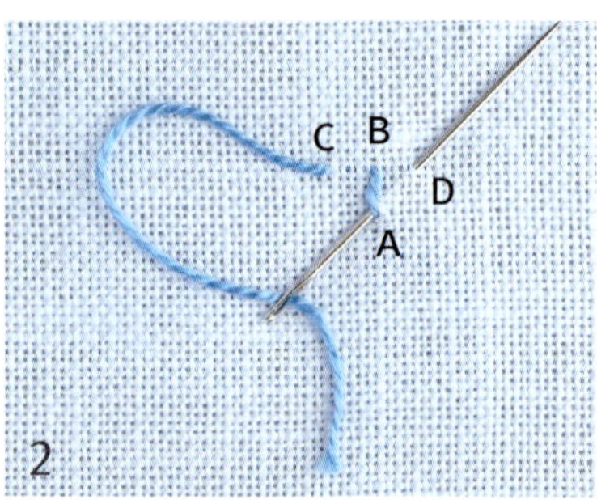

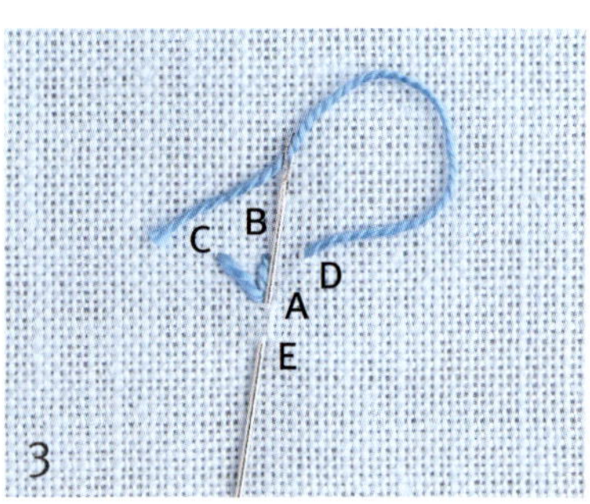

Ähnlich wie der Blattstich wird auch der Farnkrautstich nacheinander aus einzelnen Stichen gearbeitet. Er eignet sich für festere Stoffe mit gut sichtbaren Gewebefäden wie Baumwollstramin und ist für Einsteigerinnen ideal.

SCHRITT 1

An der gedachten Spitze des Stichs bei A durchstechen. Einige Millimeter oberhalb von A bei B einstechen und links von B bei C wieder ausstechen. Den Arbeitsfaden durchziehen. Der so entstandene senkrechte erste Stich bildet die Mittelachse des Farnkrautstichs.

SCHRITT 2

Bei A einstechen und einige Millimeter rechts von B bei D ausstechen. Den Arbeitsfaden durchziehen und damit den ersten Strich des Zackens arbeiten.

SCHRITT 3

Nochmals bei A einstechen und den Zacken vervollständigen. Einige Millimeter unterhalb von A bei E ausstechen. Schritt 1 bis 3 wiederholen und so die Reihe fortsetzen.

TIPP

Für diese Stickerei braucht man eine feine, spitze Nadel, denn beim mittleren Stich wird drei mal in dieselbe Stelle eingestochen. Ein fester Stoff mit gut erkennbaren Gewebefäden erleichtert die Arbeit.

DER GEFIEDERTE ZOPFSTICH in 4 Schritten

Schwierigkeitsgrad: mittelschwer, für Stickerinnen mit Vorkenntnissen.

Stoff und Garn: Der Gefiederte Zopfstich lässt sich mit Garnen aus Baumwolle, Leinen, Seide oder Wolle auf jeder Art von Stoff sticken.

Stickrichtung: senkrecht von oben nach unten.

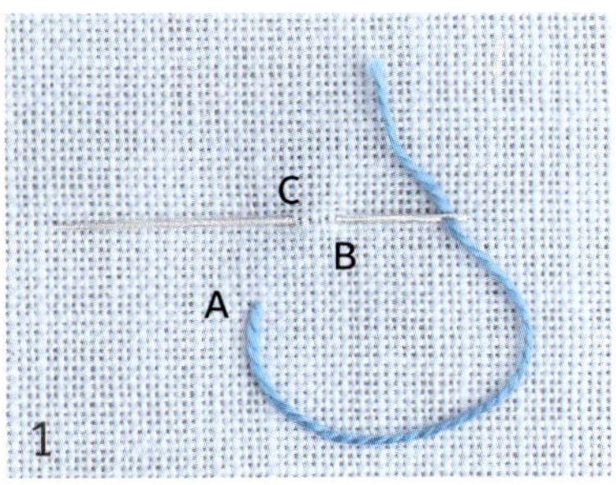

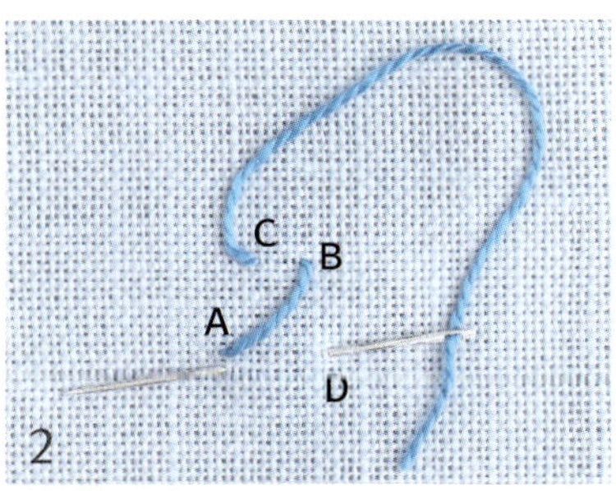

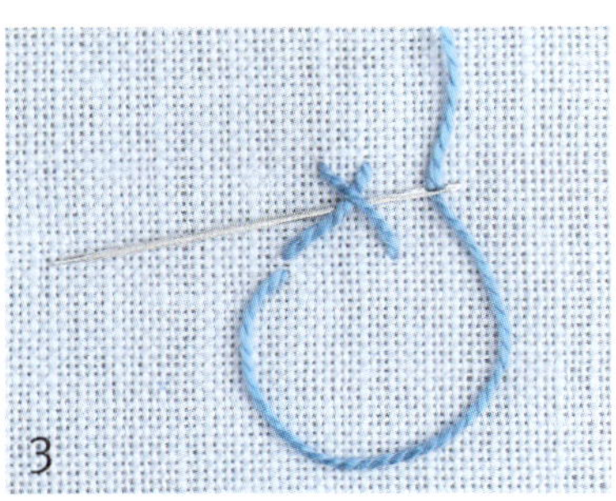

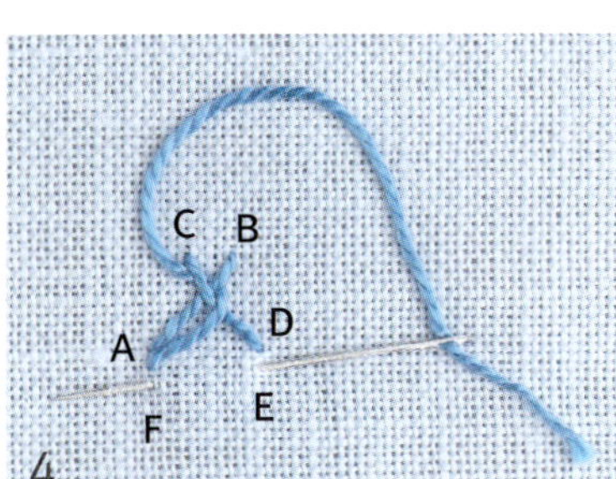

Charakteristisch für diesen Zopfstich ist die betonte mittlere Blattader, die durch das Überkreuzen der Stiche in der Mitte zustande kommt. Mit diesem Stich lassen sich wunderbar Blattmuster füllen.

SCHRITT 1

Links am Anfang der Linie bei A durchstechen. Einige Millimeter rechts von A schräg aufwärts bei B einstechen. Auf der Höhe von B einige Millimeter weiter links bei C wieder ausstechen. Den Faden durchziehen, so dass der erste Balken eines Kreuzes entsteht.

SCHRITT 2

Rechts von A auf derselben Höhe bei D einstechen. Den Arbeitsfaden durchziehen, so dass der zweite Balken eines langgezogenen Kreuzes entsteht, dessen Schnittpunkt oberhalb der Mitte liegt. Knapp unterhalb von A ausstechen.

SCHRITT 3

Die Nadel von rechts nach links unter dem Kreuzungspunkt hindurchführen und locker durchziehen, den Faden dabei nahe an den ersten Balken des zuvor gestickten Kreuzes legen.

SCHRITT 4

Einige Millimeter unterhalb von D bei E einstechen. Einige Millimeter unterhalb von A bei F wieder ausstechen und die Nadel locker durchziehen. Das neue Kreuz ist eigentlich eine gedrehte Schlinge, die im Kreuzungspunkt des ersten Kreuzes eingehängt wird. Schritt 3 und 4 wiederholen und in dieser Weise weiterarbeiten.

DER GRÄTENSTICH in 2 Schritten

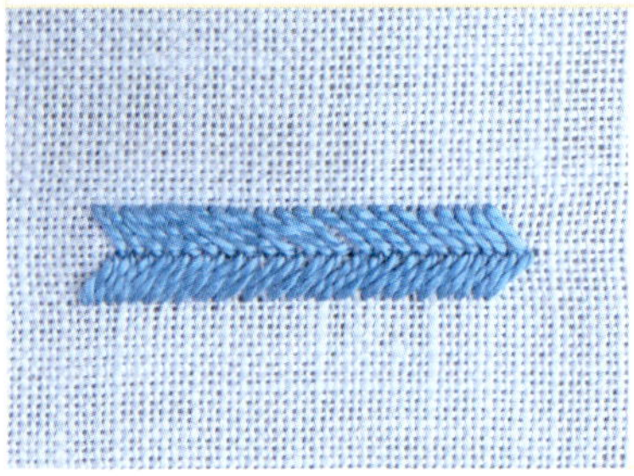

Schwierigkeitsgrad: leicht, für Anfängerinnen geeignet.

Stoff und Garn: Der Grätenstich lässt sich mit Garnen aus Baumwolle, Leinen, Seide oder Wolle auf jeder Art von Stoff sticken.

Stickrichtung: senkrecht von oben nach unten.

TIPP

Der Grätenstich ist gelungen, wenn auf der Vorder- und der Rückseite des Stoffs das gleiche Muster aus ineinandergreifenden Zackenreihen erscheint.

Der Grätenstich ist der ideale Stich zum Füllen kleinformatiger Blattmuster. Trotz seines Namens besteht er lediglich aus schrägen Stichen, die die zu arbeitende Form beidseitig ausgehend von einer Achse füllen.

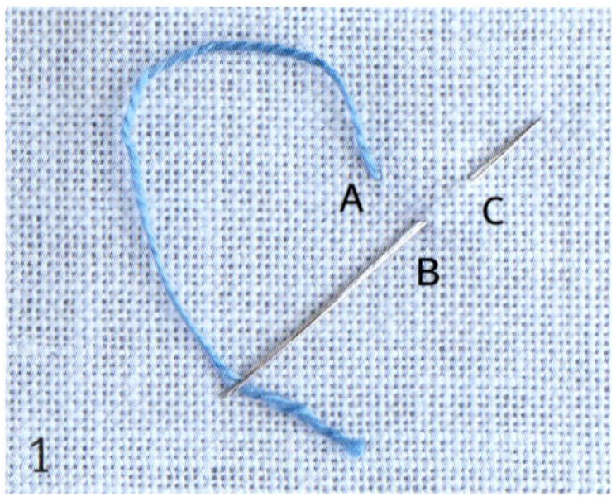

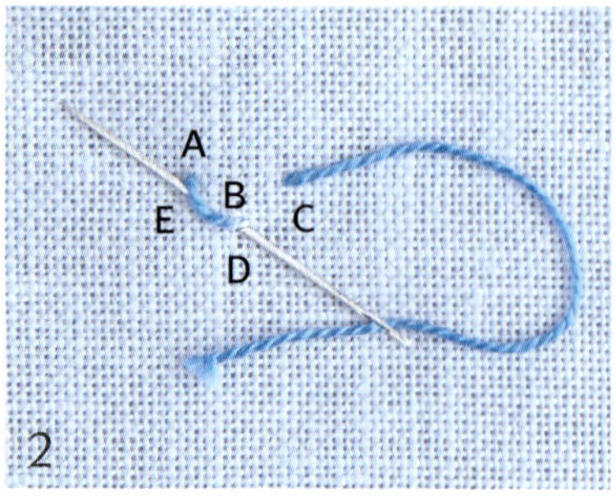

SCHRITT 1

Bei A durchstechen und schräg rechts darunter bei B einstechen. Durch B verläuft damit die Mittelachse. Auf der Höhe von A rechts von der Mitte bei C wieder ausstechen. Den Arbeitsfaden durchziehen, so dass der erste Strich eines Zackens entsteht.

SCHRITT 2

Unterhalb von B bei D einstechen und unterhalb von A bei E wieder ausstechen. Den Arbeitsfaden durchziehen, so dass der zweite Strich des Zackens entsteht. Die Stiche im Abstand von ein oder höchstens zwei Gewebefäden dicht nebeneinander setzen.

Schritt 1 und 2 wiederholen und in dieser Weise fortfahren.

DER OFFENE GRÄTENSTICH in 2 Schritten

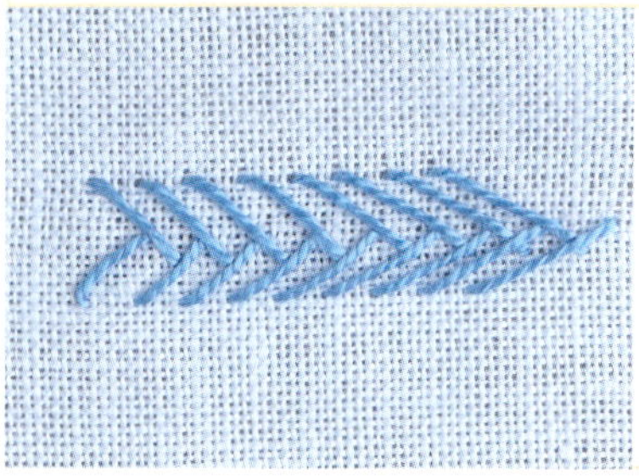

Schwierigkeitsgrad: sehr leicht, für Anfängerinnen geeignet.

Stoff und Garn: Der Offene Grätenstich lässt sich mit Garnen aus Baumwolle, Leinen, Seide oder Wolle auf jeder Art von Stoff sticken.

Stickrichtung: senkrecht von oben nach unten.

TIPP

Denken Sie im Verlauf der Arbeit daran, den Stickfaden von Zeit zu Zeit neu zu verzwirbeln, insbesondere wenn Sie stark gedrehtes Garn wie Perlgarn oder Mattstickgarn verwenden.

Der Offene Grätenstich ist eine Variante der zackenförmigen Füllstiche. Bei diesem Stich liegt die Mittelachse des Stichs leicht nach links versetzt. Da er nur aus Schrägstichen besteht, ist er sehr leicht zu sticken.

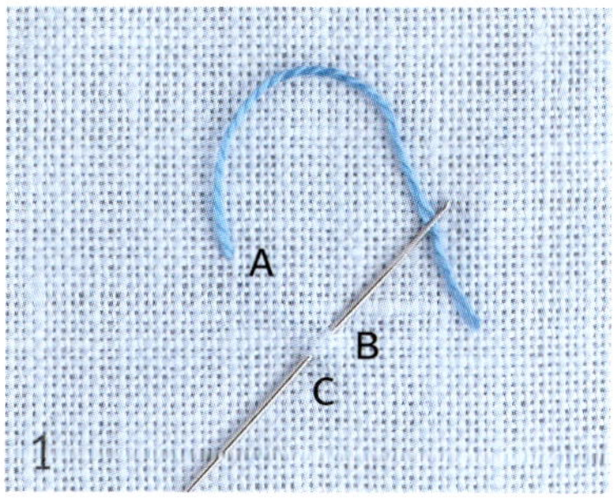

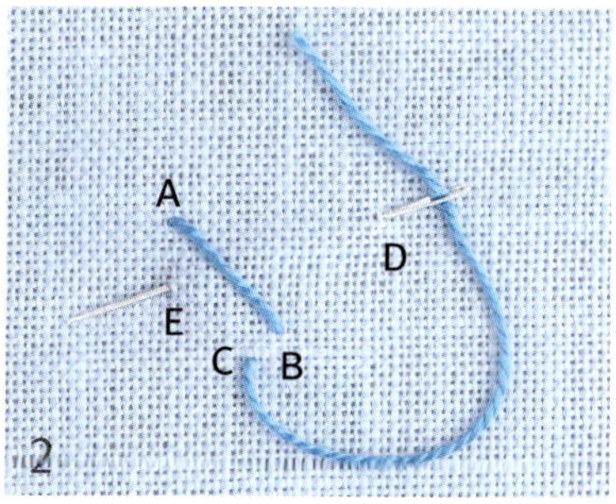

SCHRITT 1

Bei A durchstechen. Schräg nach rechts bei B einstechen. Schräg links darunter bei C wieder ausstechen. Den Arbeitsfaden durchziehen, so dass der erste Strich eines Zackens entsteht.

SCHRITT 2

Rechts von A auf derselben Höhe bei D einstechen. Einige Millimeter unterhalb von A bei E ausstechen. Den Arbeitsfaden durchziehen, so dass der zweite Strich des Zackens entsteht. Dieser bildet die rechte Seite des Stichs und ist länger als der linke Zacken.

Schritt 1 und 2 wiederholen und so die Reihe weitersticken.

Nackenrolle

Mit dem Zweigstich lassen sich vielfältige Blattformen meisterhaft schmücken. Die in schönen klaren Farben bestickte Hülle für eine Nackenrolle ist eine besondere Bereicherung für Ihr Interieur.

WISSENSWERTES

Schwierigkeitsgrad
Leicht

Stickstiche
Zweigstich (siehe S. 86)
Stielstich (siehe S. 22)

Maße
Die fertige Nackenrolle hat einen Durchmesser von 15 cm und ist 50 cm lang.
Das quadratische Blättermotiv misst 16 x 16 cm.

MATERIAL

Für eine Nackenrolle mit einem Durchmesser von 15 cm und 50 cm Länge:
40 x 90 cm Baumwollstoff, gelbgrün
2 Strängchen Anchor Sticktwist jeweils in den Farben: Gelbgrün (Fb. 907), Aquagrün (Fb. 875), Lila (Fb. 109)
Feine Sticknadel
Stickrahmen
HB-Bleistift
Stecknadeln
Zirkel

MOTIV

Aus dem Baumwollstoff ein 40 x 60 cm großes Rechteck ausschneiden. Auf den Stoffrest mit dem Zirkel zwei Kreise mit einem Durchmesser von 15 cm zeichnen. Die kreisrunden Stoffstücke mit 1,5 cm Zugabe zur Markierungslinie ausschneiden.

Das Stoffrechteck zweimal auf die Hälfte falten und dadurch die Mitte bestimmen, diese mit einer Stecknadel kennzeichnen. Die Mustervorlage so unter den Stoff legen, dass das quadratische Motiv mit den vier Blättern zunächst auf einer Seite der Stoffmitte liegt. Die Mitte der einen Stoffhälfte mit dem Mittelpunkt des Stickmotivs zur Deckung bringen. Die Mustervorlage unter dem Stoff feststecken.

Mit dem Bleistift die durchscheinenden Konturen des Motivs auf den Stoff übertragen, dann Mustervorlage und Stecknadeln entfernen. Die Vorlage spiegelbildlich auf die andere Stoffhälfte legen und das Motiv noch einmal abzeichnen.

STICKEN

Den Stoff in den Rahmen spannen.

Den Sticktwist für die Blätter dreifädig und für die Stiele zweifädig verwenden. Die Blattmotive nacheinander sticken und dabei jeweils mit den Einzelblättern im Zweigstich (siehe S. 86) beginnen.

Den Farbangaben in der Vorlage folgen. Das Blättermotiv oben mit einem senkrechten Stich beginnen, dann von oben nach unten sticken und das Motiv füllen.

HINWEIS

Das quadratische Motiv mit den vier Blättern lässt sich beliebig oft wiederholen und auch auf andere Stoffe übertragen, z. B. eine Tischdecke, ein Bettlaken, einen Sofaüberwurf etc. Vergrößern Sie die Vorlage jedoch nicht noch mehr, sonst kann es passieren, dass die Zweigstiche zu lang werden und sich auf dem Stoff verschieben.

Nach den Blättern die Stiele zweifädig mit lilafarbenen Sticktwist im Stielstich sticken. Die Arbeit bügeln.

FERTIGSTELLEN

Das Stoffrechteck rechts auf rechts hälftig falten, stecken und zusammennähen; in der Mitte eine 25 cm breite Öffnung lassen. Den Rand der kreisrunden Stoffstücke immer im Abstand von 3 cm jeweils 1 cm tief einschneiden. Die Stoffscheiben rechts auf rechts an das Hauptstück der Nackenrolle heften und entlang der mit dem Zirkel gezeichneten Linie zusammennähen. Die Nähte flachbügeln. Den Bezug wenden, die Innenrolle hineinstecken und die Öffnung schließen.

Auf 60% verkleinert

Der Plattstich in Variationen

Wenn es um die Füllung kleiner oder auch sehr großer Flächen geht, kommen häufig die bekannten und weit verbreiteten Platt- oder Flachstiche zum Einsatz. Von den Meisterstickerinnen vergangener Zeiten wurden diese Stiche vor allem auf kostbaren Materialien wie Samt oder Seide gearbeitet. Die verwendeten Garne waren ebenfalls aus Seide und dienten zur Herstellung kostbarer Stickbilder, der so genannten Nadelmalerei. Heutzutage werden diese Sticktechniken auf Stoffen aus Baumwolle, Leinen oder Wolle angewandt und man arbeitet vorwiegend mit Garnen aus Baumwolle oder Wolle, die in der Pflege unproblematisch sind.

DER SPANNSTICH in 1 Schritt

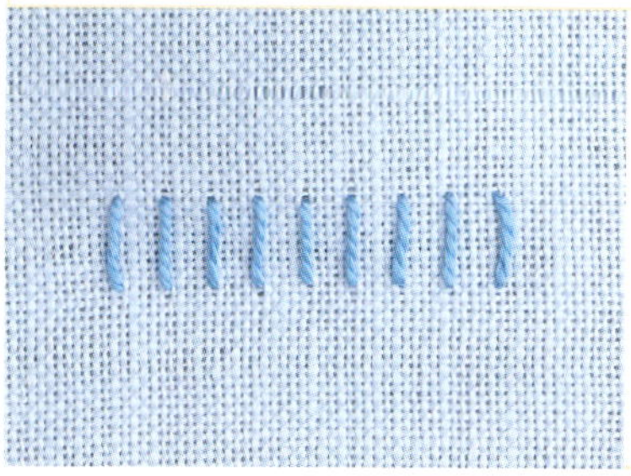

Schwierigkeitsgrad: sehr leicht, für Anfängerinnen geeignet.

Stoff und Garn: Der Spannstich lässt sich mit Garnen aus Baumwolle, Leinen, Seide oder Wolle auf jeder Art von Stoff sticken.

Stickrichtung: beliebig.

TIPP

Achten Sie darauf, bei feinen oder durchsichtigen Stoffen die losen Fäden zwischen den Spannstichen auf der Rückseite zu verwahren. Schieben Sie diese Fäden unter die zuvor gearbeiteten Stiche. Die Garnenden sollten höchstens 2 mm über der bestickten Fläche sauber abgeschnitten werden.

Der Spannstich ist der Grundstich der gesamten Stickkunst und gleichzeitig einer der leichtesten Stiche. Er heißt Spannstich, wenn er als aufgelockertes Streumuster gestickt oder als Kreis angeordnet wird, etwa für das Innere einer Blume. Wird er dagegen dicht nebeneinander gesetzt, trägt er die Bezeichnung Plattstich (siehe S. 98). Hier wird der Spannstich in waagrechter Stickrichtung von rechts nach links beschrieben.

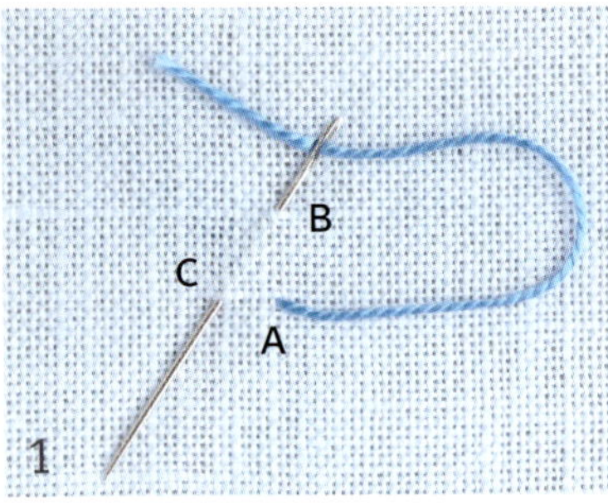

SCHRITT 1

Bei A durchstechen und einige Millimeter darüber bei B einstechen. Auf der Höhe von A einige Millimeter weiter links bei C wieder ausstechen.

Diesen Schritt stets wiederholen.

DER PLATTSTICH in 1 Schritt

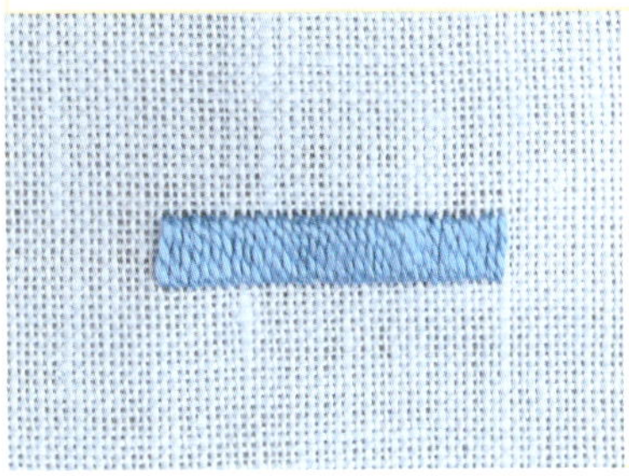

Schwierigkeitsgrad: leicht, für Anfängerinnen geeignet.

Stoff und Garn: Der Plattstich lässt sich mit Garnen aus Baumwolle wie z. B. Sticktwist oder mit Garnen aus Leinen, Seide oder Wolle auf jeder Art von Stoff sticken.

Stickrichtung: je nach Stickmotiv senkrecht oder waagrecht.

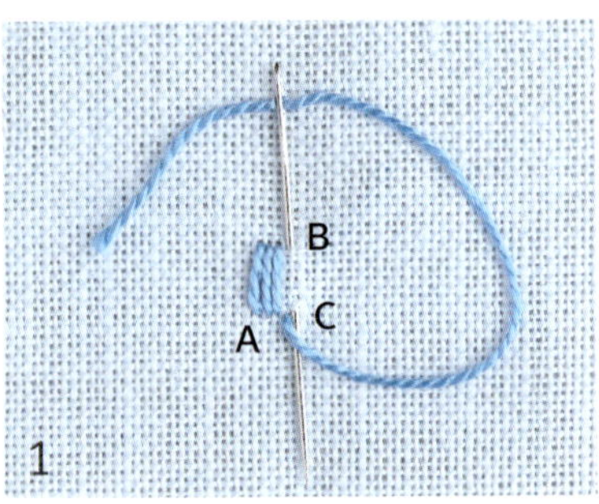

Der Platt- oder Flachstich wird auf dieselbe Art wie der Spannstich gestickt, jedoch werden die Stiche dicht nebeneinander gesetzt. Wie auch bei den anderen Stiche dieser Gruppe ist beim Plattstich der Garnverbrauch recht hoch, denn die Rückseite der Arbeit wird ebenso bestickt wie die Vorderseite. Hier wird der Plattstich in waagrechter Stickrichtung von links nach rechts beschrieben.

SCHRITT 1

Bei A durchstechen und einige Millimeter darunter bei B einstechen. Auf der Höhe von A direkt daneben bei C wieder ausstechen. Diesen Schritt mehrfach wiederholen.

TIPP

Sie verbrauchen weniger Garn, wenn Sie diesen Stich als Sparstich arbeiten, das heißt, wenn Sie jeweils neben der Einstichstelle des vorhergehenden Stichs und nicht auf der gegenüberliegenden Seite ausstechen. Auf der Rückseite erscheinen dann zwei Reihen Vorstiche. Mit dieser Technik sparen Sie Stickgarn, aber auf der Oberseite wird der Plattstich dafür nicht so dicht gesetzt bzw. die einzelnen Stiche sehen weniger gleichmäßig aus.

DER SCHATTIERTE PLATTSTICH in 4 Schritten

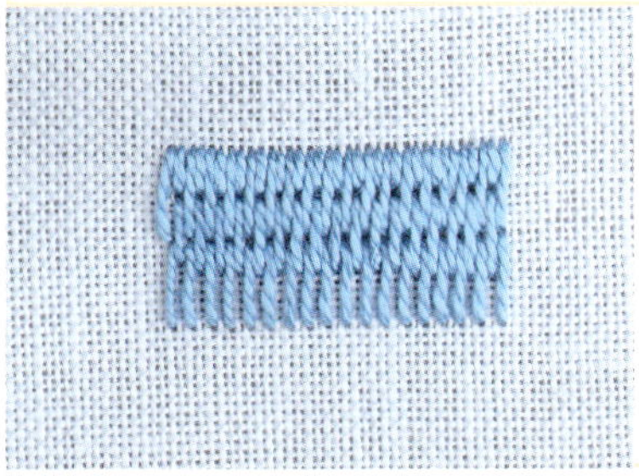

Schwierigkeitsgrad: mittelschwer, für Stickerinnen mit Vorkenntnissen.

Stoff und Garn: Der Schattierte Plattstich lässt sich vorzugsweise mit lose gedrehten Garnen aus Baumwolle, Leinen, Seide oder Wolle, auf jeder Art von Stoff sticken.

Stickrichtung: waagrecht, in der ersten Reihe von links nach rechts, in der zweiten von rechts nach links; die Reihen werden untereinander gesetzt.

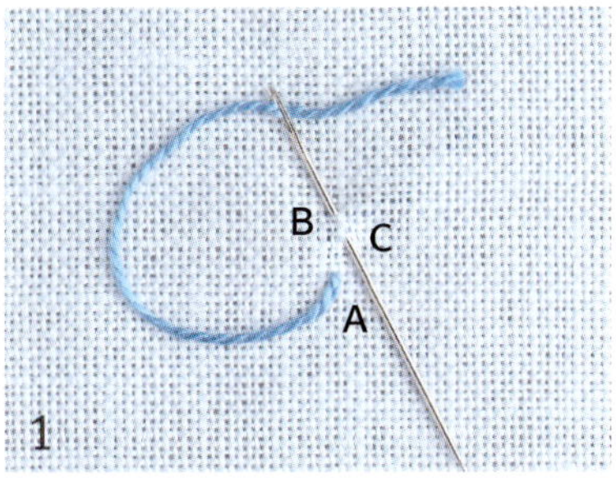

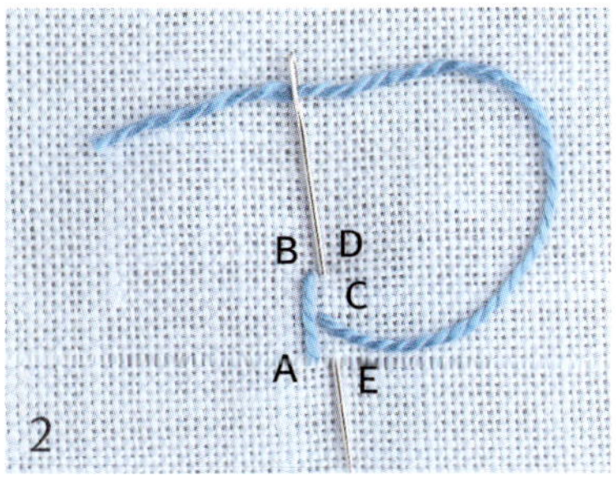

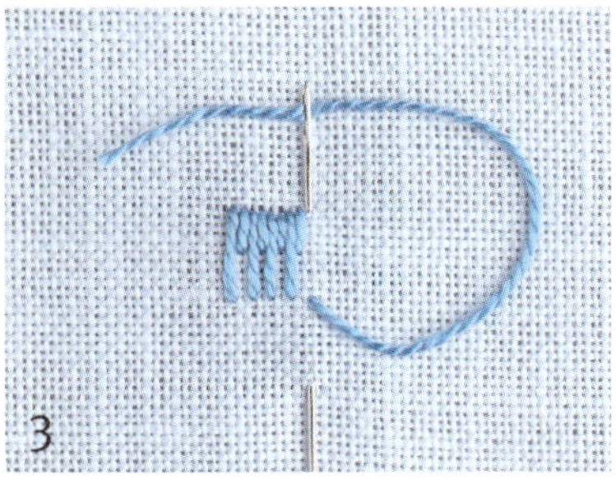

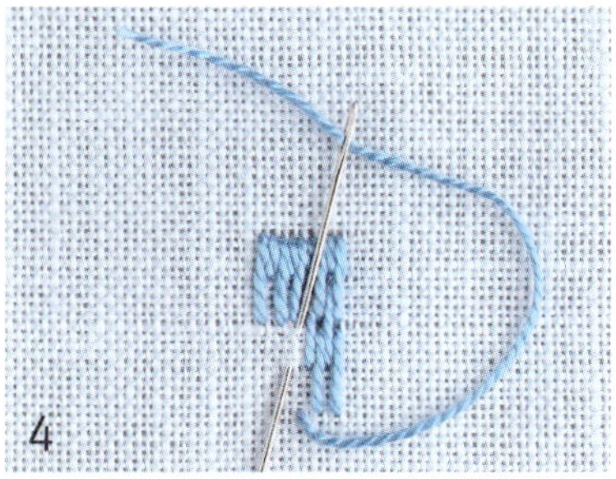

Dieser Plattstich wird insbesondere zum Füllen von Flächen verwendet. Er besteht aus verschieden langen senkrechten Spannstichen, die alle in dieselbe Richtung zeigen. Mit dieser Technik lässt sich eine größere Fläche bedecken. Die Garnfarben können dabei in sanften Schattierungen ineinander übergehen.

SCHRITT 1

Bei A durchstechen und senkrecht über A bei B einstechen. Leicht schräg nach rechts versetzt bei C wieder ausstechen. Den Faden durchziehen. Damit ist der erste Stich fertig.

SCHRITT 2

Direkt neben B bei D wieder einstechen. Die oberen Einstichpunkte liegen oben an der zu bestickenden Fläche. Darunter bei E ausstechen und den Arbeitsfaden durchziehen. Der nun entstandene zweite Stich ist kürzer als der erste.

SCHRITT 3

Nach rechts weiterarbeiten und abwechselnd kürzere und längere Stiche sticken.

SCHRITT 4

In der nächsten, darunter liegenden Reihe von rechts nach links arbeiten und nun gleich lange Stiche so anordnen, dass sie in die Vorreihe greifen. Die letzte Reihe wird wieder wie die erste gestickt, damit unten eine gerade Kante entsteht.

DER VERSETZTE FESTONSTICH in 3 Schritten

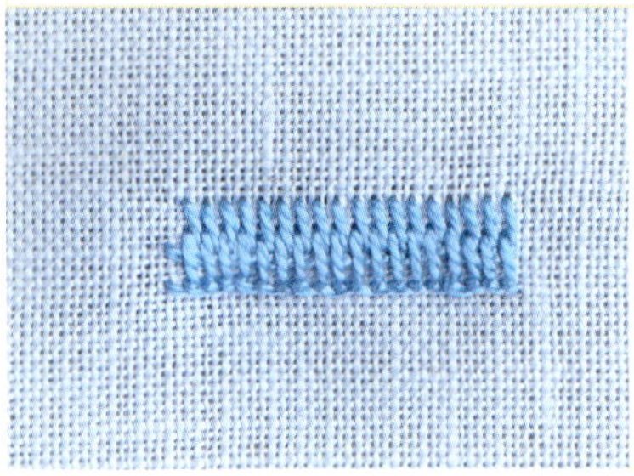

Schwierigkeitsgrad: mittelschwer, für Stickerinnen mit Vorkenntnissen.

Stoff und Garn: Der Versetzte Festonstich lässt sich mit Garnen aus Baumwolle, Leinen, Seide oder Wolle auf jeder Art von Stoff sticken.

Stickrichtung: waagrecht von links nach rechts; die Reihen werden dabei von oben anfangend untereinander gesetzt.

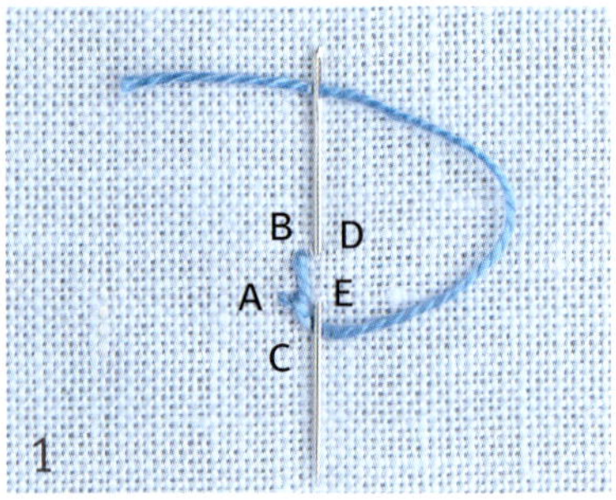

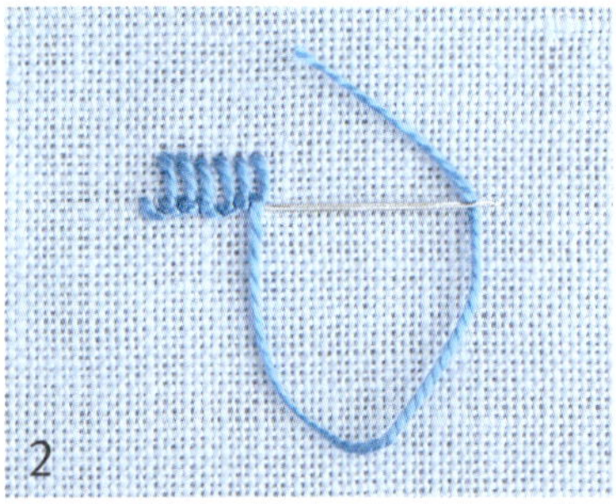

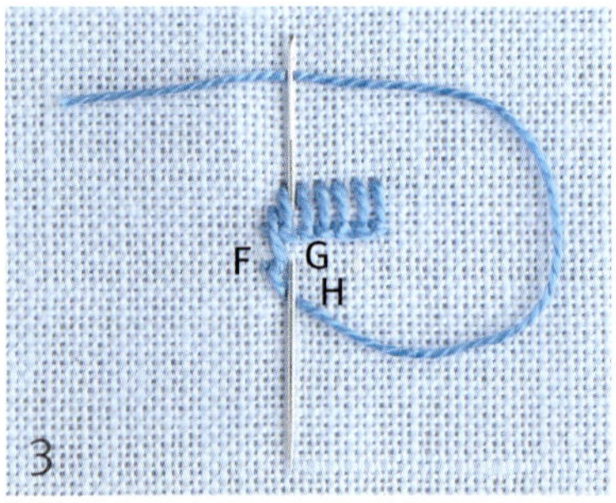

Der Versetzte Festonstich basiert auf Schlingstichen, die in Reihen gearbeitet werden und einander leicht überlappen. Das Stickmotiv wird dadurch plastischer und fantasievoller, vor allem wird der Versetzte Festonstich als Fries eingesetzt. Seine Reliefwirkung ist noch größer, wenn er in abgestuften Farben gestickt wird.

SCHRITT 1

Bei A durchstechen und schräg rechts darüber bei B einstechen. Bei C wieder ausstechen, die Fadenschlinge unter die Nadel legen und den Faden locker durchziehen, so dass der erste Stich entsteht. Etwas rechts von B bei D einstechen. Rechts von C bei E ausstechen, den Faden erneut unter die Nadel legen und durchziehen.

SCHRITT 2

In dieser Weise die Reihe fortsetzen und zum Schluss den letzten Festonstich mit einem kleinen waagrechten Überfangstich fixieren. Den Faden vernähen.

SCHRITT 3

Die zweite Reihe – und jede weitere – beginnt links. Unterhalb von A bei F durchstechen. In der Ecke des darüberliegenden Stichs einstechen. Knapp neben F wieder ausstechen, dabei den Faden unter die Nadel legen. Bei G ein- bei H wieder ausstechen, die Fadenschlinge unter die Nadel legen und den Arbeitsfaden locker durchziehen. So fortfahren und die Festonstiche dicht nebeneinander setzen und in die darüber liegende Reihe greifen lassen.

TIPP

Wenn Sie mit Farbabstufungen arbeiten, fangen Sie oben am Motiv mit dem hellsten Farbton an und werden Sie nach unten hin dunkler.

DIE NADELMALEREI in 2 Schritten

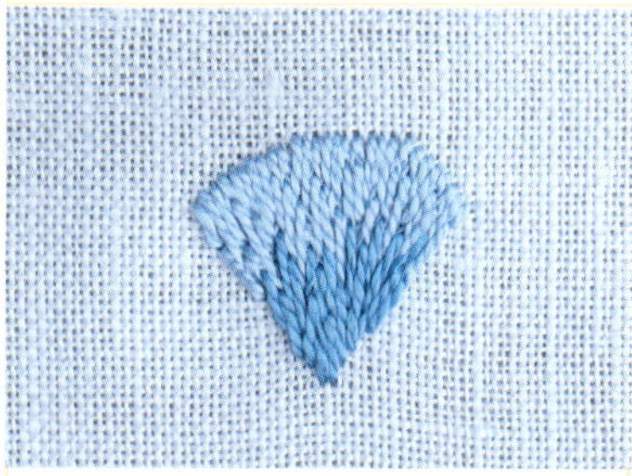

Schwierigkeitsgrad: recht anspruchsvoll, nur für erfahrene Stickerinnen.

Stoff und Garn: Die Nadelmalerei lässt sich mit Garnen aus Baumwolle, Leinen oder Seide auf jeder Art von Stoff sticken.

Mit lose gedrehten Garnen wie Sticktwist kann man gute Ergebnisse erzielen.

Stickrichtung: waagrecht, in der ersten Reihe von links nach rechts, in der zweiten von rechts nach links, entsprechend den Konturen des Stickmotivs; die Reihen werden dabei von oben anfangend untereinander gesetzt.

Wie der Schattierte Plattstich setzt sich auch die Nadelmalerei aus verschieden langen Stichen zusammen. Sie passt sich allen denkbaren Formen an und ermöglicht feine Farbschattierungen. Mit diesem raffinierten Stich, einem der schönsten in der Stickkunst überhaupt, lassen sich, insbesondere bei der Darstellung von Pflanzenmotiven, erstaunlich realistische Effekte erzielen.

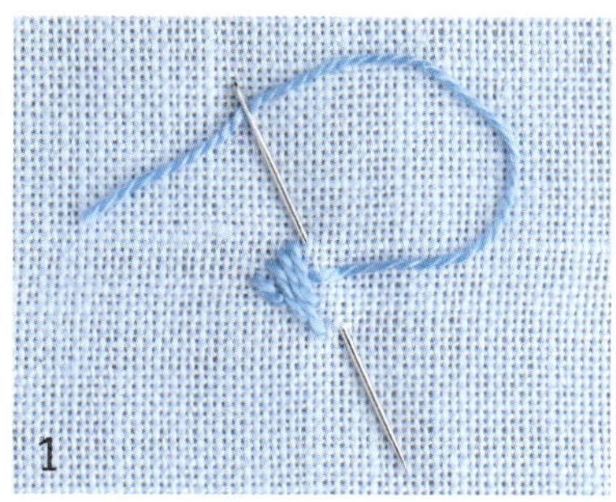

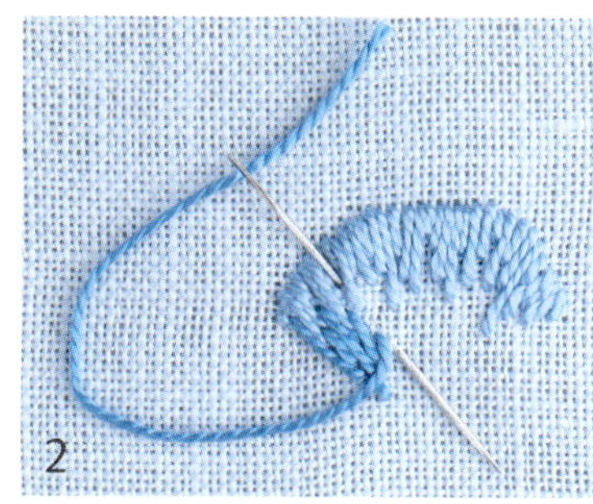

SCHRITT 1

Wie beim Schattierten Plattstich abwechselnd kurze und lange Stiche sticken. Der Kontur des Motivs am oberen Rand folgen. Nach außen den Abstand zwischen den Stichen größer und nach innen kleiner werden lassen. In Reihen arbeiten und dabei die Form von außen nach innen füllen.

SCHRITT 2

In der nächsten Reihe mit einer anderen Garnfarbe weiterarbeiten. Die abwechselnd langen und kurzen Stiche in die Stiche der Vorreihe greifen lassen.

TIPP

Damit dieser Stich gelingt, sollte man vorher üben. Probieren Sie die Nadelmalerei anhand verschiedener Formen aus. Der Stoff muss gut in den Rahmen gespannt werden, damit der Stickfaden gleichmäßig gespannt ist. Führen Sie die Nadel mit der einen Hand von oben nach unten und mit der anderen Hand, die auf der Unterseite der Arbeit bleibt, von unten nach oben: auf diese Weise bleibt der Faden gleichmäßig gespannt.

DER NEUENGLAND-PLATTSTICH in 3 Schritten

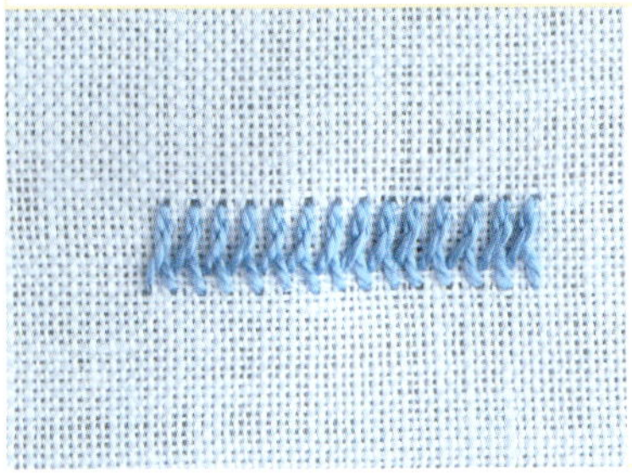

Schwierigkeitsgrad: mittelschwer, für Stickerinnen mit Vorkenntnissen.

Stoff und Garn: Der Neuengland-Plattstich lässt sich mit Garnen aus Baumwolle, Leinen, Seide oder Wolle auf jeder Art von Stoff sticken.

Stickrichtung: waagrecht von rechts nach links.

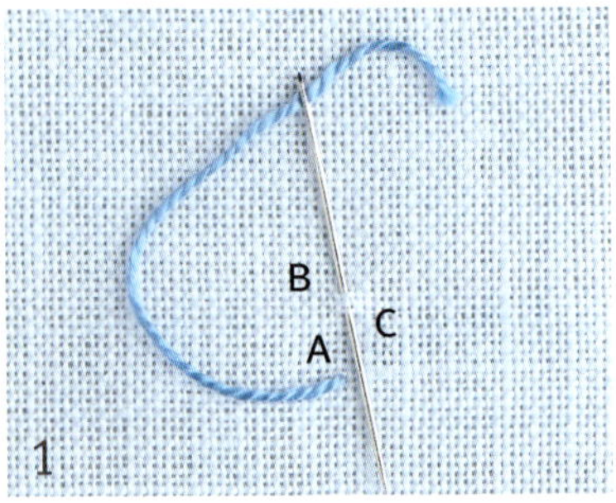

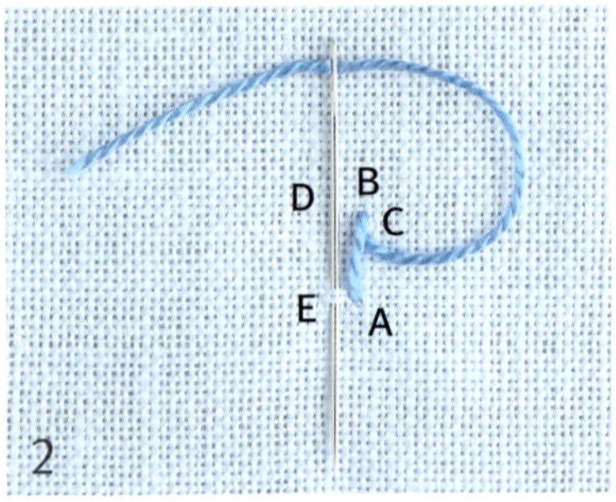

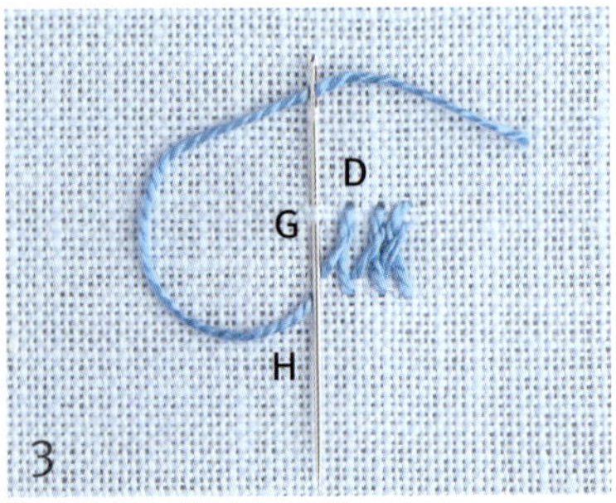

Beim Neuengland-Plattstich wechseln sich lange senkrechte Stiche und Schrägstiche ab. Auf der Rückseite entstehen ganz kurze Stiche, was sich garnsparend auswirkt. Der Neuengland-Plattstich hat eine damastartige Wirkung und wird daher häufig zum Besticken einfarbiger Stickgründe verwendet.

SCHRITT 1

Bei A durchstechen und einige Millimeter darüber bei B einstechen. Die Nadelspitze senkrecht unterhalb von B bei C wieder herausführen. Den Faden durchziehen, so dass ein senkrechter Stich entsteht.

SCHRITT 2

Etwas weiter links davon bei D einstechen und die Nadelspitze links von A bei E wieder herausführen. Den Arbeitsfaden locker zu einem Schrägstich durchziehen.

SCHRITT 3

Links von D bei G einstechen und unterhalb von G bei H wieder ausstechen. Den Arbeitsfaden durchziehen; damit ist der nächste senkrechte Stich entstanden.

TIPP

Beginnen Sie die zweite Reihe – und ebenso jede folgende – links und legen Sie die Schrägstiche stets in dieselbe Richtung. Achten Sie darauf, dass die Stiche gleich lang sind, und sticken Sie am besten auf einem Stoff mit gut erkennbaren Gewebefäden oder auf einem Stramin für gezählte Stiche.

DER GEKREUZTE PLATTSTICH in 3 Schritten

Schwierigkeitsgrad: mittelschwer, für Stickerinnen mit Vorkenntnissen.

Stoff und Garn: Der Gekreuzte Plattstich lässt sich mit Garnen aus Baumwolle, Leinen, Seide oder Wolle auf jeder Art von Stoff sticken.

Stickrichtung: beliebig rund um den Kern.

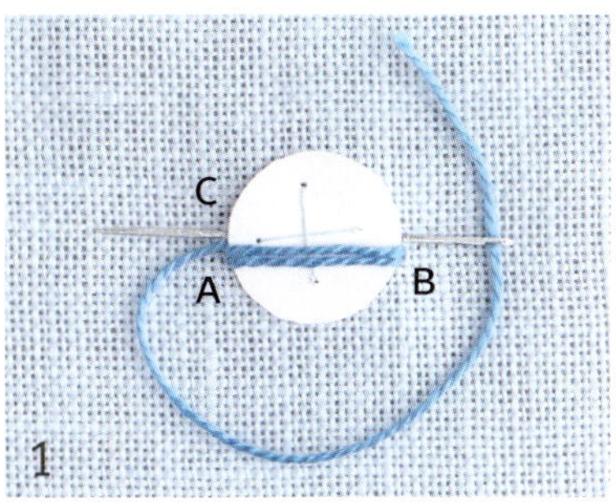

Der Gekreuzte Plattstich ist eine originelle und schnelle Lösung, wenn man kleine erhöhte Knöpfe anfertigen will. Damit das Relief schön gleichmäßig wird, benötigt man einen Kern aus Papier oder dünnem Karton.

SCHRITT 1

Den Kern mit waagrechten Plattstichen überziehen. Dazu bei A durchstechen und auf der gegenüber liegenden Seite am Rand der Form bei B einstechen. Oberhalb von A wieder ausstechen und noch weitere fünf oder sechs waagrechte Stiche arbeiten.

SCHRITT 2

Ebenso viele senkrechte Plattstiche über die waagrechten Stiche legen.

SCHRITT 3

Nochmals zwei Gruppen von Stichen diagonal nach rechts bzw. links darüber legen. Den Arbeitsfaden auf der Rückseite verwahren und abschneiden. Den nächsten Knopf mit einem neuen Arbeitsfaden beginnen.

TIPP

Befestigen Sie die den kreisförmigen Kern mit zwei großen, in der Mitte überkreuzten Heftstichen auf dem Stoff. Schneiden Sie die gewünschte Anzahl von Kernen aus weißem Papier aus (denn sie verbleiben in der Stickarbeit und andere Farben könnten beim Waschen ausfärben).

Adventskalender

Ein in weihnachtlichen Farben bestickter Adventskalender, der vom 1. Dezember an neben dem Kamin hängt, verkürzt den lieben Kleinen die Zeit bis Weihnachten, finden sie doch jeden Tag eine kleine Überraschung vor ...

WISSENSWERTES

Schwierigkeitsgrad
Mittelschwer

Stickstiche
Plattstich (S. 98); Nadelmalerei (S. 101), Französischer Knötchenstich (S. 74)

Maße
Der fertige Kalender ist 32 x 32 cm groß. Das Stickmotiv 30 x 30 cm.

MATERIAL

40 x 40 cm Baumwollstoff mit großen Karos (3 x 3 cm), in Hellbraun und Weiß
1 Strängchen Anchor Sticktwist in den Farben: Weiß (Fb. 1), Kirschrot (Fb. 47), Rubinrot dunkel (Fb. 44), Blassgrün (Fb. 1043), Tannengrün (Fb. 683), Cappuccino (Fb. 358), Hautfarben (Fb. 1012), Stroh (Fb. 361), Goldgelb (Fb. 297), Hellgelb (Fb. 295), Dottergelb hell (Fb. 302)
2 Strängchen Anchor Sticktwist jeweils in den Farben: Rehbraun (Fb. 1082), Ingwer (Fb. 374)
24 kleine Goldringe
2 m Satinband, 0,5 cm breit, weiß
Feine Sticknadel, Stickrahmen
Stecknadeln, Kugelschreiber
blaues Durchschlagpapier
32 x 32 cm Schaumpappe
32 x 32 cm synthetischer Molton
Textilkleber und Klebeband

MOTIV

Die Vorlage auf dem Kopierer vergrößern. Die Kanten des Baumwollstoffs mit der Nähmaschine oder von Hand versäubern.
Das Stoffquadrat zweimal zur Hälfte falten und dadurch den Mittelpunkt bestimmen. Die Mustervorlage so auf den Stoff legen, dass die Mitte des Motivs mit dem Mittelpunkt der Decke übereinstimmt. Die Mustervorlage auf zwei Seiten feststecken. Das Durchschlagpapier mit der beschichteten Seite nach unten zwischen Stoff und Mustervorlage schieben. Mit dem Kugelschreiber die Konturen des Motivs nachzeichnen. Danach Durchschlagpapier und Stechknadeln entfernen.

STICKEN

Den Stoff in den Stickrahmen spannen. Den Sticktwist zweifädig verwenden. Für die richtige Ausrichtung der Stiche die Mustervorlage zu Hilfe nehmen, sie ist dort mit kleinen Strichen skizziert. Mit den kleinen Formen, wie z. B. den Kugeln am Weihnachtsbaum oder den Bändern um die Geschenke im Plattstich beginnen. Dann die größeren Flächen mit Nadelmalerei füllen. Zum Schluss die Zahlen und die Stechpalmenblätter der Bordüre sticken. Den kleinen Knötchenstich in der Mitte der Stechpalmenfrüchte nicht vergessen.

FERTIGSTELLEN

In die Karoreihe, die die Zahlenreihe außen umgibt, zu jeder Zahl einen kleinen goldenen Ring nähen. Das Satinband in 24 gleich

1
2
3
4
5
6
7
8
9
10
11
12
13
16
15
16
17
18
19
20
21
22
23
24

HINWEIS

Das Stickbild enthält eine ganze Palette verschiedener Farben und zahlreiche Details. Arbeiten Sie zeitsparend mit mehreren Nadeln parallel; so müssen Sie nicht bei jedem Farbwechsel eine neue Nadel einfädeln.

lange Stücke schneiden und zum Anhängen der kleinen Geschenke an die Ringe knoten. Die fertige Arbeit auf der Rückseite bügeln.

Das Moltonstück auf die Schaumpappe kleben und das Stickbild mittig auf den Molton legen. Die Stoffränder auf der Rückseite der Pappe einschlagen, das Ganze mit ein paar Stecknadeln befestigen und endgültig mit Klebeband fixieren.

Auf 60% verkleinert

Der Spinnwebstich in Variationen

Die Stiche dieser Gruppe erinnern in ihrer Wirkung an feine Webmuster oder Damast. Durch ihre auffällige Gestaltung sind diese Stiche unverwechselbar; da sie einzeln schon ein originelles Muster darstellen, werden sie auch häufig als Einzelstich gearbeitet. Spinnwebstiche erfordern ziemlich viel Zeit und Genauigkeit.

DAS UMWICKELTE RAD in 4 Schritten

Schwierigkeitsgrad: mittelschwer, für Stickerinnen mit Vorkenntnissen.

Stoff und Garn: Das Umwickelte Rad lässt sich mit Garnen aus Baumwolle, Leinen, Seide oder Wolle auf jeder Art von Stoff sticken.

Stickrichtung: beliebig.

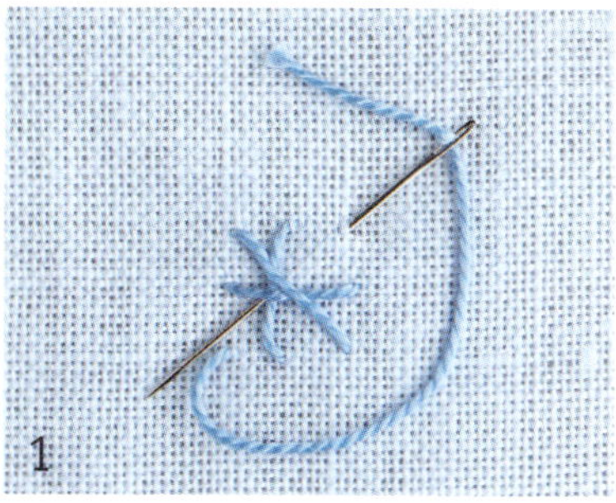

1

Die Grundstruktur des Musters besteht aus überkreuzten langen Spannstichen, auf denen spiralförmig von innen nach außen gewebt wird. Mit dem Umwickelten Rad werden gern naive Blumenmuster dargestellt. Es wirkt noch plastischer, wenn Sie Stickgarn in einer Ombré-Farbe verwenden. Der Stich umfasst zwei Phasen, den Aufbau der Struktur und das Umwickeln.

SCHRITT 1

Große, gleich lange Spannstiche so über Kreuz sticken, dass der entstandene Stern einen Kreis ausfüllt. Auf diese Weise einen Stern mit sechs oder acht Strahlen arbeiten.

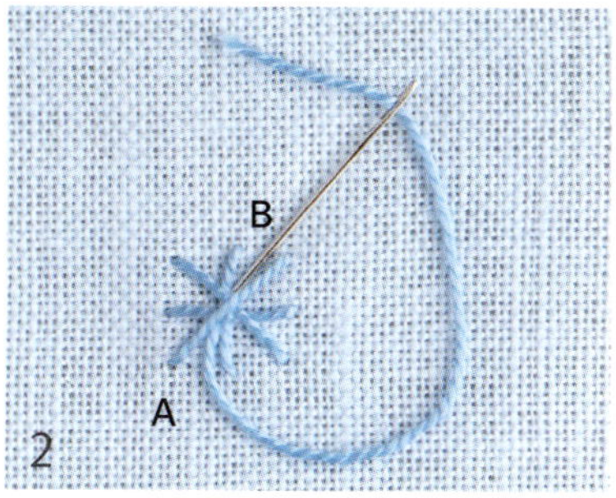

2

SCHRITT 2

Bei A neben dem Mittelpunkt des Sterns zwischen zwei Strahlen durchstechen. Auf der gegenüber liegenden Seite bei B wieder einstechen. Dieser kleine Stich fixiert die Mitte des Sterns.

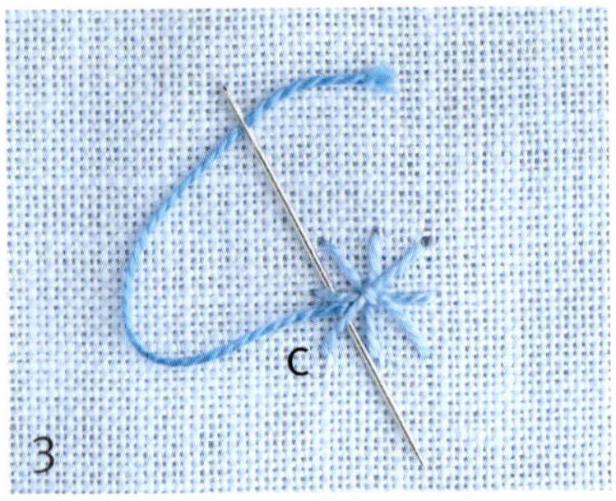

SCHRITT 3

Vor dem Umwickeln einen neuen Arbeitsfaden einfädeln. Möglichst nahe am Mittelpunkt zwischen zwei Strahlen bei C durchstechen. Die Nadel unter dem vorhergehenden und dem nachfolgenden Strahl hindurchführen und den Arbeitsfaden locker durchziehen; der Stickfaden hat den ersten Strahl umwickelt. Die Nadel weiter entgegen dem Uhrzeigersinn jeweils unter zwei Strahlen und zwischen diese beiden zurück und unter den nächsten beiden hindurchführen. So entsteht ein Rippengewebe. Die Runden dicht aneinander schieben. Es wird nur am Anfang und am Ende des Sternumwickelns durch den Stoff gestochen.

SCHRITT 4

Mit dem Umwickeln fortfahren, bis der Stern ganz bedeckt ist. Beim letzten Stich den zuletzt bearbeiteten Strahl mit einem kleinen Rückstich übersticken.

Den Faden auf der Rückseite der Arbeit verwahren und abschneiden. Das nächste Rad etwas entfernt davon beginnen.

TIPP

Damit Sie mit der Nadelspitze nicht die Fäden des Sterns spalten, arbeiten Sie ab Schritt 3 mit einer stumpfen Sticknadel.

DER PORTUGIESISCHE BORDÜRENSTICH in 4 Schritten

Schwierigkeitsgrad: mittelschwer, für Stickerinnen mit Vorkenntnissen.

Stoff und Garn: Der Portugiesische Bordürenstich lässt sich mit mehrfach zusammengedrehtem Baumwollgarn wie Perlgarn, Vierfach-Stickgarn oder Mattstickgarn auf jeder Art von Stoff sticken.

Stickrichtung: senkrecht von unten nach oben und von oben nach unten.

Wie der Name schon sagt, eignet sich dieser Stich, eine Art Webstich ausgezeichnet für Bordüren, wenn man z. B. eine Knopfleiste verschönern möchte. Er wird in zwei Schritten gearbeitet: Im ersten Arbeitsgang stickt man die Basisstiche in regelmäßigen Abständen, im zweiten webt man die Fäden darum.

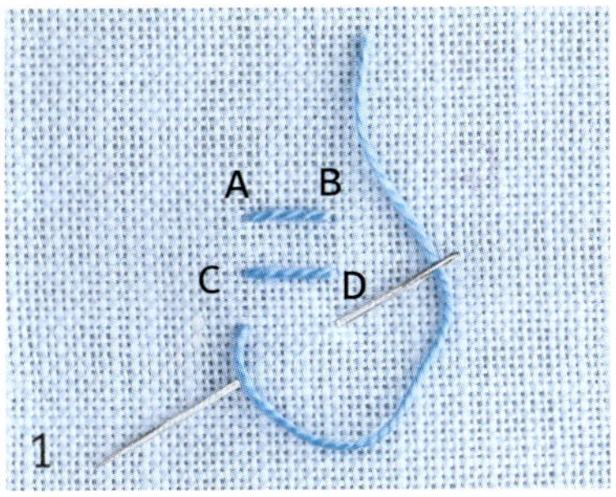

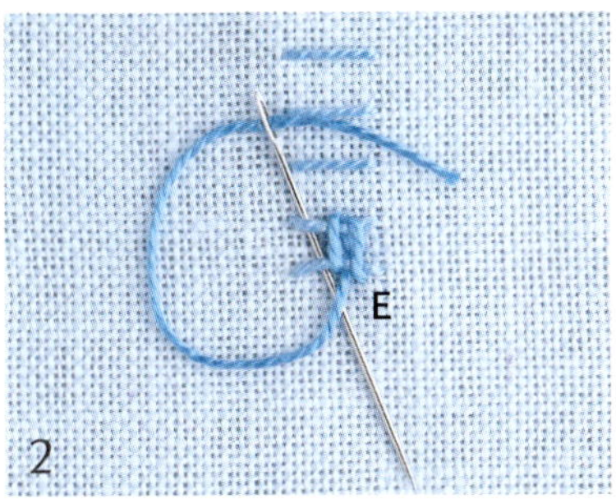

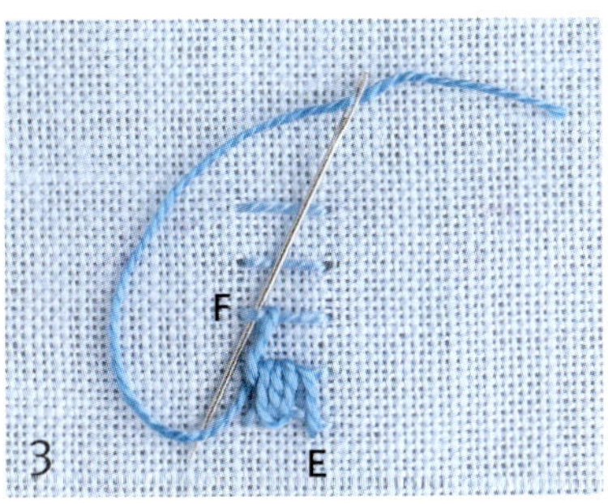

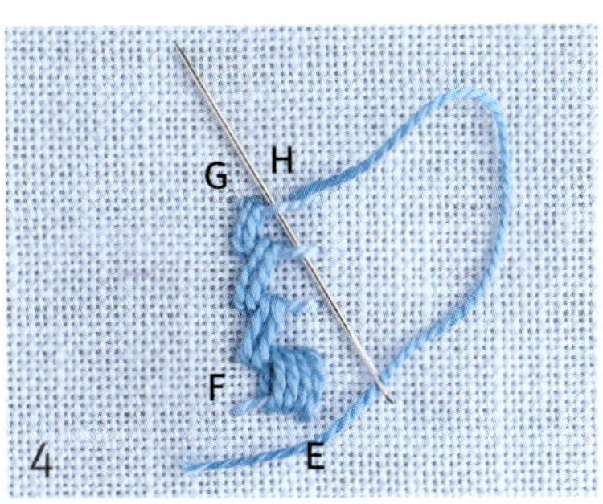

SCHRITT 1

Bei A durchstechen und weiter rechts bei B wieder einstechen, so dass ein waagrechter Spannstich (siehe S. 97) entsteht. Einige Millimeter unterhalb von A bei C erneut ausstechen. Bei D einstechen und parallel zum ersten einen zweiten waagrechten Spannstich arbeiten. Von oben nach unten in regelmäßigen Abständen eine Reihe waagrechte Stiche anlegen.

SCHRITT 2

Einen neuen Faden einfädeln. In der untersten Reihe, auf der rechten Seite des letzten waagrechten Stichs, bei E durchstechen und, ohne das Gewebe zu erfassen, drei senkrechte Spannstiche um die beiden untersten waagrechten Stiche sticken, so dass sie auf der ganzen Breite überdeckt sind.

SCHRITT 3

Nun auf der Leiter nach oben gehen und die Nadel von oben nach unten unter dem dritten und zweiten waagrechten Stich hindurchführen, bei F wieder ausstechen und zwei senkrechte Spannstiche sticken. In dieser Weise jeden Basisstich mit zwei senkrechten Stichen auf der linken Seite überarbeiten.

SCHRITT 4

Am Ende der Aufwärtsreihe auf der rechten Seite der Leiter abwärts arbeiten. Bei G einstechen und knapp daneben bei H wieder ausstechen, dann die Nadel von unten nach oben zweimal unter den ersten beiden waagrechten Stichen hindurchführen. Dabei muss der Durchzugsfaden rechts von der Nadel liegen.

TIPP

Der Portugiesische Bordürenstich wird gern in zwei verschiedenen Farben ausgeführt. Mit der ersten Farbe stickt man die Basisstiche, die zweite nimmt man zum Weben. Verwenden Sie beim zweiten Durchgang lange Arbeitsfäden aus Baumwollgarn (da der Faden nicht durch das Untergewebe geführt wird, nützt sich das Garn nicht so schnell ab) und verzwirbeln Sie den Faden immer wieder.

DER STOPFSTICH in 2 Schritten

Schwierigkeitsgrad: leicht, für Anfängerinnen geeignet.

Stoff und Garn: Der Stopfstich lässt sich mit Garnen aus Baumwolle, Leinen, Seide oder Wolle auf Stramin für gezählte Stiche oder auf gleichmäßig gewebten Stoffen mit gut erkennbaren Gewebefäden sticken. Verwenden Sie vorzugsweise lose gedrehte Garne wie Sticktwist.

Stickrichtung: waagrecht von links nach rechts und von rechts nach links.

Zuerst wurde der Stopfstich nur zum Ausbessern von Kleidungsstücken oder Weißwäsche verwendet. Schließlich fanden unsere Urgroßmütter Gefallen daran und erdachten allerlei geometrische Muster aus geraden, in den Schussfaden des Stoffs gewebten Stichen. Eine Variante davon sehen wir hier.

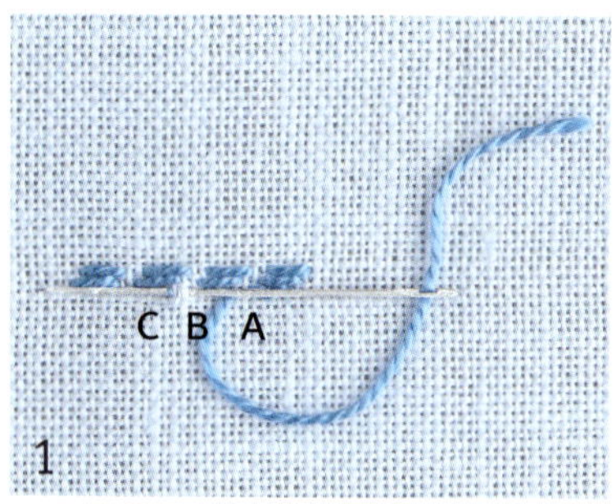

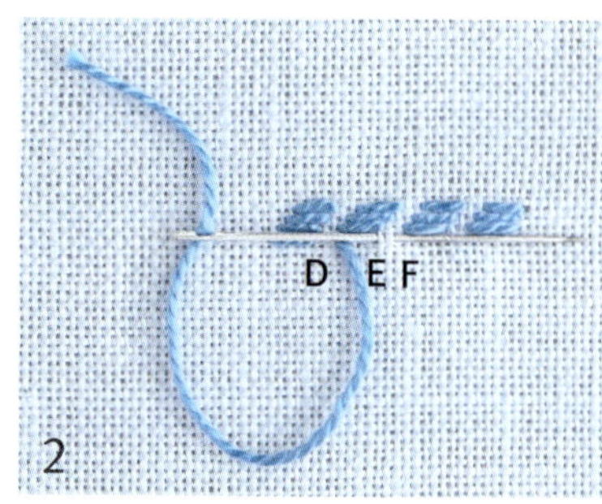

SCHRITT 1

In der ersten Reihe von rechts nach links arbeiten. Bei A durchstechen, sechs Gewebefäden überspringen und bei B einstechen, dann die Nadelspitze zwei Fäden weiter bei C wieder herausführen. So die ganze Reihe weiterarbeiten.

SCHRITT 2

In der nächsten Reihe von links nach rechts sticken.
Einen Gewebefaden weiter links bei D einstechen und einen Vorstich (siehe S. 130) arbeiten. Sechs Fäden überspringen, bei E wieder einstechen und zwei Fäden weiter bei F ausstechen. Mit jeder Reihe verschieben sich die Stiche zuerst nach links, dann nach rechts und bilden so ein zackenförmiges Webmuster.

TIPP

Damit Sie ein zufriedenstellendes Ergebnis erhalten, sollten Sie den Stopfstich über eine gerade Zahl Gewebefäden sticken. Hier haben wir den Stich über sechs Gewebefäden gestickt und dazwischen zwei frei gelassen. Alternativ könnte man acht Fäden übersticken und vier frei lassen, usw.

DER VERFLOCHTENE LEITERSTICH in 5 Schritten

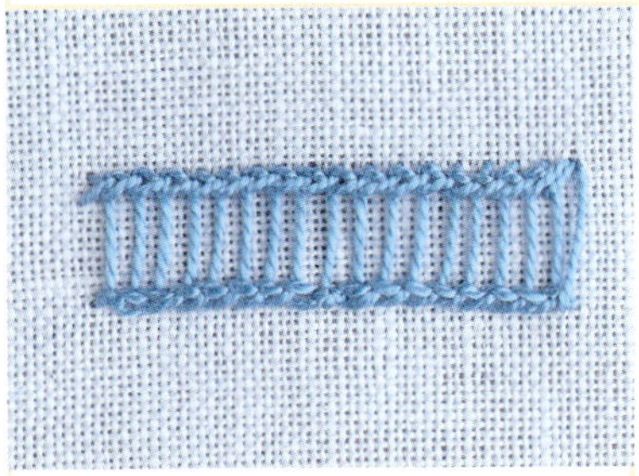

Schwierigkeitsgrad: recht anspruchsvoll, nur für erfahrene Stickerinnen.

Stoff und Garn: Der Verflochtene Leiterstich lässt sich mit Garnen aus Baumwolle, Leinen, Seide oder Wolle auf jeder Art von Stoff sticken. (Wählen Sie nach Möglichkeit ein stark gedrehtes Garn wie Perlgarn oder Mattstickgarn)

Stickrichtung: senkrecht von oben nach unten.

Der besonders zum Bordürensticken geeignete Verflochtene Leiterstich sieht fast wie eine aufgesetzte Borte aus, wenn er mit dickerem und stark gedrehtem Garn wie Perlgarn oder Mattstickgarn gearbeitet wird. Er wird von oben nach unten mit waagrechten Stichen zwischen zwei parallelen Hilfslinien gestickt.

SCHRITT 1

Auf der linken Seite bei A durchstechen und mit einem großen waagrechten Stich auf der gegenüber liegenden Hilfslinie bei B einstechen. Schräg links oberhalb des waagrechten Stichs bei C ausstechen. Knapp unter B bei D wieder einstechen und an der ersten Hilfslinie knapp unter A bei E ausstechen.

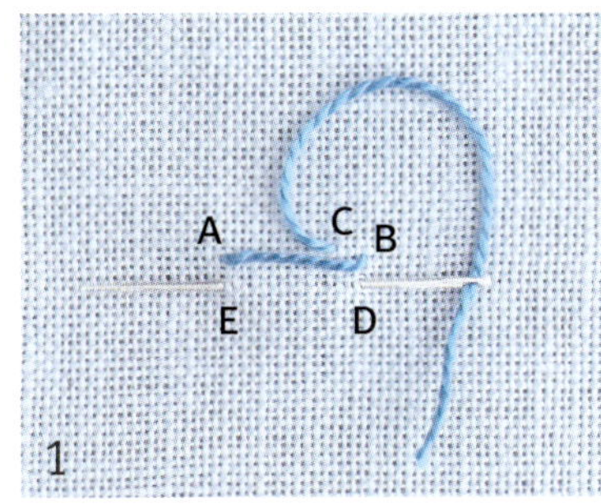

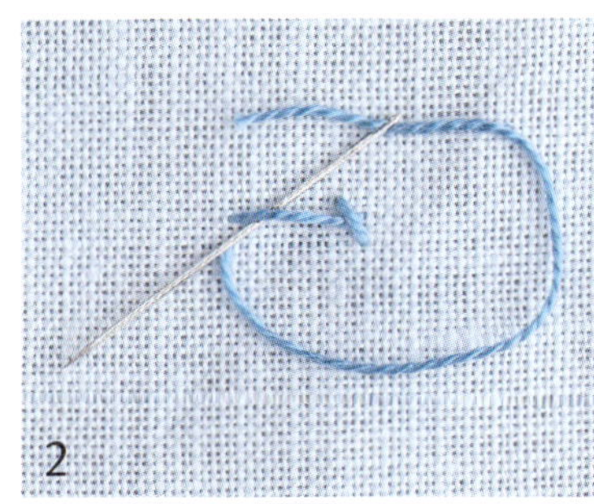

SCHRITT 2

Die Nadel von oben nach unten unter dem waagrechten Stich hindurchführen. Den Faden unter die Nadelspitze legen und locker durchziehen, so dass eine Schlinge entsteht.

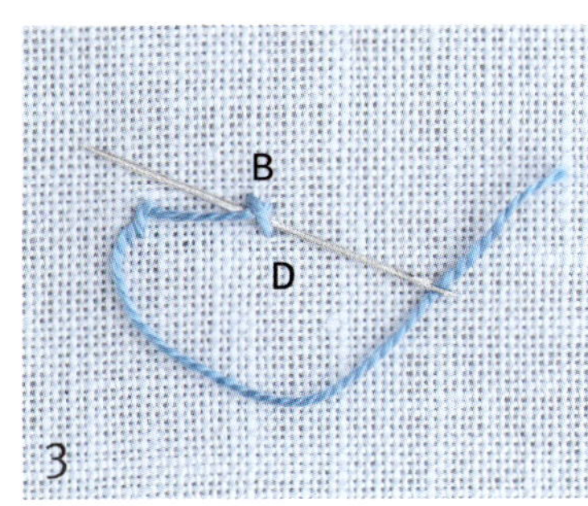

SCHRITT 3

Die Nadel nochmals unter dem großen waagrechten Stich zwischen B und D von unten nach oben hindurchführen und den Arbeitsfaden locker durchziehen. Damit ist der zweite waagrechte Stich fertig.

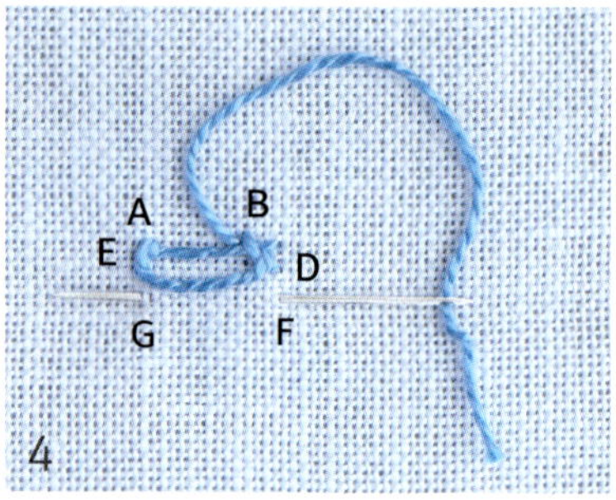

SCHRITT 4

Unterhalb von D bei F einstechen und unterhalb von E bei G ausstechen. Den Arbeitsfaden locker durchziehen.

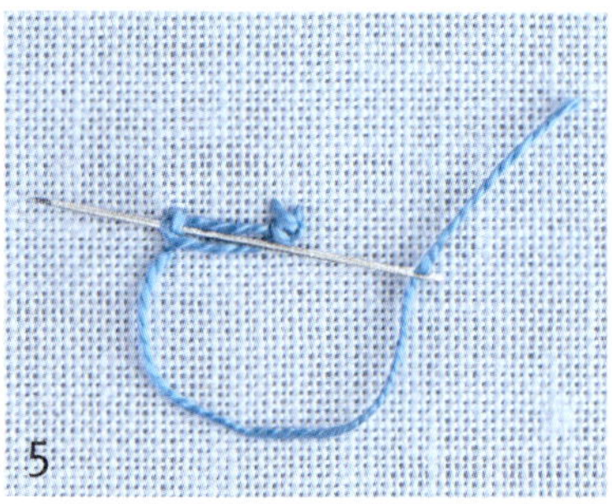

SCHRITT 5

Auf der linken Seite des Leiterstichs bei G ist eine Fadenkreuzung entstanden. Die Nadel von unten nach oben und von rechts nach links unter dieser Fadenkreuzung hindurchführen. Die Schritte 3 bis 5 wiederholen.

TIPP

Der Verflochtene Leiterstich lässt sich nur mit einem Stickrahmen arbeiten. Damit er gut aussieht, sollten die waagrechten Stiche mindestens 1 cm lang sein. Eine Länge von mehr als 2 cm ist nicht ratsam, sonst kann es passieren, dass die Stiche zu lose auf dem Stoff liegen und die Arbeit dadurch ungleichmäßig wirkt.

DER SCHACHBRETTSTICH in 1 Schritt

Schwierigkeitsgrad: leicht, für Anfängerinnen geeignet.

Stoff und Garn: Der Schachbrettstich lässt sich mit Garnen aus Baumwolle, Leinen, Seide oder Wolle auf Stramin für gezählte Stiche oder auf gleichmäßig gewebten Stoffen mit gut erkennbaren Gewebefäden sticken.

Stickrichtung: senkrecht und waagrecht.

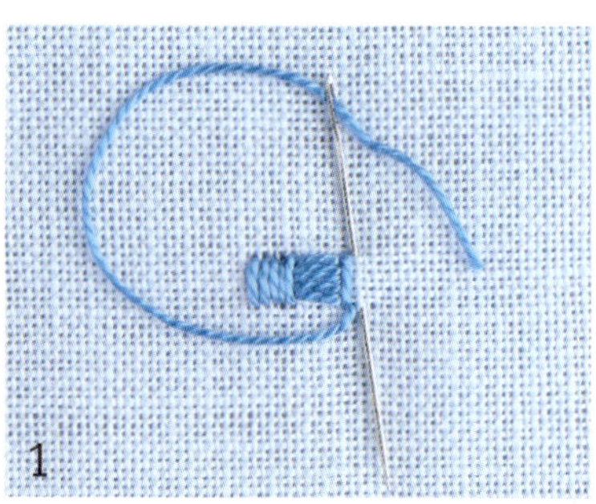

Der Schachbrettstich trägt seinen Namen zu Recht. Die in waagrechten und senkrechten Gruppen gearbeiteten Plattstiche fügen sich zu einem Schachbrettmuster zusammen. Das Ergebnis ist eine schöne dichte Füllung mit Webcharakter.

SCHRITT 1

Zunächst ein Quadrat aus fünf senkrechten Plattstichen (siehe S. 98) über sechs Gewebefäden sticken. Rechts daneben ein zweites Quadrat aus fünf waagrechten Plattstichen über sechs Gewebefäden setzen. Mit solchen Quadraten die Reihen nacheinander von oben nach unten füllen.

DER BOGENSTICH in 3 Schritten

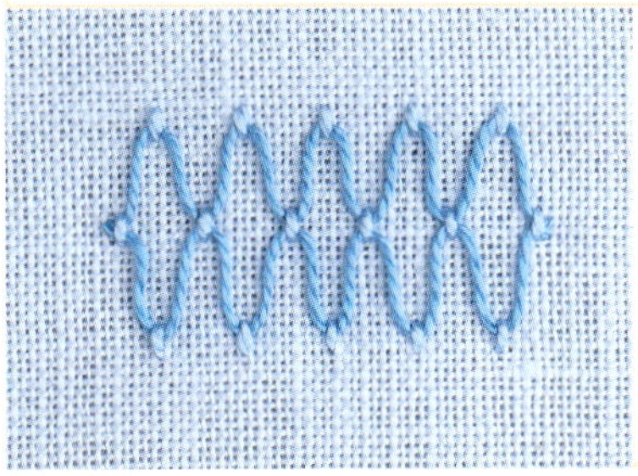

Schwierigkeitsgrad: leicht, für Anfängerinnen geeignet.

Stoff und Garn: Der Bogenstich lässt sich mit Garnen aus Baumwolle, Leinen, Seide oder Wolle auf Stramin für gezählte Stiche oder auf gleichmäßig gewebten Stoffen mit gut erkennbaren Gewebefäden sticken.

Stickrichtung: waagrecht in Hin- und Rückreihen.

TIPP

Der Bogenstich eignet sich auch für die Bandstickerei. Sticken Sie mit 0,5 cm langen Spannstichen aus Baumwollgarn die Grundstruktur. Verwenden Sie im zweiten Schritt ein Stickband, mit dem Sie Schlaufen durch die kleinen senkrechten Stiche weben. Glätten Sie das Band während der Arbeit regelmäßig, damit es stets flach anliegt.

Der Bogenstich ist auch unter dem romantischen Namen Wolkenstich bekannt. Er wird in zwei Phasen gearbeitet: Zuerst entsteht die Struktur aus kleinen senkrechten Stichen, in diese werden dann Bögen einwebt.

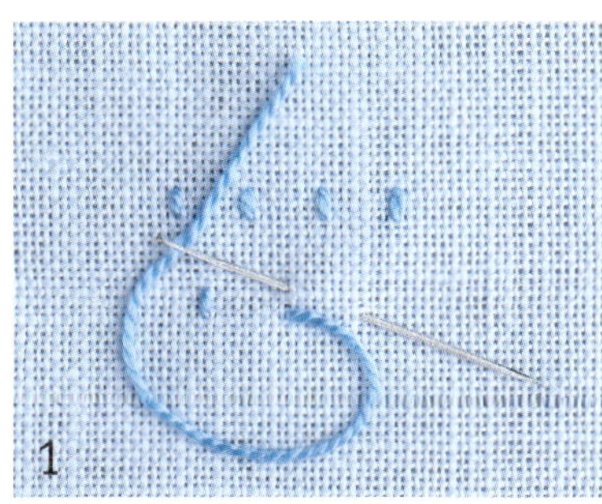

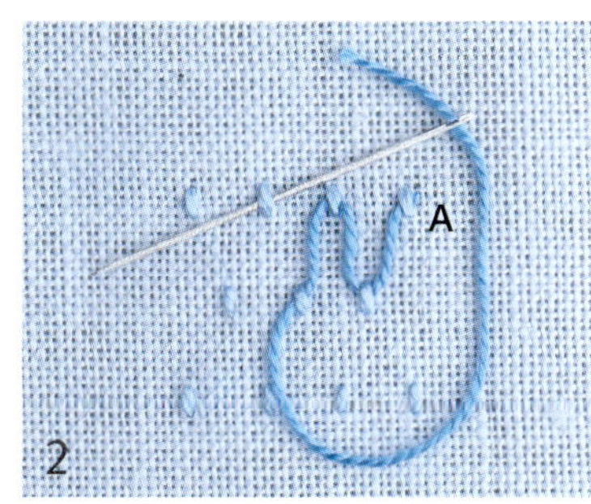

SCHRITT 1

Zunächst kleine senkrechte Spannstiche (siehe S. 97) in waagrechten Reihen sticken. Hier werden die Stiche jeweils im Abstand von acht Gewebefäden über drei Gewebefäden gestickt. In der nächsten Reihe die Stiche versetzt anordnen.

SCHRITT 2

Einen neuen Faden einfädeln. Knapp neben dem letzten Stich der ersten Reihe bei A durchstechen. Die Nadel unter diesem Stich, dann unter dem letzten Stich der zweiten Reihe hindurchführen. In dieser Weise die ganze Reihe entlang fortfahren. Die Nadel waagrecht von rechts nach links abwechselnd unter einem Stich der ersten Reihe und einem der zweiten Reihe hindurchführen.

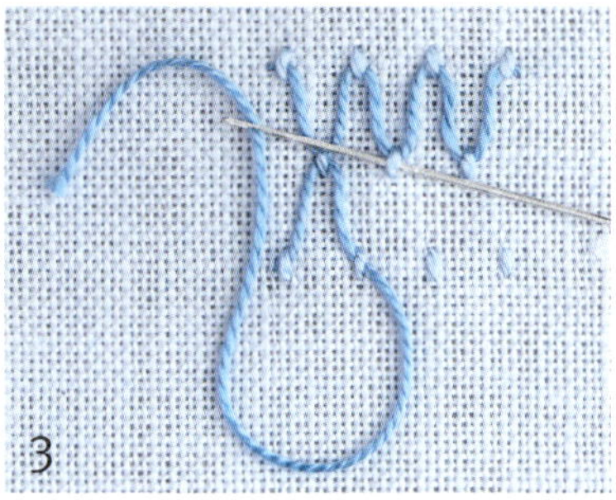

SCHRITT 3

Die zweite Bogenreihe von links nach rechts beginnen. Knapp neben dem ersten Stich der dritten Reihe ausstechen. Die Nadel waagrecht von links nach rechts unter diesem Stich, dann unter dem ersten Stich der zweiten Reihe hindurchführen usw.

DER CEYLON-STICH in 4 Schritten

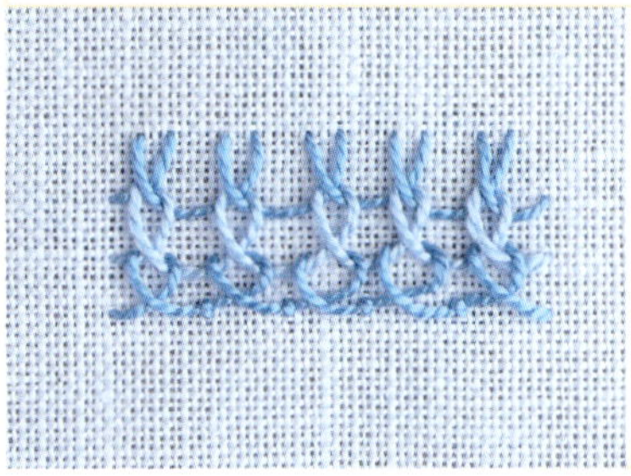

Schwierigkeitsgrad: anspruchsvoll, nur für erfahrene Stickerinnen.

Stoff und Garn: Der Ceylon-Stich lässt sich mit Garnen aus Baumwolle, Leinen, Seide oder Wolle auf jeder Art von Stoff sticken.

Stickrichtung: waagrecht von links nach rechts.

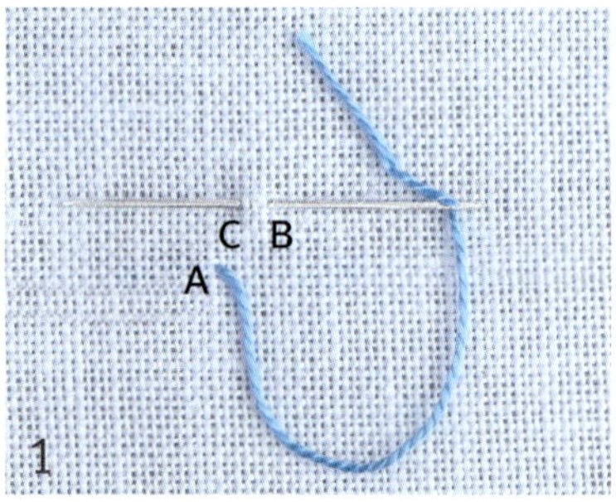

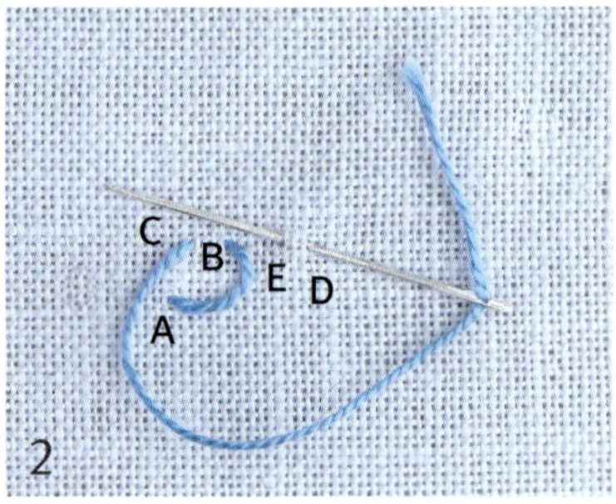

Beim Ceylon-Stich bedecken locker gewebte, ineinandergreifende Schlaufen den Stoff. Wird er in Farbabstufungen gearbeitet, kann man damit eine Oberfläche besonders apart gestalten. Da es allerdings schwierig ist, die Schlaufen in der richtigen Spannung zu halten, ist dieser Stich nur sehr erfahrenen Stickerinnen zu empfehlen.

SCHRITT 1

Bei A durchstechen und schräg aufwärts nach rechts bei B einstechen. Einige Millimeter weiter links auf der Höhe von B bei C wieder ausstechen. Den Faden locker durchziehen, so dass der Faden in einem Bogen liegt.

SCHRITT 2

Zunächst stets an der oberen Hilfslinie arbeiten. Weiter rechts auf dieser Linie bei D einstechen und zwischen B und D bei E wieder ausstechen. Den Faden genau wie zuvor durchziehen. Den letzten Stich der Reihe an der unteren Linie einstechen.

TIPP

Beim Ceylon-Stich besteht die Schwierigkeit darin, beim Zusammenziehen der Schlaufen den Faden in der richtigen Spannung zu halten. Denn die Schlaufen liegen, ohne das Gewebe zu erfassen, lose auf dem Stoff. Bevor Sie mit der endgültigen Arbeit beginnen, üben Sie zuerst auf einer Stickprobe, wie Sie den Schlaufen, aus denen der Stich besteht, ein gleichmäßiges Aussehen verleihen können.

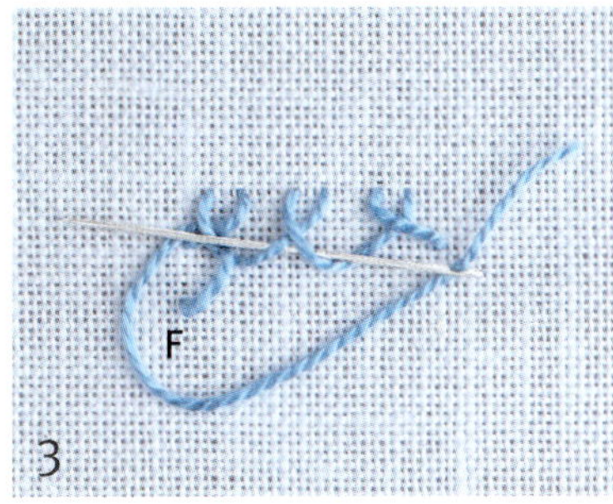

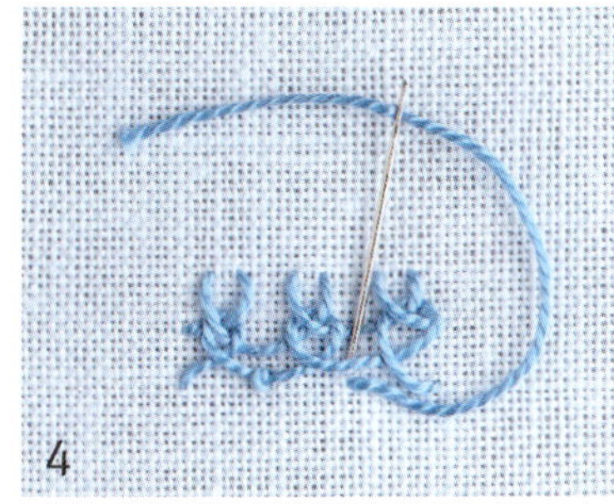

SCHRITT 3

Nun von links beginnen. Bei F ausstechen und die Nadel waagrecht von rechts nach links unter der ersten Schlaufe der vorigen Reihe hindurchführen. Den Arbeitsfaden locker durchziehen, so dass eine ebenso große Schlaufe wie die in der ersten Reihe entsteht. Den Stoff nicht durchstechen. Die Nadel waagrecht von rechts nach links unter der zweiten Schlaufe der vorigen Reihe hindurchführen. In dieser Weise die ganze Reihe arbeiten. Die aneinander gereihten Schlaufen sehen wie lockere Strickmaschen aus. Den letzten Stich der Reihe an der unteren Linie einstechen.

SCHRITT 4

Damit die gesamte Stickarbeit sich nicht vom Stoff löst, in der letzten Reihe die Fäden zwischen den Schlaufen mit kleinen senkrechten Spannstichen übersticken und dadurch die Unterseite jeder Schlaufe auf dem Stoff befestigen.

Serviettenringe

In den Zwanziger- und Dreißigerjahren des letzten Jahrhunderts zierte das beliebte und für die Zeit typische Umwickelte Rad zahlreiche Deckchen, Hüllen und Kissen. Heute macht es Spaß, diesen Stich mit einer Stickerei wie auf diesen Serviettenringen in freundlichen Farben neu zu beleben.

WISSENSWERTES

Schwierigkeitsgrad
Leicht

Stickstiche
Umwickeltes Rad (siehe S. 107), Steppstich (siehe S. 25), Margeritenstich (siehe S. 37)

Maße
Die fertigen Serviettenringe sind jeweils 15 x 6,5 cm groß.

MATERIAL

35 x 45 cm fertig zugeschnittenes Stickleinen, rosa
1 Strängchen Anchor Sticktwist in den Farben:
Vanille dunkel (Fb. 301), Dottergelb (Fb. 303), Koralle (Fb. 11) Blassgrün (Fb. 1043)
4 kleine Perlmuttknöpfe, Durchmesser 0,75 cm
Mittelgroße stumpfe Sticknadel
Stickrahmen
Kugelschreiber
Durchschlagpapier, blau
Nähfaden, rosa
Stecknadeln

MOTIV

Aus dem Leinenstoff zwei 15 x 17 cm große Rechtecke ausschneiden. In die Mitte jedes Rechtecks einen Falz bügeln, so dass sich zwei doppellagige Streifen von je 7,5 x 17 cm ergeben. Die Kanten mit der Nähmaschine oder von Hand versäubern. Die Streifen auf die Hälfte falten und dadurch den Mittelpunkt bestimmen. Die Mustervorlage so auf den ersten Streifen legen, dass der Mittelpunkt des Motivs mit der Stoffmitte übereinstimmt, und die Mustervorlage auf zwei Seiten feststecken. Das Durchschlagpapier mit der beschichteten Seite nach unten zwischen Stoff und Mustervorlage schieben. Mit dem Kugelschreiber die Konturen des Motivs nachzeichnen. Danach Durchschlagpapier und Stecknadeln entfernen. Mit dem zweiten Leinenstreifen genauso verfahren.

STICKEN

Die Stoffstreifen in einen kleinen Stickrahmen spannen. Es wird nur die Oberseite der Streifen bestickt.

Die Speichen des Umwickelten Rads mit allen sechs Fäden des Sticktwists in Vanille dunkel arbeiten. Danach zweifädig mit Sticktwist die Webstiche abwechselnd in den Farben Dottergelb und Koralle sticken. Die Stiele auf dem einen Serviettenring ebenfalls mit zweifädigem Sticktwist der Farbe Blassgrün im Steppstich arbeiten, die Blätter auf dem anderen im Margeritenstich.

HINWEIS

Die hier empfohlene Ausführung hat den Vorteil, dass die Serviettenringe doppelseitig genäht werden. Auf diese Weise sieht die Rückseite sauber aus und die Fäden können beim Gebrauch oder beim Waschen nicht herausgezogen werden. Fertigen Sie solche Serviettenringe auch in anderen passenden Farben zu Ihren Tischdecken und Servietten an. Sie lassen sich leicht und schnell herstellen und sind außerdem kleine Geschenke mit persönlicher Note.

FERTIGSTELLEN

Die bestickten Stoffstreifen auf der Rückseite bügeln und so falten, dass die beiden Hälften jeweils rechts auf rechts liegen. Feststecken und in 1 cm Abstand vom Rand zusammennähen; dabei am äußeren Ende eine kleine Öffnung lassen. Die Nähte flachbügeln. Die Serviettenringe wenden und die offen gebliebene Stelle zunähen. Die Streifen am Rand übersteppen.

Zum Schließen der Serviettenringe jeweils auf einer Seite zwei kleine Laschen zum Einhängen der Knöpfe anbringen. Auf der gegenüber liegenden Seite zwei kleine Perlmuttknöpfe annähen.

Auf 80% verkleinert

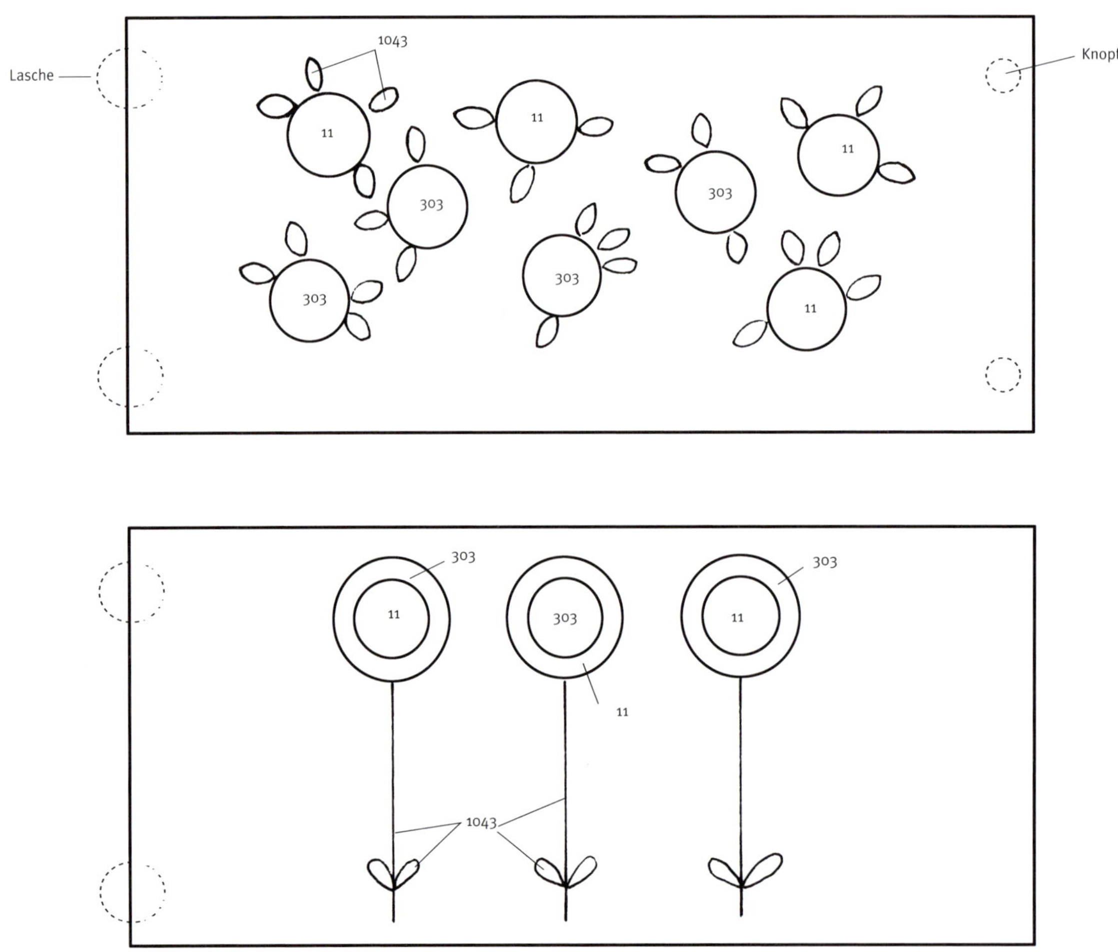

Der Schattenstich in Variationen

Der Schattenstich und die anderen im letzten Teil dieses Kapitels beschriebenen Stiche wurden wegen ihres Applikationseffekts ausgewählt. Entdecken Sie den charakteristischen Shisha-Stich, mit dem kleine Spiegel- oder Glimmerstücke eingerahmt werden, oder den Brocatello-Stich, mit dem sich der Schussfaden eines Gewebes so gut imitieren lässt, dass er wie eine Textilapplikation wirkt. Mit solchen Stichen geben Sie Ihrer Stickerei eine ausgefallene und raffinierte Note.

DER SCHATTENSTICH in 3 Schritten

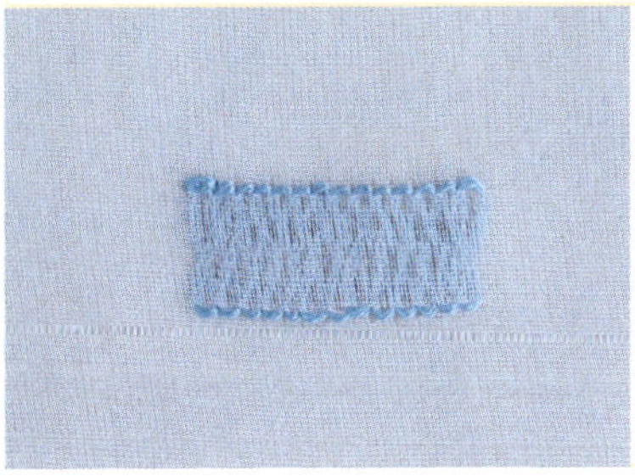

Schwierigkeitsgrad: mittelschwer, für Stickerinnen mit Vorkenntnissen.

Stoff und Garn: Der Schattenstich lässt sich mit lose gedrehtem Seiden- oder Baumwollgarn (Sticktwist) auf transparenten Stoffen aus Baumwolle, Seide oder Leinen sticken.

Stickrichtung: waagrecht, von rechts nach links.

Der Schattenstich, eine Abwandlung des Hexenstichs, wird auf feinen und transparenten Stoffen wie Baumwoll- oder Leinenvoile, Organdy, Organza oder Seidengaze gearbeitet. Auf der Stoffoberseite lassen sich damit interessante Schatteneffekte erzeugen, die insbesondere bei Blumenmotiven mit kleinen Blütenblättern zur Geltung kommen. Die wahrscheinlich aus Indien stammende Technik des Schattenstichs wird in Europa seit Jahrhunderten angewandt und tritt in der Weißstickerei sowie in der Dresdner Stickerei häufig zusammen mit anderen Stichen auf.

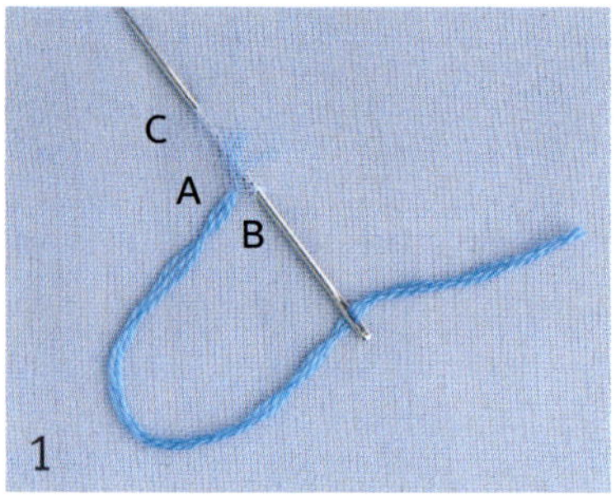

SCHRITT 1

An der unteren Hilfslinie bei A durchstechen, etwas weiter rechts bei B einstechen, so dass der erste Stich entsteht. Schräg links oberhalb des ersten Stichs an der oberen Linie bei C wieder ausstechen.

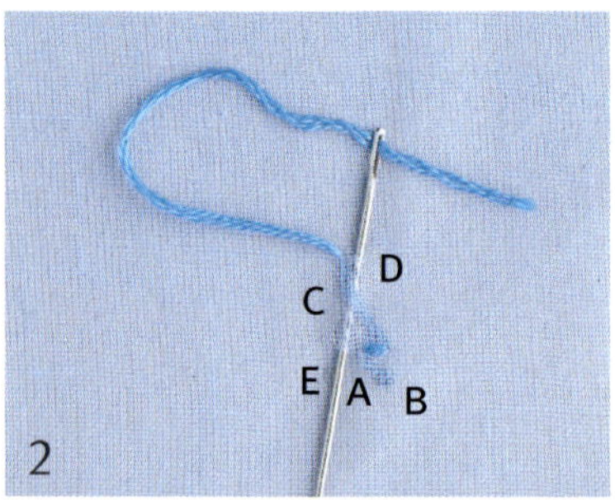

SCHRITT 2

Knapp rechts von C bei D wieder einstechen; damit ist der erste Stich an der oberen Linie fertig. Einige Millimeter links von A bei E ausstechen. In die erste Durchstichstelle A erneut einstechen und so den Stich an der unteren Linie vollenden.

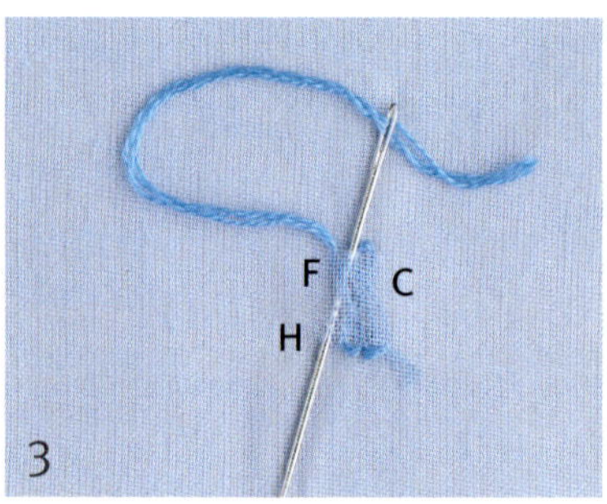

SCHRITT 3

An der oberen Linie einige Millimeter links von C bei F ausstechen und nochmals bei C einstechen. Die Nadel an der unteren Linie bei H herausführen.

Schritt 2 und 3 wiederholen und hin und her im Wechsel zwischen der oberen und der unteren Linie die Reihe weiterarbeiten. Auf der Rückseite der Arbeit kommt so eine Reihe Hexenstiche zustande, die zwischen den beiden Steppstichreihen auf der Vorderseite durchscheint.

TIPP

Ganz gleich welche Form Ihr Stickmotiv hat, es sollte unbedingt mit Steppstichen eingerahmt werden. Denn dieses Detail wirkt auf dem Unterstoff wie eine Applikation. Beginnen Sie mit dem ersten Stich in einer Ecke des Motivs und sticken Sie dann zwischen den beiden Hilfslinien hin und her. Bei komplizierteren Formen kann es vorkommen, dass die ersten oder letzten Hexenstiche auf der Rückseite der Arbeit sehr klein ausfallen. Das ist nicht weiter tragisch, solange die Füllung auf der Vorderseite tadellos aussieht.

DER PARISER FESTONSTICH in 2 Schritten

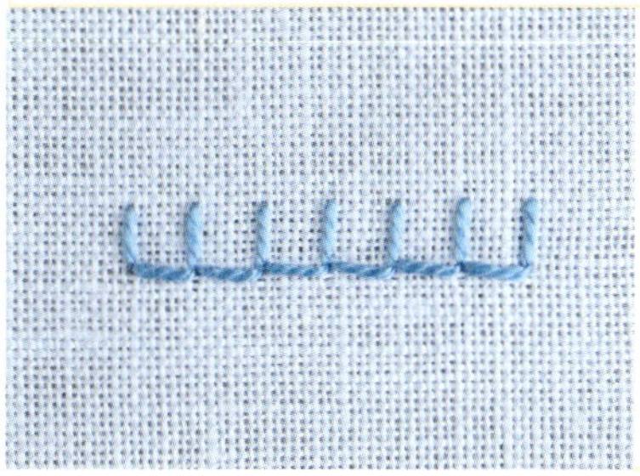

Schwierigkeitsgrad: sehr leicht, für Anfängerinnen geeignet.

Stoff und Garn: Der Pariser Festonstich lässt sich mit Garnen aus Baumwolle, Leinen, Seide oder Wolle auf Stoffen mit gut erkennbaren Gewebefäden sticken.

Stickrichtung: waagrecht von rechts nach links.

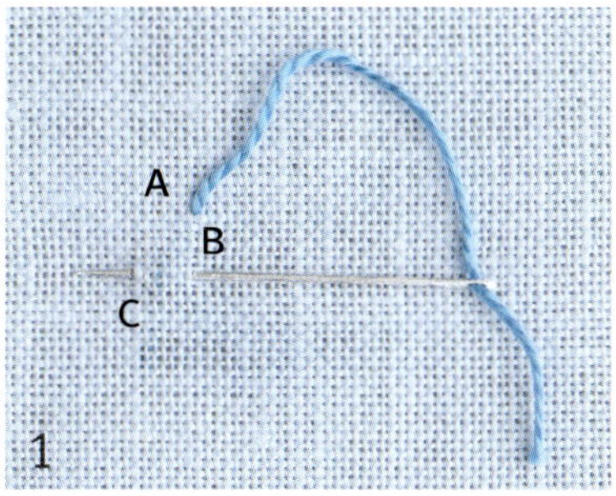

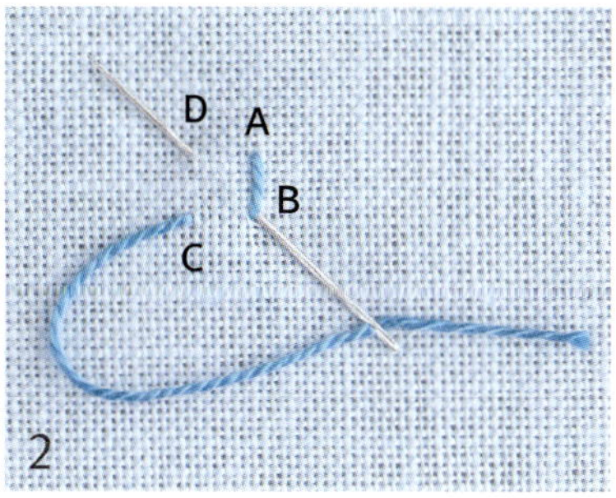

Der Pariser Festonstich ist ausgesprochen leicht zu sticken und findet sich auf dem Rand von Applikationselementen oder auch allein auf Säumen. Der klassische Gewöhnliche Festonstich gehört dagegen in die Hohlsaumstickerei und wird anders gearbeitet.

SCHRITT 1

Bei A durchstechen und in einem senkrechten Stich abwärts bei B einstechen. Auf der Höhe von B einige Millimeter weiter links bei C wieder ausstechen.

SCHRITT 2

Für den waagrechten Stich wieder bei B einstechen. Schräg nach links oben einige Millimeter links von A bei D wieder ausstechen. Schritt 1 und 2 wiederholen und so die ganze Reihe arbeiten.

TIPP

Am besten sieht der Pariser Festonstich aus, wenn Sie die waagrechten und senkrechten Stiche über dieselbe Anzahl von Gewebefäden sticken. Außerdem sollten Sie den Arbeitsfaden nicht zu straff anziehen, damit das Gewebe nicht zusammengezogen wird und der Stich gleichmäßig ausfällt.

DER BROCATELLO-STICH in 3 Schritten

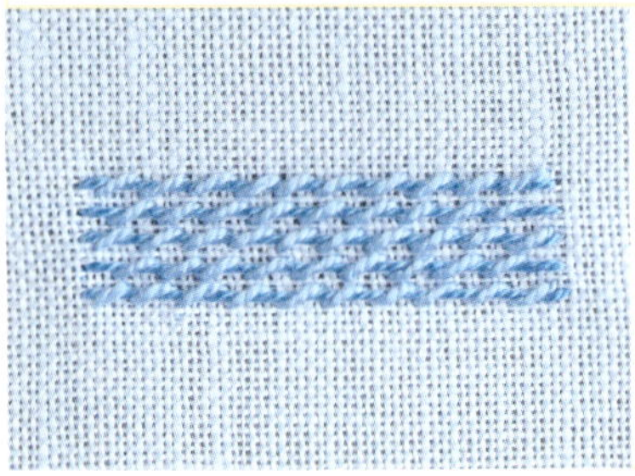

Schwierigkeitsgrad: mittelschwer, für Stickerinnen mit Vorkenntnissen.

Stoff und Garn: Der Brocatello-Stich lässt sich auf Stoffen mit gut erkennbaren Gewebefäden wie Stramin und feingeripptem Baumwollpikee mit jeder Art von Garn sticken.

Stickrichtung: senkrecht von unten nach oben und von oben nach unten.

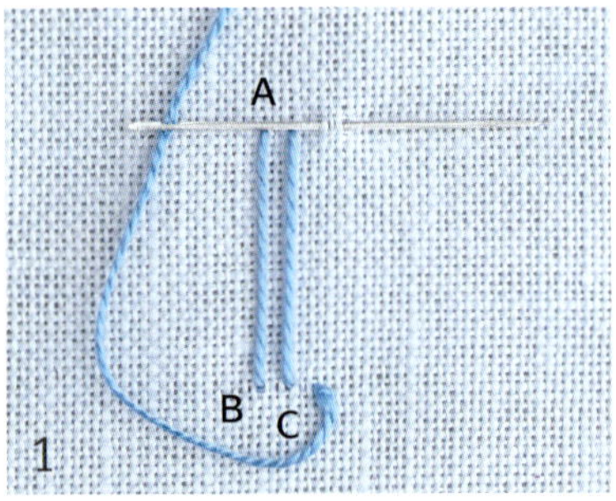

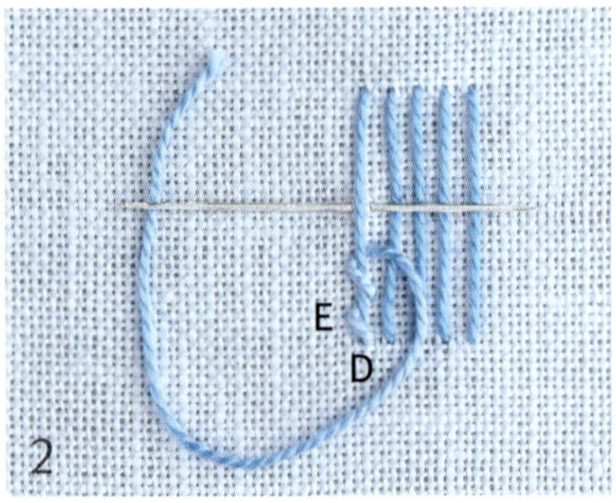

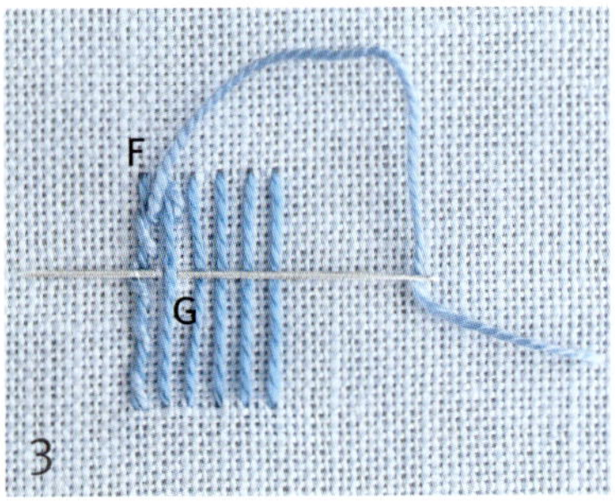

Der aus Italien stammende Brocatello-Stich wurde früher nur zur Hintergrundfüllung eingesetzt. Er verläuft fadengerade und wird in zwei Phasen gearbeitet. Die in regelmäßigen Abständen flächendeckend vorgespannten langen Stiche werden im zweiten Durchgang mit kleineren Stichen fixiert.

SCHRITT 1

Von links nach rechts arbeiten. Bei A durchstechen und mit einem langen senkrechten Stich bei B einstechen. Rechts von B bei C wieder ausstechen. In dieser Weise die Stickfläche mit langen senkrechten Stichen überziehen.

SCHRITT 2

Einen neuen Arbeitsfaden einfädeln. Rechts am unteren Ende des ersten langen Stichs bei D durchstechen. Links schräg aufwärts bei E einstechen, so dass ein kleiner schräger Überfangstich entsteht, der den langen Stich befestigt. Die kleinen Schrägstiche nach oben fortsetzen.

SCHRITT 3

Beim zweiten Spannstich von oben nach unten arbeiten. Links daneben bei F ausstechen und schräg nach rechts unten bei G wieder einstechen. Den zweiten langen Stich mit weiteren Überfang stichen befestigen. Die Schritte 2 und 3 auf die nächsten Spannstiche anwenden. Dabei auf die gleichmäßige Ausrichtung der kleinen Schrägstiche achten.

DER MOSSUL-STICH in 2 Schritten

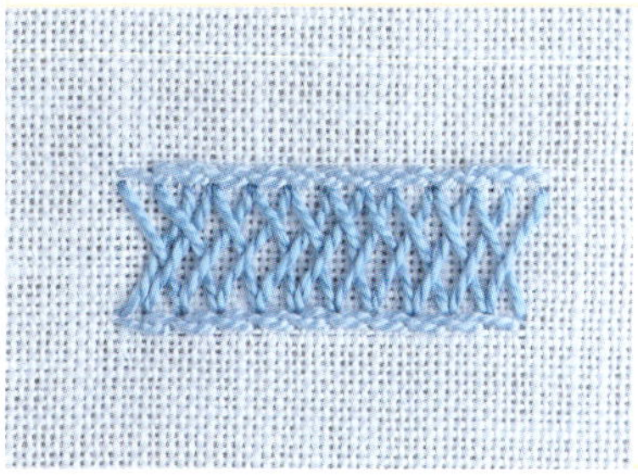

Schwierigkeitsgrad: mittelschwer, für Stickerinnen mit Vorkenntnissen.

Stoff und Garn: Der Mossul-Stich lässt sich mit Garnen aus Baumwolle, Leinen, Seide oder Wolle auf jeder Art von Stoff sticken.

Stickrichtung: waagrecht von links nach rechts.

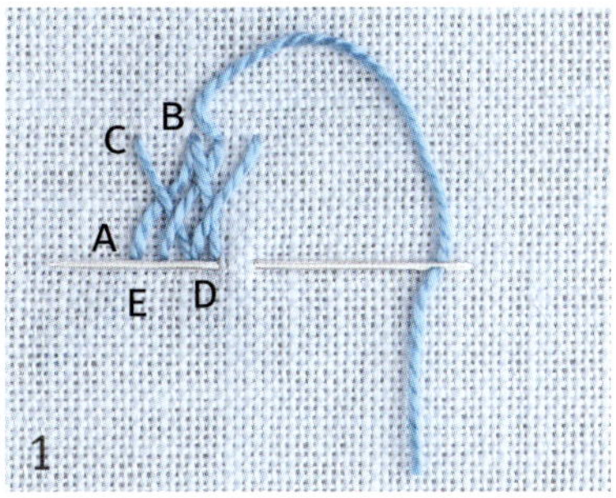

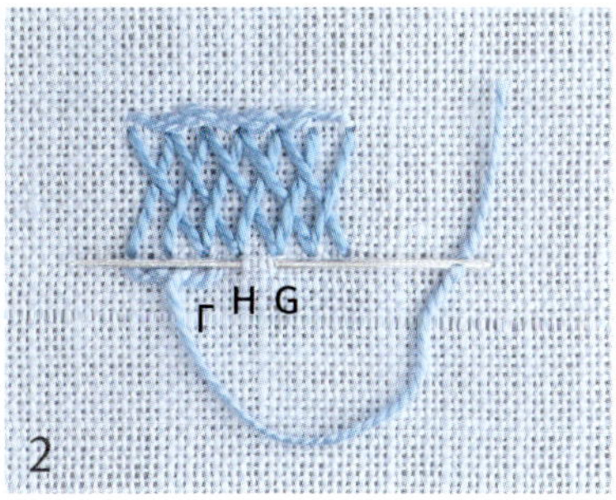

Der altpersische Mossul-Stich setzt sich aus zwei bereits bekannten Stichen zusammen: Die Füllung wird mit Hexenstichen ausgeführt und das Motiv dann mit Stielstichen konturiert. Diese auffällige Gestaltung verstärkt den Applikationseffekt.

SCHRITT 1

Zunächst eine Reihe Hexenstiche arbeiten. Bei A durchstechen, dann an der oberen Linie rechts bei B einstechen. Einige Millimeter links von B bei C wieder ausstechen. An der unteren Linie rechts von A bei D einstechen und bei E wieder ausstechen. Auf diese Art die Reihe füllen.

SCHRITT 2

Einen neuen Arbeitsfaden einfädeln. Mit Stielstichen (siehe S. 22) die Hexenstiche am oberen und unteren Rand komplett einfassen. Bei F ausstechen und einige Millimeter weiter rechts bei G einstechen. Auf der Hälfte zwischen F und G bei H ausstechen.

TIPP

Wenn der Mossul-Stich mit Stielstichen eingefasst wird, bietet er eine perfekte Randlösung für ein Stickmotiv. Eventuelle Unregelmäßigkeiten bei den zuerst gearbeiteten Hexenstichen werden durch die Stielstiche kaschiert. Statt mit Stielstichen kann man den Mossul-Stich auch mit einer feinen Litze einfassen, die man mit kleinen überwendlichen Stichen annäht. Beginnen Sie in diesem Fall mit dem Anlegen der Litze und füllen Sie anschließend die Form mit Hexenstichen aus.

DER SHISHA-STICH in 6 Schritten

Schwierigkeitsgrad: recht anspruchsvoll, nur für erfahrene Stickerinnen.

Stoff und Garn: Der Shisha-Stich lässt sich mit Baumwoll-, Leinen- oder Effektstickgarn auf jeder Art von Stoff sticken.

Stickrichtung: rund um das Applikationselement.

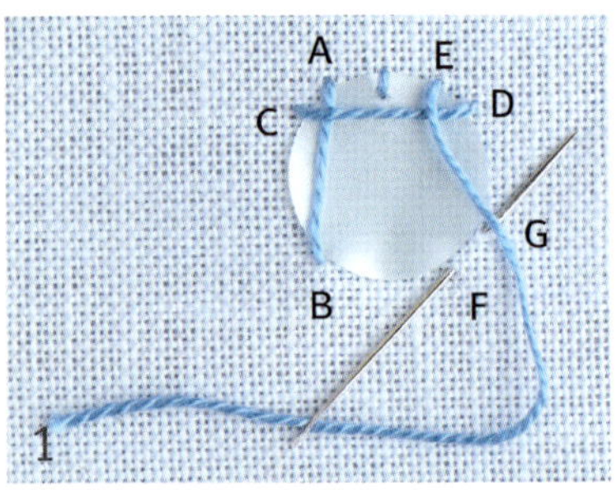

Der Shisha-Stich dient der Applikation; damit lässt sich ein Stoff- oder Metallstück einfassen und auf Stoff befestigen. Shisha-Arbeiten, auch Spiegelstickerei genannt, sind in Belutschistan/Westpakistan beheimatet, wo sie vor allem Saris und Decken schmücken.

SCHRITT 1

Das zu applizierende Element auf dem Stoff platzieren. Links oben am Kreis bei A durchstechen und mit einem senkrechten Stich links unten bei B wieder einstechen. Dann bei C ausstechen und mit einem waagrechten Stich bei D wieder einstechen. Mit vier Stichen über den Rand den Kreis auf dem Stoff fixieren.

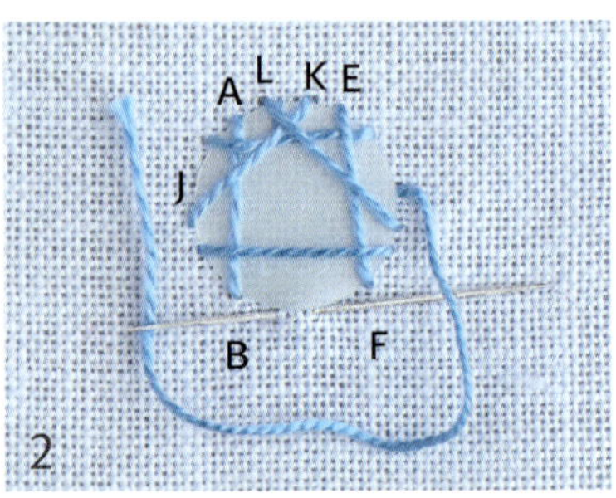

SCHRITT 2

Im zweiten Schritt bekommt der Kreis einen Rahmen aus vier weiteren großen, diesmal diagonal geführten Stichen. Bei J ausstechen und mit einem großen Stich bei K wieder einstechen. In dieser Weise fortfahren und den Kreis vollends umrahmen.

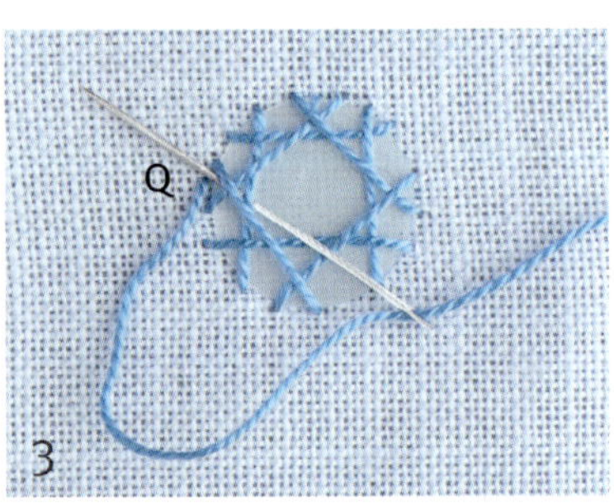

SCHRITT 3

Einige Millimeter neben dem linken unteren Rand bei Q ausstechen. Die Nadel von oben nach unten unter den überkreuzten Haltestichen hindurchführen und dabei den Faden nach links legen.

SCHRITT 4

Die Nadel im Uhrzeigersinn ausrichten, unterhalb von Q bei R in den Stoff einstechen und einen kleinen Kettenstich (siehe S. 32)

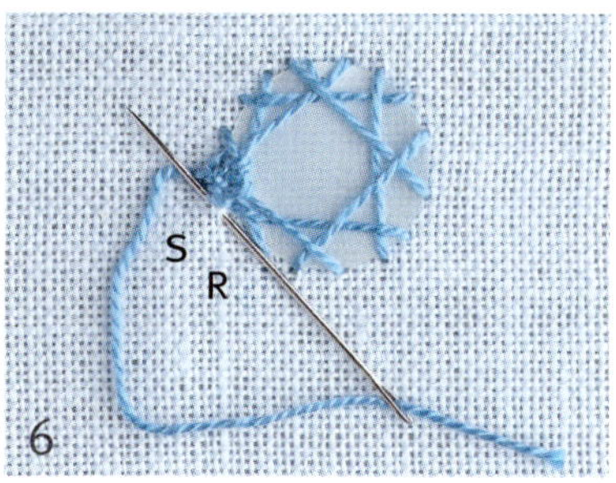

arbeiten. Bei Q wieder ausstechen, den Faden unter die Nadel legen und locker zu einem Kettenstich durchziehen.

SCHRITT 5

Wie in Schritt 3 die Nadel von oben nach unten unter den Haltestichen hindurchführen, dabei den Faden nach rechts unter die Nadel legen.

SCHRITT 6

Dicht neben dem Kreis bei R einstechen und etwas weiter links bei S wieder ausstechen. Den Faden unter die Nadel legen und locker zu einem zweiten Kettenstich durchziehen.
Im weiteren Verlauf Schritt 5 und 6 rund um den Spiegelkreis wiederholen. Nachdem der Kreis vollständig mit Stichen eingerahmt ist, die letzte Schlinge des Kettenstichs mit einem kleinen Überfangstich fixieren und den Faden vernähen. Um das nächste Element zu applizieren, wieder bei Schritt 1 beginnen.

TIPP

Ursprünglich wurden mit dem Shisha-Stich kleine Spiegel- oder Glimmerstückchen auf Stoffen befestigt. Heutzutage können Sie damit auch ganz andere Materialien wie z. B. Plastikplättchen oder Metallmünzen applizieren. Damit diese Elemente während der Arbeit auf dem Stoff nicht verrutschen, geben Sie eine Spur Textilkleber auf die Rückseite, bevor Sie sie an der gewünschten Stelle anbringen.

Stola

Hier spielt der Schattenstich raffiniert mit der Transparenz zarter Stoffe. Gestalten Sie mit einer Fülle harmonischer Blautöne und einem Strauß Hortensien auf einer bestickten Organdystola ein elegantes Accessoire.

WISSENSWERTES

Schwierigkeitsgrad
Mittelschwer

Stickstiche
Schattenstich (siehe S. 119)
Französischer Knötchenstich (siehe S. 74)

Maße
Die fertige Stola ist 50 x 175 cm groß. Das Hortensienmotiv misst 15 x 32 cm.

MATERIAL

55 x 185 cm Baumwollorgandy, blau
2 Strängchen Anchor Sticktwist jeweils in den Farben: Safir (Fb. 941), Pflaumenblau (Fb. 118), Lavendelblau (Fb. 176), Pflaumenblau hell (Fb. 117), Phosphor dunkel (Fb. 204), Opalingrün (Fb. 206), Hellgelb (Fb. 295)
feine spitze Sticknadel
Stickrahmen
HB-Bleistift
Nähfaden, blau
Stecknadeln

MOTIV

Das Hortensienmotiv soll am oberen und unteren Ende der Stola mittig im Stoff jeweils in 30 cm Abstand vom Rand gestickt werden. Die Position des Motivs mit Stecknadeln markieren. Die Mustervorlage so unter ein Ende des Stoffs legen, dass die Markierungen auf dem Stoff mit der Vorlage übereinstimmen und feststecken. Mit Bleistift die durchscheinenden Konturen des Motivs auf der Stoffoberseite nachzeichnen, dann Mustervorlage und Stecknadeln entfernen. Dasselbe auf der anderen Seite wiederholen.

STICKEN

Für die Arbeit mit dem Schattenstich verwendet man den Sticktwist zweifädig, für die Knötchenstiche vierfädig. Den Organdy vorsichtig in den Stickrahmen spannen. Mit den Blütenblättern anfangen, die jeweiligen Garnfarben der Vorlage entnehmen. Anschließend die Blätter sticken und zum Schluss in die Mitte der Blumen Knötchenstiche für die Staubgefäße setzen. Die Arbeit auf der Rückseite bügeln.

FERTIGSTELLEN

An den Längsseiten der Stola einen 1 cm breiten ersten Einschlag bügeln, dann die Kanten noch einmal 1,5 breit umschlagen. Den Saum von Hand oder mit der Maschine nähen. Am oberen und unteren Ende die Stoffkanten zuerst 2,5 cm breit, danach noch einmal 7,5 cm breit umschlagen. Die beiden Säume nähen.

Auf 55% verkleinert

HINWEIS

Beim Schattenstich besteht die Schwierigkeit darin, die Arbeitsfäden möglichst unsichtbar zu verwahren. Bei dieser Technik ist natürlich besonders sorgfältig darauf zu achten, dass keine lose liegenden Fäden zwischen den Motiven durchscheinen. Vernähen Sie daher den Faden auf der Rückseite der Arbeit mit zwei Rückstichen, die unter den beiden letzten Hexenstichen verschwinden, und schneiden Sie ihn knapp über dem Stoff ab.
Dasselbe gilt auch für die Arbeitsfäden der Knötchenstiche in der Mitte der Blumen, die ebenfalls aus der Rückseite verwahrt werden.

4

Der bekannteste und wohl älteste unter den gezählten Stichen ist zweifellos der Kreuzstich. Er ist mit seinen Variationen hervorragend für Anfängerinnen geeignet, die sich dabei besonders in Genauigkeit und Ausdauer üben können. Für die in diesem Kapitel vorgestellten Stiche verwenden Sie am besten einen Stoff mit Leinwandbindung, dessen Gewebefäden gut zu erkennen und leicht zu zählen sind. Die Motive werden häufig nach einer Vorlage, einem Zählmuster, gestickt. Jedes Kästchen, das mit einem Symbol oder einem Farbpunkt gekennzeichnet ist, entspricht einem Stich. Entsprechend ergeben sich bei Kreuzstichmotiven vor allem geometrische Muster. Kommt der Stich allerdings auf feinen Stoffen zur Anwendung, lassen sich auch komplexere Motive arbeiten. Für gezählte Stiche sollte man stumpfe Sticknadeln verwenden, die die Gewebefäden nicht durchstechen, sondern den Faden zwischen ihnen hindurchführen. Die gezählten Stiche bilden aufgrund der genannten Merkmale eine einheitliche Gruppe.

GEZÄHLTE STICHE

Der Vorstich in Variationen

Der Vorstich und seine Variationen sind Anfängerinnen zu empfehlen und auch für erste Stickversuche von Kindern geeignet. Schon nach wenigen Stichen lässt sich das Motiv erkennen. Vorstiche sticken ist so einfach wie Zeichnen mit dem Buntstift.

DER VORSTICH in 1 Schritt

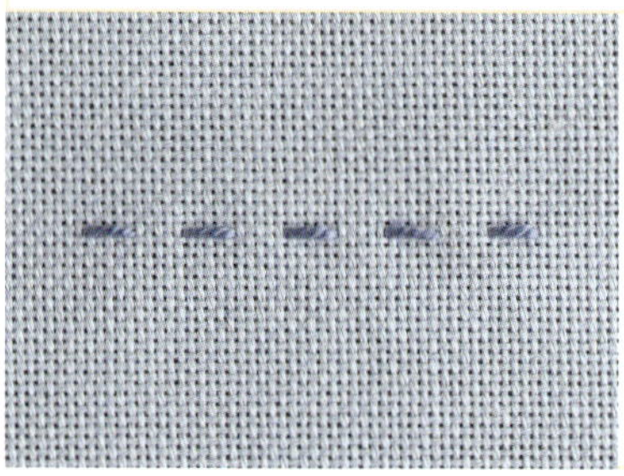

Schwierigkeitsgrad: sehr leicht, für Anfängerinnen geeignet.

Stoff und Garn: Der Vorstich lässt sich mit Garnen aus Baumwolle wie Sticktwist, Perlgarn oder Vierfach-Stickgarn oder mit Garnen aus Wolle, Seide oder Leinen auf Stoff mit Leinwandbindung oder auf Stramin sticken.

Stickrichtung: von rechts nach links.

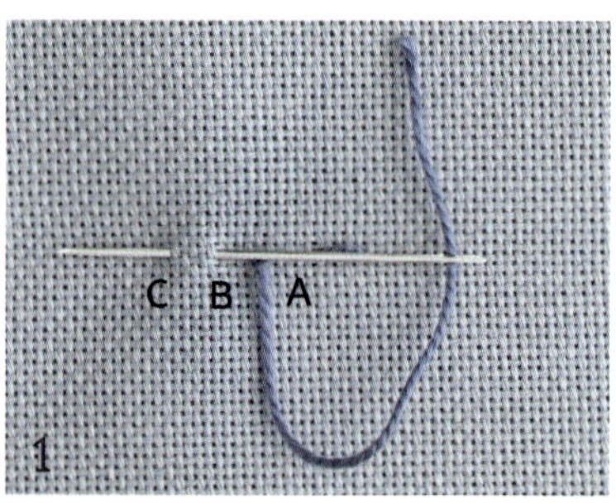

TIPP

Der Vorstich ist häufig auch als Bestandteil anderer Stiche anzutreffen; er bildet dabei oft die Grundlage eines Fantasiestichs und wird ganz oder teilweise überdeckt.

Der Vorstich ist von allen Stichen der einfachste. Wie er gestickt wird, sagt bereits der Name. Er wird für gerade Linien ebenso verwendet wie für Bögen. Da die Führung des Stickfadens sich am Gewebe orientiert, sind die Stiche regelmäßig und gleich lang.

SCHRITT 1

Rechts am Anfang der Linie bei A durchstechen. Einige Millimeter weiter links bei B einstechen. Die Nadel bei C wieder herausführen und dabei zwischen B und C denselben Abstand einhalten wie zwischen A und B.

Die ganze Reihe so weiterarbeiten und dabei auf gleichmäßige Stiche und Abstände achten.

DER LINIENSTICH in 2 Schritten

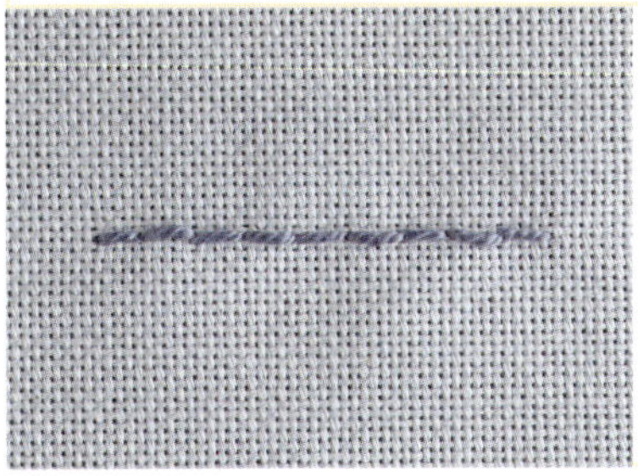

Schwierigkeitsgrad: leicht, für Anfängerinnen geeignet.

Stoff und Garn: Der Linienstich lässt sich mit Garnen aus Baumwolle wie Sticktwist, Perlgarn oder Vierfach-Stickgarn oder mit Garnen aus Wolle, Seide oder Leinen auf Stoff mit Leinwandbindung oder auf Stramin sticken.

Stickrichtung: von rechts nach links.

TIPP

Der Linienstich ist auf jeden Fall mit einer stumpfen Nadel zu arbeiten. Die Gewebefäden dürfen nicht verletzt werden, ebenso im zweiten Schritt nicht der im ersten Schritt gestickte Faden. Es besteht sonst die Gefahr, dass der Stoff zusammengezogen wird.

Der Linienstich, von dem eine Variation auch unter dem Namen Holbeinstich bekannt ist, wird als doppelter Vorstich so gearbeitet, dass eine durchgehende Linie entsteht.
Er lässt sich vielseitig verwenden, insbesondere für geometrische Bordüren mit einfachen Linien.

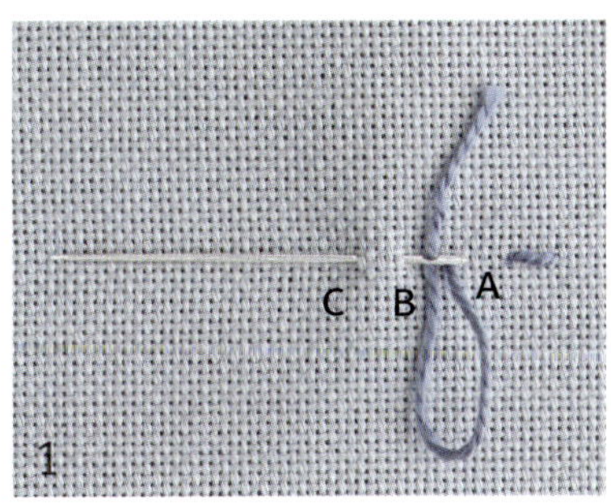

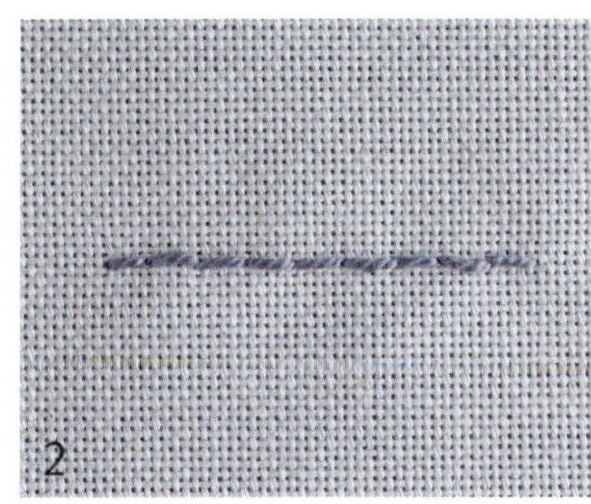

SCHRITT 1

Rechts am Anfang der Linie bei A durchstechen. Einige Millimeter weiter links bei B einstechen. Die Nadelspitze bei C wieder herausführen und dabei zwischen B und C denselben Abstand einhalten wie zwischen A und B.

SCHRITT 2

Im zweiten Schritt werden die in der ersten Reihe offen gebliebenen Zwischenräume gefüllt. Dabei dieselben Ein- bzw. Ausstichstellen verwenden. Die zweite Reihe Vorstiche ebenfalls von rechts nach links arbeiten. Die ganze Reihe so weiterarbeiten und dabei auf gleichmäßige Stiche und Abstände achten.

DER JAPANISCHE LINIENSTICH in 2 Schritten

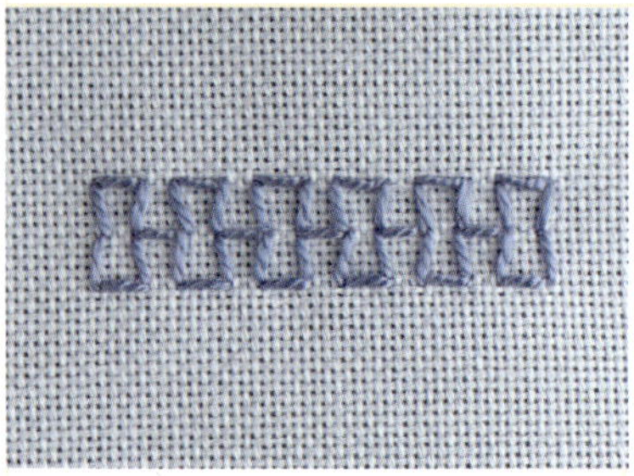

Schwierigkeitsgrad: mittelschwer, für Stickerinnen mit Vorkenntnissen.

Stoff und Garn: Der Japanische Linienstich lässt sich mit Garnen aus Baumwolle wie Perlgarn oder Vierfach-Stickgarn oder mit Garnen aus Wolle, Seide oder Leinen auf Stoff mit Leinwandbindung oder auf Stramin sticken.

Stickrichtung: waagrecht von rechts nach links und von links nach rechts.

Der Japanische Linienstich ist an sich schon ein Motiv! Er basiert auf dem Vorstich und eignet sich zum Füllen größerer Flächen. Mit seinem Muster aus gleichmäßigen geometrischen Formen erinnert er an gewebte Stoffe aus dem Land der aufgehenden Sonne.

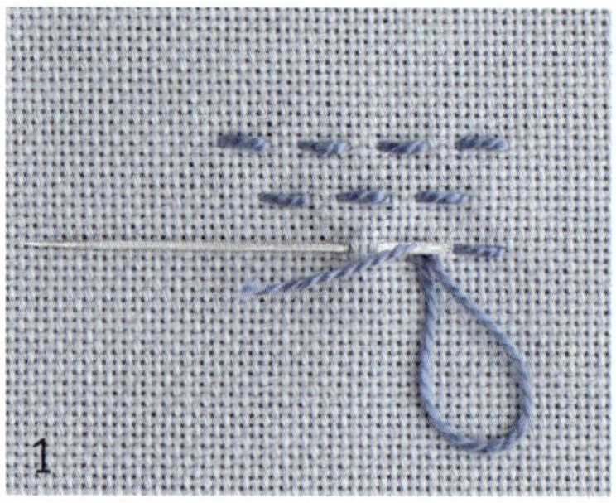

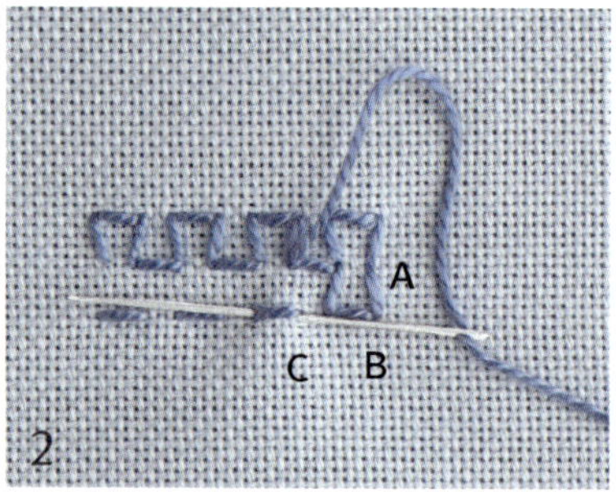

SCHRITT 1

Parallel mehrere waagrechte Reihen Vorstiche sticken (siehe S. 130). Dabei die einzelnen Vorstiche jeweils versetzt zu den Vorstichen der vorhergehenden Reihe anordnen.

SCHRITT 2

Anschließend senkrechte Stiche arbeiten und dabei die Ein- bzw. Ausstichstellen der zuvor gearbeiteten Vorstiche verwenden. Bei A ausstechen, bei B einstechen und bei C wieder hervorkommen und in gleicher Weise die ganze Reihe entlang fortfahren.

TIPP

Die Vorstich-Reihen aus Schritt 1 werden parallel gestickt. Im Fall des Japanischen Linienstichs lässt sich eine besonders eindrucksvolle Wirkung erzielen, wenn die Vorstiche ein wenig länger sind als die Zwischenräume.

DER EINFACHE WEBSTICH in 2 Schritten

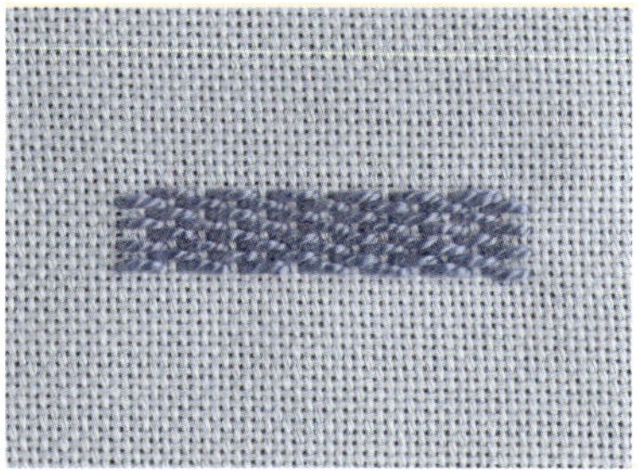

Schwierigkeitsgrad: leicht, für Anfängerinnen geeignet.

Stoff und Garn: Der Einfache Webstich lässt sich mit Garnen aus Baumwolle wie Perlgarn oder Vierfach-Stickgarn oder mit Garnen aus Wolle, Seide oder Leinen auf Stoff mit Leinwandbindung oder auf Stramin sticken.

Stickrichtung: waagrecht von rechts nach links und von links nach rechts.

TIPP

Der einfache Webstich eignet sich nur für Gewebe mit einfach gekreuzten Fäden. Er wird senkrecht oder waagrecht mit dem Fadenlauf gearbeitet.
Entscheidend für die Wirkung sind gleichmäßige Länge und Abstände der Stiche.

Mit dem Einfachen Webstich wird die gewebte Struktur von Stoffen nachgeahmt. Beim Nähen ist er auch als Stopfstich bekannt. Der Webstich ist vor allem in Stickarbeiten aus Marokko und Rhodos zu finden, wo er zum Füllen geometrischer Muster verwendet wird.

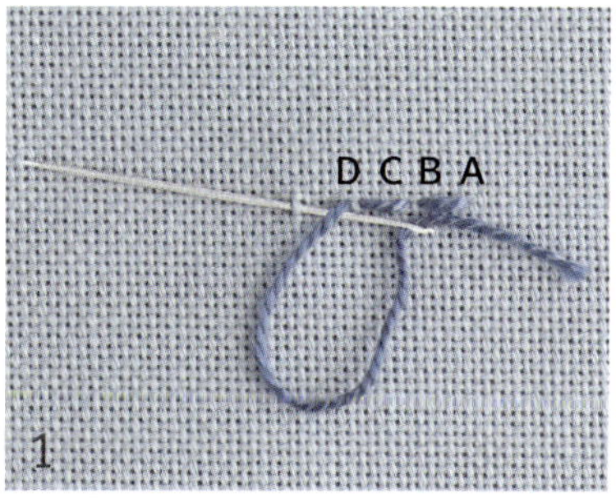

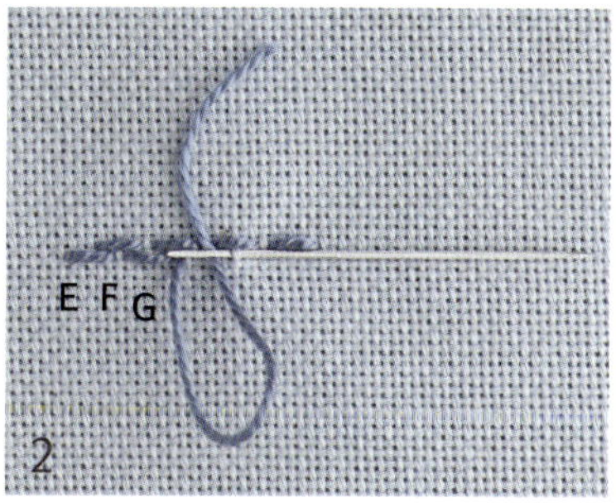

SCHRITT 1

Bei A durchstechen und wenige Millimeter weiter links bei B wieder einstechen. Die Nadel bei C wieder herausführen, dabei einen bzw. (maximal) zwei Gewebefäden überspringen. Bei D wieder einstechen und so die ganze Reihe weiter sticken.

SCHRITT 2

Nun knapp darunter in umgekehrter Richtung arbeiten und den Faden bei E herausführen und wenige Millimeter weiter rechts davon bei F wieder einstechen. Der erste Stich in der zweiten Reihe liegt versetzt zum letzten Stich der vorhergehenden Reihe. Einen bzw. (maximal) zwei Gewebefäden überspringen und die Nadel bei G wieder herausführen. Waagrechte Hin- und Rückreihen arbeiten.

DER SIRMISCHE STICH in 3 Schritten

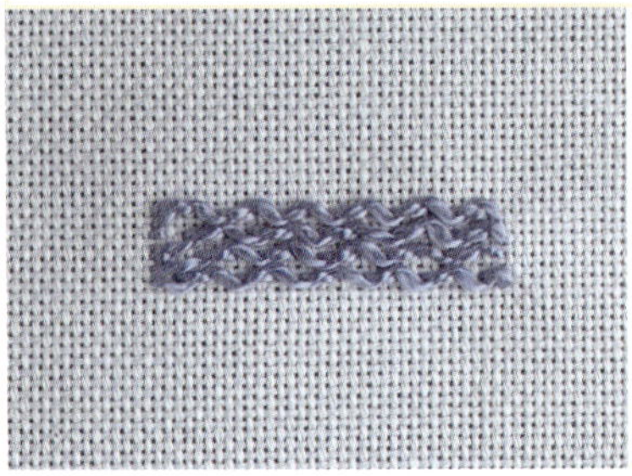

Schwierigkeitsgrad: mittelschwer, für Stickerinnen mit Vorkenntnissen.

Stoff und Garn: Der Sirmische Stich lässt sich mit Garnen aus Baumwolle wie Perlgarn oder Vierfach-Stickgarn oder mit Garnen aus Wolle, Seide oder Leinen auf Stoff mit Leinwandbindung oder auf Stramin sticken.

Stickrichtung: waagrecht von rechts nach links und von links nach rechts.

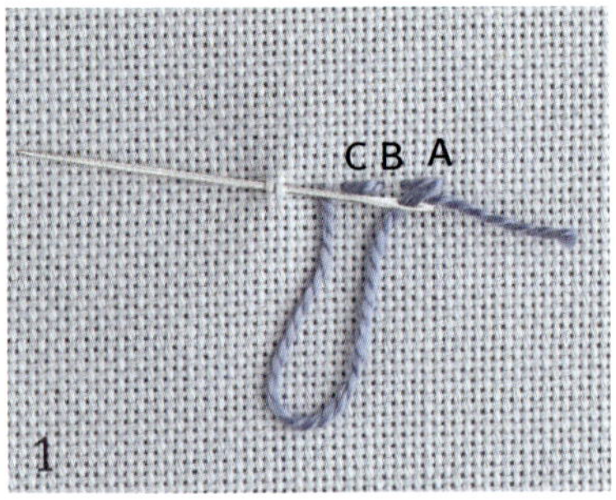

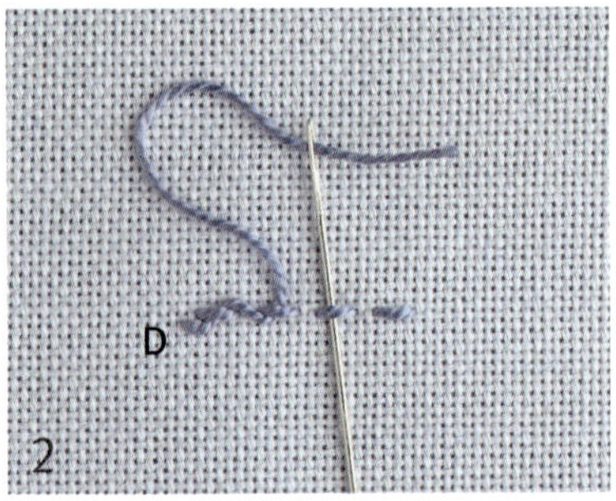

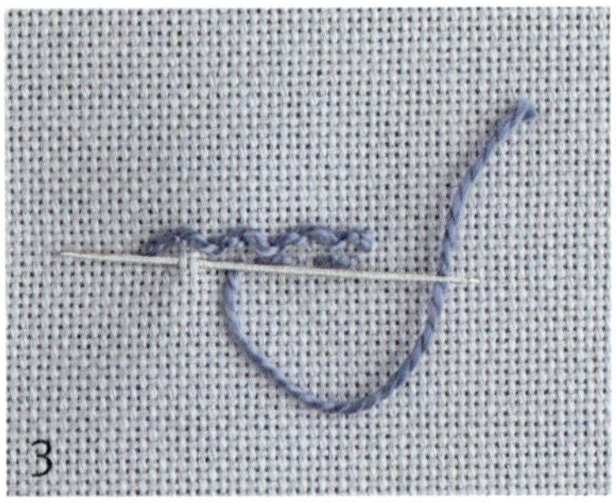

TIPP

Verwenden Sie für die Vorstiche einen dunkleren Farbton als für den durchgezogenen Faden, um eine stärkere Reliefwirkung zu erzielen.

Wegen seines wellenförmigen Aussehens wird dieser aus Sirmien, einer Region in Slawonien, stammende Stich auch als Wellenstich bezeichnet. Er ist auf den gestickten Verzierungen der Trachten zu finden.

SCHRITT 1

Rechts am Anfang der Reihe bei A durchstechen. Einige Millimeter weiter links bei B einstechen. Die Nadelspitze bei C wieder herausführen und dabei zwischen B und C denselben Abstand einhalten wie zwischen A und B. Die ganze Reihe so weiterarbeiten und dabei auf gleichmäßige Stiche und Abstände achten.

SCHRITT 2

Ein wenig links unterhalb der ersten Reihe bei D ausstechen und nun in umgekehrter Richtung von links nach rechts arbeiten. Die Nadel nicht mehr durch den Stoff führen, sondern den Faden unter jedem Vorstich hindurchziehen: unter dem ersten von unten nach oben und unter dem zweiten von oben nach unten. In dieser Weise die ganze Reihe weiterarbeiten.

SCHRITT 3

Unterhalb der Reihe aus Schritt 1 die nächste Reihe Vorstiche sticken. Die Stiche sind dabei jeweils versetzt zu den Stichen der ersten Reihe anzulegen. Mehrere Reihen aus fertigen Wellenstichen (Schritt 2) untereinander arbeiten.

Tischset

Das Tischset mit den geometrischen Mustern gelingt mühelos. Bringen Sie im Alltag damit Farbe auf den Tisch oder verleihen Sie Ihrer Festtafel eine besondere Note. Sie können das Tischset auch variieren und das Motiv entweder in die Ecke setzen, die Ober- oder die Unterkante damit verzieren oder das Set auf allen Seiten besticken, je nachdem, wie viel Zeit Sie haben.

WISSENSWERTES

Schwierigkeitsgrad
Leicht

Stickstich
Vorstich (siehe S. 130)

Maße
Das fertige Set ist 45 x 35 cm groß.

MATERIAL

50 x 40 cm Aidastoff
7 Stiche pro cm, grün
je 1 Strängchen Anchor Sticktwist
in folgenden Farben:
Dottergelb (Fb. 303), Gelbgrün (Nr. 279), Lachs (Nr. 10)
Stumpfe Sticknadel
Stickrahmen

VORBEREITEN

Auf allen vier Seiten des Sets einen 2 cm breiten Saum heften und mit der Nähmaschine steppen.
Die Position des Stickmotivs mit Stecknadeln auf dem Stoff markieren. Der Abstand der Orientierungspunkte auf der Vorlage vom Rand des Sets beträgt 22 Gewebekästchen.

STICKEN

Den Sticktwist zweifädig verwenden. Den Stoff in den Stickrahmen spannen. Mit den Rauten im Farbton Lachs beginnen. Die Vorstiche werden senkrecht, waagrecht oder schräg jeweils über ein Gewebekästchen gestickt.
Im nächsten Schritt die Motivteile in Gelbgrün und abschließend die Motivteile in Dottergelb arbeiten. Die in Dottergelb ausgeführten Vorstiche in der Mitte der Rautenmotive werden über zwei Gewebefäden gestickt.
Den Stickrahmen je nach Bedarf versetzen.

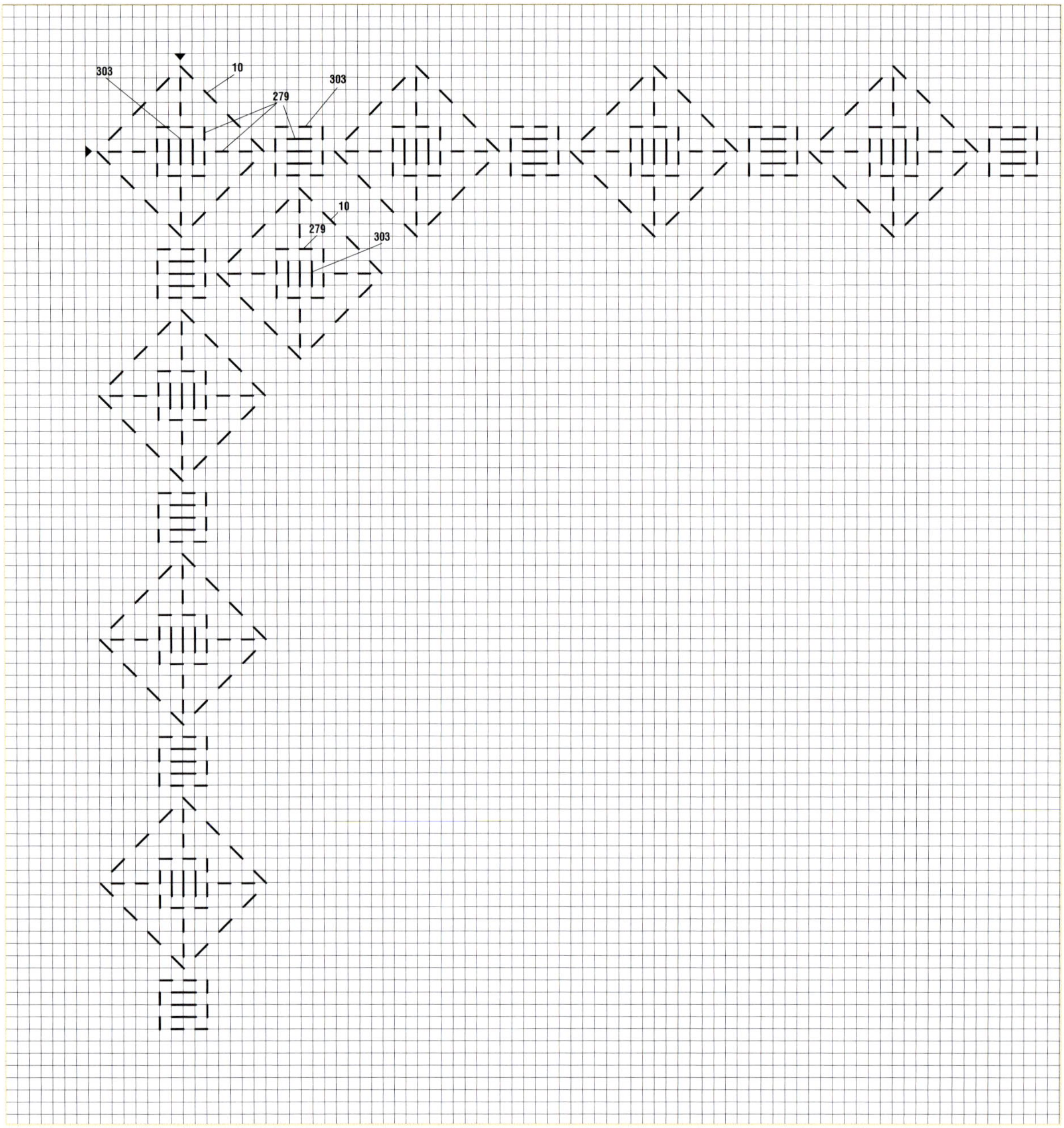

HINWEIS

Wenn Sie mit dem Sticken fertig sind, prüfen Sie das gestickte Muster noch einmal auf Vollständigkeit. Wenden Sie das Set und sorgen Sie dafür, dass alle Enden der Arbeitsfäden sorgfältig unter den Stickstichen verwahrt sind. Mit einer spitzen Stickschere die Fadenenden knapp über dem Stoff auf 2 mm kürzen, damit auf dem fertigen Set keine losen Fäden durchscheinen.

Der Kreuzstich in Variationen

Der Kreuzstich ist ein einfacher Stich und eignet sich deshalb besonders gut, wenn Sie sich erstmalig mit dem Sticken vertraut machen möchten. Er ist weltweit bekannt und einer derjenigen Stickstiche, die auch heute noch hoch angesehen sind. Unter den nachfolgenden Anleitungen finden sich auch einige komplizierte Varianten. Manche Kreuzstiche sind weit verbreitet, wie der Assisi-Stich, andere weniger bekannt, wie der Ungarische Kreuzstich, und dennoch ist ein jeder ausgesprochen dekorativ.

DER KREUZSTICH in 2 Schritten

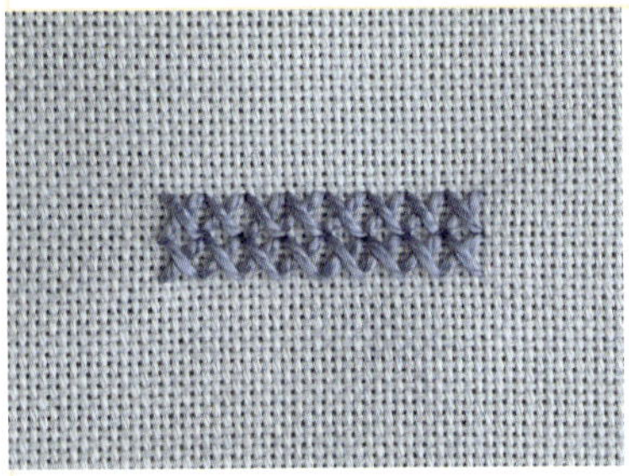

Schwierigkeitsgrad: sehr leicht, für Anfängerinnen geeignet.

Stoff und Garn: Der Kreuzstich lässt sich mit Garnen aus Baumwolle (vorzugsweise mit Sticktwist, so dass die Anzahl der Stickfäden variiert werden kann) oder aus Wolle, Seide oder Leinen auf Stoff mit Leinwandbindung sticken.

Stickrichtung: waagrecht oder senkrecht.

Der Kreuzstich ist der typische Stich für Muster mit gezählten Stichen. Die beiden gleich langen Balken, die das Kreuz bilden, liegen nicht parallel, sondern schräg zum Gewebe und decken so den Stickgrund gut ab.

TIPP

Prüfen Sie die Arbeit auf der Rückseite: Wenn der Kreuzstich waagrecht gearbeitet wird, sind dort gleichmäßige kleine senkrechte Stiche zu sehen, wird er senkrecht gearbeitet, verlaufen die Stiche auf der Rückseite waagrecht.

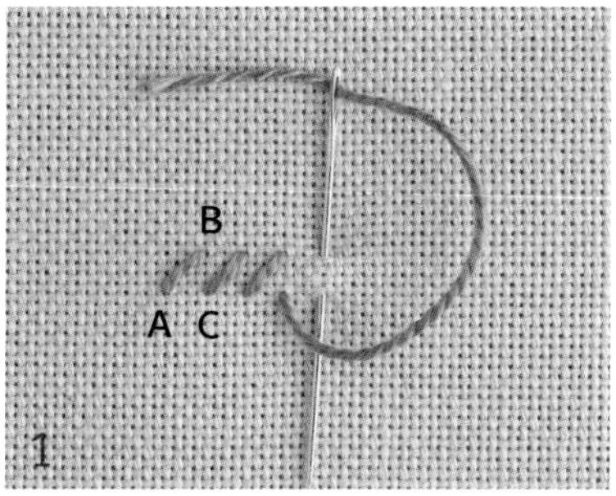

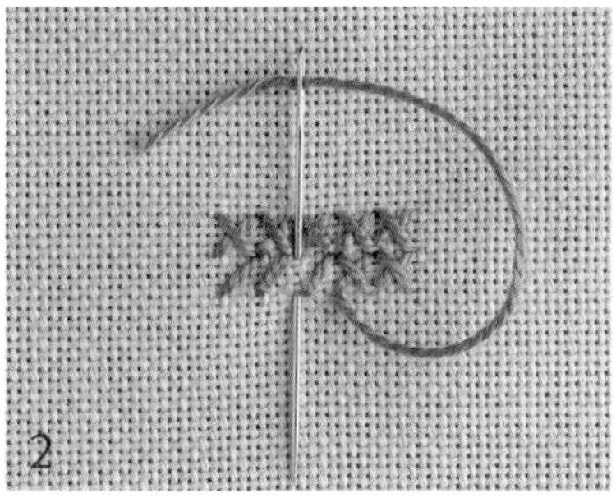

DER WAAGRECHTE KREUZSTICH

SCHRITT 1

Arbeiten Sie von links nach rechts eine Reihe aus schräg nach rechts ausgerichteten halben Kreuzstichen. Jeder Stich füllt ein Quadrat aus derselben Anzahl von Gewebefäden in Höhe und Breite. Bei A durchstechen und rechts darüber bei B einstechen, die Nadel senkrecht unter B bei C wieder herausführen.

SCHRITT 2

Am Ende der Reihe umkehren und von rechts nach links eine Rückreihe aus schräg nach links ausgerichteten halben Kreuzstichen über die Stiche der ersten Reihe legen. Dazu dieselben Ein- und Ausstichstellen wie in der ersten Reihe verwenden.

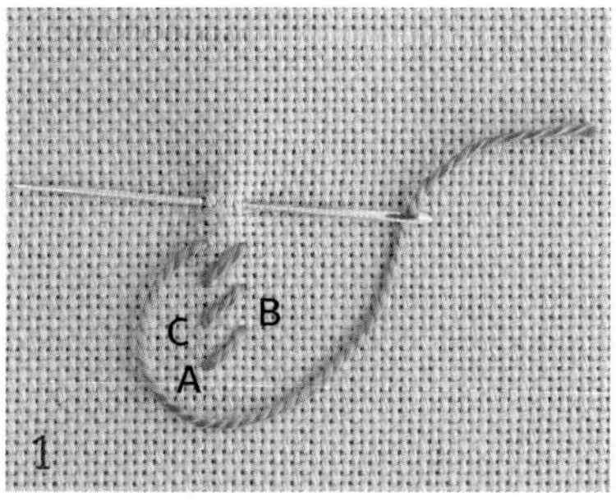

DER SENKRECHTE KREUZSTICH

SCHRITT 1

Arbeiten Sie von unten nach oben eine Reihe aus schräg nach rechts ausgerichteten halben Kreuzstichen. Jeder Stich füllt ein Quadrat aus derselben Anzahl von Gewebefäden in Höhe und Breite. Bei A durchstechen und rechts darüber bei B einstechen, die Nadel waagrecht neben B bei C wieder herausführen.

SCHRITT 2

Am Ende der Reihe umkehren und von oben nach unten eine Rückreihe aus schräg nach links ausgerichteten halben Kreuzstichen über die Stiche der ersten Reihe legen. Dazu dieselben Ein- und Ausstichstellen wie in der ersten Reihe verwenden.

DER ASSISI-STICH in 2 Schritten

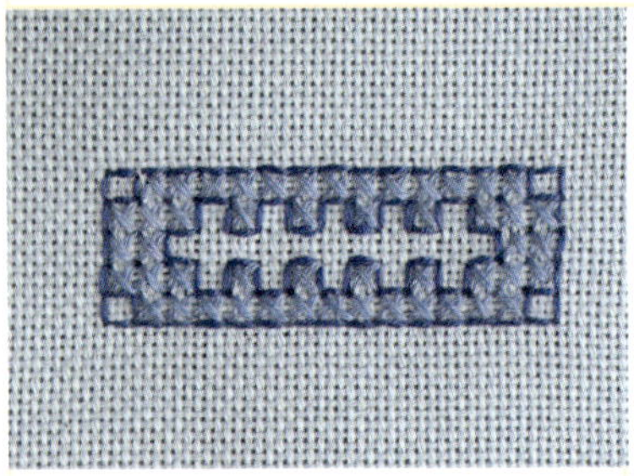

Schwierigkeitsgrad: mittelschwer, für Stickerinnen mit Vorkenntnissen.

Stoff und Garn: Der Assisi-Stich lässt sich mit Garnen aus Baumwolle (vorzugsweise mit Sticktwist, so dass je nach Stärke des Stoffs die Anzahl der Stickfäden variiert werden kann) oder mit Garnen aus Wolle, Seide oder Leinen auf Stoff mit Leinwandbindung sticken.

Stickrichtung: beliebig beim Konturieren des Motivs mit Linienstichen und waagrecht beim Füllen des Stickgrunds mit Kreuzstichen.

Der Assisi-Stich stammt aus der Heimatstadt des Heiligen Franz von Assisi und ist typisch für Stickereien mit geometrischen Mustern oder Tiermotiven, die nicht direkt gestickt, sondern durch Einrahmung gekennzeichnet werden. Dabei werden die das Motiv einrahmenden Flächen mit Kreuzstichen in hellerer Farbe bestickt und mit Linienstichen in dunklerer Farbe konturiert.

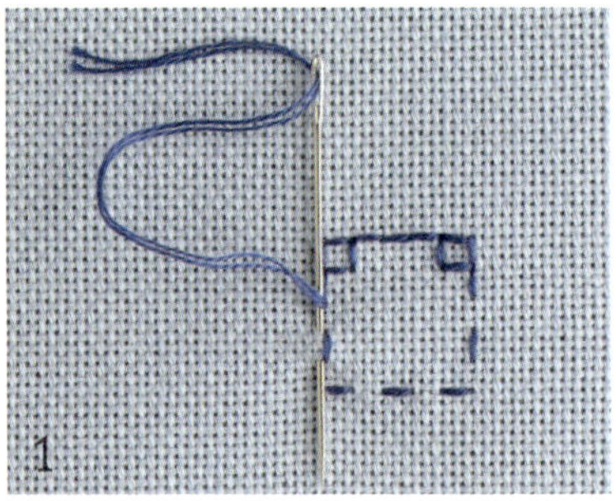

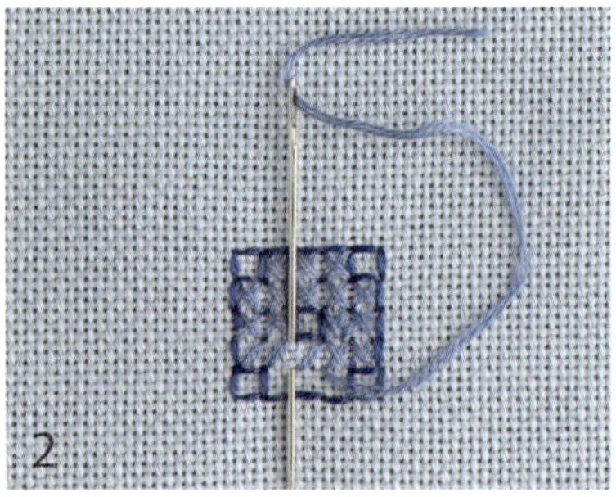

SCHRITT 1

Man beginnt mit der Kontur des Motivs, die im Linienstich (siehe S. 131) gearbeitet wird. Dabei zunächst den ersten Schritt des Linienstichs sticken und dann im zweiten Schritt die Kontur vervollständigen.

SCHRITT 2

Nun die zuvor konturierte Fläche füllen und das Motiv dabei frei lassen. Die Kreuzstiche in waagrechten Reihen (siehe S. 138) arbeiten, die von oben anfangend untereinander ausgeführt werden.

TIPP

Achten Sie bei der Wahl Ihres Motivs darauf, dass es sich für den Assisi-Stich eignet, d. h. aus geometrischen Formen besteht, die z. B. zu Bordüren angeordnet werden. Wenn Sie im authentischen Stil des Assisi-Stichs bleiben wollen, wählen sie zum Konturieren der Motive dunkle Farbtöne wie Schwarz, Dunkelbraun, Dunkelblau oder Tannengrün.

DER STERNSTICH in 3 Schritten

Schwierigkeitsgrad: leicht, für Anfängerinnen geeignet.

Stoff und Garn: Der Sternstich lässt sich mit Garnen aus Baumwolle wie Perlgarn, Vierfach-Stickgarn oder Sticktwist oder mit Garnen aus Wolle, Seide oder Leinen auf Stoff mit Leinwandbindung sticken.

Stickrichtung: beliebig.

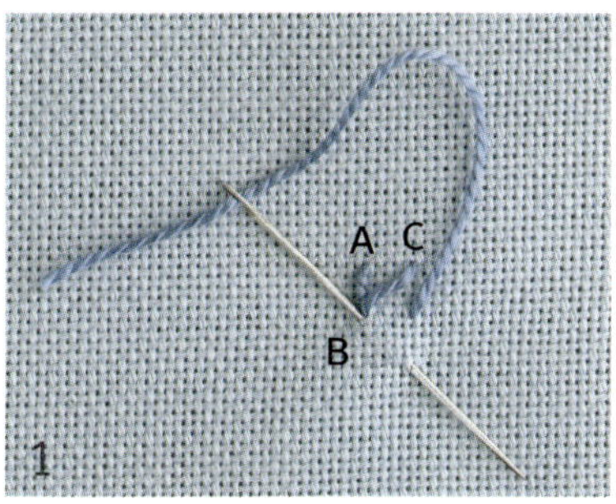

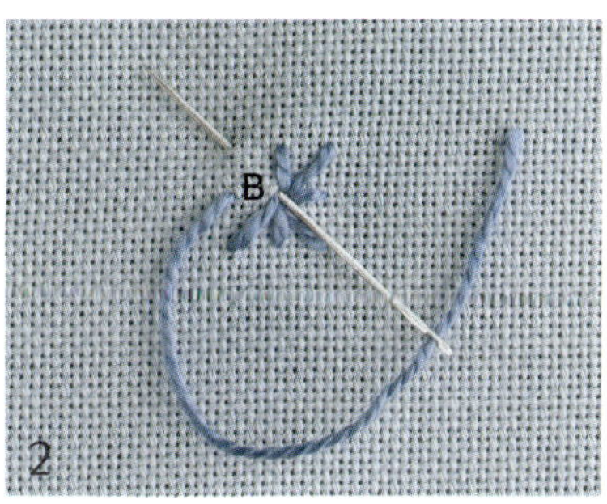

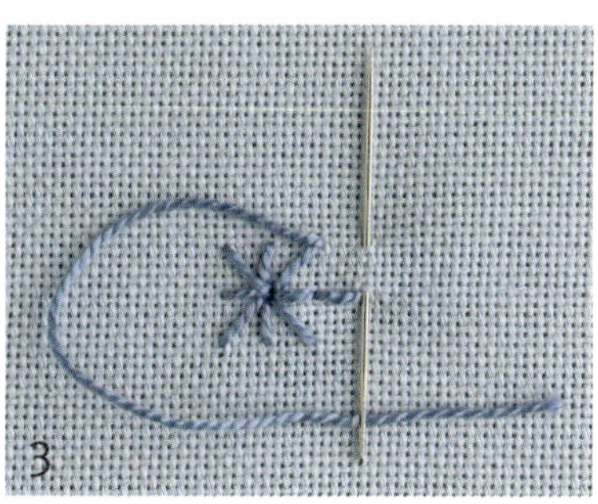

Der äußerst dekorative Sternstich ist in den verschiedensten Gegenden dieser Welt zu Hause, zum Beispiel in der Ukraine, aber ebenso in Algerien und in Dänemark. Die Art, wie er gestickt wird, ist immer dieselbe, was sich unterscheidet, sind Stoffe und Garn. Er kommt in der skandinavischen Weißstickerei, der nordafrikanischen Goldfadenstickerei oder der ukrainischen Baumwoll- und Wollstickerei zum Einsatz.

SCHRITT 1

Der Sternstich füllt ein Quadrat aus der gleichen Anzahl von Gewebefäden in Höhe und Breite. Bei A durchstechen und bei B (wieder) einstechen, B ist damit als Mittelpunkt des Sterns definiert. Bei C ausstechen und bei B erneut in den Mittelpunkt einstechen.

SCHRITT 2

Die acht Strahlen des Sterns nacheinander im Uhrzeigersinn um den Mittelpunkt arbeiten.

SCHRITT 3

Den zweiten Stern neben den ersten sticken und dabei in die Ausstichstellen der langen Strahlen des vorhergehenden Stiches einstechen.

In gleicher Weise fortfahren, bis die gewünschte Fläche vollkommen mit Sternstichen ausgestickt ist.

TIPP

Dieser Stich lässt sich auch in der Tapisserie auf Stramin einsetzen. Verwenden Sie hierzu Stickwolle und eine dicke Tapisserie-Nadel.

DER REISSTICH in 3 Schritten

Schwierigkeitsgrad: leicht, für Anfängerinnen geeignet.

Stoff und Garn: Der Reisstich lässt sich mit Garnen aus Baumwolle wie Perlgarn, Vierfach-Stickgarn oder Sticktwist oder mit Garnen aus Wolle, Seide oder Leinen auf Stoff mit Leinwandbindung sticken.

Stickrichtung: beliebig.

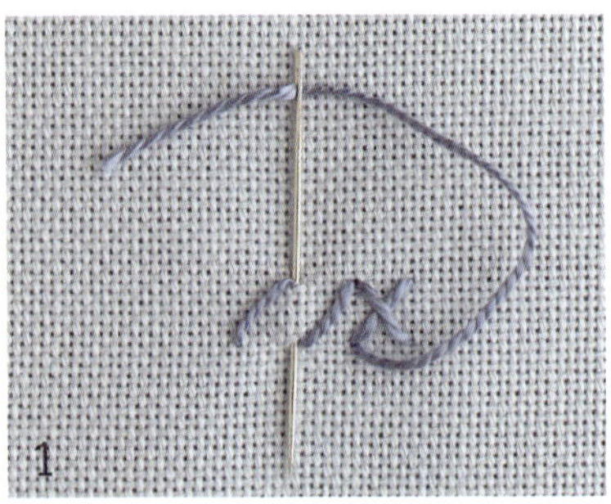

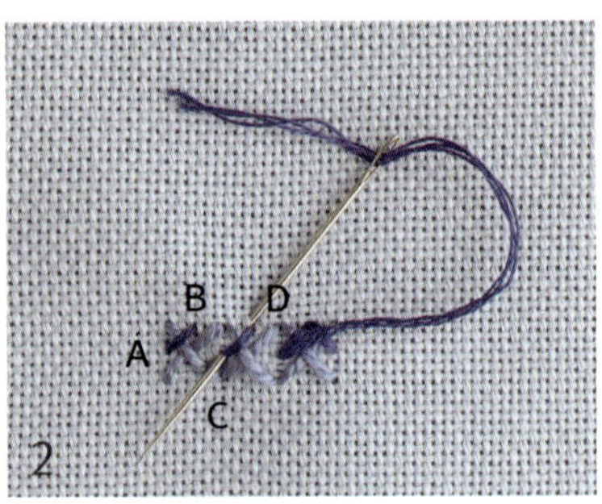

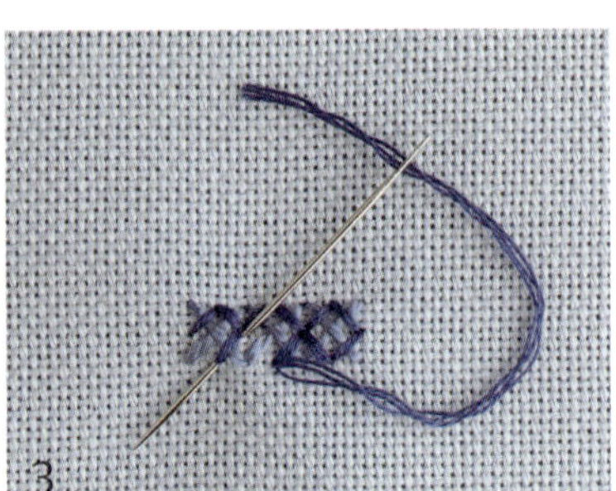

Der Reisstich ist auch unter der Bezeichnung Überstickter Kreuzstich bekannt, womit auch gleich beschrieben ist, wie der Stich aussieht. Er wird in zwei Schritten mit kontrastierenden Farben gestickt, wodurch eine dekorative Reliefwirkung entsteht.

SCHRITT 1

Im ersten Schritt werden waagrechte Reihen aus großen Kreuzstichen (siehe S. 139) gearbeitet. Die einzelnen Kreuzstiche werden dabei über sechs Gewebefäden gespannt.

SCHRITT 2

Den nächsten Arbeitsgang mit einem Garn arbeiten, das farblich mit den Kreuzstichen aus Schritt 1 kontrastiert. Bei A durchstechen, bei B (wieder) einstechen und dabei einen Schrägstich nach rechts arbeiten. Hierbei wird ein Balken des darunter liegenden Kreuzstiches überstickt. Zwischen dem ersten und dem zweiten Kreuzstich bei C ausstechen und bei D wieder einstechen. In dieser Weise die Reihe mit Schrägstichen nach rechts zu Ende sticken. Danach diese Schrägstiche von rechts nach links zu Zackenstichen vervollständigen, die die obere Hälfte der darunter liegenden Kreuzstichreihe abdecken.

SCHRITT 3

Die zweite Reihe in derselben Weise arbeiten wie in Schritt 2 beschrieben und darauf achten, dass die Balken der entstehenden Rauten versetzt über den Balken des gestickten Kreuzstichs liegen.

TIPP

Für die großen Kreuzstiche verwendet man am besten ein stärkeres Garn und arbeitet die Zacken beim Übersticken mit einem feineren.

DER UNGARISCHE KREUZSTICH in 3 Schritten

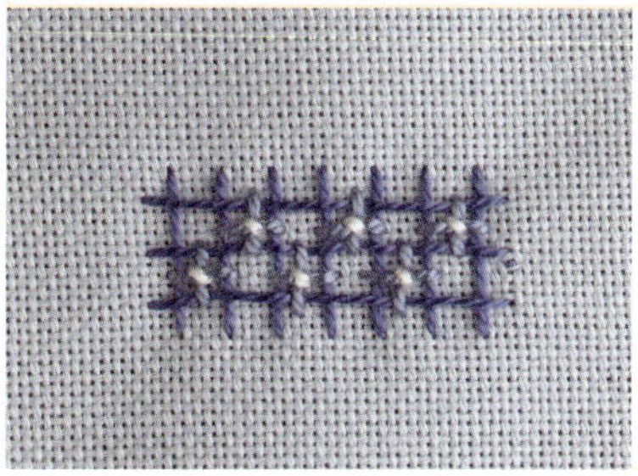

Schwierigkeitsgrad: mittelschwer, für Stickerinnen mit Vorkenntnissen.

Stoff und Garn: Der Ungarische Kreuzstich lässt sich mit Garnen aus Baumwolle wie Perlgarn, Vierfach-Stickgarn oder Sticktwist oder mit Garnen aus Wolle, Seide oder Leinen auf Stoff mit Leinwandbindung oder auf Stramin sticken.

Stickrichtung: beliebig.

Eine besondere Variante des Kreuzstichs ist der Ungarische Kreuzstich, der in Ungarn bis heute verwendet wird. Er besteht aus geraden Kreuzstichen, die über ein Gitter gestickt und in der Mitte mit einem kleinen Schrägstich fixiert werden.

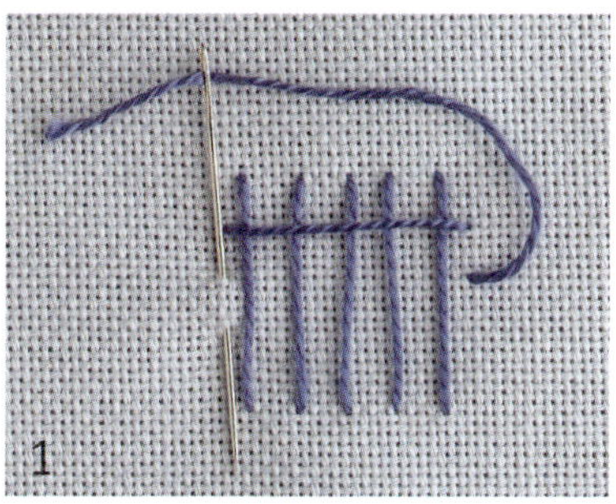

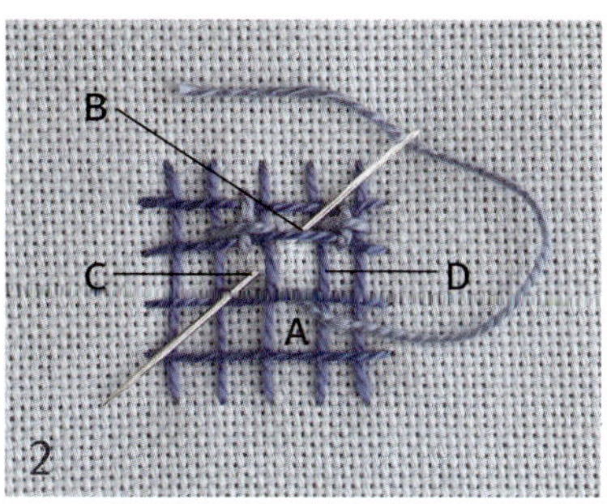

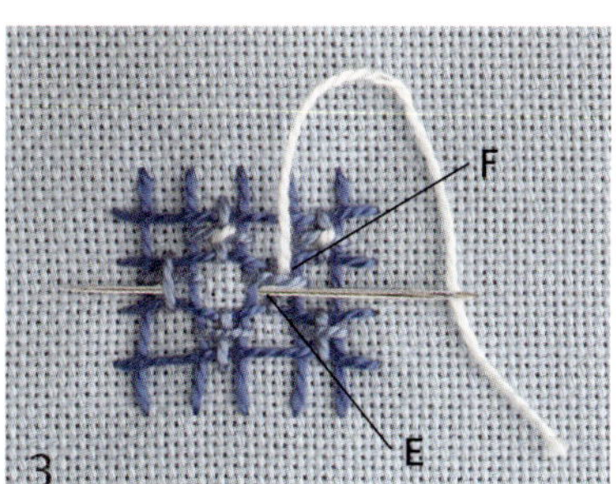

SCHRITT 1

Über die zu füllende Fläche ein Gitter aus großen Spannstichen (siehe S. 97) legen. Dabei zunächst die senkrechten Fäden spannen und danach in gleichmäßigen Abständen die waagrechten Fäden darüber legen.

SCHRITT 2

Jedes zweite Kästchen des Gitters mit geraden Kreuzstichen in einer helleren Farbe übersticken. Unterhalb des zu überstickenden Kästchens bei A ausstechen, senkrecht darüber oberhalb des Kästchens bei B einstechen. Links vom Kästchen bei C wieder ausstechen und waagrecht dazu rechts vom Kästchen bei D wieder einstechen. In der zweiten Reihe schachbrettartig die versetzt liegenden Kästchen übersticken.

SCHRITT 3

Mit hellem Garn Reihe für Reihe die Kreuzstiche in der Mitte mit einem kleinen schrägen Überfangstich nach rechts fixieren. Dazu rechts im Kreuzstich bei F ausstechen und auf der diagonal darunter liegenden Seite bei E wieder einstechen.

TIPP

Legen Sie die Spannstiche über eine gerade Anzahl von Gewebefäden, damit die Kreuzstiche mittig über die Gitterkästchen zu liegen kommen.

DER DOPPELSEITIGE KREUZSTICH in 4 Schritten

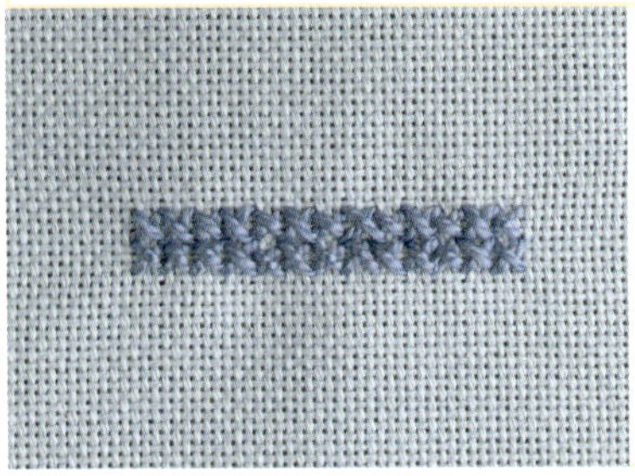

Schwierigkeitsgrad: anspruchsvoll, nur für erfahrene Stickerinnen.

Stoff und Garn: Der Doppelseitige Kreuzstich lässt sich mit Garnen aus Baumwolle wie Perlgarn, Vierfach-Stickgarn oder Sticktwist oder mit Garnen aus Wolle, Seide oder Leinen auf Stoff mit Leinwandbindung oder auf Stramin sticken.

Stickrichtung: waagrecht.

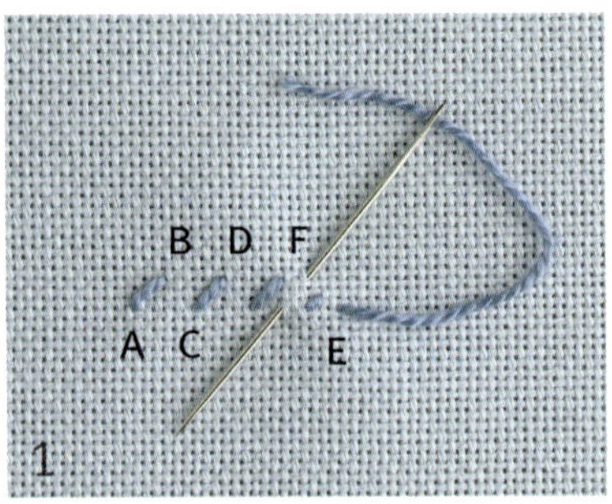

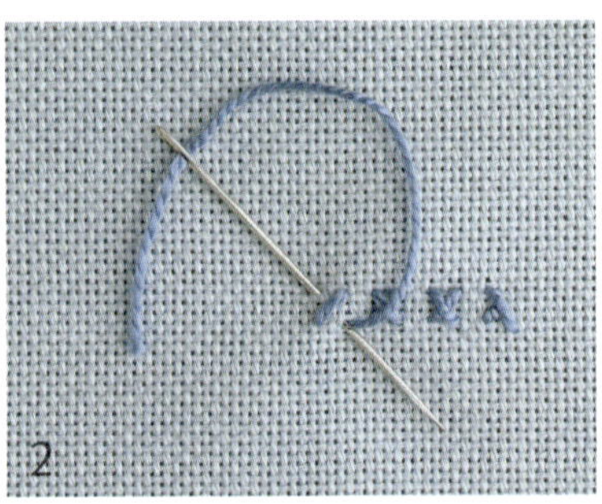

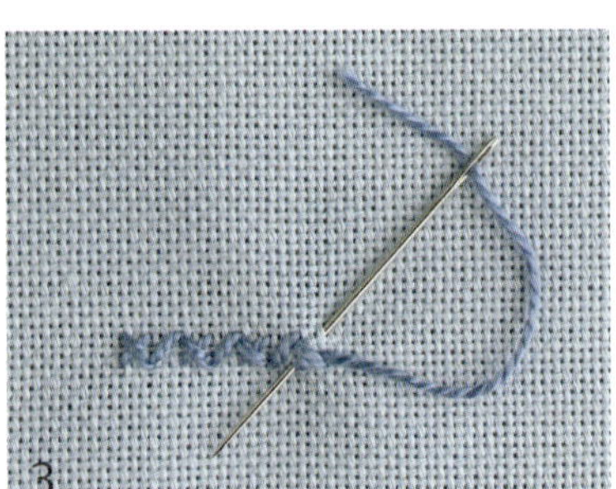

Der Doppelseitige Kreuzstich ist ein anspruchsvoller Stich, der angewandt wird, wenn die Stickarbeit auf der Vorder- und Rückseite gleich aussehen soll, zum Beispiel auf einem Wandschirm oder auf durchsichtigen Vorhängen.

SCHRITT 1

Für jede Reihe sind vier Arbeitsgänge erforderlich. Die Kreuzstiche werden jeweils über eine gerade Anzahl Gewebefäden gearbeitet. Begonnen wird von links nach rechts. Zunächst einen Stich schräg von links unten nach rechts oben arbeiten und dazu bei A durchstechen und bei B einstechen. Eine Stichbreite frei lassen, bei C wieder ausstechen und bei D wieder einstechen. Den letzten Stich der Reihe als halben Schrägstich arbeiten, die Nadel bei E ausstechen und die Rückreihe mit dem Einstich bei F beginnen.

SCHRITT 2

In der Rückreihe die Kreuze mit dem zweiten Halbstich vervollständigen. Beim Umkehren den allerersten Kreuzstich in der Reihe fertig stellen und an dessen unterem rechten Punkt ausstechen. In die frei gebliebenen Zwischenräumen halbe Kreuzstiche aus nach rechts gerichteten Schrägstichen ausführen.

SCHRITT 3

Am Ende der Reihe am oberen rechten Ende des halben Stichs aus- und etwas weiter rechts wieder einstechen. Die Nadel unter die-

sen beiden Halbstrichen zurückführen und unten links ausstechen. Mit Schrägstichen nach links in die Gegenrichtung zurücksticken.

SCHRITT 4

Die Halbstiche aus dem vorhergehenden Arbeitsgang zu Kreuzen vervollständigen und damit die erste Reihe fertig stellen. Um darunter die nächste Reihe anzufangen, den Faden am linken unteren Punkt des ersten Stichs der ersten Reihe herausführen und zwei kleine senkrechte Stiche ausführen, um die Nadel an den Anfangspunkt der zweiten Reihe zu führen.
Die Arbeitsgänge von Schritt 1 an wiederholen und die nächste Reihe Doppelseitige Kreuzstichen sticken.

TIPP

Den Stoff immer wieder wenden und prüfen, ob auch wirklich auf beiden Seiten „richtige“ Kreuzstiche erscheinen. Beim Doppelseitigen Kreuzstich ist es besonders schwierig, die Fadenenden unsichtbar zu verwahren. Dazu jeweils so lange Fadenanfänge und -enden stehen lassen, dass sie wieder in die Sticknadel eingefädelt werden können, wenn die Stickarbeit beendet ist. Die Fäden werden unter den Kreuzstichen mit kleinen Rückstichen verwahrt und knapp über dem Stoff abgeschnitten.

Stickbild zur Geburt

Ein Stickbild zur Geburt ist ein Geschenk, das bei jungen Müttern sehr beliebt ist, denn es drückt aus, was für ein wunderbares Ereignis die Geburt eines Kindes ist. Das Stickbild eignet sich für neu begeisterte Stickerinnen hervorragend als erstes eigenes Werk. Das Motiv und seine Abmessungen sind so gestaltet, dass nur wenige Arbeitsstunden dafür erforderlich sind. Und es kommt auf jeden Fall gut an.

WISSENSWERTES

Schwierigkeitsgrad
Leicht

Stickstiche
Kreuzstich (siehe S. 138)
Steppstich (siehe S. 22)

Maße
Das fertige Stickbild zur Geburt ist 30 x 20 cm groß.
Das Stickmotiv misst 26 x 10 cm.

MATERIAL

40 x 50 cm Aidastoff
5,5 Stiche pro cm, Rosa
1 Strängchen Anchor Sticktwist
in den Farben Weiß (Fb. 1), Koralle (Fb. 35), Orange (Fb. 324), Pink (Fb. 62) helles Gelbgrün (Fb. 278), Gelb (Fb. 302), Dunkelgrau (Fb. 236), Seegrün (Fb. 186)
Sticknadel mit runder Spitze
Stickrahmen
Schaumpappe 30 x 20 cm
Stecknadeln
Klebeband

VORBEREITEN

Die Stoffränder von Hand oder mit der Maschine versäubern, damit sie während der Arbeit nicht ausfransen.

Die Mitte des Stoffrechtecks mit einer Stecknadel kennzeichnen. An dieser Stelle mit dem Stich in der Mitte des Stickmotivs beginnen.

STICKEN

Den Sticktwist für die Kreuzstiche zweifädig und für die Steppstiche, mit denen die Figuren eingerahmt werden, einfädig verwenden. Den Stoff in den Stickrahmen spannen. In der Mitte des Bildes beginnen und von dort aus nacheinander die Spielsachen sticken. Die Stickarbeit mit dem Namen des Babys abschließen. Mit dem dunkelgrauen Sticktwist die Spielsachenmotive umrahmen, zum Konturieren des Namens den Sticktwist in der Farbe Orange verwenden. Den Stickrahmen je nach Bedarf versetzen.

Clara

weiß	⁚	324	■
35	■ —	236	■ —
62	■	186	■
302	■	278	■

HINWEIS

Folgen Sie beim Sticken in erster Linie den Farben, wie Sie im Zählmuster angegeben sind. Es ist günstig, für jede Farbe eine eigene Sticknadel zu verwenden. Man vermeidet so unnötiges Aus- und Einfädeln. Wird mit mehreren Nadeln gleichzeitig gearbeitet, empfiehlt es sich, diejenigen Nadeln, mit denen gerade nicht gearbeitet wird, außerhalb des unmittelbaren Arbeitsbereichs im Stoff festzustecken. Der dazugehörige Faden sollte dabei straff liegen, damit er nicht in die Stiche hineingezogen wird, die gerade in Arbeit sind.

Der Damaststich in Variationen

Die aus der Dresdner Spitzentechnik hervorgegangenen Damaststiche dienten ursprünglich zum Aussticken von Motiven auf feiner Baumwolle oder feinem Leinen. Heute erleben sie eine Renaissance mit stärkerem Garn auf festeren Stoffen. Mit den geometrischen Mustern dieser zusammengesetzten Stiche lassen sich verblüffende Effekte erzielen, besonders wenn dabei aufeinander abgestimmte Töne zu einem interessanten Farbspektrum komponiert werden.

DER GERIPPTE DAMASTSTICH in 2 Schritten

Schwierigkeitsgrad: leicht, für Anfängerinnen geeignet.

Stoff und Garn: Der Gerippte Damaststich lässt sich mit Garnen aus Baumwolle wie Perlgarn, Vierfach-Stickgarn oder Sticktwist oder mit Garnen aus Wolle, Seide oder Leinen auf Stoff mit Leinwandbindung oder auf Stramin sticken.

Stickrichtung: senkrecht von oben nach unten.

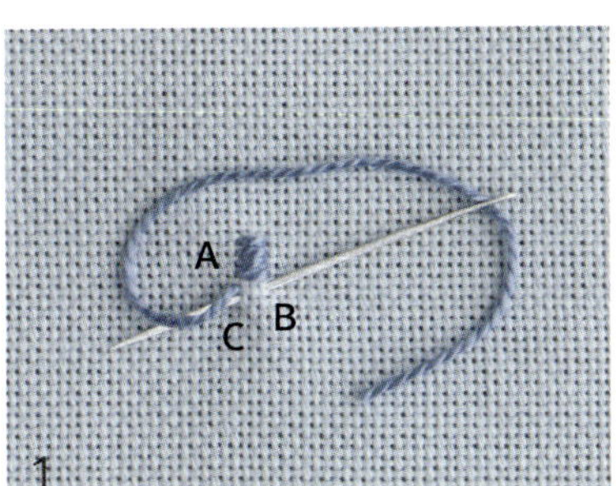

Der Gerippte Damaststich ist die einfachste Ausführung dieser Stichart. Er besteht ausschließlich aus waagrechten Spannstichen unterschiedlicher Breite, die in senkrechten Rippen angeordnet werden und in der Fläche wie geripptes Pikeegewebe wirken.

SCHRITT 1

Die schmalere Rippe wird über drei Gewebefäden gestickt. Die Spannstiche verlaufen mit dem Schussfaden. Oben am Motiv bei A durchstechen, dann drei Gewebefäden weiter rechts bei B wieder einstechen und die Nadel unterhalb von A bei C herausführen. In dieser Weise von oben nach unten eine Rippe aus waagrechten, parallel untereinander angeordneten Spannstichen arbeiten.

TIPP

Der Gerippte Damaststich kann mit unterschiedlich breiten Rippen variiert und mit abgestuften Farben interessant gestaltet werden.

SCHRITT 2

Wieder oben ansetzen. Die breitere Rippe wird über fünf Gewebefäden gestickt. Wie zuvor von oben nach unten waagrechte Spannstiche parallel untereinander arbeiten. Im weiteren Verlauf jeweils abwechselnd eine schmale und eine breite Rippe senkrecht nebeneinander sticken.

DER RAUTEN-DAMASTSTICH in 3 Schritten

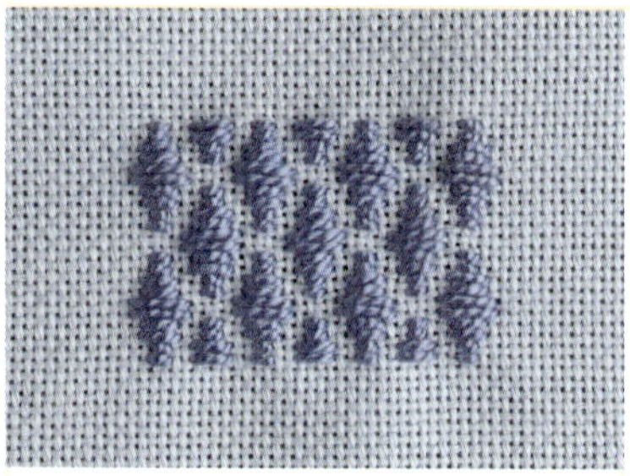

Schwierigkeitsgrad: leicht, für Anfänger geeignet.

Stoff und Garn: Der Rauten-Damaststich lässt sich mit Garnen aus Baumwolle wie Perlgarn, Vierfach-Stickgarn oder Sticktwist oder mit Garnen aus Wolle, Seide oder Leinen auf Stoff mit Leinwandbindung oder auf Stramin sticken.

Stickrichtung: waagrecht in Reihen aus untereinander gestickten Rauten.

Mit dem Rauten-Damaststich wird der Stickgrund fast vollständig abgedeckt, lediglich zwei Fäden bleiben zwischen den einzelnen Rauten frei, damit sie sich deutlich abheben. Die fertig bestickte Fläche sieht aus wie Baumwollpikee im Wabenmuster.

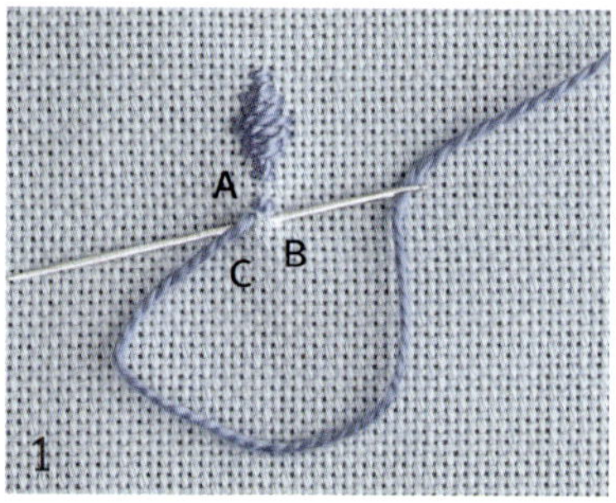

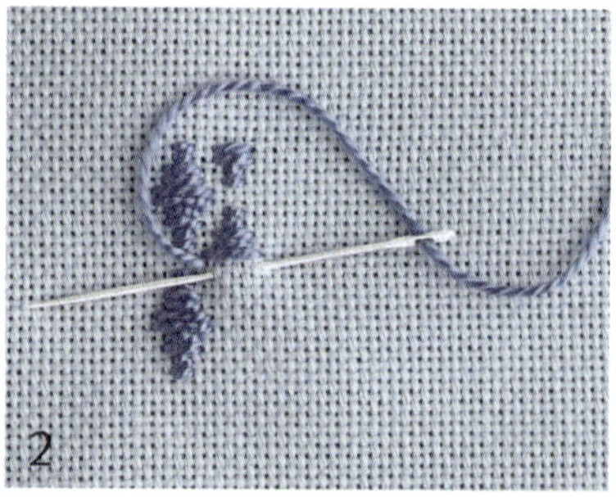

SCHRITT 1

Jede Raute besteht aus zehn, mit dem Schussfaden verlaufenden, waagrechten Spannstichen über eine gerade Anzahl Gewebefäden. Oben bei A durchstechen, dann zwei Gewebefäden rechts davon bei B wieder einstechen. Dieselben zwei Gewebefäden wieder zurück und direkt unterhalb von A bei C wieder ausstechen und einen Spannstich in derselben Breite sticken wie zuvor.

SCHRITT 2

Darunter zwei gleich breite Stiche über vier Gewebefäden arbeiten und dazu jeweils links von A bzw. C und rechts von B einen Gewebefaden dazu nehmen. So die Spannstiche breiter und schmaler werden lassen. Zwischen den Rauten zwei Gewebefäden frei lassen.

TIPP

Die Rückseite des Stoffes sieht fast identisch wie die Vorderseite aus. Wenn Sie Sticktwist verwenden, denken Sie daran, den Arbeitsfaden immer wieder neu zu verzwirbeln, damit die Oberfläche der Rauten gleichmäßig glatt gelingt.

SCHRITT 3

Die nächste Reihe rechts davon arbeiten und dabei die Rauten versetzt in die Einbuchtungen der vorherigen Reihe einpassen. Wie zuvor eine Raute nach der anderen untereinander setzen und dazwischen jeweils zwei Fäden frei lassen. An den Außenkanten die Rauten nur halb sticken, damit gerade Ränder entstehen.

DER VERSETZTE DAMASTSTICH in 2 Schritten

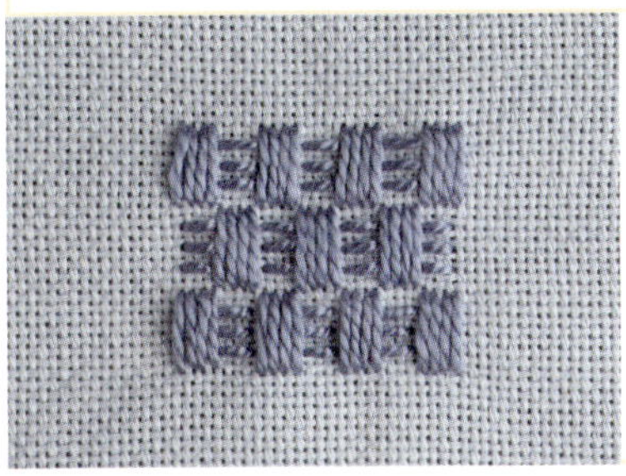

Schwierigkeitsgrad: leicht, für Anfängerinnen geeignet.

Stoff und Garn: Der Versetzte Damaststich lässt sich mit Garnen aus Baumwolle wie Perlgarn, Vierfach-Stickgarn oder Sticktwist oder mit Garnen aus Wolle, Seide oder Leinen auf Stoff mit Leinwandbindung oder auf Stramin sticken.

Stickrichtung: senkrecht in waagrechten Reihen.

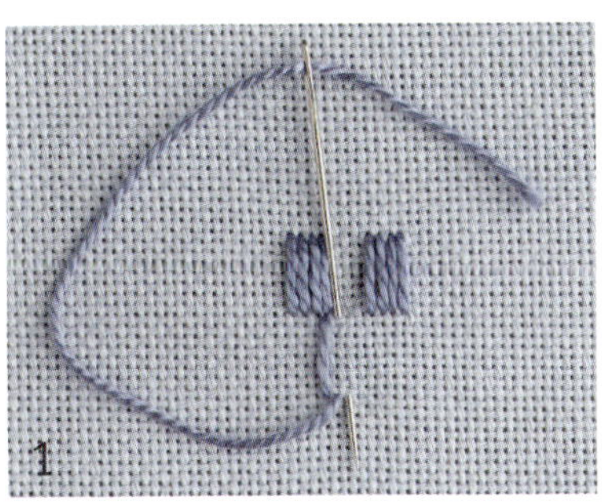

1

2

Der durch sein geometrisches Gleichmaß bestechende Versetzte Damaststich ist leicht zu arbeiten und für Anfängerinnen ideal. Eine besonders eindrucksvolle Wirkung lässt sich erzielen, wenn Ton in Ton gearbeitet wird, d. h. wenn das Garn im selben Farbton gewählt wird wie der Stoff.

SCHRITT 1

Links oben mit einer Gruppe aus vier senkrechten Spannstichen über acht Gewebefäden beginnen. Fünf Gewebefäden auslassen und rechts davon eine weitere Gruppe aus vier senkrechten Spannstichen in derselben Weise wie die vorhergehende ausführen. In der zweiten Reihe die Gruppen aus vier senkrechten Spannstichen versetzt jeweils unter die Lücken positionieren.

SCHRITT 2

In die Zwischenräume drei waagrechte Spannstiche sticken, zwischen denen jeweils ein Gewebefaden frei gelassen wird. Alle frei gebliebenen Zwischenräume auf diese Weise füllen.

DER DREIECK-DAMASTSTICH in 2 Schritten

Schwierigkeitsgrad: leicht, für Anfängerinnen geeignet.

Stoff und Garn: Der Dreieck-Damaststich lässt sich mit Garnen aus Baumwolle wie Perlgarn, Vierfach-Stickgarn oder Sticktwist oder mit Garnen aus Wolle, Seide oder Leinen auf Stoff mit Leinwandbindung oder auf Stramin sticken.

Stickrichtung: untereinander liegende waagrechte Reihen aus nebeneinander gesetzten Dreiecken.

TIPP

Achten Sie beim Dreieck-Damaststich darauf, dass die Breite der Dreiecke darauf abgestimmt ist, wie stark die Gewebefäden sind bzw. wie grob der Stoff gewebt ist. Die Spannstiche dürfen nicht zu lang werden, sonst besteht die Gefahr, dass sie zu lose liegen.

Im Textilbereich ist Damast ein Jacquardgewebe, das abwechselnd matt und glänzend schimmert. In der Stickerei ahmt der Dreieck-Damaststich das Erscheinungsbild von Damast perfekt nach und ist auch in der Gruppe der Damaststiche derjenige, bei dem der charakteristische Hoch-Tief-Effekt am deutlichsten zur Geltung kommt.

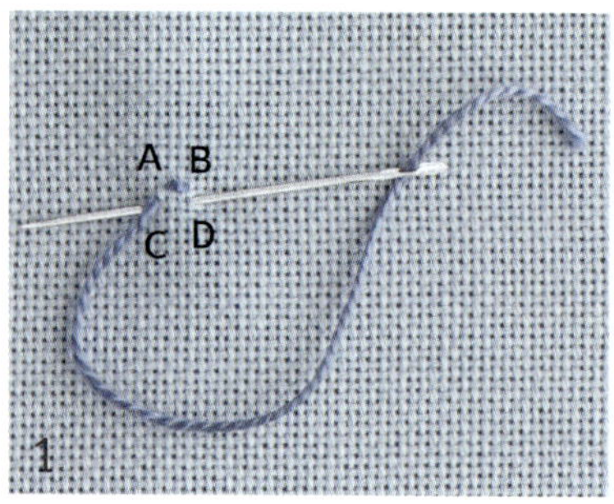

SCHRITT 1

Die Dreiecke bestehen aus parallelen, waagrechten Spannstichen, die jeweils über eine gerade Anzahl Gewebefäden gearbeitet werden. Die Spannstiche verlaufen mit dem Schussfaden. Oben am Motiv bei A durchstechen. Zwei Fäden weiter rechts bei B wieder einstechen. Einen Faden weiter links unterhalb von A bei C wieder ausstechen und einen Faden weiter rechts unterhalb von B bei D wieder einstechen. In dieser Weise fortfahren und dabei die Spannstiche jeweils länger werden lassen. Ein Dreieck besteht jeweils aus sechs Stichen.

SCHRITT 2

Zwischen zwei gestickten Dreiecken einen Abstand in der Breite eines Dreiecks frei lassen. Am Anfang der nächsten Reihe ein halbes Dreieck sticken, damit ein gerader Rand entsteht. Die Dreiecke der zweiten Reihe versetzt unter die Dreiecke der ersten Reihe positionieren. Die beiden Arbeitsschritte wiederholen und den Stickgrund füllen.

DER SCHACHBRETT-DAMASTSTICH in 2 Schritten

Schwierigkeitsgrad: mittelschwer, für Stickerinnen mit Vorkenntnissen.

Stoff und Garn: Der Schachbrett-Damaststich lässt sich mit Garnen aus Baumwolle wie Perlgarn, Vierfach-Stickgarn oder Sticktwist oder mit Garnen aus Wolle, Seide oder Leinen auf Stoff mit Leinwandbindung oder auf Stramin sticken.

Stichrichtung: waagrecht in schrägen Reihen.

TIPP

Beim Füllen der Zwischenräume von oben nach unten arbeiten und die Stiche schräg nach links legen. So lassen sich lose liegende Fäden auf der Rückseite vermeiden. Mit schrägen Spannstichen wird der Stickgrund sehr dicht bedeckt.

Der Schachbrett-Damaststich wird in zwei Schritten ausgeführt. Im ersten Schritt werden schräg gestickte Stufenreihen in Abständen über die zu stickende Fläche gelegt, im zweiten dann die Zwischenräume mit großen schrägen Spannstichen in die entgegengesetzte Richtung gefüllt.

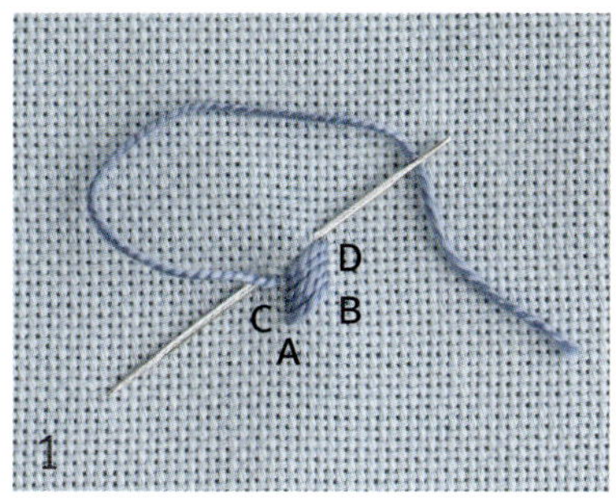

SCHRITT 1

Eine Stufenreihe aus schrägen Spannstichen über vier Gewebefäden sticken. Jeder Stufenabsatz besteht aus fünf schrägen Spannstichen. Unten an der Reihe bei A ausstechen, schräg darüber bei B wieder einstechen. Über A bei C wieder ausstechen und über B bei D wieder einstechen. Auf diese Weise fünf schräge Stiche senkrecht übereinander sticken und dann in derselben Schrägung fünf Stiche waagrecht nach links arbeiten. In dieser Weise fortfahren und die erste Stufenreihe bilden. Rechts von der ersten die nächste Stufenreihe sticken.

SCHRITT 2

Die Ein- und Ausstichstellen der Stiche der Stufenreihe verwenden und die freigebliebenen Zwischenräume aussticken. Dazu die Spannstiche in der Gegenschräge arbeiten.

Beutel für Damenwäsche

Auf der Oberfläche des feinen Leinenstoffs entsteht durch die Anordnung und Gestaltung des Stickmotivs ein aparter Effekt. Praktische Dinge erhalten dadurch eine elegante Note. Der Beutel für Damenwäsche ist leicht zu arbeiten und ein bezauberndes Behältnis für ganz persönliche Wäschestücke.

WISSENSWERTES

Schwierigkeitsgrad
Leicht

Stickstich
Rauten-Damaststich
(siehe S. 150)

Maße
Der fertige Beutel ist 30 x 22 cm groß.
Das Stickmotiv misst 20 x 5 cm.

MATERIAL

65 x 35 cm Leinenstoff
11 Stiche pro cm, zartrosa
1 Strang Anchor Perlgarn
jeweils in den Farben Haut (Fb. 1010) und Vanille dunkel (Fb. 301)
Stumpfe Sticknadel
Stickrahmen
Stecknadeln
Nähgarn passend zum Stoff
1 Litzenschließe, cremefarben

VORBEREITEN

Die Stoffränder von Hand oder mit der Maschine versäubern, damit sie während der Arbeit nicht ausfransen.
Die Mitte des Motivs in 10 cm Abstand vom Rand auf der Hälfte der Querseite des Stoffs mit einer Stecknadel kennzeichnen.

STICKEN

Den Stoff in den Stickrahmen spannen. Mit dem Quadrat in der Farbe Vanille dunkel der Mitte beginnen. Danach folgen die hautfarbenen Rauten, die das Quadrat einrahmen.
Dann die hautfarbenen Einrahmungen links und rechts vom ersten Motiv arbeiten. Die vanillefarbenen Quadrate in den beiden Einrahmungen und die am Rand verteilten einzelnen vanillefarbenen Rauten zuletzt sticken. Den Stickrahmen je nach Bedarf versetzen.

FERTIGSTELLEN

Auf den Längsseiten des Stoffs einen 1 cm breiten Einschlag umbügeln und dann die Kanten noch einmal umschlagen. Den Saum heften und steppen. Am oberen und unteren Ende des Stoffs einen 2 cm breiten Einschlag bügeln, danach die Kanten noch einmal 2,5 cm breit umschlagen. Den Saum heften und steppen.

HINWEIS

Beim Verwahren der Fäden ist hier besondere Sorgfalt erforderlich. Der Arbeitsfaden sollte auf der Rückseite nicht von einem Teilmotiv zum anderen gelegt werden, da er sich sonst unter dem feinen Leinenstoff abzeichnet. Ist ein zusammenhängendes Teilmotiv fertiggestickt, den Arbeitsfaden verwahren und so knapp wie möglich über dem Stoff abschneiden.

Den gesäumten Stoff in drei Teile falten und dabei einen 19 cm langen Überschlag über eine 20 cm hohe Tasche legen. Die Seiten der Tasche mit Nadeln heften und genau in der Saumnaht steppen. Den einen Teil der Litzenschließe in der Mitte der Abschlusskante des Überschlags annähen, den anderen Teil auf der gegenüber liegenden Seite des Beutels.

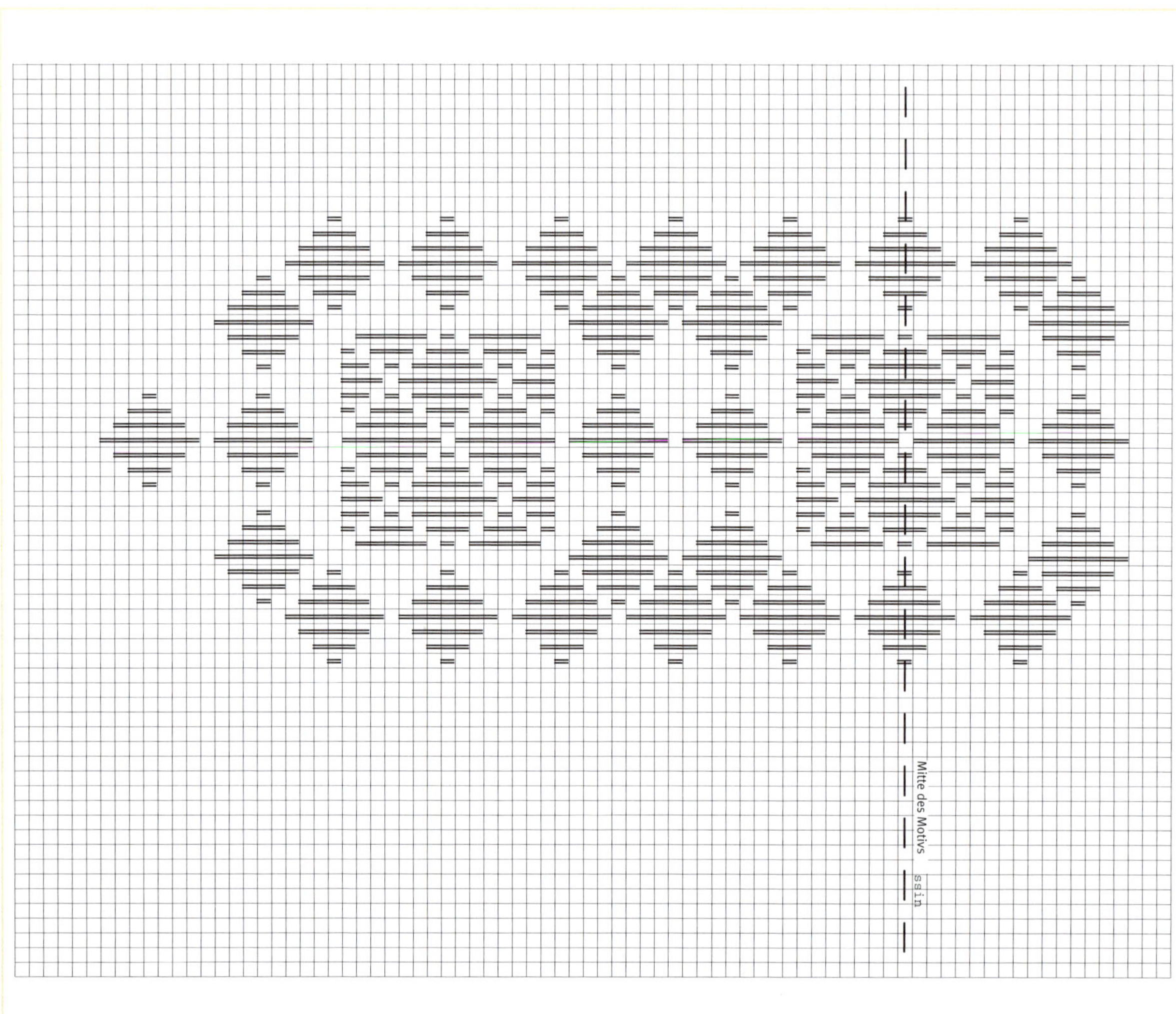

Slawische Stiche in Variationen

Die in diesem Abschnitt vorgestellten Füllstiche stammen vorwiegend aus Mitteleuropa. So groß die Vielfalt des Erscheinungsbilds dieser Stiche auch sein mag, sie werden alle als gezählte Stiche auf Gewebe gestickt, dessen Fäden gut erkennbar sind. Auf diese Art von Stoff gestickt, fügen sich die Stiche zu Mustern von klarer Regelmäßigkeit.

DER SLAWISCHE KNÖTCHENSTICH in 4 Schritten

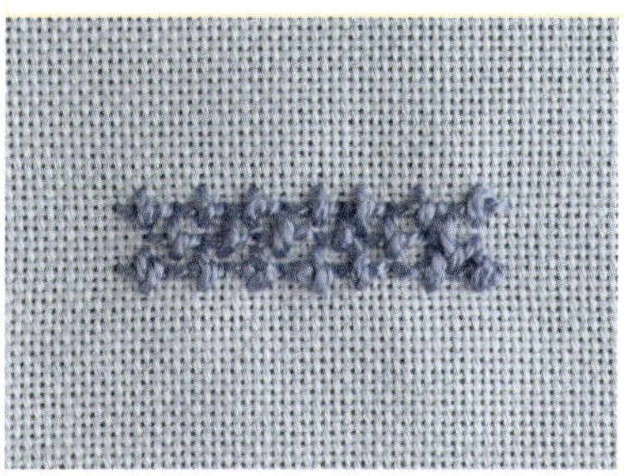

Schwierigkeitsgrad: anspruchsvoll, nur für erfahrene Stickerinnen.

Stoff und Garn: Der Slawische Knötchenstich lässt sich mit Garnen aus Baumwolle wie Perlgarn, Vierfach-Stickgarn oder Sticktwist oder mit Garnen aus Wolle, Seide oder Leinen auf Stoff mit Leinwandbindung oder auf Stramin sticken.

Stickrichtung: waagrecht von rechts nach links.

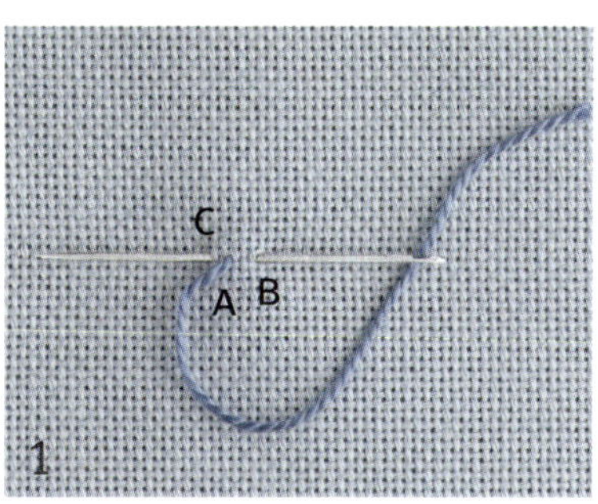

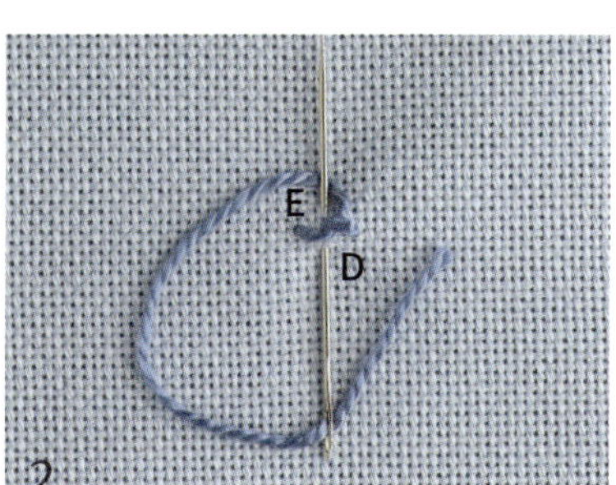

Dieser Stich ist im slawischen Raum auf Trachten und auf Tisch- und Bettwäsche zu finden. Mit seiner ausgeprägten Reliefwirkung eignet er sich besonders gut zur Hervorhebung von Details.

SCHRITT 1

Bei A durchstechen und drei Gewebefäden weiter rechts bei B wieder einstechen. Dann auf derselben Linie zwei Gewebefäden links von A bei C wieder ausstechen und den Faden durchziehen.

SCHRITT 2

Den Faden von unten nach oben unter dem waagrechten Stich aus Schritt 1 durchführen, dann unterhalb davon bei D einstechen und die Nadel senkrecht oberhalb des Stichs bei E wieder herausführen. Den Faden unter die Nadel legen und durchziehen, über dem waagrechten Stich entsteht eine Schlinge.

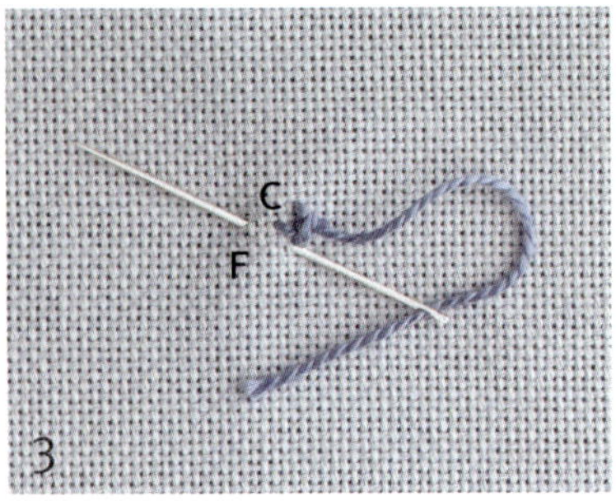

SCHRITT 3

Bei D einstechen, drei Gewebefäden rechts von C bei F ausstechen. Für den nächsten Knötchenstich Schritt 1 und 2 wiederholen.

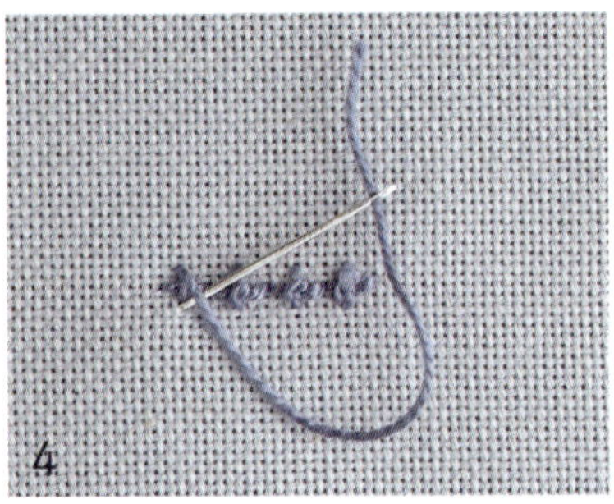

SCHRITT 4

In dieser Weise die ganze Reihe arbeiten. Am Ende der Reihe die Nadel nach Schritt 2 so nahe wie möglich beim letzten Knötchen durch den Stoff stechen.

TIPP
Die Reliefwirkung lässt sich verstärken, indem man den Knötchenstich über einen geraden Kreuzstich arbeitet und dazu stark gedrehtes, dickes Garn verwendet. Die Knötchen in den einzelnen Reihen versetzt anordnen, um eine gute Abdeckung des Stickgrunds zu erzielen.

DER BOSNISCHE STICH in 2 Schritten

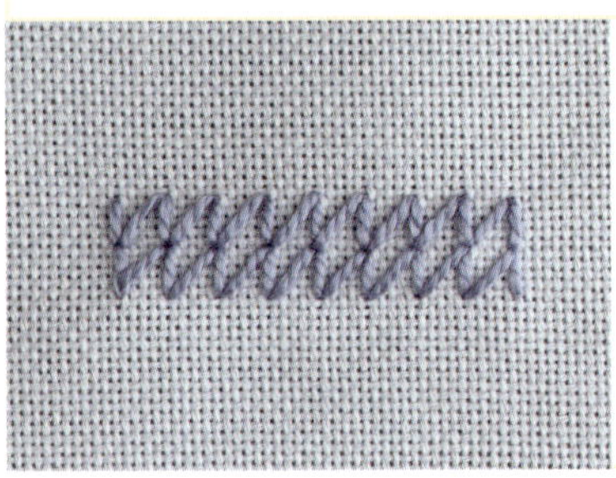

Schwierigkeitsgrad: leicht, für Anfängerinnnen geeignet.

Stoff und Garn: Der Bosnische Stich lässt sich mit Garnen aus Baumwolle wie Perlgarn, Vierfach-Stickgarn oder Sticktwist oder mit Garnen aus Wolle, Seide oder Leinen auf Stoff mit Leinwandbindung oder auf Stramin sticken.

Stickrichtung: waagrecht in Hin- und Rückreihen.

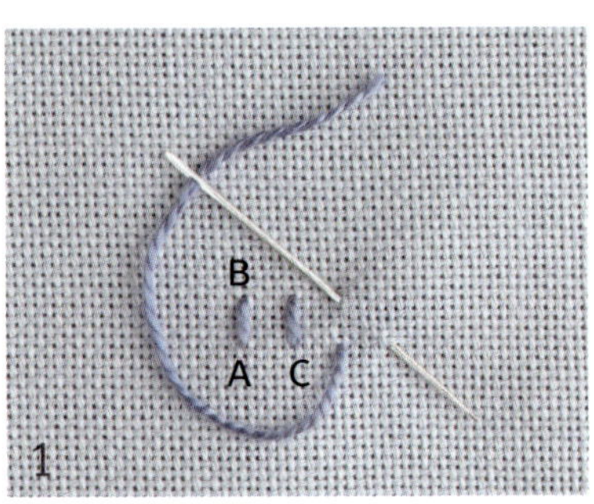

Der Bosnische Stich ist häufig auf farbenprächtigen Stickereien aus Bosnien, Dalmatien und der Türkei zu sehen. Beliebt ist dabei die Kombination mit dem Kreuzstich und dem Linienstich zum Verzieren der Schulter- und Kopftücher von Frauentrachten.

SCHRITT 1

Der Bosnische Stich wird über ein Quadrat aus der gleichen Anzahl von Gewebefäden in Höhe und Breite gestickt. Die erste Reihe wird von links nach rechts gearbeitet. Bei A durchstechen und fünf Gewebefäden darüber bei B wieder einstechen. Fünf Gewebefäden rechts von A bei C wieder ausstechen.

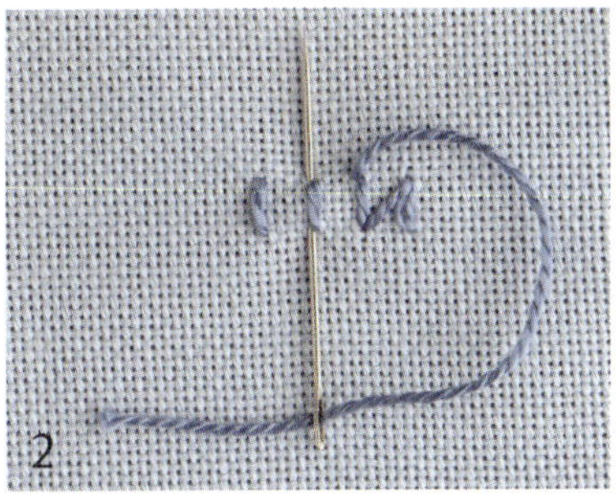

SCHRITT 2

Die Rückreihe von rechts nach links aus schrägen Stichen arbeiten, die von oben zwischen die Ein- bzw. Ausstichstellen der Hinreihe gesetzt werden. Die folgenden Reihen wieder von Schritt 1 an beginnen. Die Reihen berühren sich und die senkrechten Stiche liegen genau untereinander.

DER OKA-STICH in 4 Schritten

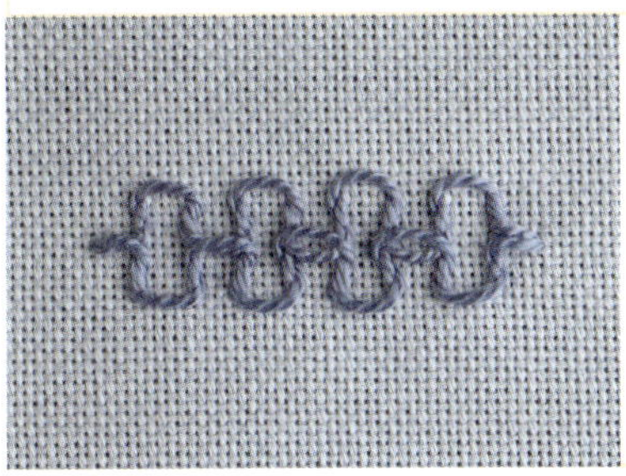

Schwierigkeitsgrad: leicht, für Anfängerinnen geeignet.

Stoff und Garn: Der Oka-Stich lässt sich mit stark gedrehtem Garn aus Baumwolle wie Perlgarn oder mit Garnen aus Wolle, Seide oder Leinen auf Stoff mit Leinwandbindung oder auf Stramin sticken.

Stickrichtung: waagrecht in Hin- und Rückreihen.

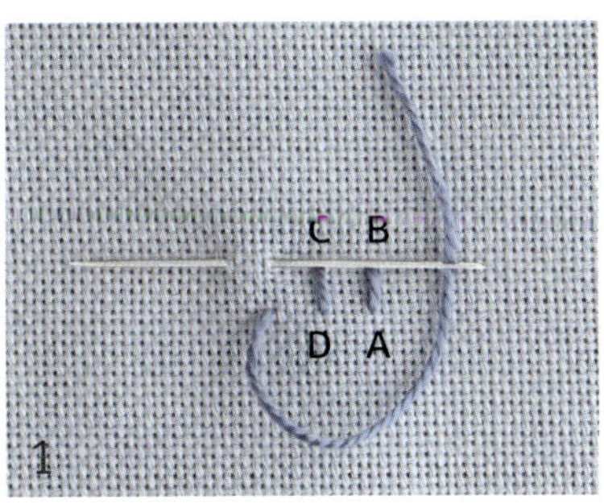

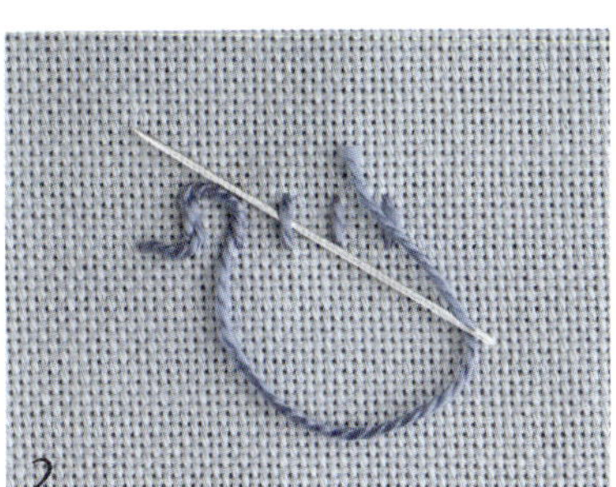

Der Oka-Stich ist in verschiedenen slawischen Gegenden auf Bauernstickereien als Füllstich zu finden. Der Name geht auf das rumänische Wort oka zurück, das „Auge“ bedeutet. Er ist ein einfacher Stich und für Anfängerinnen geeignet.

SCHRITT 1

Der erste Durchgang der ersten Reihe wird von rechts nach links gestickt. Bei A durchstechen und fünf Gewebefäden darüber bei B einstechen. Fünf Gewebefäden links von B bei C wieder ausstechen und fünf Gewebefäden unterhalb von C bei D wieder einstechen. In dieser Weise die ganze Reihe sticken.

SCHRITT 2

Der zweite Durchgang der ersten Reihe wird von links nach rechts gearbeitet. Dabei wird der Faden unter den senkrechten Stichen der ersten Reihe hindurchgezogen. Dabei die Nadel einmal nach oben und einmal nach unten führen. Es entsteht eine Reihe aus halben Zellen.

SCHRITT 3

Unter Verwendung der Ein- und Ausstichstellen der ersten Reihe die zweite Reihe darunter arbeiten. Die senkrechten Stiche der zweiten Reihe liegen genau unter den Stichen der ersten Reihe.

SCHRITT 4

Beim zweiten Durchgang für die zweite Reihe die Nadel mit der Spitze nach unten unter dem letzten senkrechten Stich hindurchführen. Dann wie in Schritt 2 beschrieben weiter verfahren.

TIPP

Mit seinen gleichmäßig angeordneten Zellen ist der Oka-Stich besonders gut zum Füllen geometrischer Formen und für Bordüren geeignet. In der Weißstickerei verleiht er der Handarbeit einen ganz besonderen Reiz.

DER TÜRKISCHE DREIECKSTICH in 4 Schritten

Schwierigkeitsgrad: mittelschwer, für Stickerinnen mit Vorkenntnissen.

Stoff und Garn: Der Türkische Dreieckstich lässt sich mit stark gedrehtem Garn aus Baumwolle wie Perlgarn oder mit Garnen aus Wolle, Seide oder Leinen auf Stoff mit Leinwandbindung oder auf Stramin sticken.

Stickrichtung: waagrecht von rechts nach links.

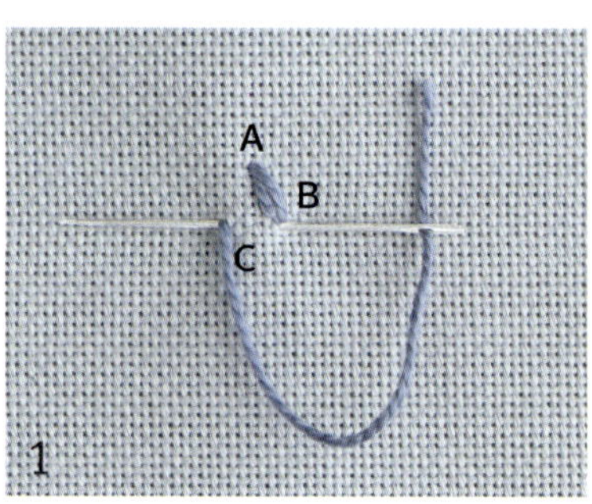

Der aus versetzt ineinander greifenden Dreiecken bestehende Türkische Dreieckstich ist außerordentlich dekorativ. Er lässt sich ebenso zum Aussticken von Flächen wie zur Hervorhebung von Motiven verwenden, die mit diesem Stich einreihig eingerahmt werden.

SCHRITT 1

Bei A durchstechen und schräg rechts darunter bei B wieder ausstechen. Den Faden durchziehen und den Stich verdoppeln. Dann links von B bei C ausstechen und bei B wieder einstechen. Den Faden durchziehen und auch diesen Stich verdoppeln.

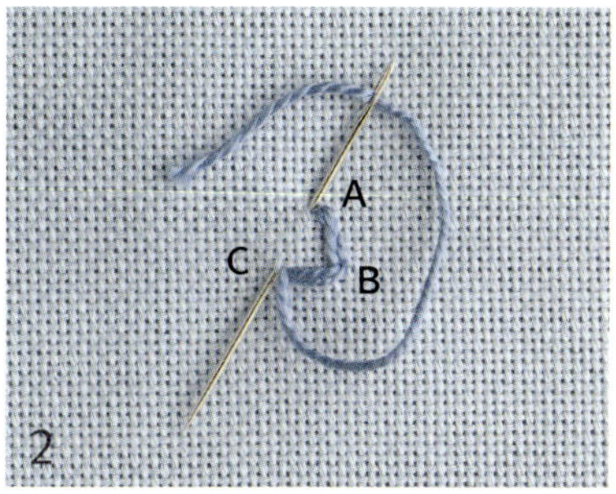

SCHRITT 2

Bei A wieder einstechen und das Dreieck schließen. Auch diesen Stich verdoppeln. Auf dem Stoff ist nun ein doppelt gesticktes Dreieck zu sehen.

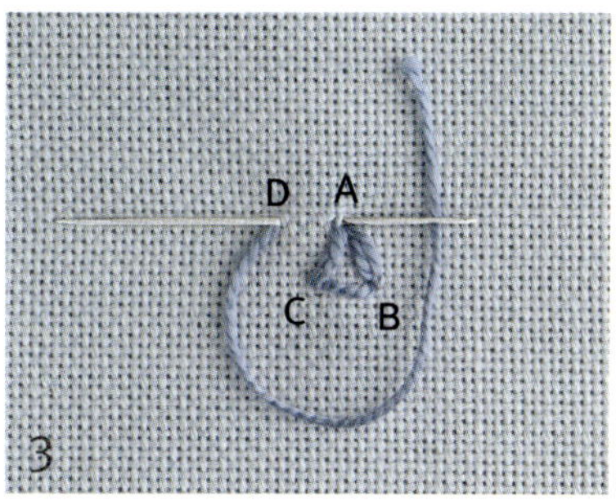

SCHRITT 3

Links von A bei D ausstechen. Bei A einstechen, den Faden durchziehen und den Stich verdoppeln.

SCHRITT 4

Bei C einstechen und das zweite Dreieck schließen. Den Stich verdoppeln. Den gesamten Ablauf ab Schritt 1 wiederholen.

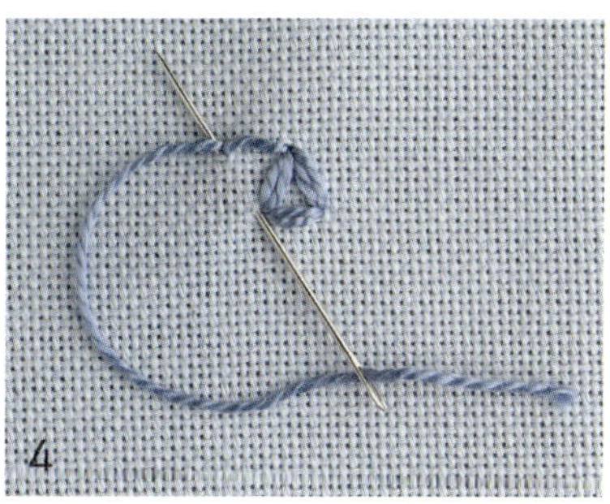

TIPP

Der Arbeitsablauf ist richtig ausgeführt, wenn auf der Rückseite des Stoffes dasselbe Muster erscheint wie auf der Vorderseite. Verwenden Sie mehrfach zusammengedrehtes Garn und verleihen Sie dem Türkischen Dreieckstich damit eine besonders ausgeprägte Reliefwirkung. Da mit dem Türkischen Dreieckstich starke Spannung auf den Stoff ausgeübt wird und dieser sich verziehen kann, sollte man unbedingt mit einem Rahmen arbeiten.

Geschirrtuch

Das mit einem Muster im Slawischen Knötchenstich verzierte Geschirrtuch ist nicht nur ein willkommener Anlass, sich im Sticken gezählter Stiche zu üben, sondern auch ein dekoratives und originelles Stück. Ton in Ton gearbeitet, passt das leinene Geschirrtuch in jede Küche.

WISSENWERTES

Schwierigkeitsgrad
Mittelschwer

Stickstich
Slawischer Knötchenstich
(siehe S. 157)

Maße
Das Stickmotiv misst 8 x 5 cm.

MATERIAL

1 Geschirrtuch aus Leinen mit gut erkennbaren Gewebefäden
1 Strang Anchor Perlgarn Nr. 5 in der Farbe Ecru (Fb. 387)
Stumpfe Sticknadel
Stickrahmen
Stecknadeln

VORBEREITEN

In 10 cm Abstand vom Rand auf der Hälfte einer der Längsseiten des Geschirrtuchs die Mitte des Motivs mit einer Stecknadel kennzeichnen. Die Orientierungspunkte sollten mit Heftfaden markiert werden.

STICKEN

Den Stoff in den Stickrahmen spannen. Beim Sticken des Musters Stich für Stich dem Zählmuster der Stickvorlage folgen. Mit dem Stich auf dem Stiel in der Mitte der Blütengruppe beginnen und dann zunächst die Blütengruppe und danach die Details des Stiels arbeiten. Versetzen Sie den Stickrahmen je nach Bedarf. Nach Beendigung der Stickarbeit den Heftfaden herausziehen.

FERTIGSTELLEN

Die Handarbeit von der Rückseite mit einem feuchten Bügeltuch dämpfen. Erforderlichenfalls mit Sprühstärke appretieren.

HINWEIS

Das Entscheidende an diesem Stich ist seine Reliefwirkung. Hierfür ist unbedingt rundes und sehr stark gedrehtes Garn zu verwenden, wie zum Beispiel Perlgarn Nr. 5. Sticken Sie das Motiv auch auf andere Wäschestücke, eine Schürze, eine Leinentischdecke oder Tischsets aus Aidagewebe, das sich ideal für gezählte Stiche eignet.

Der Schlingenstich in Variationen

Die Schlingenstiche, die in der Stickerei vor allem entstanden, um Knüpfteppichstrukturen zu imitieren, ziehen sofort den Blick auf sich. Sie entfalten ihre Wirkung besonders auf größeren Flächen und fühlen sich weich an: auf Kissen, Auflagen für Fußstützen oder auch zum Auskleiden einer Schachtel. Die Muster sind in der Regel recht einfach: Linien, Quadrate oder Streumuster.

DER SCHLINGENSTICH in 3 Schritten

Schwierigkeitsgrad: anspruchsvoll, nur für erfahrene Stickerinnen.

Stoff und Garn: Der Schlingenstich lässt sich mit lose gedrehtem Garn aus Baumwolle wie Sticktwist oder mit Garnen aus Wolle, Seide oder Leinen auf Stoff mit Leinwandbindung oder auf Stramin sticken.

Stickrichtung: waagrecht von links nach rechts.

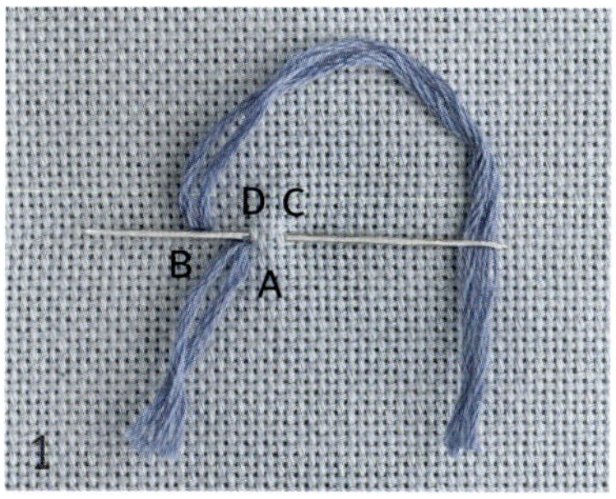

Der Schlingenstich wird in derselben Weise gestickt wie der Malta-Stich (siehe S. 166), jedoch werden am Schluss die Schlingen nicht aufgeschnitten. Beim Sticken wird in die Schlingen eine Stricknadel oder ein Zeichenstift eingelegt, damit sie gleich groß werden.

SCHRITT 1

Verwenden Sie den Sticktwist doppelt, also mit 12 Fäden. Bei A einstechen und dabei den Fadenanfang 2 bis 3 cm lang auf der Vorderseite des Stoffs stehen lassen. Wenige Millimeter links von A bei B ausstechen. Rechts von A bei C wieder einstechen und die Nadel unmittelbar neben A bei D wieder herausführen. Den Faden nach oben legen und den Arbeitsfaden locker zu einem waagrechten Stich durchziehen.

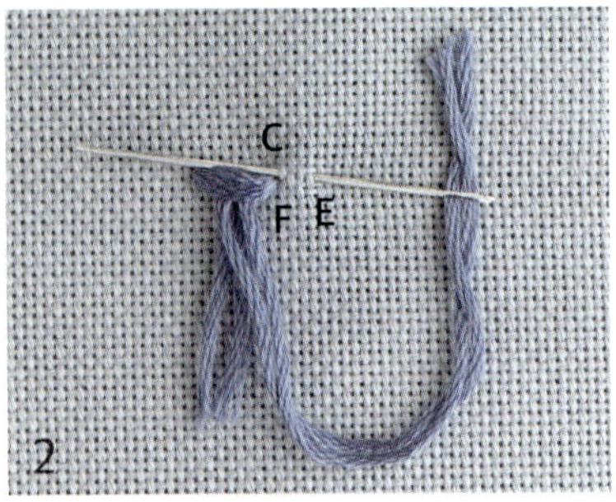

SCHRITT 2

Einige Millimeter weiter rechts bei E einstechen und die Nadel direkt neben C bei F wieder herausführen. Den Faden nach unten legen. Beim Durchziehen des Fadens eine Schlinge stehen lassen bzw. eine Stricknadel anlegen, damit die Schlingen immer gleich groß werden.

SCHRITT 3

Für die folgenden Stiche die Anweisungen ab Schritt 1 wiederholen. Am Ende der Reihe ein Stück des Fadens auf der Stoffvorderseite stehen lassen. Anfang und Ende des Fadens passend zur Größe der Schlingen abschneiden. Geht der Faden mitten in der Reihe zu Ende, das Fadenende unter die letzte Schlinge legen. Der Anfang des neuen Arbeitsfadens wird unter die folgende Schlinge gelegt.

DER MALTA-STICH in 2 Schritten

Schwierigkeitsgrad: anspruchsvoll, nur für erfahrene Stickerinnen.

Stoff und Garn: Der Malta-Stich lässt sich mit lose gedrehtem Garn aus Baumwolle wie Sticktwist oder mit Garnen aus Wolle, Seide oder Leinen auf Stoff mit Leinwandbindung oder auf Stramin sticken.

Stickrichtung: waagrecht von links nach rechts.

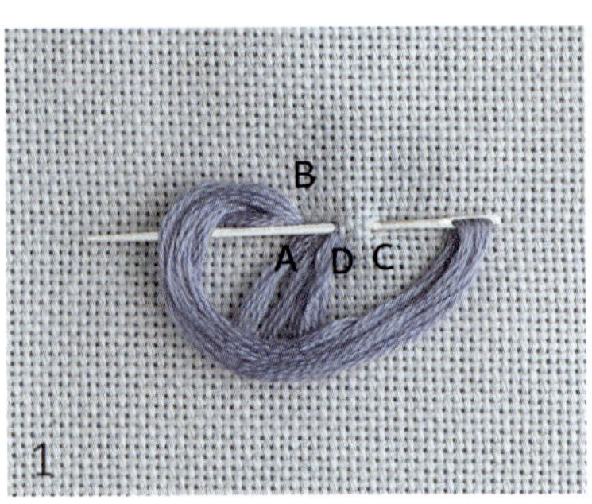

Der Malta-Stich stammt aus dem Orient und ist auf Handarbeiten aus orientalischen Ländern anzutreffen. Er besteht aus einem Knoten aus Garn, dessen Fäden eine kleine Quaste bilden. Im Malta-Stich gearbeitete Muster erinnern an Teppichknüpfarbeiten.

SCHRITT 1

Verwenden Sie den Sticktwist vierfach, also mit 24 Fäden. Bei A einstechen und dabei den Fadenanfang 2 bis 3 cm lang auf der Vorderseite des Stoffs stehen lassen. Wenige Millimeter links von A bei B ausstechen. Rechts von A bei C wieder einstechen und die Nadel unmittelbar neben A bei D wieder herausführen.

TIPP

Stickmotive im Malta-Stich werden stets von unten nach oben ausgeführt. Dabei überlappen die Quasten der neuen Reihe die der darunter liegenden Reihe.

Den Faden nach oben legen und den Arbeitsfaden locker zu einem waagrechten Stich durchziehen.

SCHRITT 2

Den Arbeitsfaden am Anfang und Ende so abschneiden, dass seine Einzelfäden eine kleine Quaste bilden. Den nächsten Malta-Stich in geringem Abstand ansetzen.

DER POMPON-STICH in 2 Schritten

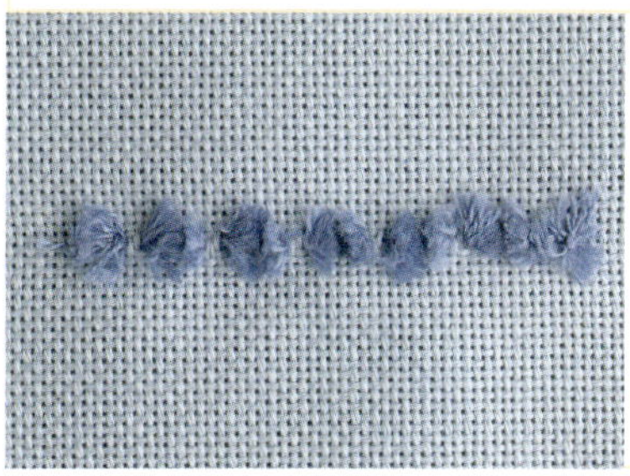

Schwierigkeitsgrad: leicht, für Anfängerinnen geeignet.

Stoff und Garn: Der Pompon-Stich lässt sich mit lose gedrehtem Garn aus Baumwolle wie Sticktwist oder mit Garnen aus Wolle, Seide oder Leinen auf Stoff mit Leinwandbindung oder auf Stramin sticken.

Stickrichtung: waagrecht von rechts nach links.

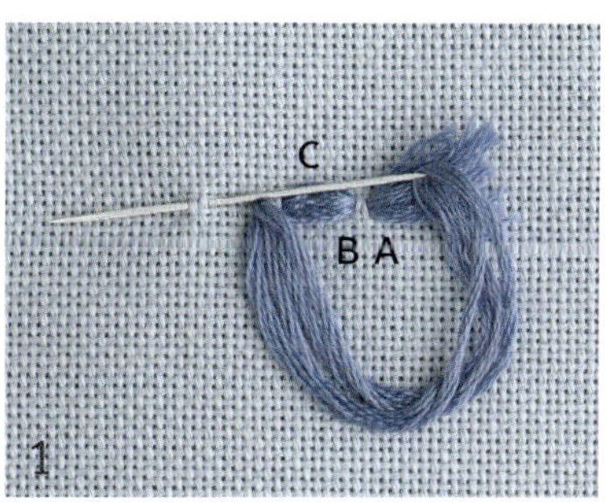

Der Pompon-Stich ist einerseits leicht zu sticken, aber andererseits nicht sehr stabil. Er ist hier und da auf Handarbeiten aus Malta zu finden und wird dabei auch dazu verwendet, bestimmte Details hervorzuheben und im Malta-Stich gearbeitete Bordüren zu betonen.

SCHRITT 1

Verwenden Sie den Sticktwist vierfach, also mit 24 Fäden. Am rechten Ende der Reihe beginnen. Bei A einstechen und dabei den Fadenanfang ein paar Millimeter lang auf der Vorderseite des Stoffes stehen lassen. Links gleich neben A bei B wieder ausstechen und 2 mm weiter bei C wieder einstechen und den Faden locker durchziehen. In dieser Weise die ganze Reihe arbeiten.

SCHRITT 2

Mit einer spitzen Stickschere die Stiche in der Mitte zu Pompons aufschneiden.

DER PERSIANER-STICH in 4 Schritten

Schwierigkeitsgrad: anspruchsvoll, nur für erfahrene Stickerinnen.

Stoff und Garn: Der Persianer-Stich lässt sich mit Perlgarn, Mattstickgarn oder Sticktwist auf Stoff mit Leinwandbindung oder auf Stramin sticken.

Stickrichtung: waagrecht von links nach rechts, wobei mit der untersten Reihe begonnen wird.

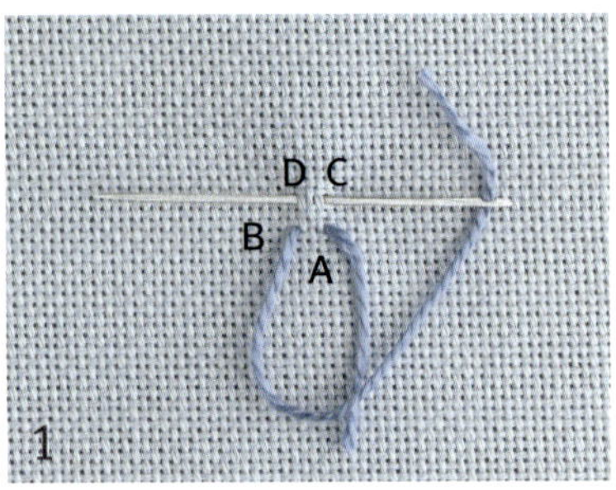

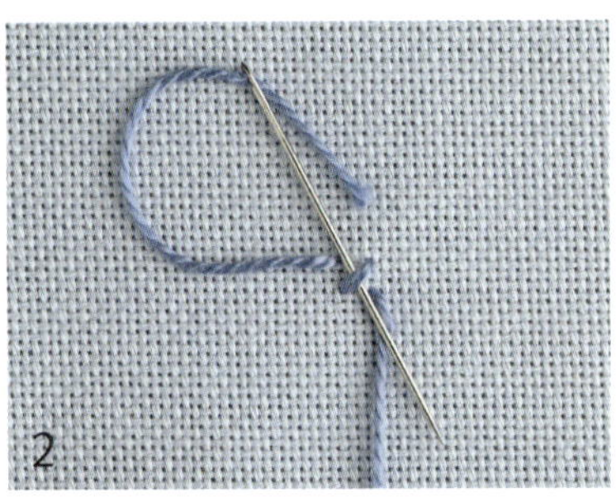

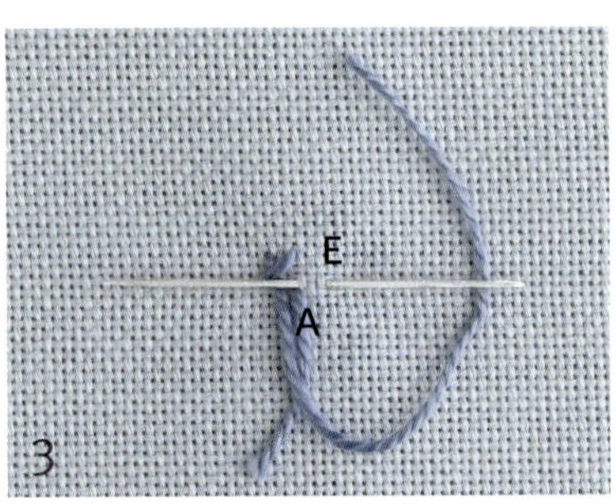

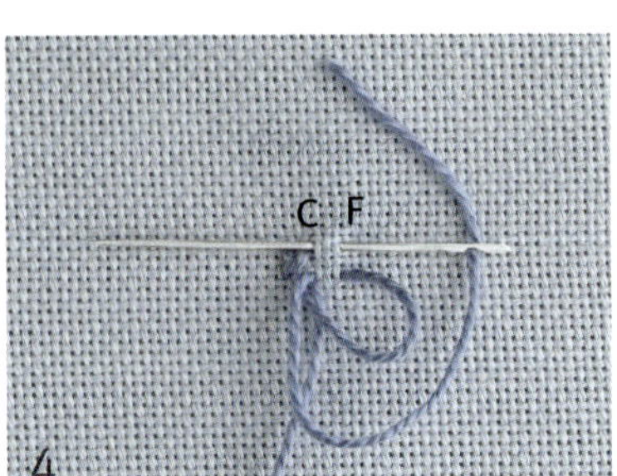

Der Persianer-Stich ist ein solider Stich, denn die Schlinge wird von einem Kreuzstich aus gelegt. Die Länge der Schlingen kann nach Belieben gewählt werden.

SCHRITT 1

Bei A einstechen und das Fadenende vorne stehen lassen. Links von A bei B ausstechen, dann oberhalb von A bei C wieder einstechen und die Nadel oberhalb von B bei D wieder herausführen.

SCHRITT 2

Den Faden von links nach rechts unter dem soeben gestickten halben Kreuzstich hindurchführen.

SCHRITT 3

Wenige Millimeter rechts von A bei E einstechen und bei A wieder herausführen. Beim Durchziehen eine Schlinge stehen lassen.

SCHRITT 4

Wenige Millimeter rechts von C bei F einstechen und die Nadel bei C wieder herausführen. Den Faden zu einem halben Kreuzstich durchziehen. Den in Schritt 2 beschriebenen Vorgang wiederholen und die ganze Reihe arbeiten. Die nächste Reihe über der ersten sticken.

TIPP

Damit die Schlingen gleichmäßig werden, bei Schritt 3 eine Stricknadel oder einen dünnen Stift einlegen.

DER RYA-STICH in 4 Schritten

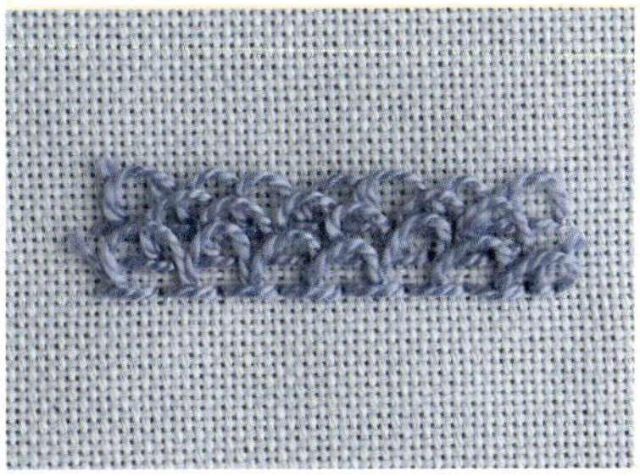

Schwierigkeitsgrad: anspruchsvoll, nur für erfahrene Stickerinnen.

Stoff und Garn: Der Rya-Stich lässt sich mit Perlgarn, Mattstickgarn oder Sticktwist auf Stoff mit Leinwandbindung oder auf Stramin sticken.

Stickrichtung: waagrecht von links nach rechts, wobei mit der obersten Reihe begonnen wird.

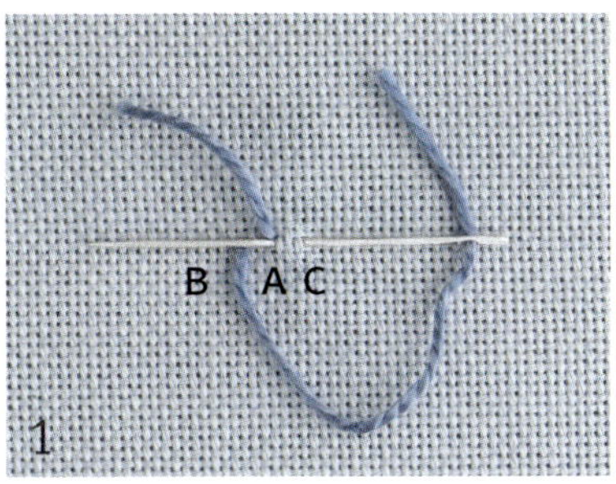

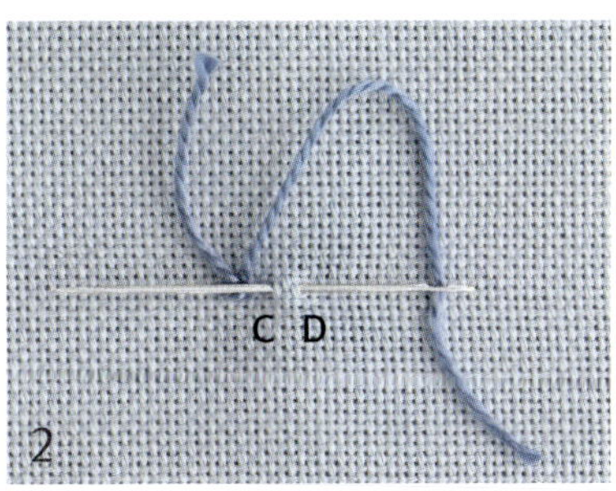

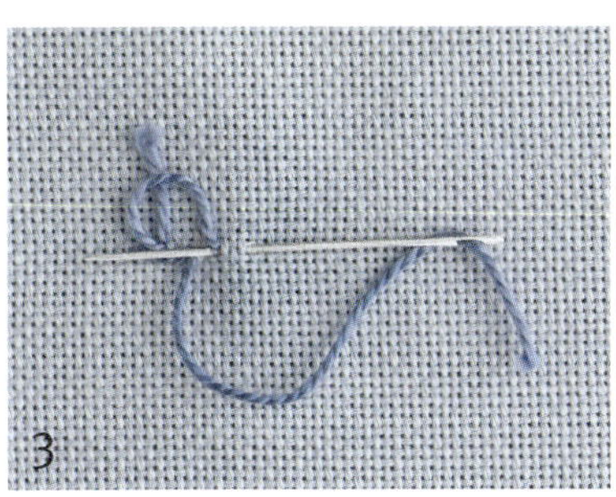

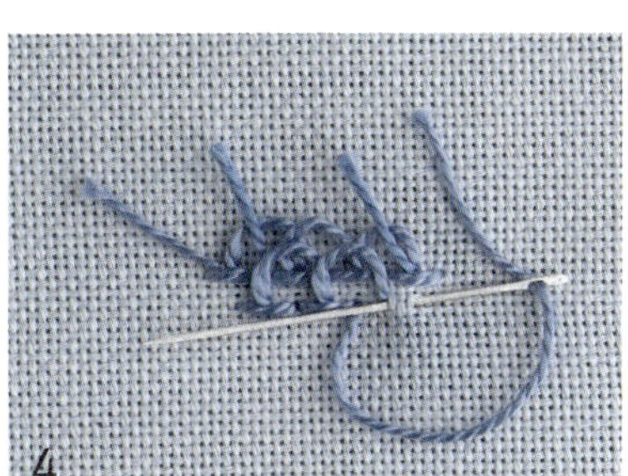

Mit dem Rya-Stich wird eine Teppichknüpftechnik aus Schweden nachgeahmt. Er wird aus nach oben gelegten Schlingen gebildet, die je nachdem größer oder kleiner gestaltet werden können.

SCHRITT 1

Bei A einstechen und den Fadenanfang stehen lassen. Links von A bei B wieder ausstechen. Danach auf der anderen Seite von A bei C einstechen und die Nadel bei A wieder herausführen.

SCHRITT 2

Vier Gewebefäden rechts von C bei D einstechen. Eine nach oben gerichtete Schlinge bilden und die Nadel bei C herausführen.

SCHRITT 3

Die Schritte 1 und 2 wiederholen, dabei die Rückstiche, von denen aus die Schlingen gearbeitet werden, immer in der gleichen Länge über dieselbe Anzahl von Gewebefäden arbeiten.

SCHRITT 4

Die nächste Reihe wieder von links nach rechts arbeiten. Die Schlingen dabei zu der darüber liegenden Reihe versetzen.

TIPP

Wenn Sie die Schlingen kleiner machen, können Sie auf die Stricknadel zum Einlegen verzichten. Orientieren Sie sich wegen der Größe der Schlingen in der ersten Reihe an den Gewebefäden und versuchen Sie bei den folgenden Reihen, mit den Schlingen die darüber liegende Reihe zur Hälfte abzudecken.

Deckelverzierung

Ein in frühlingszarten Farben verzierter Deckel ist eine originelle Idee, um den Schlingenstich zur Geltung zu bringen. Der voluminöse Stich weist zugleich eine sehr interessante Feinstruktur auf, insbesondere wenn er mit lose gedrehtem Baumwollgarn wie beispielsweise Sticktwist gearbeitet wird.

WISSENSWERTES

Schwierigkeitsgrad
Leicht

Stickstich
Schlingenstich (siehe S. 165)

Maße
Die Schachtel ist 17 x 12 x 7 cm groß.
Das Stickmotiv misst 9 x 5 cm.

MATERIAL

40 x 40 cm Leinenstoff
11 Stiche pro cm, helltürkis
Je 1 Strängchen Anchor Sticktwist
in den Farben Zartblau (Fb. 120), Flieder (Fb. 108), Blassgrün (Fb. 259).
1 Pappschachtel mit 17 x 12 cm Seitenlänge, 7 cm hoch
Stumpfe Sticknadel
Stricknadel Nr. 8 oder Nr. 10
Stickrahmen
40 cm Ripsband, 1,5 cm breit, lavendelblau
Wäscheklammern
Textilkleber

VORBEREITEN

Aus dem Stoff ein 20 x 15 cm großes Rechteck zuschneiden. Die Ränder von Hand oder mit der Maschine versäubern, damit sie während der Arbeit nicht ausfransen. Danach die Mitte des Rechtecks und den Umriss der 9 x 5 cm großen Fläche markieren, die mit Schlingenstichen bestickt wird.

STICKEN

Den Stoff in den Stickrahmen spannen. Den Sticktwist doppelt nehmen, also mit zwölf Fäden. Mit der unteren Reihe in Zartblau beginnen, von links nach rechts arbeiten. Die Schlingen um die Stricknadel legen. Für eine 9 cm breite Reihe sind ca. 12 Stiche erforderlich. Die nächste Reihe darüber in Blassgrün sticken. Danach eine Reihe in Flieder, die nächste Reihe wieder in Blassgrün und die letzte dann wie die erste in Zartblau.

FERTIGSTELLEN

Den bestickten Stoff auf der Rückseite bügeln und auf den Deckel der Schachtel legen. Die Stoffränder mit Klebstoff bestreichen, auf die Innenseite des Deckels umschlagen und mit Wäscheklammern fixieren, bis der Klebstoff getrocknet ist. Den unteren Teil der Schachtel mit Stoff bespannen. Das Ripsband außen auf den Deckelrand aufkleben.

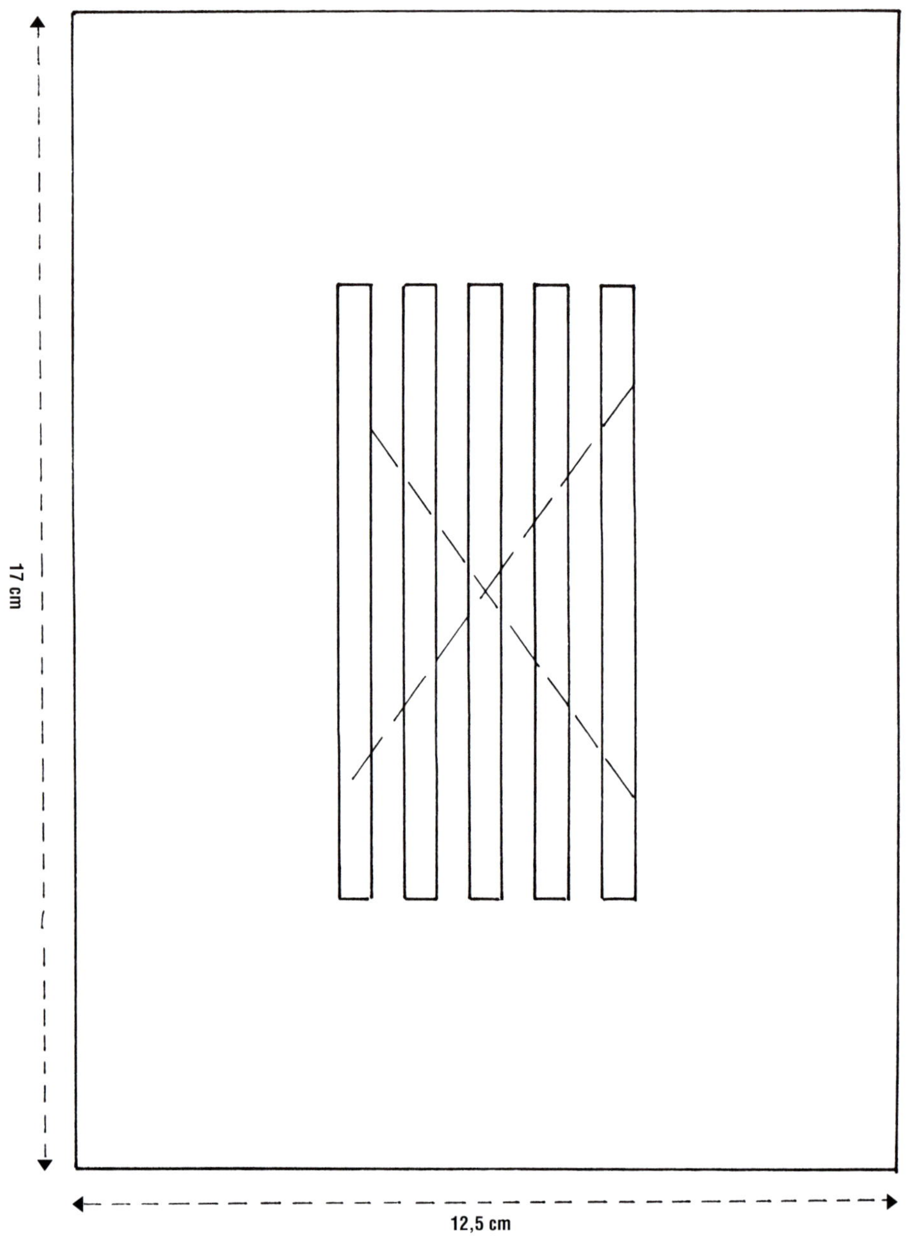

HINWEIS

Schlingenstiche sind sehr solide. Verwenden Sie dickes Stickgarn und nehmen Sie es doppelt oder dreifach. Der Stickrahmen sollte so groß sein, dass er während der Arbeit nicht versetzt werden muss, denn mit stark auftragenden Stichen lässt sich der Stoff nicht mehr richtig einspannen.

5

Durchbrüche sind der Oberbegriff für eine Vielzahl von Sticharten, zu denen insbesondere die Hohlsäume zählen. Aus geschlossenen und durchbrochenen Flächen, Ausschnitten und Hochstickereien entstehen feinste Muster. Jeder Gruppe von Stichen – Englische Stickerei, Richelieu-Stickerei, Hardanger-Stickerei oder Hohlsäume – liegt eine bestimmte Sticktechnik zugrunde, die sich zu charakteristischen Mustern zusammensetzt und in der Weiterführung auf die Nadelspitzentechnik verweist. Für besondere Kontrastwirkung sorgen Garne mit rundem Querschnitt, die an sich schon wie Hochstickerei wirken, ein Effekt, der in manchen Fällen zusätzlich durch Unterlegen mit lose gedrehten Garnen verstärkt wird. Bestimmte Stiche bedürfen der Vorbereitung, indem aus dem Stoff an bestimmten Stellen Gewebefäden ausgezogen werden, in anderen Fällen werden Stoffteile nach dem Sticken ausgeschnitten. Mit ein wenig Geduld können wir heute ebenso feine Handarbeiten herstellen wie einst unsere Großmütter.

DURCHBRÜCHE

Englische Stickerei in Variationen

Die Englische Stickerei oder Lochstickerei ist eine alte Sticktechnik auf feinem weißen Gewebe. In der Renaissance kombinierten die Stickerinnen sie mit Nadelspitzen- und Spitzenstichmotiven. Sie eignet sich als Einstieg für alle, die sich mit der Ausschnitttechnik und den dabei verwendeten Stichen vertraut machen möchten.

DER UNTERLEGTE STIELSTICH in 2 Schritten

Schwierigkeitsgrad: leicht, für Anfängerinnen geeignet.

Stoff und Garn: Der Unterlegte Stielstich lässt sich auf feinen Baumwoll- oder Leinenstoffen (Tuch, Batist, Organdy) mit Rundgarnen wie Vierfach-Stickgarn sticken; zum Unterlegen wird zusätzlich Sticktwist verwendet.

Stickrichtung: im ersten Arbeitsgang waagrecht von rechts nach links, im zweiten Arbeitsgang waagrecht von links nach rechts.

Der Unterlegte Stielstich hat eine deutlichere Reliefwirkung als der gewöhnliche Stielstich. In der Weißstickerei wird er häufig zum Hervorheben von Details oder zur Betonung eines Motivs verwendet.

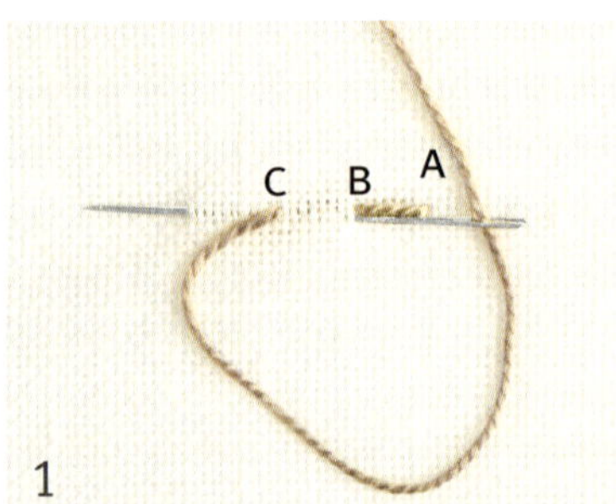

SCHRITT 1

Rechts am Anfang der Linie bei A durchstechen. Einige Millimeter links davon auf der Linie bei B einstechen und einige Millimeter weiter die Nadelspitze bei C wieder herausführen. Dann nochmals bei B einstechen. Die Reihe mit großen Steppstichen (siehe S. 25) weitersticken.

SCHRITT 2

Am linken Ende der Steppstichreihe knapp oberhalb davon ausstechen. Einige Millimeter weiter rechts unterhalb der Steppstich-

TIPP

Beim Sticken von Stielstichen passiert es schnell, dass das Stickgarn sich mit der Zeit aufdreht. Stechen Sie deshalb von Zeit zu Zeit auf der Rückseite aus und lassen Sie den Faden frei aushängen. Er dreht sich aufgrund seiner Eigenspannung von selbst wieder zusammen.

reihe einstechen und rückwärts die Nadelspitze auf der Hälfte der Stichlänge oberhalb der Steppstichreihe wieder herausführen. Den Faden nach unten legen. Den nächsten Stich rechts daneben setzen und dabei an der Einstichstelle des vorangegangenen Stichs ausstechen. Die nachfolgenden Stiche in derselben Weise arbeiten. Der Steppstich aus dem ersten Arbeitsschritt wird dabei vollständig überstickt und bildet die Unterlage für den Unterlegten Stielstich.

DER GLATTE SCHNURSTICH in 2 Schritten

Schwierigkeitsgrad: leicht, für Anfängerinnen geeignet.

Stoff und Garn: Der Glatte Schnurstich lässt sich auf feinen Baumwoll- oder Leinenstoffen (Tuch, Batist, Organdy) mit Rundgarnen wie Vierfach-Stickgarn sticken; zum Unterlegen wird zusätzlich Sticktwist verwendet.

Stickrichtung: im ersten Arbeitsgang waagrecht von rechts nach links, im zweiten Arbeitsgang waagrecht von links nach rechts.

Der Unterlegte Stielstich und der Glatte Schnurstich unterscheiden sich kaum. In einem Buch über Weißstickerei steht geschrieben, dass beide Namen synonym verwendet werden.

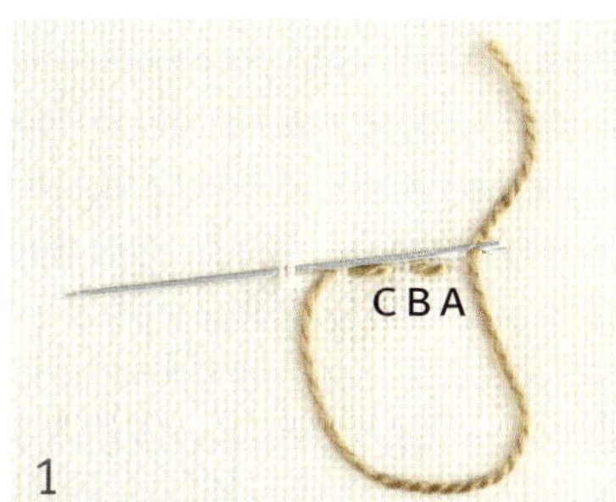

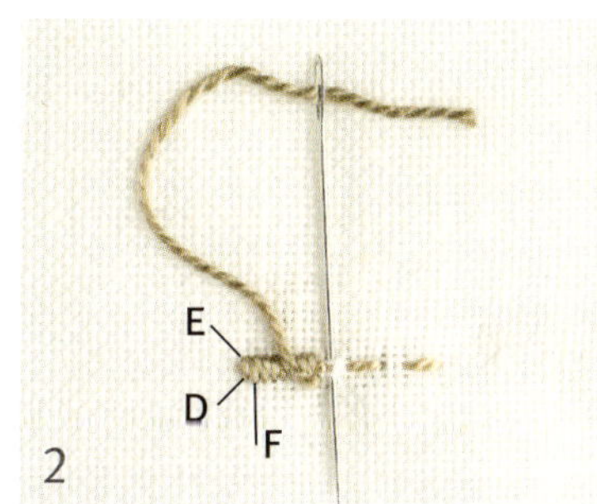

SCHRITT 1

Sticken Sie eine Reihe Vorstiche (siehe S. 130). Rechts am Anfang der Reihe bei A durchstechen und einige Millimeter weiter links bei B wieder einstechen. Die Nadelspitze bei C wieder herausführen und dabei zwischen B und C denselben Abstand einhalten wie zwischen A und B.

SCHRITT 2

Eine Reihe Plattstiche (siehe S. 98) über die Vorstiche arbeiten. Dazu am linken Ende der Vorstichreihe knapp darunter bei D ausstechen. Oberhalb der Vorstiche senkrecht über D bei E einstechen und knapp daneben auf der Höhe von D bei F wieder ausstechen. Der Faden liegt dabei immer links.

DER UNTERLEGTE PLATTSTICH in 4 Schritten

Schwierigkeitsgrad: mittelschwer, für Stickerinnen mit Vorkenntnissen.

Stoff und Garn: Der Unterlegte Plattstich lässt sich auf feinen Baumwoll- oder Leinenstoffen (Tuch, Batist, Organdy) mit Rundgarnen wie Vierfach-Stickgarn oder Perlgarn sticken; zum Unterlegen wird zusätzlich Sticktwist verwendet.

Stickrichtung: beliebig entsprechend den Anforderungen des Motivs.

Der Unterlegte Plattstich wird für Monogramme oder Buchstaben auf Tisch- und Bettwäsche verwendet. Zunächst ist als Vorarbeit das Unterlegen erforderlich. Je mehr Schichten unterlegt werden, desto höher wölbt sich der Stich.

1

SCHRITT 1

Das Motiv mit Vorstichen (siehe S. 130) umranden.

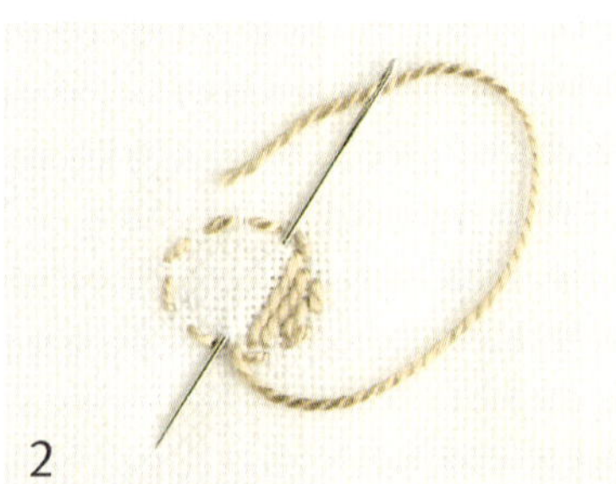

2

SCHRITT 2

Die Fläche innerhalb des konturierten Motivs mit großen Spannstichen (siehe S. 97) füllen. Zwischen den einzelnen Spannstichen ein wenig Abstand lassen.

3

SCHRITT 3

Eine zweite Schicht Spannstiche quer dazu darüber legen, mit diesen ebenfalls innerhalb der Vorstichumrandung bleiben. Weitere Lagen Spannstiche darüber sticken, bis die gewünschte Höhe erreicht ist, dabei die Spannstiche in den einzelnen Lagen stets quer zur darunter liegenden Lage ausrichten.

4

SCHRITT 4

Einen neuen Faden einfädeln und das Motiv übersticken. Hierfür senkrecht oder waagrecht eng nebeneinander liegende große Plattstiche (siehe S. 98) sticken, die Vorstichumrandung dabei mit übersticken.

DER BINDLOCHSTICH in 3 Schritten

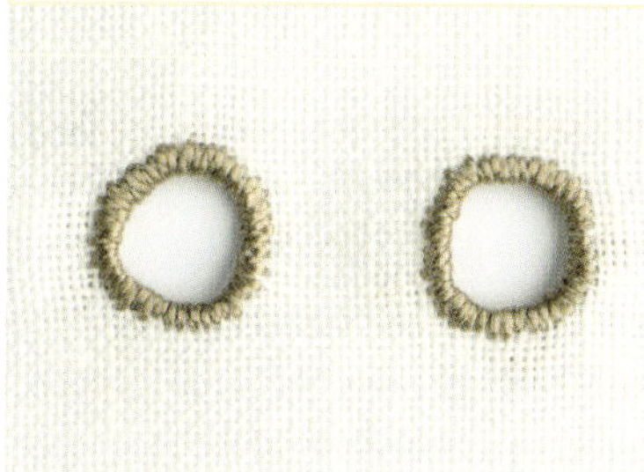

Schwierigkeitsgrad: anspruchsvoll, nur für erfahrene Stickerinnen.

Stoff und Garn: Der Bindlochstich lässt sich auf feinen Baumwoll- oder Leinenstoffen (Tuch, Batist, Organdy) mit Rundgarnen wie Vierfach-Stickgarn oder Perlgarn sticken; zum Unterlegen wird zusätzlich Sticktwist verwendet.

Stickrichtung: beliebig entsprechend den Anforderungen des Motivs.

1

2

3

Eines der wichtigsten Merkmale der Englischen Stickerei sind regelmäßige Motive mit Stoffausschnitten. Zur Einfassung der Ausschnitte wird der Bindlochstich verwendet; die Stoffränder werden dabei auf der Rückseite des Stoffes mit in den Stich gefasst.

SCHRITT 1

Das Motiv mit Vorstichen (siehe S. 130) umranden.

SCHRITT 2

Den Stoff innerhalb der Vorstichumrandung aufschneiden. Dazu mit einer spitzen Stickschere von der Mitte aus kreuzförmig mehrmals zur Umrandung hin einschneiden.

SCHRITT 3

Über die Vorstichumrandungslinie von links nach rechts Schnurstiche (siehe S. 175) sticken. Die Lochinnenränder auf die Rückseite des Stoffs umbrechen und mit ansticken.

TIPP

Das Loch kann unterschiedliche Formen haben. Dies ist häufig der Fall bei Blumenmotiven. Soll die Form im Herzen der Blütenblätter ausgeschnitten werden, umranden Sie Form und Blütenblätter zunächst mit Vorstichen, schneiden Sie dann die Form auf und sticken Sie die aufgeschnittenen Lochinnenränder mit an, während Sie die Blütenblätter im Unterlegten Plattstich (siehe S. 176) aussticken.

Feines Taschentuch

Eine Ecke dieses aparten Ziertaschentuchs aus Batist wird mit kleinen unterlegten Plattstichen kunstvoll geschmückt. Das Blumenmotiv ist ein gutes Beispiel für feine Englische Stickerei und könnte ebenso kleine Deckchen oder eine feine Gardine zieren.

WISSENSWERTES

Schwierigkeitsgrad
Mittelschwer

Stickstiche
Unterlegter Stielstich (siehe S. 174)
Unterlegter Plattstich (siehe S. 176)
Bindlochstich (siehe S. 177)
Französischer Knötchenstich (siehe S. 74)
Festonstich; fakultativ (siehe S. 181)

Maße
Das fertige Taschentuch ist 22 x 22 cm groß. Das Motiv misst 5 x 5 cm.

MATERIAL

25 x 25 cm Batist, weiß
1 Strang Anchor Vierfach-Stickgarn Nr. 25, Weiß (Fb. 1)
1 Strängchen Anchor Sticktwist, Weiß (Fb. 1)
Feine spitze Sticknadel
Stickrahmen, 10 cm Durchmesser
HB-Bleistift
Stecknadeln

MOTIV

Das zu übertragende Motiv unter den Batist legen. An den Rändern der zu bestickenden Ecke 3 cm Stoff stehen lassen. Das Papier auf dem Stoff feststecken. Das Motiv mit dem gespitzten HB-Bleistift auf dem Stoff nachzeichnen.

STICKEN

Den Stoff in den Stickrahmen spannen. Einen Faden aus einfädigem Sticktwist einfädeln. Die vorbereitenden Arbeitsschritte für den Unterlegten Plattstich an den Blättern, den Unterlegten Stielstich an den Stängeln und den Bindlochstich an den Blüten ausführen. Die Blätter im Unterlegten Plattstich, die Stängel im Unterlegten Stielstich und die Blüten im Bindlochstich fertig stellen. Abschließend die Französischen Knötchenstiche sticken.

FERTIGSTELLEN

Versäumen im Festonstich: die Außenkontur in 3 cm Abstand vom Stoffrand aufzeichnen und mit Festonstichen sticken. Danach den Stoff knapp am Festonstich abschneiden. Versäumen im Schnellverfahren: einen schmalen Saum rollen. Das Taschentüchlein als Quadrat mit 22,5 cm Seitenlänge zuschneiden. Den Stoffrand zwischen Daumen und Zeigefinger einrollen und den gerollten Saum mit kleinen überwendlichen Stichen annähen.

Auf 120% vergrößern

HINWEIS

Sie können wie in der Anleitung zum Bindlochstich beschrieben das Innere der Blüten innerhalb der frei gestalteten Umrandung ausschneiden. Ist der Batist sehr fein und das Motiv sehr filigran, sollten Sie darauf jedoch lieber verzichten. Wenn die Umrandung gut unterlegt ist, wird allein durch die Höhung die entsprechende Wirkung erzielt.

Richelieu-Stickerei in Variationen

Die im Vergleich zur Englischen Stickerei vielfältigere Richelieu-Stickerei ist ebenfalls durch Ausschnitte im Stoff gekennzeichnet, die mit Stickstichen eingerahmt werden. Mit den Stichen dieser Gruppe lassen sich auch unregelmäßig geformte Ausschnitte bilden, da die Ränder mit Stegen verbunden werden. Diese sorgen dafür, dass die Ausschnitte nicht aufklaffen, und sind gleichzeitig ein höchst dekoratives Element.

DER GEWÖHNLICHE FESTONSTICH in 2 Schritten

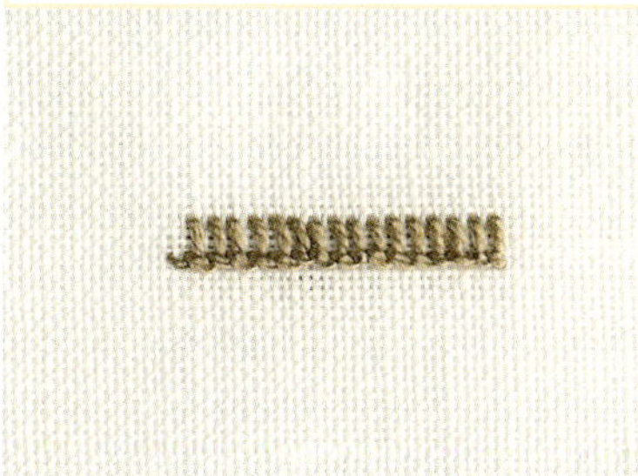

Schwierigkeitsgrad: leicht, für Anfängerinnen geeignet.

Stoff und Garn: Der Gewöhnliche Festonstich lässt sich auf feinen Baumwoll- oder Leinenstoffen (Batist oder Linon) mit Rundgarnen wie Vierfach-Stickgarn oder Perlgarn sticken; zum Unterlegen wird zusätzlich Sticktwist verwendet.

Stickrichtung: waagrecht in Reihen von links nach rechts.

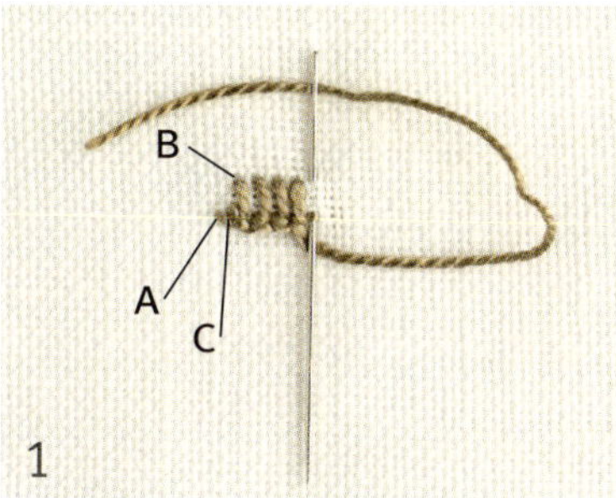

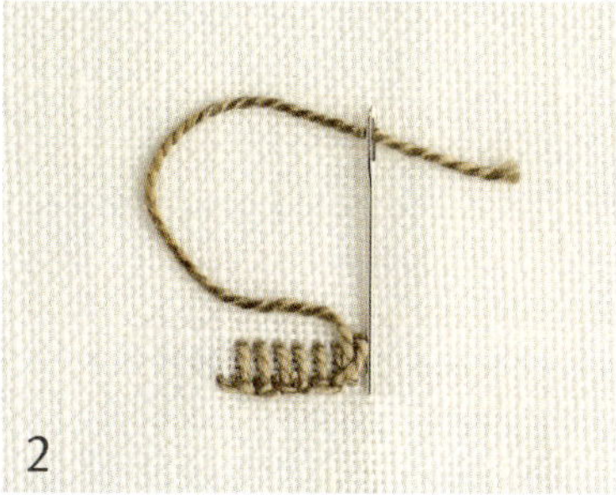

Der Festonstich ist besonders gut zum Einfassen von Rändern geeignet. Er besteht aus parallel nebeneinander liegenden offenen Schlingen, die die Gewebefäden zusammenhalten und wirkungsvoll verhindern, dass der Stoff an den Rändern ausfranst.

SCHRITT 1

Links am Anfang der Linie bei A durchstechen und schräg rechts oberhalb von A bei B wieder einstechen. Die Nadel neben A direkt senkrecht unter B bei C herausführen, den Faden unter die Nadel legen und zum ersten Stich durchziehen. So die ganze Reihe sticken.

SCHRITT 2

Sind die Reihe oder der Arbeitsfaden zu Ende, den letzten Stich unten an der Schlinge auf dem Stoff fixieren.

DER UNTERLEGTE FESTONSTICH in 2 Schritten

Schwierigkeitsgrad: leicht, für Anfängerinnen geeignet.

Stoff und Garn: Der Unterlegte Festonstich lässt sich auf Baumwoll- oder Leinenstoffen (Tuch, Perkal oder Gabardine) mit Rundgarnen wie Vierfach-Stickgarn oder Perlgarn sticken; zum Unterlegen wird zusätzlich Sticktwist verwendet.

Stickrichtung: je nach Anforderung des Motivs.

Der Unterlegte Festonstich erfüllt denselben Zweck wie der Gewöhnliche Festonstich. Er hat jedoch mehr Relief und ist damit in manchen Fällen in der Durchbruchstickerei unerlässlich, wenn größere spitze oder gerundete Stoffränder einzufassen sind.

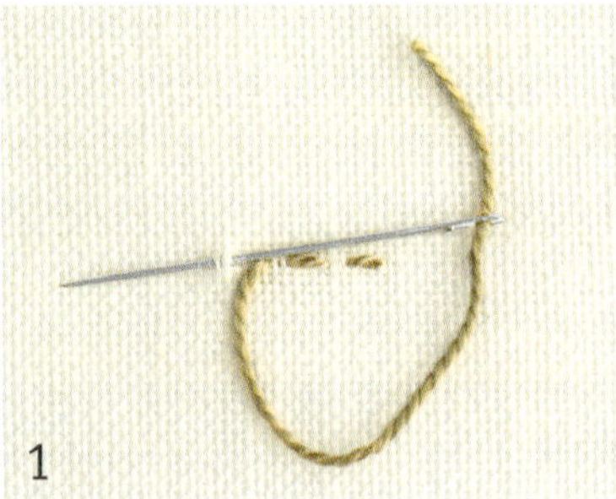

1

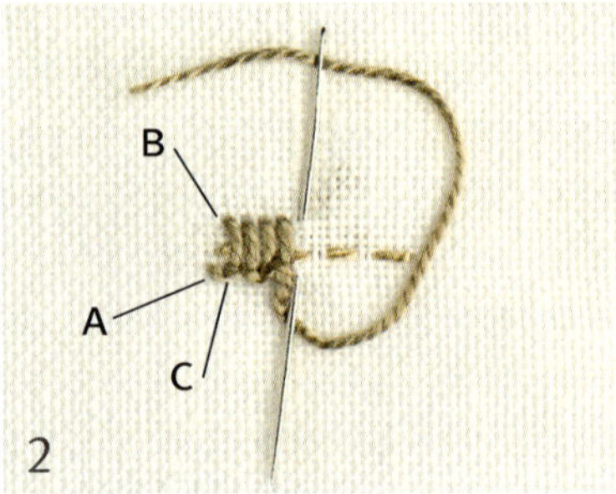

2

SCHRITT 1

Von rechts nach links eine waagrechte Reihe aus Vorstichen (siehe S. 130) sticken.

SCHRITT 2

Am linken Ende der Vorstichreihe knapp darunter bei A ausstechen und schräg rechts oberhalb von A bei B wieder einstechen. Die Nadelspitze neben A direkt senkrecht unter B bei C wieder herausführen. Den Faden unter die Nadel legen und zum ersten Stich durchziehen. So die ganze Reihe sticken und dabei die Vorstichreihe übersticken.

TIPP

Die Unterlegten Festonstiche zur Einfassung der Ränder in der Richelieu-Stickerei müssen fein und regelmäßig gearbeitet werden. Sie sind 0,2 bis 0,5 cm lang, je nachdem wie stark das Garn und wie dick der Stoff ist. Ziehen Sie den Faden beim Bilden der Schlingen vorsichtig durch; ziehen Sie ihn zu fest an, wird der Stoff zusammengezogen, ist er zu locker, werden die Stiche unregelmäßig.

DER WICKELSTEG in 4 Schritten

Schwierigkeitsgrad: anspruchsvoll, nur für erfahrene Stickerinnen.

Stoff und Garn: Der Wickelsteg lässt sich auf Baumwoll- oder Leinenstoffen (Tuch, Perkal oder Gabardine) mit Rundgarnen wie Vierfach-Stickgarn oder Perlgarn sticken; zum Unterlegen wird zusätzlich Sticktwist verwendet.

Stickrichtung: je nach Anforderung des Motivs.

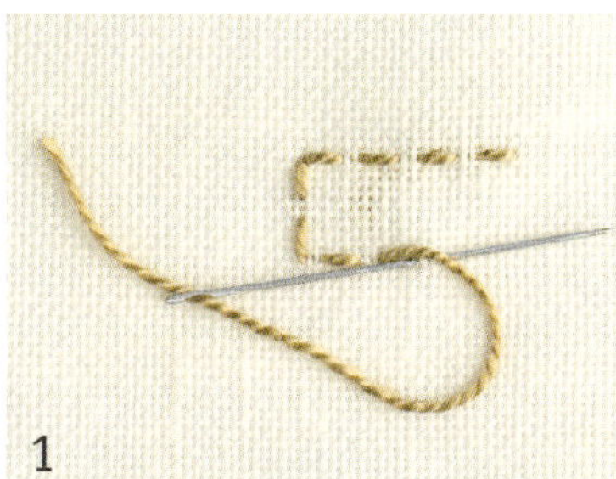

1

Der Wickelsteg ist auch unter dem Namen Stäbchenhohlsaum anzutreffen. Hohlsäume sind die Klassiker unter den Durchbrüchen und häufig auf Betttüchern aus Leinen- und Halbleinen zu finden. Sie werden für geometrische Formen und zur Verbindung der Ränder ausgeschnittener Motive verwendet.

SCHRITT 1

Das Motiv mit Vorstichen (siehe S. 130) umranden. Dabei von rechts nach links arbeiten.

2

SCHRITT 2

Den Stoff innerhalb der Umrandung mit einer scharfen feinen Stickschere aufschneiden.

3

SCHRITT 3

Die Vorstichumrandung auf einer Seite mit Glatten Schnurstichen (siehe S. 175) übersticken, dabei von links nach rechts arbeiten. Den eingeschnittenen Stoff auf die Rückseite umschlagen und mit den Schnurstichen ansticken. Einen Steg auf die gegenüberliegende Seite spannen, dabei den Stoff durchstechen. Den Steg in der Gegenrichtung mit Garn umwickeln.

4

SCHRITT 4

Die restlichen Ränder auf der dritten und vierten Seite des Motivs mit Schnurstichen einfassen.

DER UMSCHLUNGENDE STEG in 4 Schritten

Schwierigkeitsgrad: anspruchsvoll, nur für erfahrene Stickerinnen.

Stoff und Garn: Der Festonierte Steg lässt sich auf Baumwoll- oder Leinenstoffen (Tuch, Perkal oder Gabardine) mit Rundgarnen wie Vierfach-Stickgarn oder Perlgarn sticken; zum Unterlegen wird zusätzlich Sticktwist verwendet.

Stickrichtung: je nach Anforderung des Motivs.

1

2

3

4

Dieser Stich ist in der Richelieu-Stickerei häufig anzutreffen, denn damit lassen sich einheitliche Konturen arbeiten. Die Festonstiche an den Stegen zeigen immer in dieselbe Richtung.

SCHRITT 1

Das Motiv mit Vorstichen (siehe S. 130) umranden. Dabei von rechts nach links arbeiten.

SCHRITT 2

Das Motiv auf drei Seiten mit Festonstichen (siehe S. 181) einfassen und dabei die Schlingen zur Innenseite hin ausrichten. In der Mitte der vierten Seite den Faden auf die gegenüberliegende Seite spannen und dort durch die Festonstiche führen, ohne den Stoff zu durchstechen. Danach in die Gegenrichtung auf den Ausgangspunkt des einfädigen Stegs hin arbeiten.

SCHRITT 3

Den Steg in die Gegenrichtung mit Festonstichen umsticken, ohne den Stoff zu durchstechen. Den letzten Festonstich am Ausgangspunkt des Stegs mit einem kleinen Stich fixieren, dann die restliche vierte Seite des Motivs mit Festonstichen einfassen.

SCHRITT 4

Den Stoff innerhalb des Motivs mit einer scharfen Stickschere ausschneiden. Die Schere sorgfältig unter dem Steg hindurch führen und darauf achten, dass er nicht durchgeschnitten wird.

DER ÖSENSTEG in 5 Schritten

Schwierigkeitsgrad: anspruchsvoll, nur für erfahrene Stickerinnen.

Stoff und Garn: Der Ösensteg lässt sich auf Baumwoll- oder Leinenstoffen (Tuch, Perkal oder Gabardine) mit Rundgarnen wie Vierfach-Stickgarn oder Perlgarn sticken; zum Unterlegen wird zusätzlich Sticktwist verwendet.

Stickrichtung: je nach Anforderung des Motivs.

Auf den Stegen der Richelieu-Stickerei sind oftmals kleine Ösen, sogenannte „Pikots", zu finden. Auch in anderen Sticktechniken zieren sie die Stege, zum Beispiel in der Venezianischen Stickerei.

SCHRITTE 1 – 2

Das Motiv mit Vorstichen (siehe S. 130) umranden. Dabei von rechts nach links arbeiten. Das Motiv auf drei Seiten mit Festonstichen (siehe S. 181) einfassen und dabei die Schlingen zur Innenseite hin ausrichten. In der Mitte der vierten Seite den Faden auf die gegenüberliegende Seite spannen und dort durch die Festonstiche führen, ohne den Stoff zu durchstechen. Danach in die Gegenrichtung auf den Ausgangspunkt des Stegs hin arbeiten.

SCHRITT 3

Den Steg in die Gegenrichtung mit Festonstichen umsticken, ohne den Stoff zu durchstechen. In der Mitte eine Stecknadel quer durch den Steg stecken. Die Sticknadel unter der Stecknadel hindurchführen und dann durch den Steg stechen.

SCHRITT 4

Die Sticknadel nochmals unter der Stecknadel hindurchführen und die andere Hälfte des Stegs mit Festonstichen umsticken.

SCHRITT 5

Zuletzt die vierte Seite des Motivs mit Festonstichen einfassen. Danach den Stoff innerhalb der umstickten Fläche ausschneiden.

Tischläufer

Efeublätter sind ein wunderbares Motiv für eine Wiederbelebung der Richelieu-Sticktechnik. Für ein langgestrecktes Muster in der Mitte des Tischläufers bietet sich dieses anmutige Motiv besonders an. Das Besondere dabei ist das feine Stickgarn Ton in Ton zum Stoff.

WISSENSWERTES

Schwierigkeitsgrad
Anspruchsvoll und etwas zeitintensiv

Stickstiche
Festonierter Steg (siehe S. 184)
Gewöhnlicher Festonstich (siehe S. 181)
Stielstich (siehe S. 22)
Unterlegter Plattstich (siehe S. 176)

Maße
Der fertige Tischläufer ist 140 x 55 cm groß.
Das Stickmotiv misst 50 x 20 cm.

MATERIAL

150 x 65 cm Feinleinen, weiß
3 Strang Anchor Vierfach-Stickgarn Nr. 20, Weiß (Fb. 1)
Feine Sticknadel
Stickrahmen, 10 cm Durchmesser
HB Bleistift
Stecknadeln

MOTIV

Die Mitte des Stoffrechtecks mit Stecknadeln markieren. Das Stickmuster so unter den Stoff legen, dass die Mitte des Motivs und die Mitte des Stoffes übereinander liegen. Das Motiv mit dem gespitzten HB-Bleistift auf dem Stoff nachzeichnen.

STICKEN

Den Stoff in den Stickrahmen spannen. Zunächst die Konturen der Efeublätter mit Gewöhnlichen Festonstichen sticken. An den in der Vorlage gekennzeichneten Stellen Festonierte Stege anlegen. Nachdem die Festonstiche fertig sind, die Formen sorgfältig ausschneiden.

Mit Vierfach-Stickgarn Nr. 20 in derselben Farbe die Motive unterlegen, die im Unterlegten Plattstich gearbeitet werden, nämlich die Äste und die Beeren des Efeu. Die Plattstiche so ausrichten, wie es in der Stickvorlage angegeben ist. Am Ende die Blattadern mit Stielstichen sticken.

FERTIGSTELLEN

Die Stoffränder 2 cm breit einschlagen, umbügeln, stecken und 2,5 cm breit umschlagen. Den Saum in 2 cm Abstand vom Rand steppen. Den Tischläufer dämpfen.

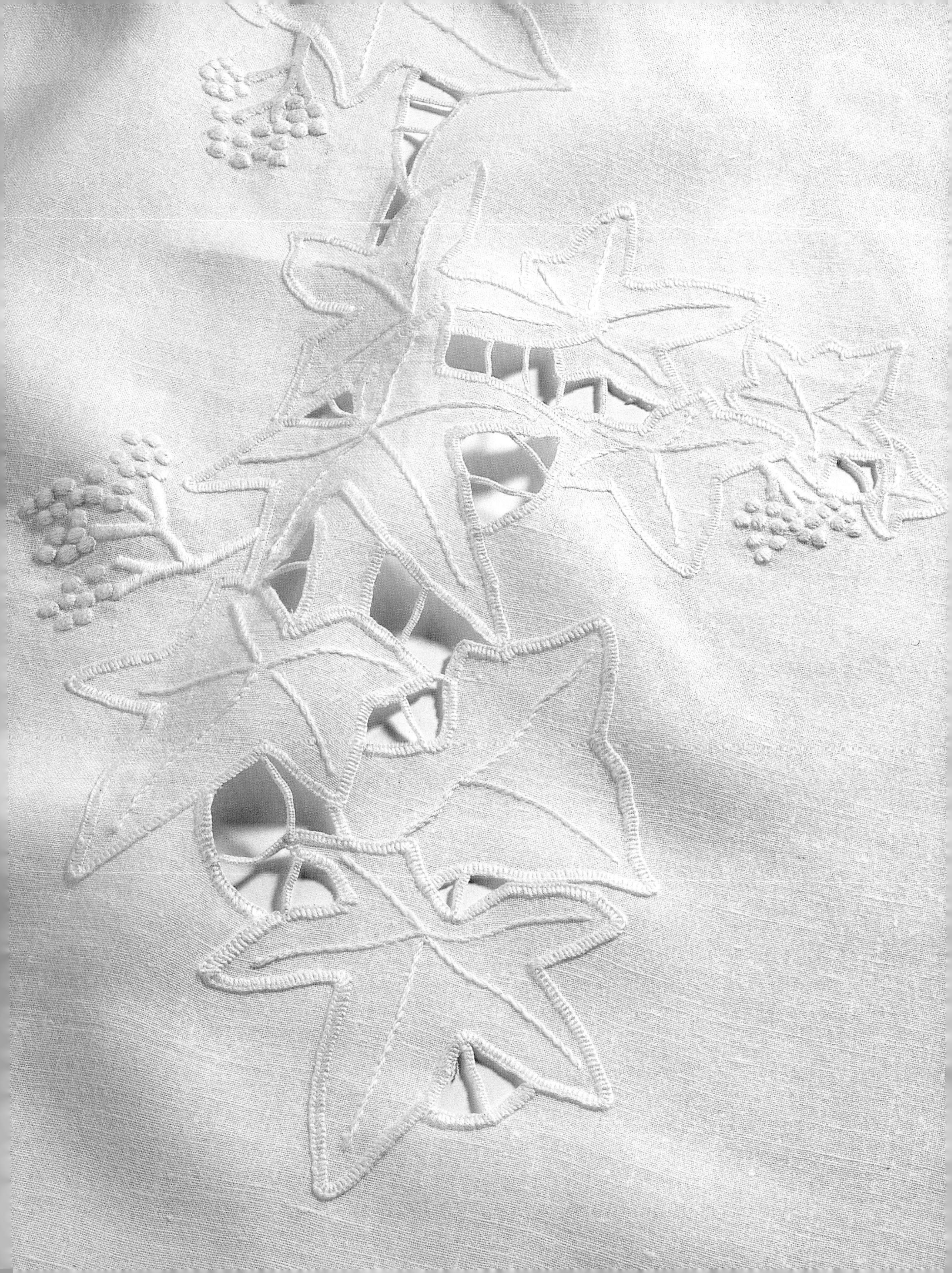

Auf 45% verkleinert

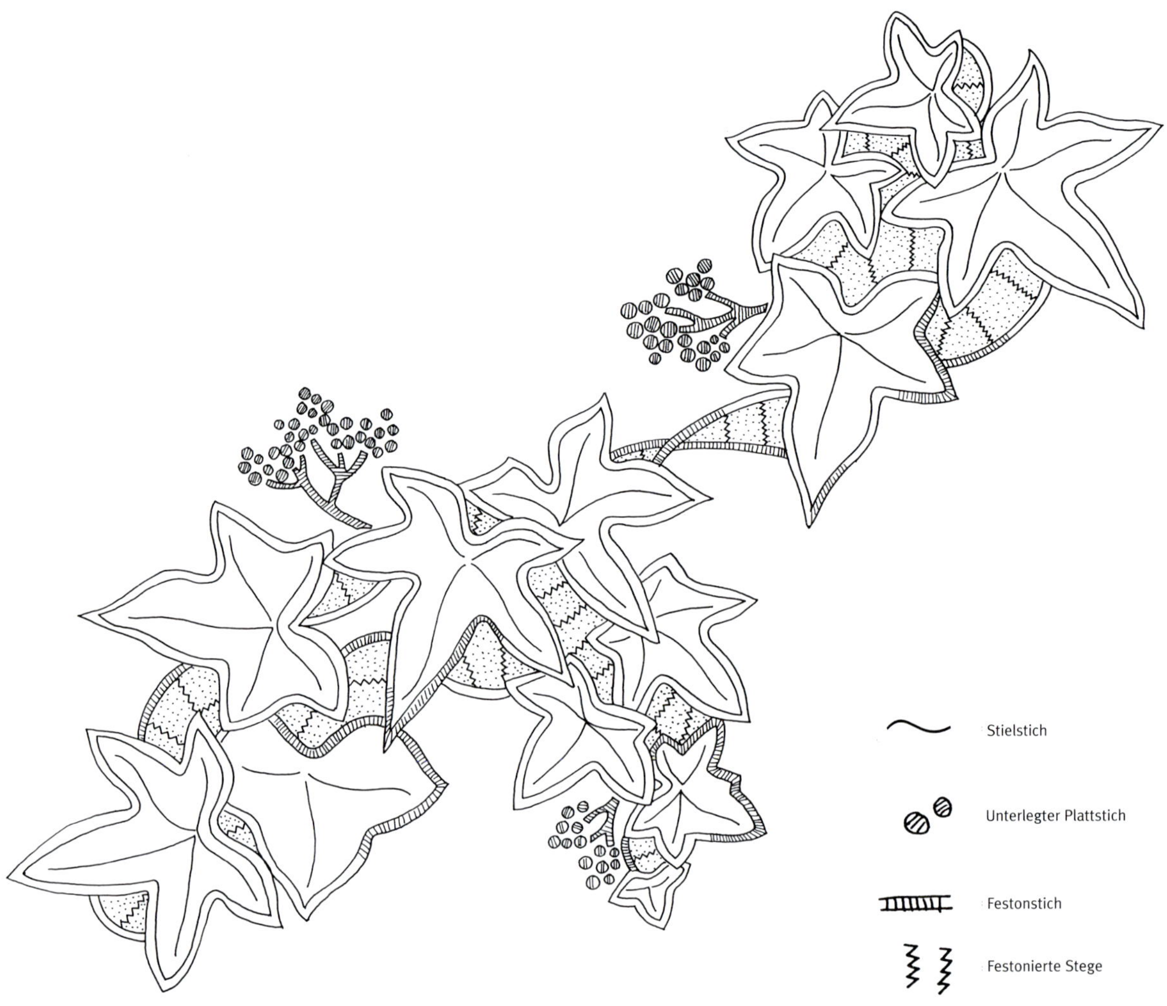

HINWEIS

Bügeln Sie die Stickarbeit, bevor Sie die Ausschnitte ausschneiden. Die Festonstiche werden dabei geglättet und haften besser am Stoff. Die Motive werden von der Vorderseite aus mit einer scharfen kleinen Stickschere ausgeschnitten. Nehmen Sie eine Lupe zu Hilfe, damit Sie die Stickstiche nicht beschädigen. Wenn an einigen Stellen Gewebefäden in den Festonstichen hängen bleiben, den Stoff wenden und sie von der Rückseite her abschneiden.

Hardanger-Stickerei

Die Hardanger-Stickerei stammt aus der gleichnamigen norwegischen Landschaft. Bei dieser Sticktechnik werden die Durchbrüche mit kräftigem Baumwollgarn mit Plattstichen eingefasst. Die gesicherten Gewebefäden werden abgeschnitten und ausgezogen, dabei entsteht ein Fadengitter, dessen Stege mit feinerem Garn gefasst werden. Bei diesen Arbeitsgängen kommen verschiedene Stiche zur Anwendung.

DIE PLATTSTICH-UMRANDUNG in 2 Schritten

Schwierigkeitsgrad: leicht, für Anfängerinnen geeignet.

Stoff und Garn: Die Plattstich-Umrandung lässt sich mit Rundgarnen wie Vierfach-Stickgarn Nr. 12 oder Perlgarn Nr. 5 auf fadengleichen Baumwoll- oder Leinenstoffen mit gut erkennbaren Gewebefäden sticken.

Stickrichtung: beliebig entsprechend den Anforderungen des Motivs.

TIPP

Hier werden zum Einfassen Gruppen aus einer ungeraden Anzahl Stiche – 3,5 oder 7 – gebildet. Die Länge der Stiche entspricht einer geraden Anzahl von Gewebefäden – 4,6 oder 8.

Die Plattstich-Umrandung ist der erste Arbeitsgang bei der Hardanger-Stickerei. Dabei wird der gesamte Durchbruch mit Plattstichen eingefasst, die als gezählte Stiche gearbeitet werden. So werden die Ränder gesichert und fransen beim Ausschneiden der Fäden nicht aus.

SCHRITT 1

Den künftigen Durchbruch im Uhrzeigersinn mit Plattstichen (siehe S. 98) einfassen. Dazu bei A durchstechen, dann vier Gewebefäden oberhalb von A bei B einstechen. Die Nadelspitze einen Gewebefaden weiter neben A bei C wieder herausführen. In dieser Weise eine Gruppe aus fünf senkrechten Plattstichen arbeiten.

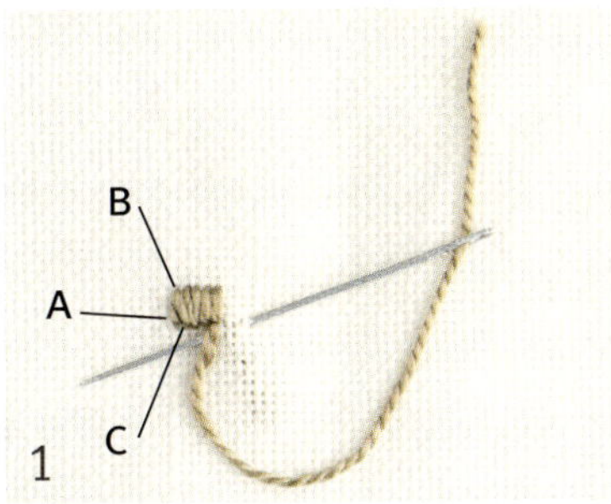

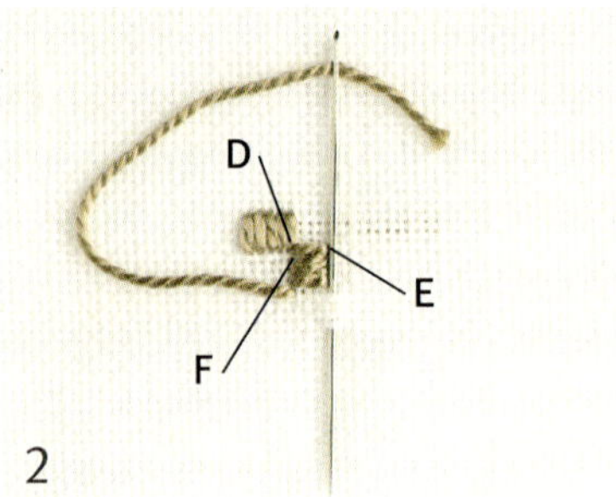

SCHRITT 2

Die nächste Gruppe besteht aus waagrechten Stichen. Die Nadel bei D – das ist die Ausstichstelle des letzten Stichs der senkrechten Vorgängergruppe – herausführen und vier Gewebefäden weiter rechts bei E wieder einstechen. Die Nadel einen Gewebefaden unterhalb von D bei F herausführen. In dieser Weise eine Gruppe aus fünf waagrechten Plattstichen arbeiten. Die Umrandung im Wechsel von Gruppen aus senkrechten und waagrechten Plattstichen fertig stellen.

DIE GEZACKTE UMRANDUNG in 2 Schritten

Schwierigkeitsgrad: leicht, für Anfängerinnen geeignet.

Stoff und Garn: Die Gezackte Umrandung lässt sich mit Rundgarnen wie Vierfach-Stickgarn Nr. 12 oder Perlgarn Nr. 5 auf fadengleichen Baumwoll- oder Leinenstoffen mit gut erkennbaren Gewebefäden sticken.

Stickrichtung: beliebig entsprechend den Anforderungen des Motivs.

TIPP

Auf der Rückseite des Stoffes erscheinen die Gruppen aus fünf Plattstichen leicht schräg versetzt. Spannen Sie auf der Rückseite des Stoffs keine Fäden schräg von einer Gruppe zur anderen, es besteht sonst die Gefahr, dass sie beim Herausschneiden die Gewebefäden mit durchschneiden.

Zweck der Gezackten Umrandung ist ebenfalls die Einfassung des gesamten Durchbruchs mit Plattstichen.

Durch die Ausführung der Stiche in unterschiedlichen Längen wird der erste Arbeitsschritt der Hardanger-Stickerei abwechslungsreich gestaltet.

SCHRITT 1

Den künftigen Durchbruch im Uhrzeigersinn mit Plattstichen (siehe S. 98) einfassen. Dazu bei A durchstechen, dann vier Gewebefäden oberhalb von A bei B einstechen. Die Nadelspitze einen Gewebefaden weiter neben A bei C wieder herausführen. Der erste Plattstich wird über vier Gewebefäden geführt, der zweite über fünf, der dritte über sechs, der vierte wieder über fünf und der letzte wieder über vier. In dieser Weise eine Gruppe aus fünf senkrechten Plattstichen arbeiten.

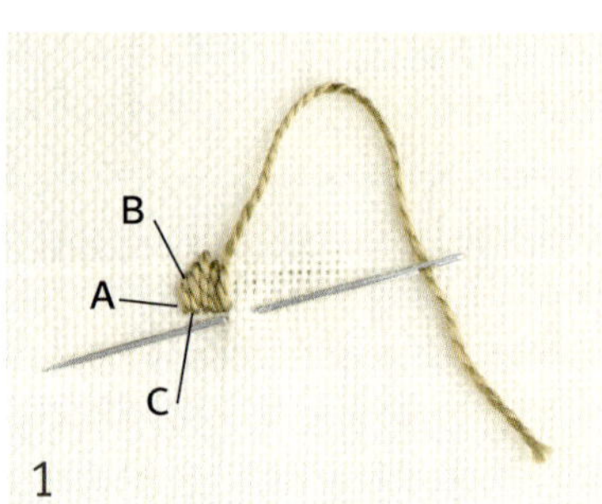

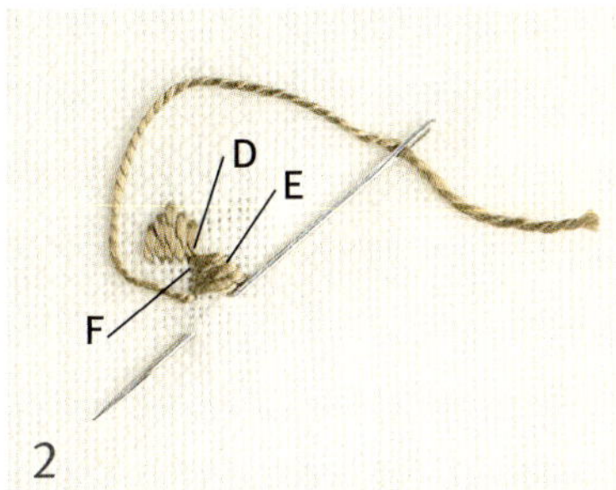

2

SCHRITT 2

Die nächste Gruppe besteht aus waagrechten Stichen. Die Nadel bei D – das ist die Ausstichstelle des letzten Stichs der senkrechten Vorgängergruppe – herausführen und vier Gewebefäden weiter rechts bei E wieder einstechen. Die Nadel einen Gewebefaden unterhalb von D bei F herausführen. In dieser Weise eine Gruppe aus fünf waagrechten Plattstichen arbeiten und dabei die Stiche länger und wieder kürzer werden lassen. Die Umrandung im Wechsel von Gruppen aus senkrechten und waagrechten Plattstichen fertig stellen.

DAS AUSZIEHEN DER FÄDEN

Schwierigkeitsgrad: mittelschwer, für Stickerinnen mit Vorkenntnissen.

Material: kleine scharfe Stickschere; stumpfe Sticknadeln zum Herausziehen der Gewebefäden

Arbeitsrichtung: beliebig entsprechend den Anforderungen des Motivs.

TIPP

Damit Sie Ihre Arbeit beim Schneiden der Gewebefäden gut sehen, lassen Rechtshänderinnen die Gruppe aus fünf Stichen rechts von der Scherenspitze liegen; bei Linkshänderinnen liegt sie links davon. So versperrt die Hand nicht die Sicht.

Nachdem das Motiv vollständig mit Plattstichen eingefasst ist, wird als nächster Arbeitsgang der Durchbruch gebildet. Dazu werden die mit Plattstichgruppen gesicherten Gewebefäden abgeschnitten und herausgezogen, so dass ein Gitter entsteht, dessen Stäbe dann im dritten Arbeitsgang umstickt werden.

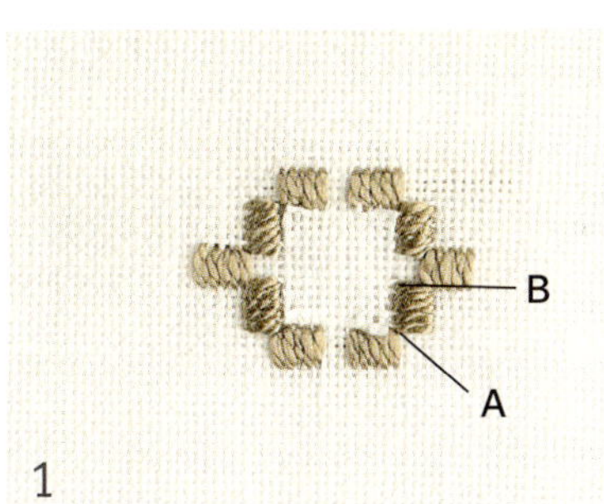

1

SCHRITT 1

Den Stoff im Stickrahmen eingespannt lassen und so halten, dass die Hand die Schere geradeaus führt. Die Scherenspitze ist dabei von unten nach oben gerichtet. Die untere Klinge der Schere unten an der ersten Plattstichgruppe bei A unter das Gewebe schieben und die vier Gewebefäden bis B abschneiden. Den Stoff eine Vierteldrehung weiter drehen, so dass die von den Stichgruppen gebildete Ecke offen zugänglich ist.

2

SCHRITT 2

Die Gewebefäden innerhalb der mit Plattstichen gesicherten Umrandung abschneiden. Die abgeschnittenen Fäden in der Mitte aus dem Gewebe lösen und nacheinander waagrecht und senkrecht herausziehen. Die nicht abgeschnittenen Fäden bleiben als Gitter stehen, dessen Stäbe aus jeweils vier Gewebefäden bestehen.

DAS UMWICKELTE GITTER in 2 Schritten

Schwierigkeitsgrad: mittelschwer, für Stickerinnen mit Vorkenntnissen.

Stoff und Garn: Das Umwickelte Gitter lässt sich mit Rundgarnen wie Vierfach-Stickgarn Nr. 20 oder Nr. 25 oder Perlgarn Nr. 8 auf fadengleichen Baumwoll- oder Leinenstoffen mit gut erkennbaren Gewebefäden sticken.

Stickrichtung: diagonal von unten nach oben und von rechts nach links.

Am Beispiel des Umwickelten Gitters wird der dritte Arbeitsgang der Hardanger-Stickerei erläutert, bei dem das Fadengitter aus stehen gebliebenen Gewebefäden umstickt wird.

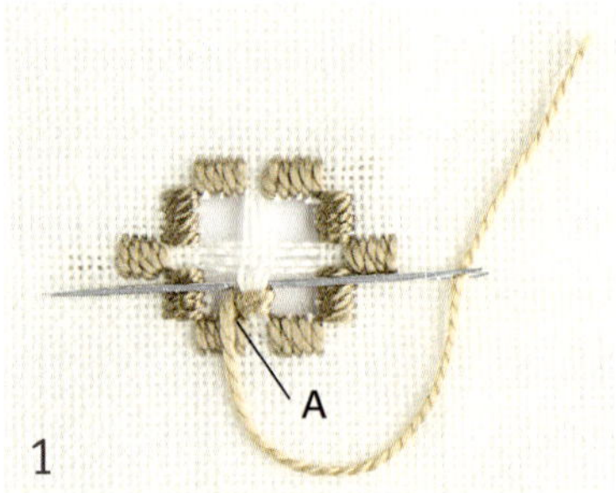

1

2

SCHRITT 1

Einen feineren Arbeitsfaden einfädeln als den, der für die Umrandung verwendet wurde. Den Faden auf der Rückseite des Stoffs in einer der Plattstichgruppen fixieren. Links vom untersten Fadenbündel des Gitters bei A durchstechen und es im Uhrzeigersinn umwickeln. Als nächstes die im rechten Winkel darüber liegenden Fadenbündel umwickeln.

SCHRITT 2

Ist die Reihe der die im rechten Winkel übereinander liegenden Fadenbündel fertig umwickelt, das Fadenende auf der Rückseite des Stoffs verwahren. Einen neuen Arbeitsfaden einfädeln und unten im Durchbruch an der nächsten Reihe neu ansetzen.

DAS UMSTOPFTE GITTER in 2 Schritten

Schwierigkeitsgrad: mittelschwer, für Stickerinnen mit Vorkenntnissen.

Stoff und Garn: Das Umstopfte Gitter lässt sich mit Rundgarnen wie Vierfach-Stickgarn Nr. 20 oder Nr. 25 oder Perlgarn Nr. 8 auf fadengleichen Baumwoll- oder Leinenstoffen mit gut erkennbaren Gewebefäden sticken.

Stickrichtung: diagonal von unten nach oben und von rechts nach links.

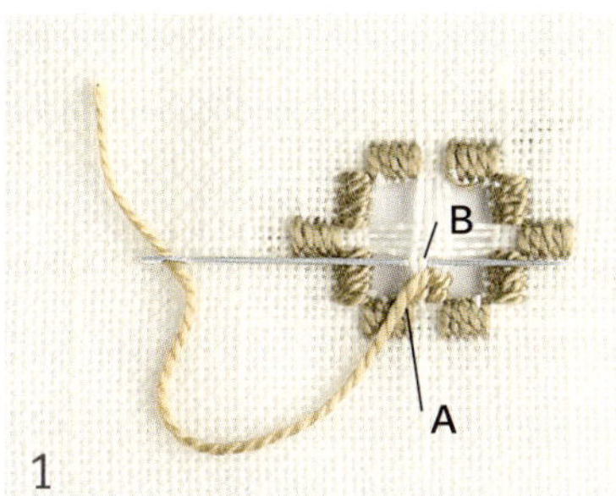

Hier ist der Ablauf im Grunde derselbe wie beim Umwickelten Gitter, die Fäden des Gitterabschnitts werden lediglich geteilt und umstopft, was sehr apart wirkt.

SCHRITT 1

Einen feineren Arbeitsfaden einfädeln als den, für die Umrandung verwendeten und ihn auf der Rückseite des Stoffs in einer der Plattstichgruppen fixieren. Links vom untersten Fadenbündel des Gitters bei A durchstechen. In der Mitte der Gruppe aus vier Gewebefäden bei B einstechen und die Nadel um die rechte Seite des Fadenbündels führen. Wieder in der Mitte einstechen und die Nadel nun um die linke Seite des Fadenbündels führen. So weiterarbeiten und dabei immer in die Mitte der vier Gewebefäden einstechen.

SCHRITT 2

Als nächstes das im rechten Winkel liegende Fadenbündel umstopfen. Die Nadel unterhalb des waagrechten Fadenbündels herausführen, in der Mitte der Fadengruppe einstechen und diese dabei teilen. Wie in Schritt 1 beschrieben im Stopfstich weiterarbeiten.

TIPP

Das Umstopfen ist der Grund, warum im ersten Arbeitsgang der Hardanger-Stickerei die Plattstichgruppen der Durchbrucheinfassung über eine gerade Anzahl Gewebefäden gearbeitet werden. So bestehen die Gitterstäbe auch immer aus einer geraden Anzahl von Fäden und lassen sich beim Umstopfen in zwei gleiche Hälften teilen.

DAS UMSTOPFTE GITTER MIT ÖSEN in 2 Schritten

Schwierigkeitsgrad: mittelschwer, für Stickerinnen mit Vorkenntnissen.

Stoff und Garn: Das Umstopfte Gitter mit Ösen lässt sich mit Rundgarnen wie Vierfach-Stickgarn Nr. 20 oder Nr. 25 oder Perlgarn Nr. 8 auf fadengleichen Baumwoll- oder Leinenstoffen mit gut erkennbaren Gewebefäden sticken.

Stickrichtung: diagonal von unten nach oben und von rechts nach links.

1

2

Das Umstopfte Gitter mit Ösen wird auf der Basis von Stopfstichen gearbeitet. Zusätzlich wird auf jeder Seite der Stege jeweils auf der Hälfte eine kleine Öse gesetzt. Dies ist eine besonders reizvolle Variationsmöglichkeit der Hardanger-Stickerei.

SCHRITT 1

Einen feineren Arbeitsfaden einfädeln als den für die Umrandung verwendeten und ihn auf der Rückseite des Stoffs in einer der Plattstichgruppen fixieren. Die einzelnen Abschnitte des Fadengitters im Stopfstich (siehe S. 110) arbeiten. Die Nadel in der Mitte des jeweiligen Fadenstegs zwischen den Fäden durchführen, den Faden um die Nadel wickeln und vorsichtig durchziehen, so dass eine kleine Öse entsteht.

SCHRITT 2

Die Nadel noch einmal zwischen den Fäden des Fadenbündels durchführen, den Faden darumwickeln und auf der anderen Seite ebenfalls eine kleine Öse setzen. Den Arbeitsfaden vorsichtig durchziehen. Das Fadenbündel weiter umstopfen und zum nächsten Abschnitt übergehen.

TIPP

Damit beim Umstopften Gitter die Ösen gut zur Geltung kommen, sollten Sie feines Garn wie Vierfach-Stickgarn Nr. 25 oder Perlgarn Nr. 8 verwenden. Wenn Sie stärkeres Garn verwenden, besteht die Gefahr, dass die Öse den Durchbruch vollständig füllt. Die Stege sind dann nicht mehr richtig unterscheidbar und die feine Struktur dieses Stichs geht verloren.

DAS GEFÜLLTE UMSTOPFTE GITTER in 2 Schritten

Schwierigkeitsgrad: anspruchsvoll, nur für erfahrene Stickerinnen.

Stoff und Garn: Das Gefüllte umstopfte Gitter lässt sich mit Rundgarnen wie Vierfach-Stickgarn Nr. 20 oder Nr. 25 oder Perlgarn Nr. 8 auf fadengleichen Baumwoll- oder Leinenstoffen mit gut erkennbaren Gewebefäden sticken.

Stickrichtung: diagonal von unten nach oben und von rechts nach links.

Ein aparter Kontrast zu den streng geometrischen Formen der Hardanger-Stickerei entsteht, wenn die Zwischenräume des Gitters gefüllt werden.

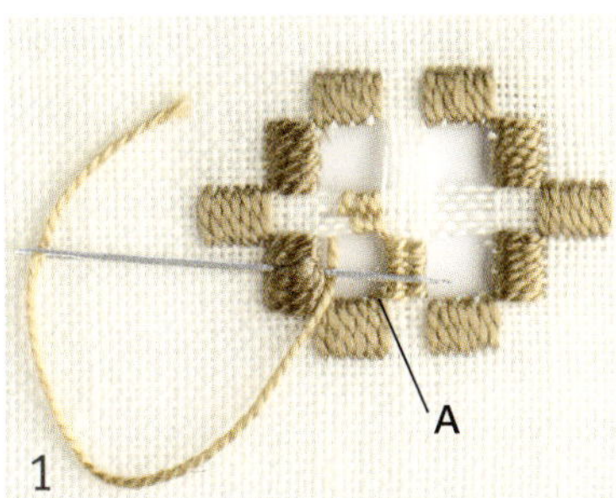

SCHRITT 1

Einen feineren Arbeitsfaden einfädeln als den für die Umrandung verwendeten und ihn auf der Rückseite des Stoffs in einer der Plattstichgruppen fixieren. Links vom untersten Fadenbündel bei A durchstechen. In der Mitte der Gruppe aus vier Gewebefäden bei B einstechen und die Nadel um die rechte Seite des Fadenbündels herumführen. Wieder in der Mitte einstechen und die Nadel nun um die linke Seite des Fadenbündels herumführen. So weiterarbeiten und dabei jedes Mal die Mitte der vier Gewebefäden durchstechen.

SCHRITT 2

Als nächstes den im rechten Winkel links liegenden Abschnitt des Fadengitters umstopfen. Auf der Hälfte des letzten Stegs mit dem Füllen beginnen. Dafür in die Mitte der Plattstichumrandung, die gegen den Uhrzeigersinn am nächsten liegt, einstechen. In dem Dreieck zwischen gespanntem Faden und Plattstichgruppe ausstechen. Jeweils weiter in die Mitte der gegen den Uhrzeigersinn nächsten Plattstichgruppe einstechen. Nach der Rückkehr zum Ausgangspunkt die letzte Hälfte des Stegs fertig umstopfen.

TIPP

Für die Füllung der Quadrate im Gitter gibt es noch eine Variante. Umsticken Sie hierzu zunächst alle vier Gitterstäbe um das Quadrat vollständig und stechen Sie dann gegen den Uhrzeigersinn in die nächste Ecke ein. Rechts neben dem gespannten Faden ausstechen und weiter in die gegen den Uhrzeigersinn nächste Ecke einstechen. Die Füllung ist dann diagonal im Quadrat ausgerichtet.

Serviette

Für farbbetonte Durchbruchmotive ist die Hardanger-Stickerei besonders geeignet. Ein Beispiel dafür ist das nebenstehende geometrische Eckmuster, das wir Ihnen für Ihre Servietten empfehlen. Die intensiven Rosatöne verleihen der ansonsten einfachen Serviette eine höchst aparte Note.

WISSENSWERTES

Schwierigkeitsgrad
Mittelschwer

Stickstiche
Plattstich-Umfassung (siehe S. 189)
Umstopftes Gitter (siehe S. 193)
Gefülltes umstopftes Gitter (siehe S. 195)
Kreuzstich (siehe S. 138)

Maße
Die fertige Serviette ist 45 x 45 cm groß.
Die Seitenlänge des Eckmusters beträgt 8 cm.

MATERIAL

50 x 50 cm Feinleinen, Malve
11 Stiche pro cm,
1 Strang Anchor Perlgarn Nr. 5, Rosé (Fb. 24)
1 Strang Anchor Sticktwist, 3-fädig verarbeitet, Nr. 20, Erika (Fb. 76)
Stumpfe Sticknadel
Stickrahmen
Nähfaden, Malve
Nähnadel oder Nähmaschine

MOTIV

Das Motiv wird nicht übertragen, sondern nach der Vorlage ausgezählt. Der Abstand zwischen dem Rand des Musters und der Schnittkante des Stoffs beträgt 100 Gewebefäden.

STICKEN

Den Stoff in den Stickrahmen spannen. Einen Faden in der Farbe Rosé einfädeln. Den Durchbruch mit Plattstichen einfassen. Die Gruppen der Plattstich-Umrandung bestehen jeweils aus sieben Plattstichen, die über sechs Gewebefäden gestickt sind. Ist die Einfassung fertig, die mit Plattstichen gesicherten Gewebefäden aufschneiden. Zwischen den Plattstichgruppen nicht gesicherte Gewebefäden stehen lassen. Einen Faden aus 3-fädigem Sticktwist in Erika einfädeln und die Stege im Stopfstich arbeiten. Dabei diagonal vorgehen. Bei jeder zweiten diagonalen Reihe werden die Gitterquadrate gefüllt. Zum Schluss das kleine Kreuzstichmotiv mit Sticktwist in der Farbe Erika sticken. Die Kreuze werden über zwei Gewebefäden gearbeitet.

FERTIGSTELLEN

Einen 2 cm breiten Einschlag auf die Rückseite bügeln. Stecken und einen 2,5 cm breiten Umschlag bügeln. Den Saum heften und von Hand annähen oder mit der Maschine steppen.

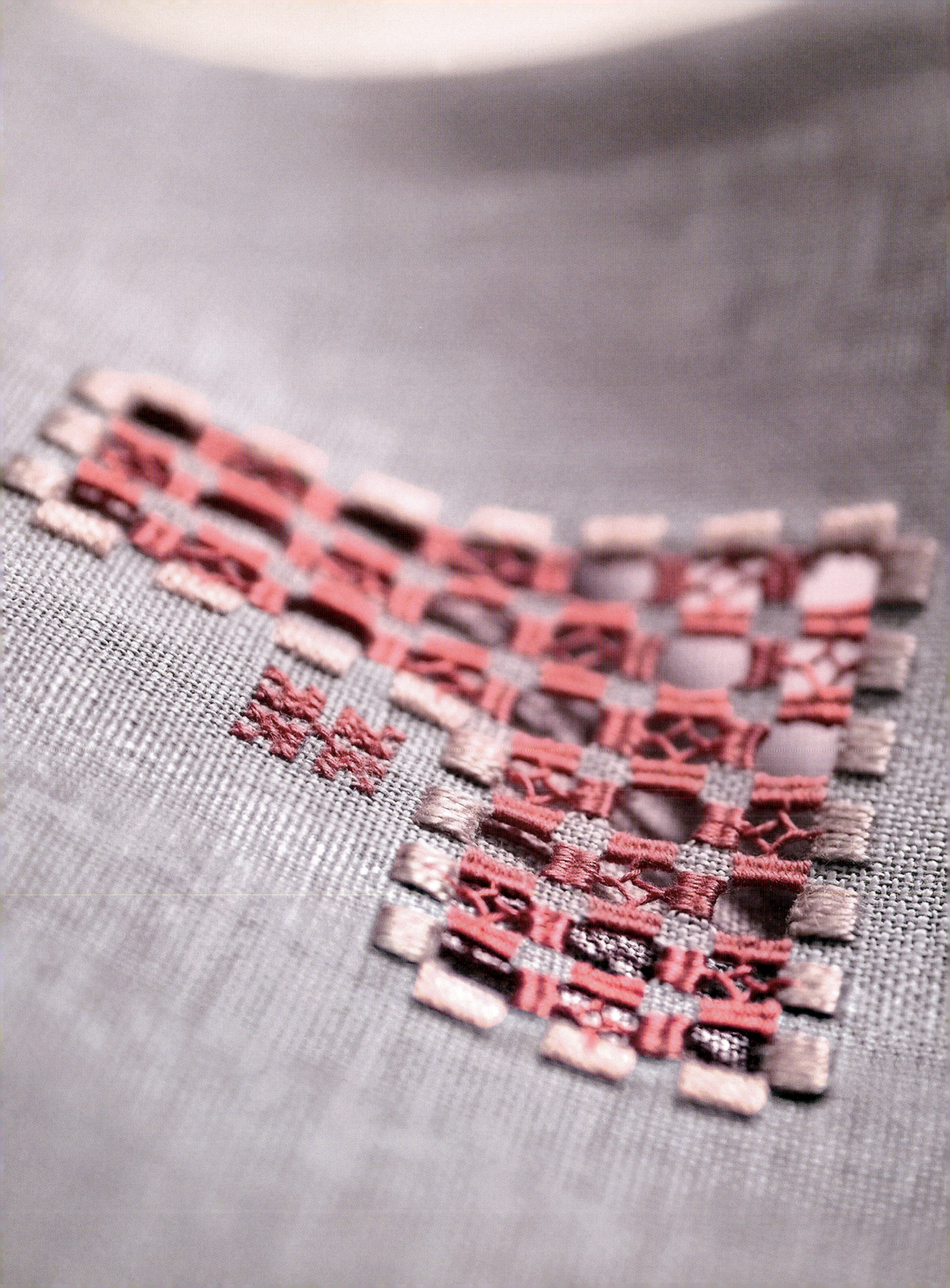

Auf 45% verkleinert

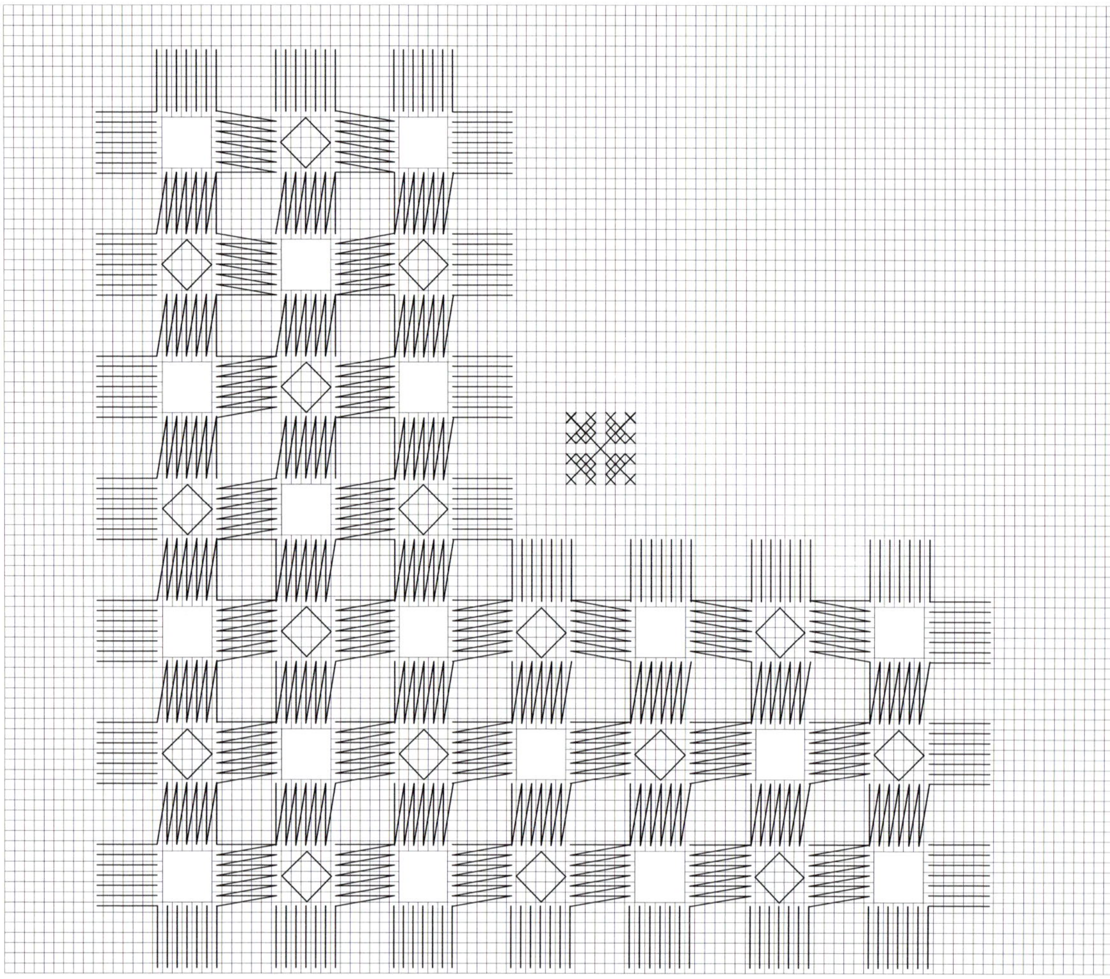

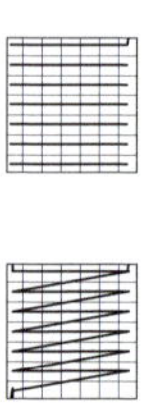

Plattstich-Umrandung

Stopfsteg (Umstopftes Gitter)

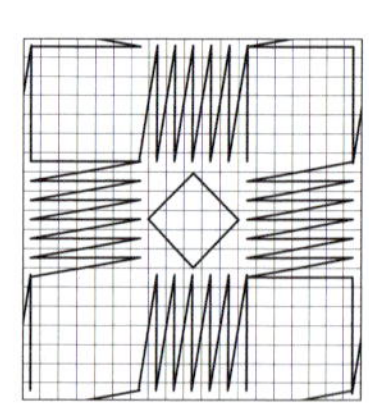

Stopfstege und Füllung (Gefülltes umstopftes Gitter)

HINWEIS

Die Hardanger-Sticktechnik ergibt immer geometrische Muster. Originelle Hardanger-Muster lassen sich auch aus Vorlagen für andere gezählte Stiche, zum Beispiel aus Kreuzstichmustern, ableiten. Passen Sie das Motiv in diesem Fall entsprechend an. Wenn Sie ein eigenes Muster kreieren wollen, sollten Sie vor dem Sticken den Entwurf erst auf Millimeterpapier ausarbeiten.

Hohlsäume

Die Hohlsaumtechnik unterscheidet sich nur wenig von anderen Durchbruch-Techniken. Zur Vorbereitung allerdings werden je nach Art des Motivs Gewebefäden in einer Richtung vorsichtig aus dem Stoff herausgelöst. Dabei bleiben parallele Fäden stehen, die die Grundlage für die Hohlsaumstiche bilden. Hohlsaumstiche werden häufig mit anderen Stichen verbunden, z. B. mit einer Plattstich-Umrandung.

DIE HOHLSAUMVORBEREITUNG in 2 Schritten

Schwierigkeitsgrad: leicht, für Anfängerinnen geeignet.

Material: Stickschere, Heftfaden, Nähnadel, Stecknadel. Je feiner der Stoff, desto schwieriger ist das Freilegen der Gewebefäden. Anfängerinnen üben am besten auf Stoffen mit zählbarem Gewebefäden.

Arbeitsrichtung: entsprechend dem Verlauf des Hohlsaumrands.

Beim Vorbereiten des Hohlsaums werden Gewebefäden aus dem Stoff gezogen. Die nach dieser Vorarbeit verbleibenden parallelen Fäden sind die Grundlage für die erläuterten Hohlsaumstiche.

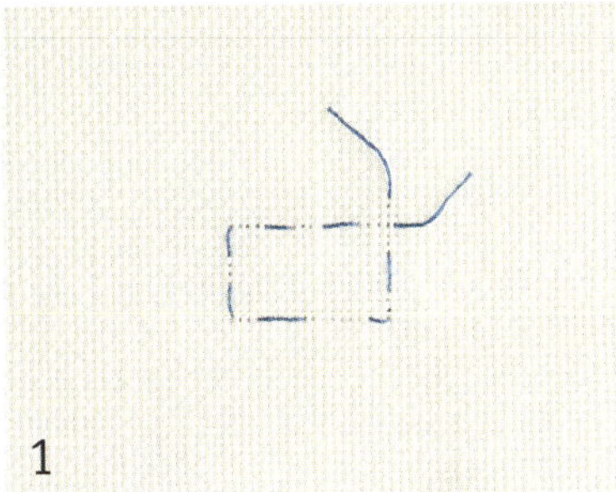

1

SCHRITT 1

Den Hohlsaum mit großen Vorstichen (siehe S. 130) mit Heftfaden markieren. An den beiden Enden der markierten Umrandung die Gewebefäden abschneiden.

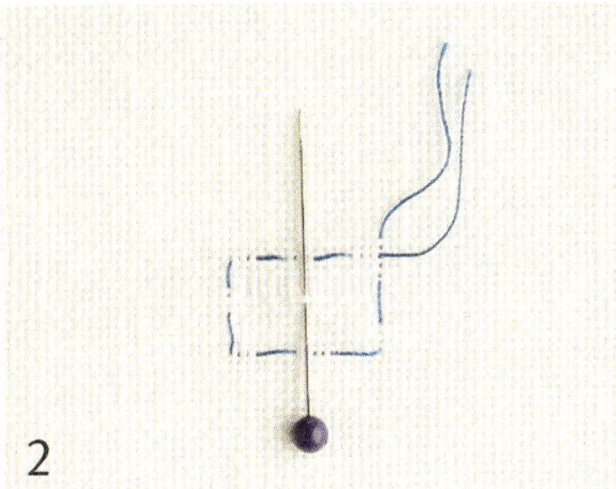

2

SCHRITT 2

Mit der Sticknadel die abgeschnittenen Fäden in der Mitte des Hohlsaums auf 2 bis 3 cm herauslösen und dann ganz herausziehen. In derselben Weise auch die anderen parallel abgeschnittenen Fäden innerhalb des markierten Bereichs herausziehen.

DER EINFACHE HOHLSAUM in 3 Schritten

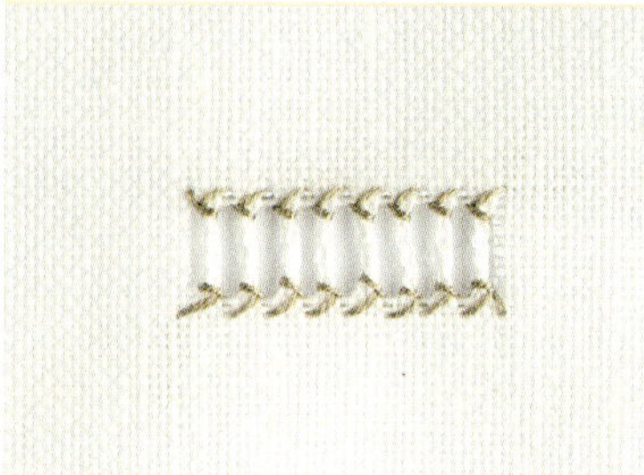

Schwierigkeitsgrad: mittelschwer, für Stickerinnen mit Vorkenntnissen.

Stoff und Garn: Der Einfache Hohlsaum lässt sich mit feinen Rundgarnen wie Vierfach-Stickgarn Nr. 20 oder Nr. 25 oder Perlgarn Nr. 8 auf zählbaren Baumwoll- oder Leinenstoffen (Tuch oder Perkal) sticken.

Stickrichtung: waagrecht von links nach rechts.

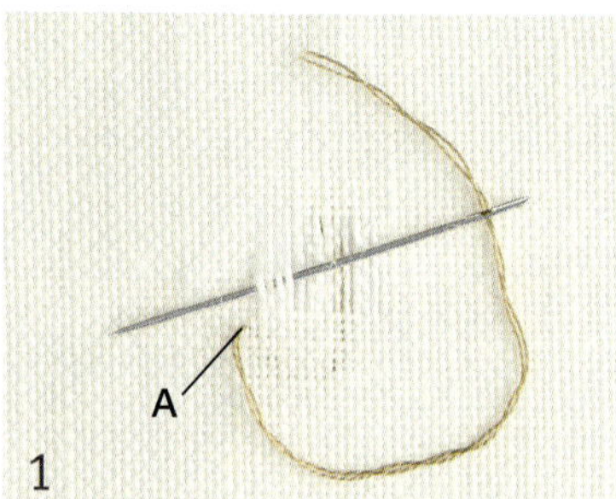

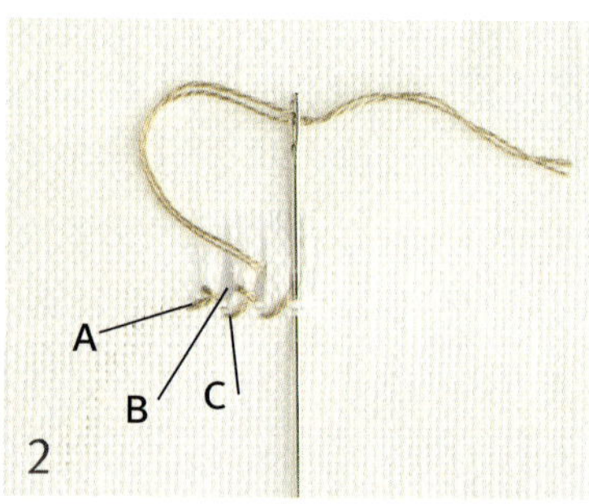

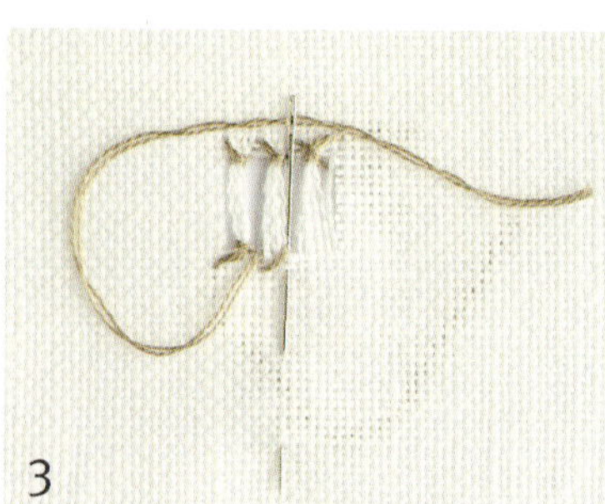

Der Einfache Hohlsaum sieht wie eine Leiter aus und ist auch unter dem Namen Stäbchenhohlsaum bekannt. Im Hohlnahtstich wird zuerst der untere und danach der obere Rand des Hohlsaums gearbeitet.

SCHRITT 1

Den Hohlsaum vorbereiten (siehe S. 199). Den unteren Rand im Hohlnahtstich arbeiten und dazu am linken Ende bei A durchstechen. Mit der Nadel von rechts nach links vier Gewebefäden aufnehmen und den Faden durchziehen. Dabei werden die Gewebefäden am unteren Rand des Hohlsaums zusammengezogen.

SCHRITT 2

Die Nadel rechts von der ersten Fadengruppe bei B nach hinten führen und senkrecht unterhalb von B bei C wieder ausstechen. Weitere Hohlnahtstiche arbeiten.

SCHRITT 3

Ist der untere Rand des Hohlsaums gearbeitet, die Arbeit umdrehen und den gegenüberliegenden Hohlsaumrand von links nach rechts mit Hohlnahtstichen arbeiten. Dabei dieselben Gewebefäden wie gegenüber zu Gruppen zusammenziehen.

TIPP

Die in Gruppen zusammengefassten Gewebefäden heißen in der Hohlsaumstickerei „Bündel“. Eine andere Art der Sticktechnik als bei den „Stegen“ der Richelieu-Stickerei und den „Gitterstäben“ der Hardanger-Stickerei.

DER ZICKZACKHOHLSAUM in 3 Schritten

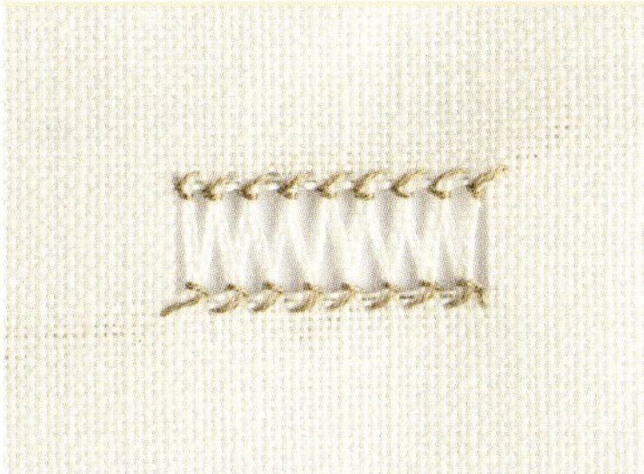

Schwierigkeitsgrad: mittelschwer, für Stickerinnen mit Vorkenntnissen.

Stoff und Garn: Der Zickzackhohlsaum lässt sich mit feinen Rundgarnen wie Vierfach-Stickgarn Nr. 20 oder Nr. 25 oder Perlgarn Nr. 8 auf zählbaren Baumwoll- oder Leinenstoffen (Tuch oder Perkal) sticken.

Stickrichtung: waagrecht von links nach rechts.

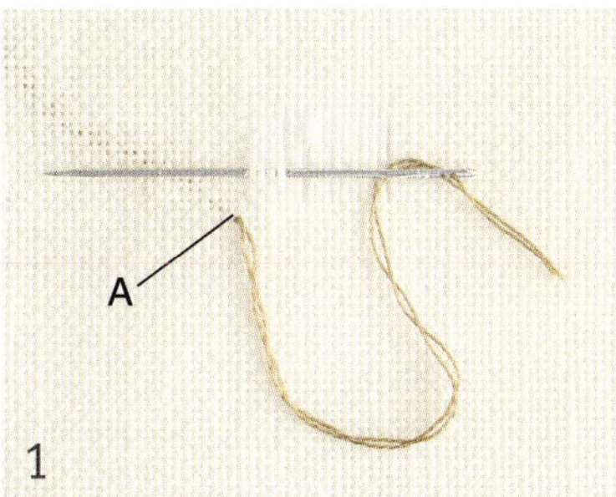

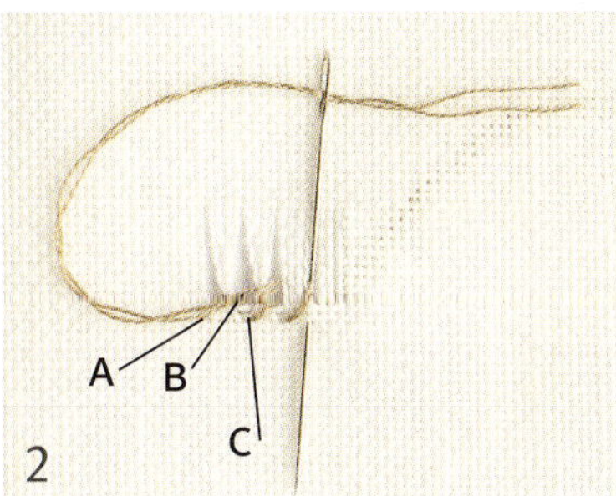

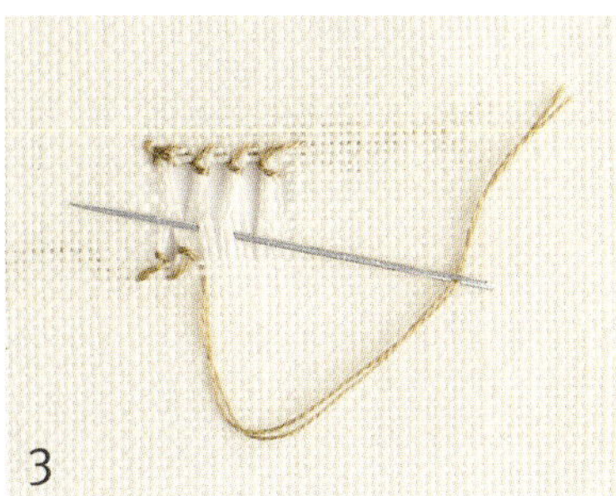

Der Zickzackhohlsaum ist eine Abwandlung des Stäbchenhohlsaums, bei dem die Gewebefäden am oberen und am unteren Rand versetzt gebündelt werden.

SCHRITT 1

Den Hohlsaum vorbereiten (siehe S. 199). Den unteren Rand im Hohlnahtstich arbeiten und dazu am linken Ende bei A durchstechen. Mit der Nadel von rechts nach links vier Gewebefäden aufnehmen und den Faden durchziehen. Dabei werden die aufgenommenen Gewebefäden am unteren Rand des Hohlsaums zusammengezogen.

SCHRITT 2

Die Nadel rechts von der ersten Fadengruppe bei B nach hinten führen und senkrecht unterhalb von B bei C wieder ausstechen. Weitere Hohlnahtstiche arbeiten.

SCHRITT 3

Ist der untere Rand des Hohlsaums gearbeitet, die Arbeit umdrehen und den gegenüberliegenden Hohlsaumrand von links nach rechts mit Hohlnahtstichen arbeiten. Dabei immer zwei Gewebefäden des vorherigen Bündels mit zwei Gewebefäden des nächsten Bündels versetzt zusammenfassen.

TIPP

Die Gewebefäden müssen auf jeden Fall in gerader Zahl gebündelt werden. Wenn dann am oberen Rand die Gruppen in zwei Hälften geteilt und neu gebündelt werden, entsteht ein regelmäßiger Zickzackeffekt.

DER HOHLSAUM IM STOPFSTICH in 3 Schritten

Schwierigkeitsgrad: anspruchsvoll, nur für erfahrene Stickerinnen.

Stoff und Garn: Der Hohlsaum im Stopfstich lässt sich mit feinen Rundgarnen auf Baumwoll- oder Leinenstoffen (Tuch oder Perkal) sticken.

Stickrichtung: jeweils waagrecht, der erste Arbeitsgang von links nach rechts und der zweite von rechts nach links.

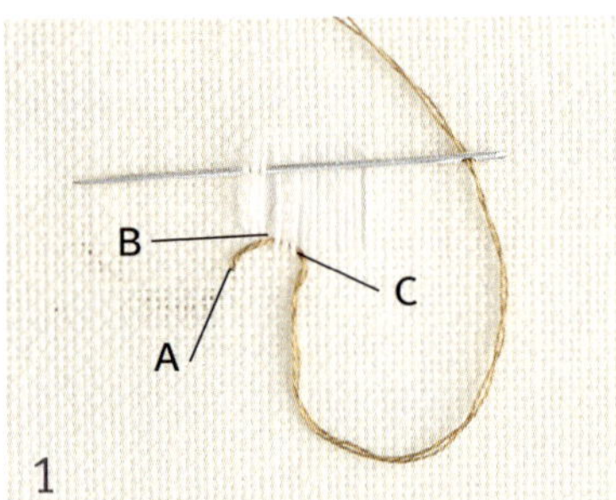

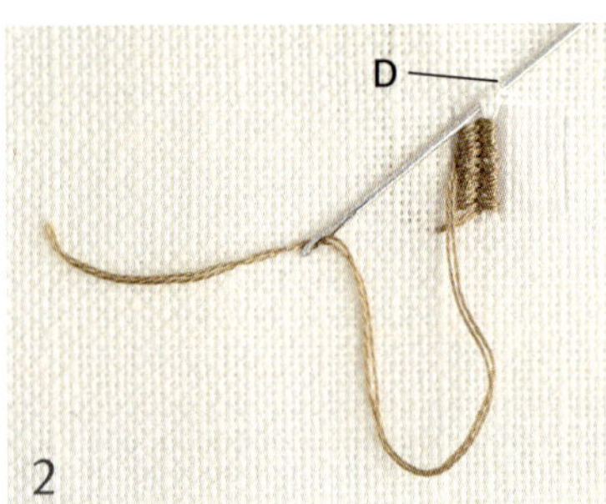

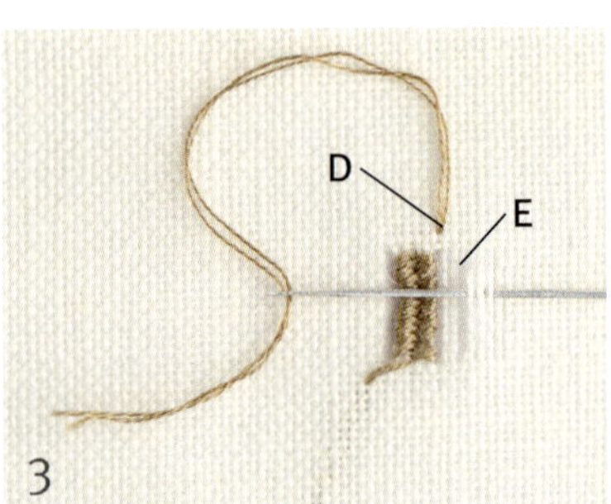

Der Hohlsaum im Stopfstich ist dem Umstopften Gitter sehr ähnlich, das bei der Hardanger-Stickerei beschrieben wurde. Allerdings ist die Vorbereitung eine andere.

SCHRITT 1

Den Hohlsaum vorbereiten (siehe S. 199). Am linken Ende des Hohlsaums knapp unter dem Rand bei A durchstechen. In der Mitte der ersten Gruppe aus sechs Gewebefäden einstechen und rechts davon bei C wieder ausstechen. Wieder in der Mitte einstechen und nun die Nadel links von der Gruppe wieder herausführen. In derselben Weise weiterarbeiten und dabei stets in der Mitte der sechs Gewebefäden einstechen.

SCHRITT 2

Ist das Bündel ganz umstopft, bei D in den oberen Hohlsaumrand einstechen und das umstopfte Bündel fixieren.

SCHRITT 3

Das nächste Bündel wird rechts davon umstopft. Die Nadel bei E in die Mitte der nächsten Gruppe aus sechs Fäden hineinführen und das Bündel von oben nach unten umstopfen. Das umstopfte Bündel mit einem kleinen Stich im Rand fixieren.

TIPP

Diese haltbare Art des Hohlsaums eignet sich besonders gut für Tisch- und Bettwäsche, die häufig bei hohen Temperaturen gewaschen wird.

DER VERSCHRÄNKTE HOHLSAUM in 2 Schritten

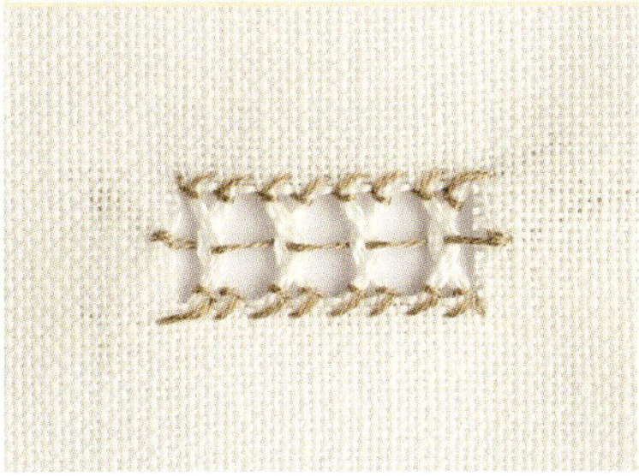

Schwierigkeitsgrad: anspruchsvoll, nur für erfahrene Stickerinnen.

Stoff und Garn: Der Verschränkte Hohlsaum lässt sich mit feinen Rundgarnen auf zählbaren Baumwoll- oder Leinenstoffen (Tuch oder Perkal) sticken.

Stickrichtung: jeweils waagrecht, der erste Arbeitsgang von links nach rechts und der zweite von rechts nach links.

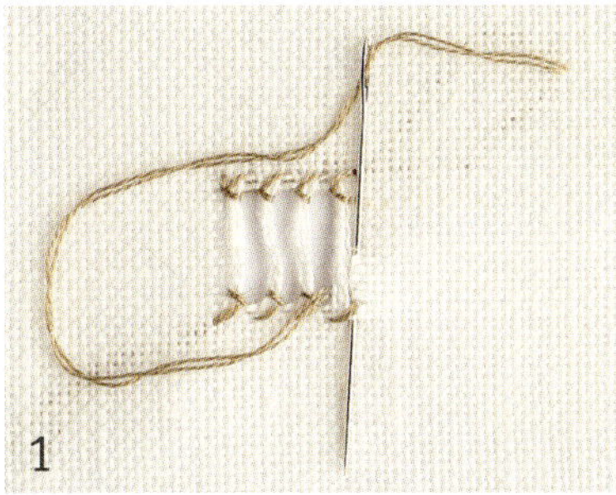

1

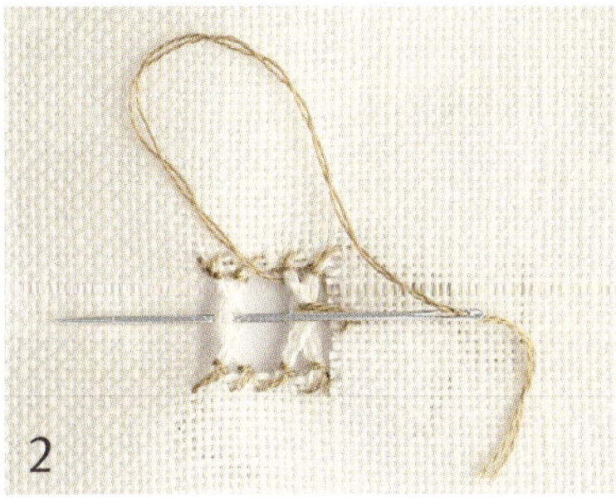

2

Der Verschränkte Hohlsaum zeichnet sich durch eine feinere Musterung als die bisher vorgestellten Hohlsäume aus. Die Stoffe, in die er eingearbeitet wird, sind äußerst dekorativ. Für den Verschränkten Hohlsaum ist ein recht breiter Hohlsaum – mindestens 1 cm – vorzubereiten, damit das Muster gut zur Geltung kommt.

SCHRITT 1

Den Hohlsaum vorbereiten (siehe S. 199). Die Ränder im Hohlnahtstich so arbeiten, dass ein Einfacher Hohlsaum bzw. Stäbchenhohlsaum (siehe S. 200) entsteht.

SCHRITT 2

Einen neuen Arbeitsfaden einfädeln und diesen auf der rechten Seite des Hohlsaums fixieren. Die Nadel nach rechts ausgerichtet unter dem zweiten Fadenbündel hindurch und über das erste führen. Dann die Nadel in die andere Richtung kehren, so dass sie nach links in Arbeitsrichtung zeigt. Den Faden durchziehen, dabei werden die Fadenbündel über Kreuz verschränkt. Schritt 2 wiederholen und den gesamten Hohlsaum in gleicher Weise arbeiten.

TIPP

Der Faden, der in Schritt 2 durchgezogen wird, muss auf jeden Fall länger sein als der Hohlsaum insgesamt. Ein Neuansetzen des Arbeitsfadens ist nicht möglich, denn dadurch würde sich das Muster verzerren. Das Verschränken der Fadenbündel muss mit ein- und demselben Faden ohne Unterbrechung durchgängig über die gesamte Länge des Hohlsaums erfolgen.

Bistrogardine

Durch die Bistrogardine aus weißem Leinen fällt das richtige Licht für eine angenehme und harmonische Atmosphäre in Ihren Raum. Mit den Verschränkten Hohlsäumen erinnert der Vorhangstoff an Idyllen aus früherer Zeit.

WISSENSWERTES

Schwierigkeitsgrad
Anspruchsvoll

Stickstiche
Vorbereiten des Hohlsaums (siehe S. 199)
Einfacher Hohlsaum (siehe S. 200)
Verschränkter Hohlsaum (siehe S. 203)

Maße
Die Gardine ist 150 x 75 cm groß.
Die Hohlsäume messen 2 x 75 cm.

MATERIAL

170 x 80 cm Leinen, weiß
1 Strang Anchor Vierfach-Stickgarn Nr. 20, Weiß (Fb. 1)
Feine Sticknadel ohne Spitze
Stickrahmen mit 15 cm Durchmesser
Stecknadeln
Nähfaden, weiß
Nähnadel oder Nähmaschine

MOTIV

Die Mitte der Gardine mit Stecknadeln kennzeichnen. Der erste Hohlsaum wird in 30 cm, der zweite in 40 cm Abstand vom unteren Stoffrand angelegt. Den Verlauf der Hohlsäume zur Orientierung mit Stecknadeln kennzeichnen. Die Ränder der Hohlsäume mit Heftfaden markieren und beim Herausziehen der Gewebefäden eine Stecknadel zu Hilfe nehmen.

STICKEN

Den Stoff in den Stickrahmen spannen. Mit dem Hohlsaumstich jeweils acht Gewebefäden bündeln und einen Einfachen Hohlsaum arbeiten. Einen Faden zuschneiden, der etwas länger als der Vorhang breit ist und an einer Seite des Hohlsaums fixieren. Den Faden so durchziehen, dass die Fadenbündel zu einem Verschränkten Hohlsaum verkreuzt werden. In derselben Weise mit einem zweiten Faden die Fadenbündel gegenläufig verschränken. Den zweiten Hohlsaum ebenso arbeiten.

FERTIGSTELLEN

An den Längsseiten des Vorhanges einen 0,5 cm breiten Umschlag bügeln. Einen zweiten 1 cm breiten Umschlag stecken und in 0,5 cm Abstand vom Rand steppen. Den unteren Rand zunächst 4,5 cm breit einschlagen, dann einen zweiten Umschlag von 5,5 cm stecken. Den Saum in 1 cm Abstand vom oberen Rand des Einschlags steppen. Die Oberseite der Gardine nach Aufhängungssystem gestalten. Den Vorhang dämpfen.

Auf 90 % verkleinert.

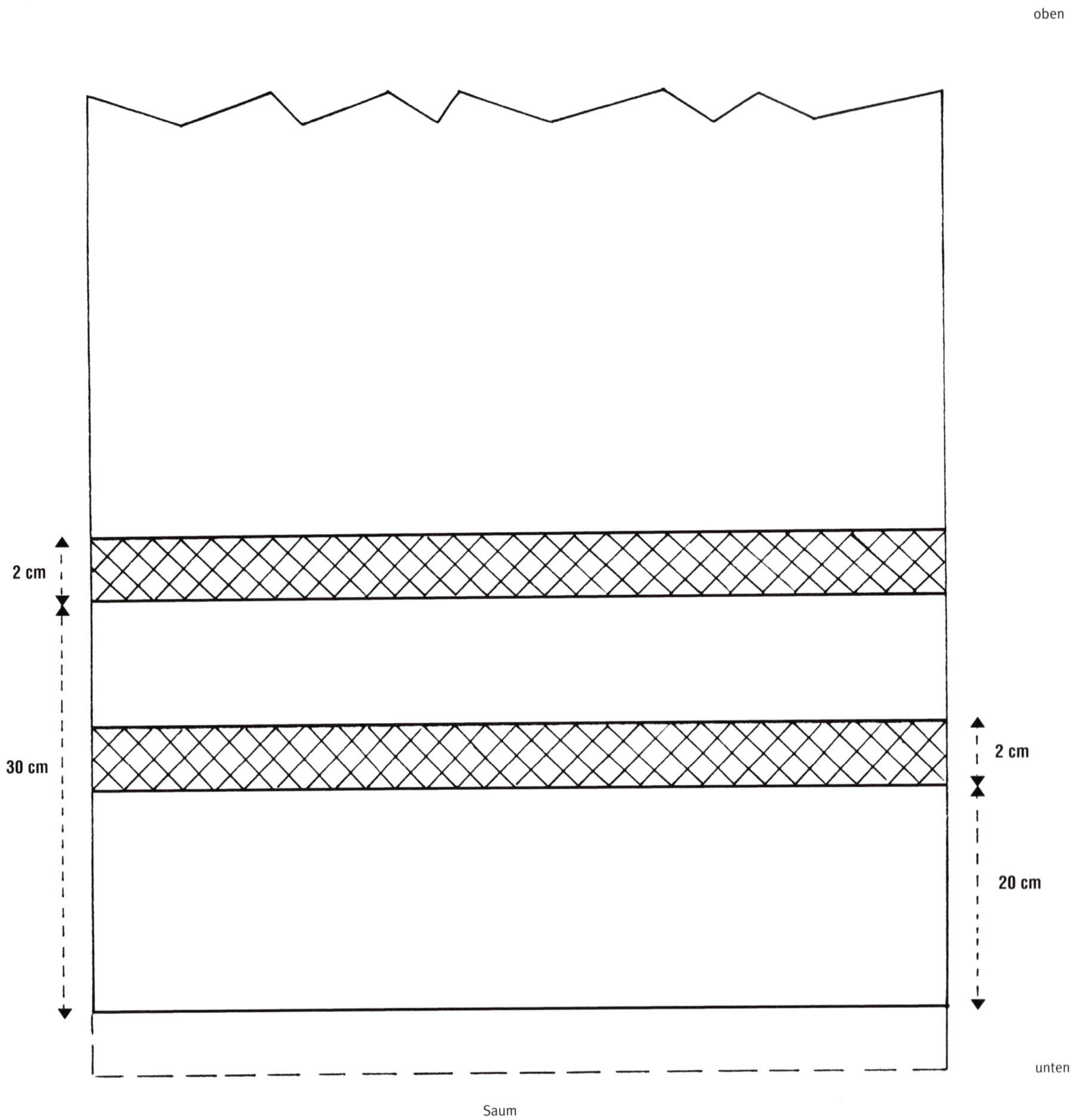

HINWEIS

Beim Vorbereiten von Hohlsäumen über breit liegende Stoffe ist das Herausziehen der Fäden oftmals mit Schwierigkeiten verbunden. Feuchten Sie den Leinenstoff leicht an, die Gewebefäden brechen dann nicht so leicht. Ziehen Sie den ersten Faden in der Mitte des Stoffes heraus und lösen sie zuerst mit der Stecknadel 2 oder 3 cm. Ziehen Sie dann weiter, indem Sie den Stoff kräuseln. Dadurch verringert sich die Spannung, die auf dem Faden lastet, und er reißt nicht so leicht ab.

6

Im 17. Jahrhundert kamen orientalische Goldstickereien, die einst prächtige Herrschaftsgewänder schmückten, nach Europa. Die herkömmlichen Materialien – Metallplättchen, Litzen und stark gedrehte Garne – aus Kupfer, Silber, vergoldetem Silber oder Gold waren zu starr, um durch die Stoffe gearbeitet zu werden. Im Allgemeinen wurden die Metallfäden deshalb auf der Oberfläche des Stickgrunds auf- oder angelegt. So wurde diese Sticktechnik unter dem Namen Anlegearbeit oder Anlegearbeit mit Überfangstichen bekannt. Die heutigen Effektgarne haben mit den alten Materialien nichts mehr gemeinsam. Sie bestehen aus synthetischen Fasern und sind in verschiedenen Qualitäten erhältlich; allerdings werden sie anders als Naturfasern verarbeitet. Sie sind nicht so geschmeidig und nutzen sich schneller ab. Daher sollte man sie nur in Verbindung mit dazu passenden Stichen einsetzen. Die Goldstickerei ist heutzutage nicht mehr ausschließlich Sache von Profis, und auch Stickanfängerinnen können glänzende Resultate damit erzielen.

ÜBERFANGSTICHE

Der Orientalische Überfangstich

In der asiatischen Volkskunst brachte es die Goldstickerei, die vom Mittleren bis zum Fernen Osten anzutreffen ist, zu einer beachtlichen Blüte. Die dabei verwendeten Stiche wurden zumeist mit Metallfäden, aber auch mit feineren Garnen aus Seide oder Wolle gearbeitet. Diese Stiche dienten zur Füllung großer Flächen oder zum Sticken fantasievoller Bordüren. Mit Metallfäden oder mit modernen Effektgarnen stickt man lange Plattstiche über die Stickfläche und fixiert sie im zweiten Durchgang mit kleinen Überfangstichen aus Baumwoll- oder Seidengarn.

DER BOULOGNE-ÜBERFANGSTICH IN 3 Schritten

Schwierigkeitsgrad: leicht, für Anfängerinnen geeignet.

Stoff und Garn: Der Boulogne-Überfangstich lässt sich mit teilbarem Metallstickgarn (z. B. Anchor Lamé oder Coats Ophir) kombiniert mit Sticktwist, auf eng gewebten Stoffen wie Taft, Samt oder Brokat sticken.

Stickrichtung: zuerst waagrecht, dann senkrecht.

Der berühmte Teppich von Bayeux, der kein Teppich im eigentlichen Sinne ist, sondern eine Stickarbeit, liefert uns ein großartiges Beispiel für die Verwendung des Boulogne-Überfangstichs. Im Mittelalter wurde der Stich vor allem mit Wollfäden gearbeitet; hier füllt er ganze Flächen mit Darstellungen von Personen, Schiffen und Pferden. Mit Metallfäden gearbeitet, gehört er auch heute noch zu den Basisstichen der Anlegetechnik.

SCHRITT 1

Effektgarn einfädeln und links oben an der Stickfläche bei A durchstechen. Auf einer waagrechten Linie rechts von A bei B einstechen, so dass der erste große Stich entsteht. Unterhalb von B bei C wieder ausstechen und unterhalb von A bei D einstechen. Die Stiche liegen parallel. So fortfahren, bis die Stickfläche bedeckt ist.

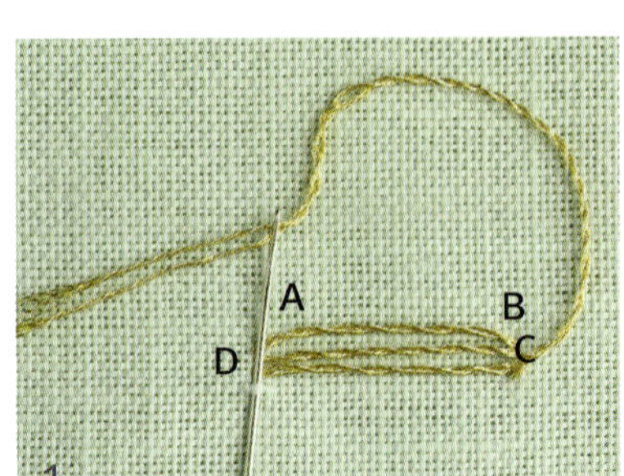

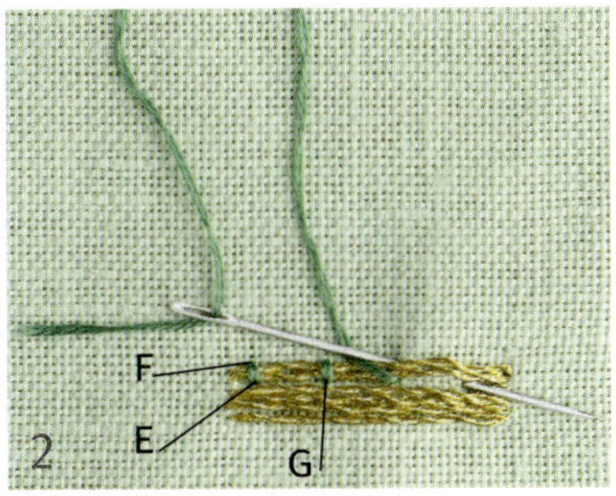

SCHRITT 2

Den Sticktwist zweifädig nehmen und links unter den beiden ersten waagrechten Stichen bei E durchstechen. Knapp darüber bei F wieder einstechen und so den ersten kleinen senkrechten Stich setzen. Einige Millimeter weiter rechts bei G wieder ausstechen und so mit einem weiteren kleinen Überfangstich das Effektgarn auf dem Stoff fixieren.

SCHRITT 3

Nun in der Reihe darunter von rechts nach links kleine senkrechte Stiche versetzt unter die Überfangstiche der Vorreihe setzen. Auf diese Art alle angelegten Fäden befestigen.

DER BUCHARA-ÜBERFANGSTICH in 3 Schritten

Schwierigkeitsgrad: mittelschwer, für Stickerinnen mit Vorkenntnissen.

Stoff und Garn: Der Buchara-Überfangstich lässt sich mit Metallstickgarn (z. B. Anchor Lamé oder Coats Ophir) auf eng gewebten Stoffen wie Taft, Samt oder Brokat sticken.

Stickrichtung: senkrecht von oben nach unten.

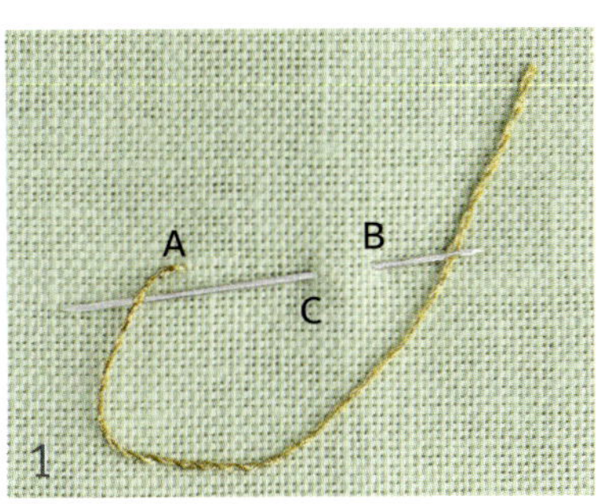

Beim Buchara-Überfangstich, der mit großen Plattstichen gearbeitet wird, überkreuzen sich die Fäden; dadurch wirkt die bestickte Fläche wie gepolstert. Dieser Stich eignet sich besonders zum Füllen größerer Stoffflächen. Auch die Rückseite der Arbeit wird dabei vollständig bedeckt.

SCHRITT 1

Bei A durchstechen. Auf einer waagrechten Linie einige Zentimeter rechts von A mit einem langen Stich bei B einstechen. Nach einem Drittel des Abstand zwischen A und B bei C wieder ausstechen.

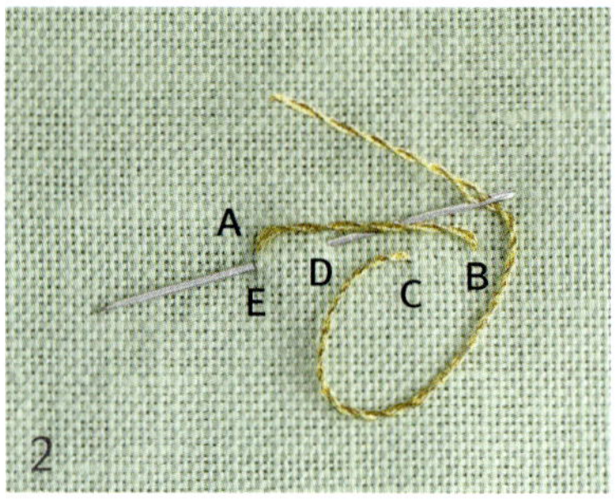

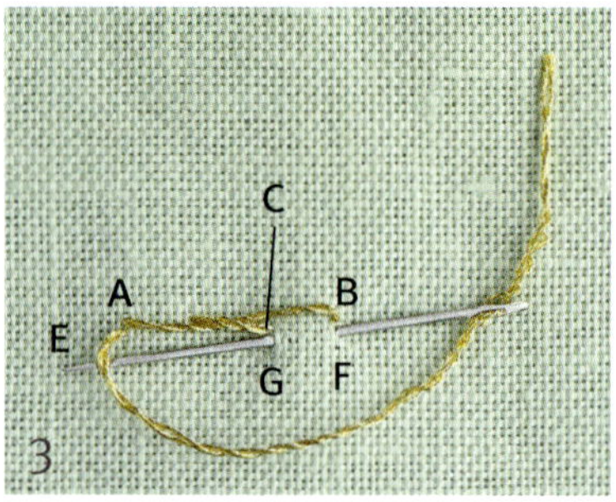

SCHRITT 2

Nach einem weiteren Drittel des Abstands zwischen A und B über den langen waagrechten Stich hinweg bei D einstechen. Unterhalb von A bei E ausstechen.

SCHRITT 3

Unterhalb von B bei F einstechen und so parallel zum ersten einen zweiten waagrechten Stich arbeiten. Unterhalb von C bei G wieder ausstechen. Den Vorgang von Schritt 2 an wiederholen.

TIPP

Da Metallstickgarn nicht sehr geschmeidig ist, muss der Arbeitsfaden etwas kräftiger durchgezogen werden, damit er auf der Stoffoberfläche anliegt. Dies macht einen festen Untergrundstoff und einen Stickrahmen erforderlich.

DER TÜRKISCHE ÜBERFANGSTICH I in 2 Schritten

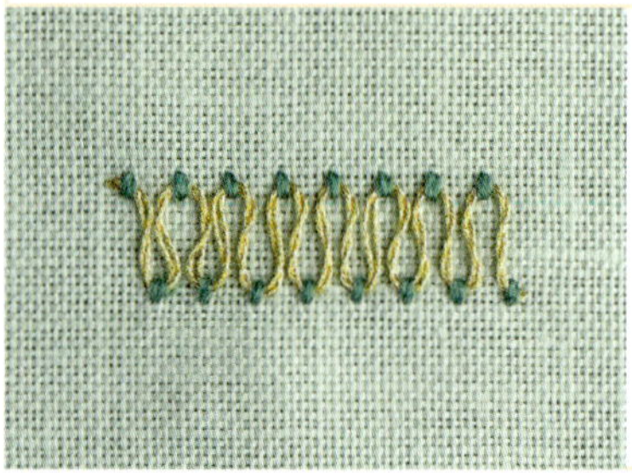

Schwierigkeitsgrad: leicht, für Anfängerinnen geeignet.

Stoff und Garn: Der Türkische Überfangstich I in Zickzackform lässt sich mit Metallstickgarn (z. B. Anchor Lamé oder Coats Ophir), kombiniert mit Sticktwist, auf eng gewebten oder auf feinen Stoffen wie Organza sticken.

Stickrichtung: waagrecht.

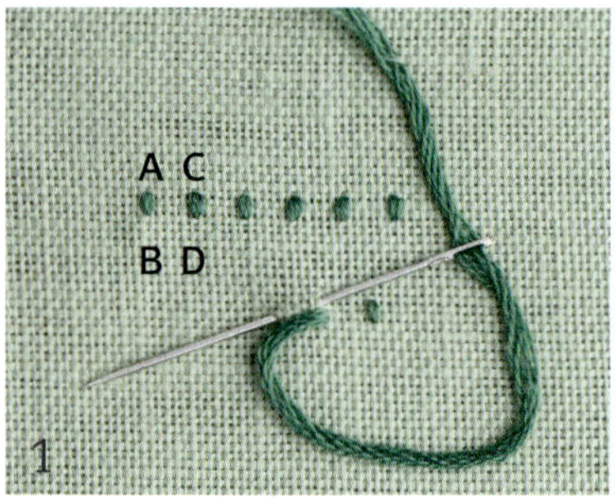

Der zarte Türkische Überfangstich I in Zickzackform wurde bei den Osmanen vor allem zur Füllung kleiner geometrischer Motive oder für Blumen- und Blättermotive verwendet.

SCHRITT 1

Den Sticktwist sechsfädig nehmen und oben links bei A durchstechen. Unterhalb von A mit einem kleinen senkrechten Stich bei B einstechen. Einige Millimeter rechts von A bei C ausstechen und bei D einstechen, so dass parallel zum ersten der zweite Stich entsteht. Die zweite Reihe dann von rechts nach links arbeiten und die senkrechten Stiche dabei versetzt unter die der ersten Reihe positionieren.

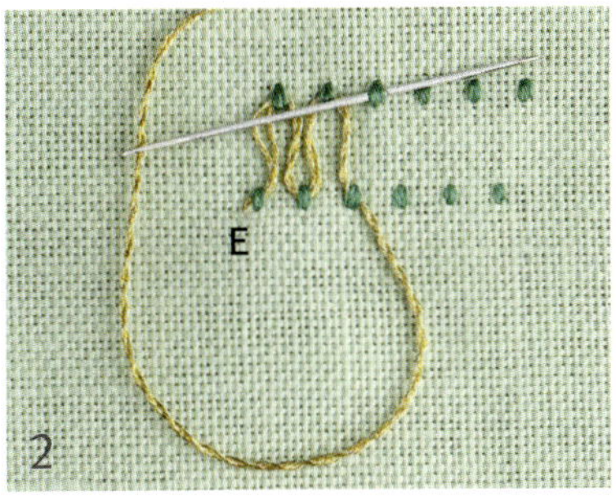

SCHRITT 2

Nun einen Effektgarnfaden einfädeln und links unten an dem Fries bei E durchstechen. Die Nadel waagrecht nach rechts unter dem ersten Stich der unteren Reihe, dann unter dem ersten Stich der oberen Reihe hindurchführen. Zwischen der unteren und der oberen Reihe so hin und her sticken, dass ein Zickzackmuster entsteht.

TIPP

Wenn die Fläche der Bordüre ganz bedeckt sein soll, müssen die Stiche der oberen und der unteren Reihe dicht nebeneinander liegen und der senkrechte Abstand zwischen den beiden Reihen muss gleichmäßig sein. Auf diese Weise scheint das Gewebe nicht mehr unter der Stickerei durch.

DER TÜRKISCHE ÜBERFANGSTICH II in 3 Schritten

Schwierigkeitsgrad: anspruchsvoll, nur für erfahrene Stickerinnen.

Stoff und Garn: Der Türkische Überfangstich II in Rautenform lässt sich mit Metallstickgarn (z. B. Anchor Lamé oder Coats Ophir) kombiniert mit Sticktwist, auf eng gewebten Stoffen wie Taft, Samt oder Brokat sticken.

Stickrichtung: zuerst waagrecht, dann senkrecht.

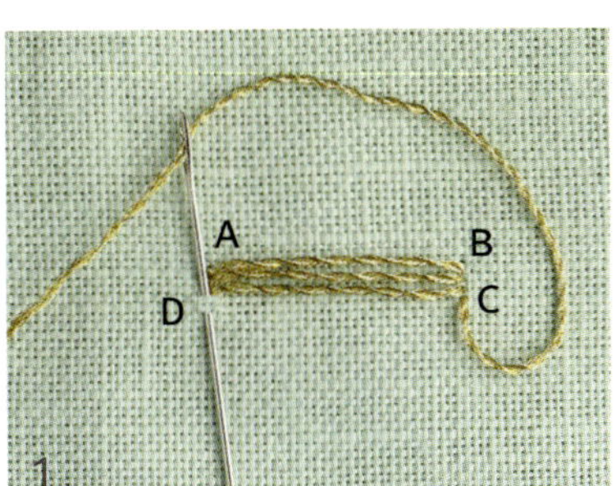

Wie der Boulogne-Überfangstich wird auch der Türkische Überfangstich II in Rautenform über eine Schicht Fäden gestickt. Durch die kleinen Stiche, die die Metallfäden befestigen, bekommt er einen Damasteffekt. Er kommt vor allem auf großflächigen Motiven zur Geltung.

SCHRITT 1

Effektgarn einfädeln und oben links an der zu bestickenden Fläche bei A durchstechen. Auf einer waagrechten Linie rechts von A bei B einstechen, so dass der erste Stich entsteht. Unterhalb von B bei C ausstechen und unterhalb von A bei D einstechen. Die Stiche liegen parallel. So fortfahren, bis die gesamte Stickfläche bedeckt ist.

SCHRITT 2

Den Sticktwist zweifädig nehmen. Links unten an der mit angelegten Stichen bedeckten Fläche beginnend kleine senkrechte Stiche arbeiten. Jeder Stich überfängt zwei Anlegefäden. Nach rechts oben weiter arbeiten, so dass eine erste Schräglinie entsteht. Dann in einer zweiten Schräglinie rechts abwärts sticken. Es entsteht eine Zackenlinie.

SCHRITT 3

Nun umgekehrt wie in Schritt 2 vorgehen. Links oben an der mit angelegten Stichen bedeckten Fläche beginnend kleine senkrechte Stiche arbeiten. Dann rechts abwärts weitersticken und so die Seitenlinien der Rauten vervollständigen.

DER IRANISCHE ÜBERFANGSTICH in 3 Schritten

Schwierigkeitsgrad: mittelschwer, für Stickerinnen mit Vorkenntnissen.

Stoff und Garn: Der Iranische Überfangstich lässt sich mit Metallstichgarn (z. B. Anchor Lamé oder Coats Ophir) kombiniert mit Sticktwist, auf eng gewebten Stoffen wie Taft, Samt oder Brokat sticken.

Stickrichtung: zuerst waagrecht, dann senkrecht.

TIPP

Diese originelle Anlegearbeit lässt sich recht zügig sticken. Wenn Sie Metallstickgarn in zwei verschiedenen Farben wählen, ist die Wirkung noch größer. Achten Sie darauf, den Faden im zweiten Arbeitsschritt gut anzuziehen, damit das Zickzackmuster klar hervortritt.

In dem Teil Westasiens, der dem alten Persien entspricht, existiert eine beeindruckende Fülle von Stickereitechniken. Als Fries schmückte der Iranische Überfangstich, auch Persische Füllung genannt, luftige Bögen auf der Kleidung von Männern und Frauen ebenso wie Wandteppiche, Kissen oder Koraneinbände.

SCHRITT 1

Einen Effektgarnfaden einfädeln und oben links an der zu bestickenden Fläche bei A durchstechen. Auf einer waagrechten Linie rechts von A bei B einstechen, so dass der erste große angelegte Stich entsteht. Unterhalb von B bei C wieder ausstechen und

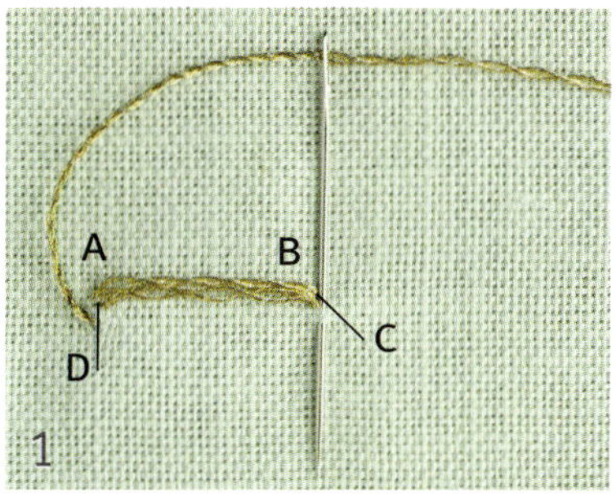

unterhalb von A bei D einstechen. Der zweite Stich liegt parallel zum ersten. So fortfahren, bis die gesamte Stickfläche bedeckt ist.

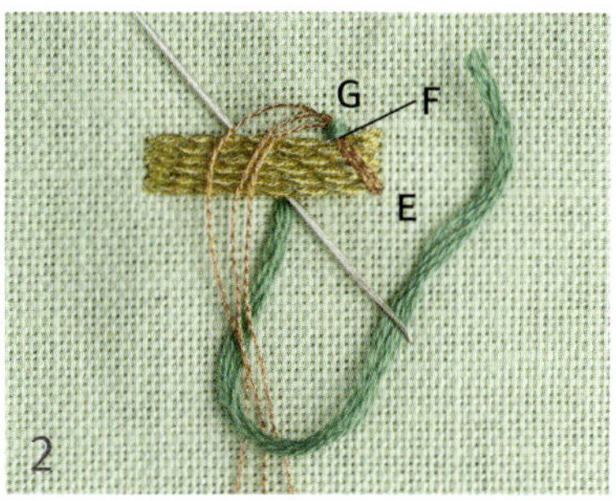

SCHRITT 2

Im zweiten Arbeitsgang wird darüber noch einmal ein Effektgarnfaden in Zickzackform angelegt und mit kleinen senkrechten Stichen überfangen. Mit dem zweiten, evtl. andersfarbigen Effektgarn unten rechts an der Bordüre aus den zuerst angelegten Fäden bei E durchstechen und den Faden schräg nach links legen. Den Sticktwist sechsfädig in eine andere Nadel einfädeln und unter dem zweiten Effektgarnfaden bei F ausstechen. Senkrecht über F bei G wieder einstechen und damit den zweiten Effektgarnfaden fixieren, so dass der erste Winkel des Zickzackmusters entsteht.

SCHRITT 3

Den zweiten angelegten Faden in einer Schräglinie nach unten legen und mit einem zweiten kleinen senkrechten Stich den zweiten Winkel des Musters fixieren. Die Anlegearbeit im Zickzack über die gesamte Fläche der Bordüre fortsetzen. Am Ende den zweiten Effektgarnfaden unten an der Bordüre einstechen und den Faden verwahren.

DER SPIRALFÖRMIGE ÜBERFANGSTICH in 3 Schritten

Schwierigkeitsgrad: mittelschwer, für Stickerinnen mit Vorkenntnissen.

Stoff und Garn: Der Spiralförmige Überfangstich lässt sich mit Metallstickgarn (z. B. Anchor Lamé oder Coats Ophir) kombiniert mit Sticktwist, auf eng gewebten Stoffen oder auf feinen Stoffen wie Organza sticken.

Stickrichtung: spiralförmig im Uhrzeigersinn.

Dieser Stich stellt schon allein ein dekoratives Muster dar. Er ist leicht zu sticken und wird als mehr oder weniger dichtes Streumuster angewandt. Falls Sie verschieden große Kreise wünschen, können Sie die Spirale entsprechend größer oder kleiner machen.

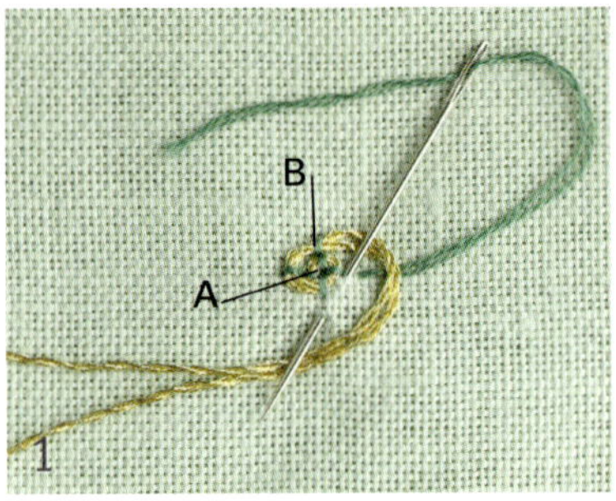

SCHRITT 1

Das Effektgarn doppelt einfädeln und in der Mitte des zu sticken-den Kreises bei A durchstechen. Den Sticktwist zweifädig nehmen und ebenfalls bei A durchstechen, dann die Anlegefäden rund um den Mittelpunkt legen. Mit dem Sticktwist bei B einstechen und mit dem kleinen senkrechten Stich die gebogene Linie befestigen. Anschließend mit vier kleinen Stichen kreuzweise die Umdrehung der spiralförmig angeordneten Fäden fixieren.

SCHRITT 2

Bei der dritten Umdrehung der angelegten Fäden mit zusätzlichen kleinen Schrägstichen die Diagonalen des Kreises markieren.

SCHRITT 3

Zum Schluss die beiden Effektgarnfäden in eine dicke Sticknadel einfädeln und am Rand der gestickten Spirale durch den Stoff stechen. Alle Fäden auf der Rückseite verwahren.

TIPP

Damit die Kreise gleichmäßig werden, empfiehlt es sich, die Kontur mit einem Zirkel aufzuzeichnen. Die Fäden sollten flach auf dem Stoff aufliegen.

DER RUMÄNISCHE ÜBERFANGSTICH in 2 Schritten

Schwierigkeitsgrad: leicht, für Anfängerinnen geeignet.

Stoff und Garn: Der Rumänische Überfangstich lässt sich mit Metallstickgarn (z. B. Anchor Lamé oder Coats Ophir), kombiniert mit Sticktwist, auf eng gewebten Stoffen wie Taft, Samt oder Brokat sticken.

Stickrichtung: zuerst waagrecht, dann diagonal.

Der Rumänische Überfangstich, der auch unter dem Namen Usbekische Stickerei bekannt ist, wurde von der türkischen Goldstickerei beeinflusst. In Rumänien werden damit vor allem Motive aus Goldfäden auf Samt für Männermützen gestickt.

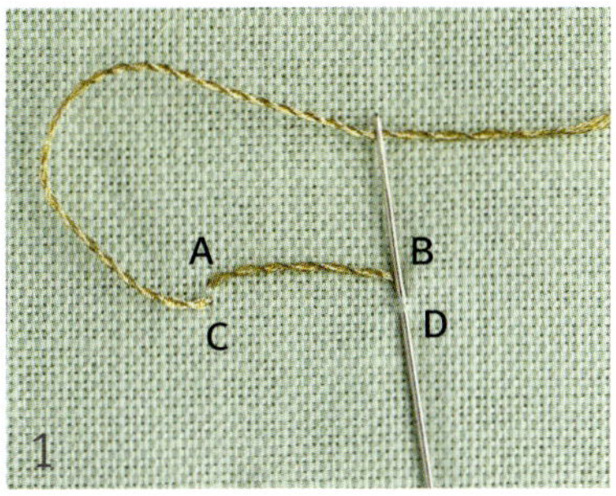

TIPP

Um das Metallstickgarn schonend zu verarbeiten, verwenden Sie in Schritt 1 eine dicke Sticknadel. Das große Nadelöhr nimmt das Garn locker auf und schafft zwischen den Gewebefäden genügend Platz, so dass der Arbeitsfaden problemlos hindurchgeht.

SCHRITT 1

Einen Effektgarnfaden einfädeln und oben links an der zu bestickenden Fläche bei A durchstechen. Auf einer waagrechten Linie rechts von A bei B einstechen, so dass der erste große angelegte Stich entsteht. Einige Gewebefäden unterhalb von A bei C wieder ausstechen und unterhalb von B bei D einstechen. Der zweite Stich liegt mit etwas Abstand parallel zum ersten. In dieser Weise fortfahren, bis die gesamte Stickfläche bedeckt ist.

SCHRITT 2

In diesem Arbeitsschritt wird jeweils ein Effektgarnfaden mit zweifädigem Sticktwist überfangen. Oben links über dem ersten angelegten Faden bei E durchstechen. Schräg rechts unterhalb des Effektgarnfadens bei F einstechen. Damit ist der erste schräge Überfangstich fertig. Einige Millimeter weiter rechts bei G ausstechen und bei H einstechen, so dass der zweite schräge Überfangstich entsteht. Die zweite Reihe dann von rechts nach links arbeiten und kleine schräge Überfangstiche, die in dieselbe Richtung zeigen, versetzt darunter platzieren.

Schmuckknöpfe

Eine hübsche Idee für eilige Stickerinnen ... Mit der Palette Orientalischer Überfangstiche, die in diesem Kapitel beschrieben wurden, können Sie mit wenig Aufwand und in kurzer Zeit eine ganze Reihe von Schmuckknöpfen herstellen. Mit hochwertigen Accessoires dieser Art verleihen Sie Ihren Kleidern, Blusen oder Mänteln einen Hauch von „Haute Couture".

WISSENSWERTES

Schwierigkeitsgrad
Leicht und schnell

Stickstiche
Boulogne-Überfangstich (siehe S. 208)
Türkischer Überfangstich in Zickzackform (siehe S. 210)
Plattstich (siehe S. 98)
Spannstich (siehe S. 97)
Französischer Knötchenstich (siehe S. 74)

Maße
Die fertigen Knöpfe haben einen Durchmesser von jeweils 3 cm.

MATERIAL

Ein Rest Seidentaft mit Madraskaro, orange
1 Spule Coats Cristallina jeweils in den Farben: Gold (Fb. 300), Kupfer (Fb. 319), Rot (Fb. 318)
Überziehbare Knöpfe, 28 mm Durchmesser
Sticknadel; Stickrahmen
Zirkel; Heftfaden
Nähnadel

MOTIV

Auf dem Stück Seidentaft mit einem Zirkel (mit Graphitmine) oder einem Bleistift Kreise im Durchmesser von 3 cm zeichnen. Die Schnittpunkte der Karos als Mittelpunkt wählen, damit zwei bis vier verschiedene Farben ins Spiel kommen, und darauf achten, dass die Kreise rundherum mindestens 5 cm Abstand voneinander haben.

STICKEN

Für alle Stiche mit Ausnahme des (Französischen) Knötchenstichs, der mit drei Fäden gearbeitet wird, das Effektgarn in zwei Fäden verwenden. Den Stoff in den Stickrahmen spannen. Die Motive nach den Angaben in der Vorlage sticken, dabei Stickrichtung und Farbschema beachten. Ohne am Anfang und Ende des Arbeitsfadens einen Knoten zu machen, die Fäden auf der Rückseite korrekt vernähen. Den Stickrahmen nach Bedarf versetzen.

FERTIGSTELLEN

Die Kreise mit jeweils 2,5 cm Rand um das Stickmotiv ausschneiden. In 1 cm Abstand vom Motiv einen Kräuselfaden durchziehen.

> **HINWEIS**
>
> Die kostbaren Knöpfe sind recht empfindlich. Bevor Sie das Kleidungsstück, waschen oder reinigen, trennen Sie die Knöpfe ab und waschen Sie sie getrennt von Hand.

Die Kugel der überziehbaren Knöpfe auf die Rückseite der Stoffstücke legen, den Kräuselfaden anziehen und an den Enden verknoten. Der Seidenstoff passt sich so vollkommen der Form des Knopfes an. Die Knöpfe entsprechend der Anleitung des Herstellers fertigstellen.

Auf 80% verkleinert

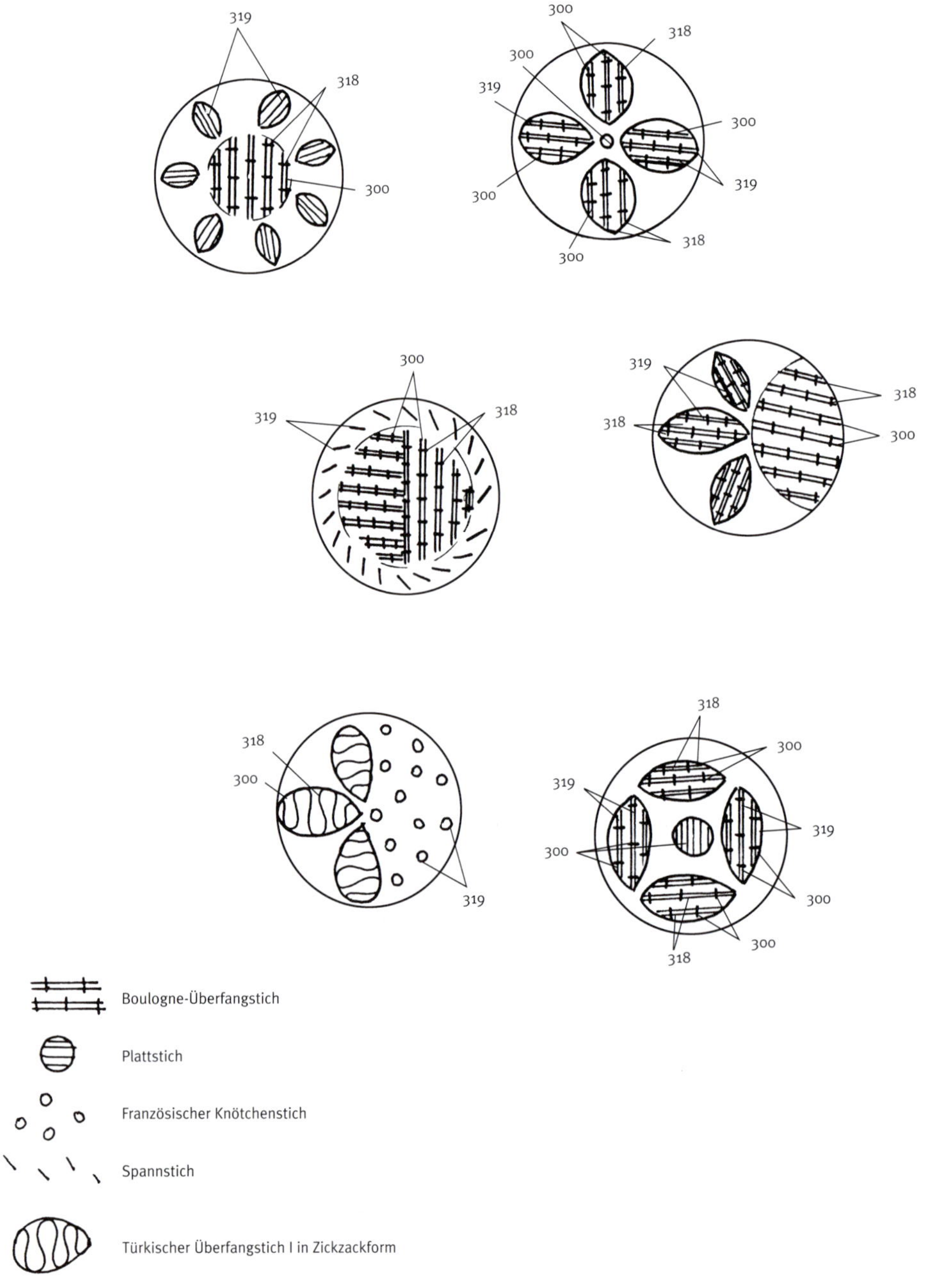

Soutache-Stickerei in Variationen

Als Soutache-Arbeit bezeichnet man die Applikation einer mehr oder weniger breiten Litze oder Tresse als Verzierung oder zum Einrahmen eines zuvor mit einem Füllstich ausgestickten Motivs. Diese Technik findet sich häufig in der Goldstickerei, denn Litzen, breite Bänder und dicke Metallfäden lassen sich nicht durch das Gewebe ziehen und damit nicht direkt versticken. Sie werden daher auf den Stoff gelegt und mit kleinen Stichen appliziert.

SOUTACHE-STICKEREI MIT FLACHLITZE in 1 Schritt

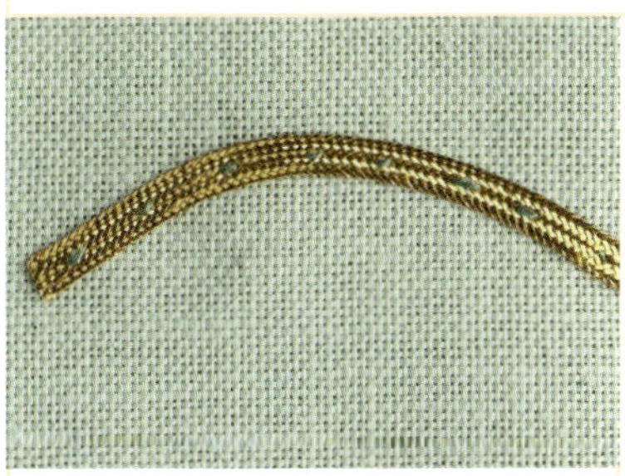

Schwierigkeitsgrad: leicht, für Anfängerinnen geeignet.

Stoff und Garn: Die Soutache-Stickerei mit Flachlitze lässt sich mit wenige Millimeter breiten Flachlitzen, kombiniert mit Sticktwist, auf eng gewebten Stoffen wie Taft, Samt oder Brokat oder auf feinen Stoffen wie Organza oder Baumwollvoile sticken.

Stickrichtung: dem Motiv folgend von rechts nach links.

Mit der Soutache-Stickerei mit Flachlitze kann ein eigenständiges Motiv auf einer fortlaufenden Linie gearbeitet oder eine zuvor angefertigte Stickerei eingefasst werden. Diese Technik ist hervorragend als Übung für Anfängerinnen geeignet.

SCHRITT 1

Die Flachlitze wird auf den Stoff gelegt und in der Mitte mit einer Reihe Vorstiche (siehe S. 130) aufgenäht. Den Sticktwist zweifädig nehmen. Am rechten Anfang der Linie bei A durchstechen und einige Millimeter weiter links bei B einstechen. Bei C wieder ausstechen. Während des Stickens darauf achten, dass die Stiche gleich groß sind und im gleichen Abstand gesetzt werden.

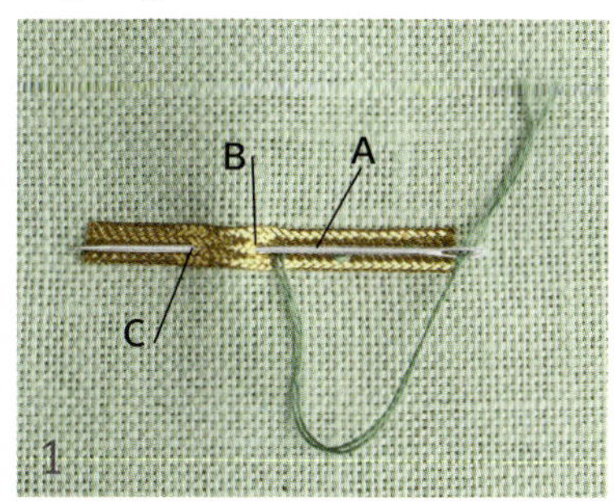

TIPP

Damit die Litze besser auf dem Stoff anliegt, befestigen Sie sie mit Stecknadeln, die im rechten Winkel zum Verlauf aufgesteckt werden. Entfernen Sie die Stecknadeln im Lauf des Arbeitsvorgangs. Schlagen Sie die Litze an den Enden um, damit sie nicht ausfranst.

SOUTACHE-STICKEREI MIT SCHNURLITZE in 2 Schritten

Schwierigkeitsgrad: leicht, für Anfängerinnen geeignet.

Stoff und Garn: Die Soutache-Stickerei mit Schnurlitze lässt sich mit feinen Schnurlitzen, kombiniert mit Sticktwist, auf eng gewebten Stoffen wie Taft oder Brokat oder auf feinen Stoffen wie Organza oder Baumwollvoile sticken.

Stickrichtung: dem Motiv folgend.

TIPP

Die Applikation der Schnurlitze sollte nahezu unsichtbar erfolgen. Verwenden Sie deshalb einen Nähfaden, der farblich zu dem Besatz passt. Bei Goldschnüren empfiehlt es sich, Garne in den Farben Ocker, Gelb oder Bronze zu verwenden.

Die Soutache-Stickerei mit Schnurlitze wird mit runden Schnüren von kleinem Durchmesser gearbeitet. Diese geschmeidigen Litzen eignen sich sowohl für Konturen als auch für Füllungen.

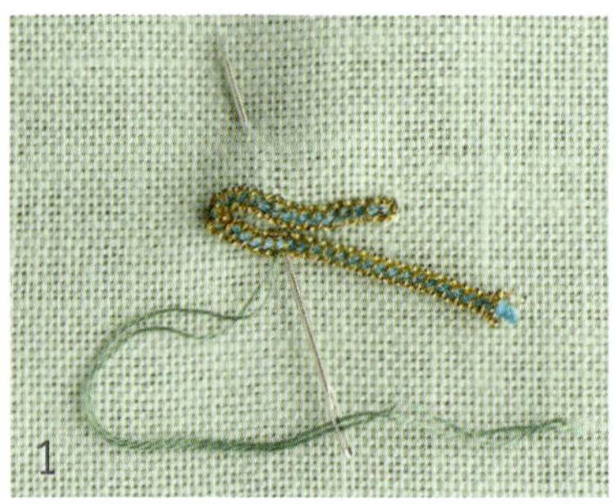

SCHRITT 1

Die Schnurlitze wird auf dem Stoff gelegt und in der Mitte mit einer Reihe Vorstiche (siehe S. 130) mit Nähfaden angenäht. Wie beim vorigen Stich verfahren. Hier müssen die Stiche sehr kurz sein; sie verschwinden dann in der dicken Litze und sind nicht mehr zu sehen.

SCHRITT 2

Mit Hilfe einer Tapisserie-Nadel die Enden der Schnurlitze auf die Rückseite der Arbeit ziehen und mit einigen Rückstichen auf dem Stoff befestigen.

SOUTACHE-STICKEREI MIT BREITEM BAND in 2 Schritten

Schwierigkeitsgrad: anspruchsvoll, nur für erfahrene Stickerinnen.

Stoff und Garn: Die Soutache-Stickerei mit breitem Band lässt sich mit breiten Flachlitzen, kombiniert mit Sticktwist, auf eng gewebten Stoffen wie Taft, Samt oder Brokat oder auf feinen Stoffen wie Organza oder Baumwollvoile sticken.

Stickrichtung: dem Motiv folgend.

TIPP

Statt das Band provisorisch mit Stecknadeln festzustecken, die Sie beim Sticken des Steppstichs wahrscheinlich stören, können Sie den Besatz auch festkleben. Verwenden Sie dazu einen Klebstoff für Textilien oder Posamenten, den Sie dünn auf der Rückseite des Bandes auftragen, und lassen Sie ihn vollständig trocknen, bevor Sie mit dem Sticken beginnen.

Die besonders augenfällige Soutache-Stickerei mit breitem Band eignet sich nur für Arbeiten, die eine deutlich markierte Umrandung erfordern. In diesem Beispiel lernen Sie eine Technik, mit der Sie Motive mit geschwungenen Linien sticken können.

SCHRITT 1

Das Band flach auf den Stoff legen, in den Bögen zu einem Fächer falten und mit Stecknadeln befestigen. Den Sticktwist zweifädig nehmen und den unteren Rand des Bandes mit Steppstichen (siehe S. 25) annähen. Rechts unten am Band bei A durchstechen und einige Millimeter weiter links bei B einstechen, so dass ein waagrechter Stich entsteht. Einige Millimeter links von B bei C wieder ausstechen und mit einem Rückstich nochmals bei B einstechen. In dieser Weise am Rand des ganzen Bandes entlang arbeiten.

SCHRITT 2

Den oberen Rand des Bandes ebenfalls im Steppstich annähen und so das Band vollständig auf dem Stoff fixieren. Die Enden des Bandes jeweils 0,5 cm einschlagen, damit es nicht ausfranst.

DER ASTIPALAIA-STICH in 3 Schritten

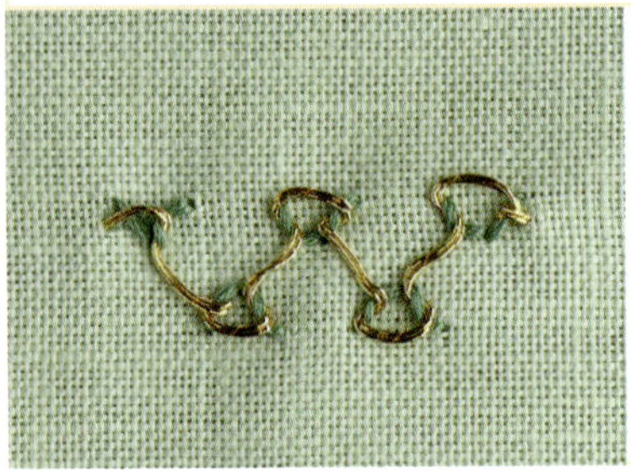

Schwierigkeitsgrad: anspruchsvoll, nur für erfahrene Stickerinnen.

Stoff und Garn: Der Astipalaia-Stich lässt sich mit dickem Effektgarn oder feinen Lurexschnüren, kombiniert mit Sticktwist, auf eng gewebten Stoffen wie Taft, Samt oder auf Brokat sticken.

Stickrichtung: in waagrechten Reihen.

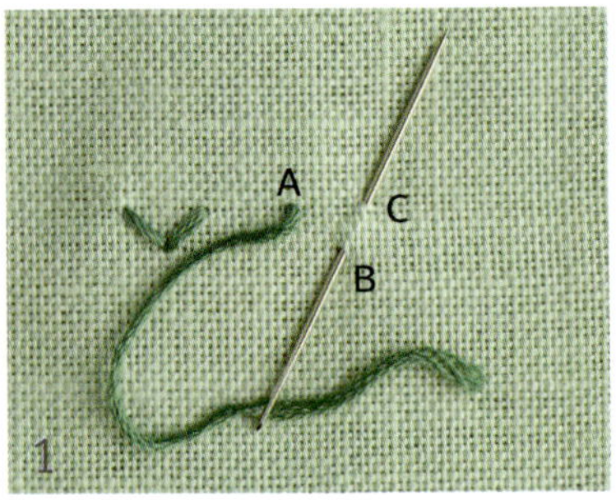

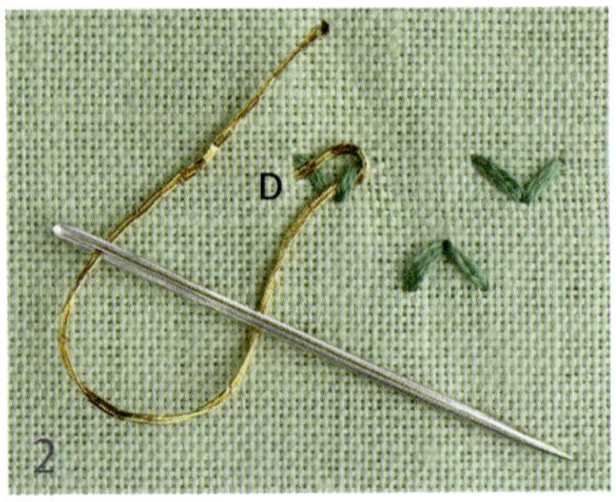

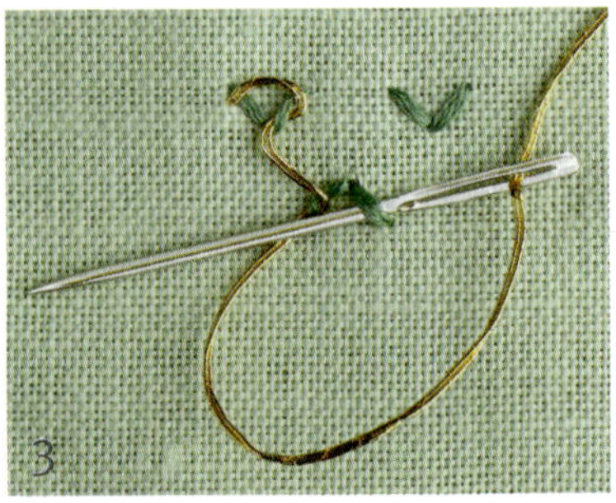

Wie sein Name schon sagt, stammt dieser Stich von der griechischen Dodekanes-Insel Astipalaia. Das Litzengeflecht wird mit einer feinen Schnur oder mit dickem Effektgarn gearbeitet.

SCHRITT 1

Den Sticktwist sechsfädig nehmen und eine Reihe gezackte Stiche arbeiten. Bei A durchstechen und schräg nach rechts bei B einstechen. Auf der Höhe von A einige Millimeter weiter rechts bei C ausstechen. Nochmals bei B einstechen, so dass der erste Zacken entsteht. Einige Millimeter nach rechts versetzt die weiteren Zacken arbeiten. In entgegengesetzter Richtung eine zweite Zackenreihe sticken, dabei die Zacken versetzt platzieren.

SCHRITT 2

Das dicke Effektgarn in eine Tapisserie-Nadel einfädeln und links vom ersten gezackten Stich bei D durchstechen. Den Faden von rechts nach links unter dem zweiten Zackenstrich der oberen Reihe hindurchführen und locker durchziehen. Die Nadel von oben nach unten unter dem ersten Zackenstrich in der unteren Reihe hindurchführen.

SCHRITT 3

Nun den Faden von rechts nach links unter dem zweiten Zackenstrich der unteren Reihe hindurchführen. Den Arbeitsfaden locker durchziehen, so dass ein Rankenornament entsteht. So fortfahren und abwechselnd die unteren und die oberen Zacken binden.

TIPP

Da das dicke Effektgarn dazu neigt sich aufzudrehen, verzwirbeln Sie den Faden wieder, indem Sie die Nadel im Uhrzeigersinn drehen.

Ausgehtäschchen

Verschlungene Arabesken machen das Ausgehtäschchen zu einem bezaubernden Accessoire. Durch die Soutache-Stickerei erhält dieses Modell einen außergewöhnlichen Reliefeffekt, der die Pastelltöne des Seidentafts aufs Schönste hervorhebt.

WISSENSWERTES

Schwierigkeitsgrad
Mittelschwer

Stickstiche
Soutache-Stickerei mit Schnurlitze (siehe S. 220)
Plattstich (siehe S. 98)

Maße
Das fertige Täschchen ist 18 x 22 cm groß.

MATERIAL

24 x 24 cm Seidentaft, türkis
24 x 24 cm Seidentaft, lavendelblau
50 x 50 cm Futterstoff aus Synthetik, türkis
1 Strang Metallstickgarn Anchor Lamé, silber (Fb. 301)
6 m feine Rundlitze, hellblau
3 m feine Rundlitze, porzellanblau
Sticknadel
Stickrahmen
Schneiderkopierpapier, weiß
Nähfaden, hellblau
Nähnadel

MOTIV

Die Seidentaft-Quadrate in der Mitte durchschneiden. Den Stoff rechts auf rechts legen und jeweils ein türkisfarbenes Rechteck mit einem lavendelfarbenen zusammennähen. Es entsteht eine Stoffbahn aus vier Rechtecken. Mit Hilfe des Schneiderkopierpapiers das Arabeskenmuster auf die Stoffbahn zeichnen, dabei das Motiv an der Mittelnaht ausrichten.

STICKEN

Den Stoff in den Stickrahmen spannen. Einen hellblauen Faden einfädeln. Die hellblaue Litze an einem Ende 1 cm breit einschlagen und mit zwei Rückstichen befestigen. Links oben am Motiv mit dem Anlegen der Schnurlitze beginnen und diese nach und nach auf den Stoff legen. Wenn die Litze vollends angelegt ist, das Ende einschlagen und mit zwei Rückstichen befestigen.
Das Metallgarn zweifädig nehmen und die Schnurlitze im Plattstich überfangen. Entlang den geschwungenen Bögen die Stiche regelmäßig im Abstand von 0,5 Zentimeter setzen.
Den Stickrahmen nach Bedarf versetzen.

FERTIGSTELLEN

Den Futterstoff genau in den Maßen der bestickten Stoffbahn aus den zusammengenähten Seidentaft-Rechtecken zuschneiden.

HINWEIS

Die hier verwendete Schnurlitze besteht aus geschmeidigen Synthetikfasern und lässt sich gut an das Arabeskenmuster anlegen. Falls Sie eine andere Litze applizieren wollen, verwenden Sie eine Schnurlitze aus Seide oder Baumwolle. Litzen aus Metallfäden sind für Muster mit stark geschwungenen Linien zu starr.

Den Taft rechts auf rechts aufeinanderlegen und an den Seiten und unten zunähen. Mit dem Futterstoff ebenso verfahren und in einer Naht eine 12 cm lange Öffnung lassen. Den auf links gewendeten Taft im Abstand von 1,5 cm über der Soutache-Stickerei bügeln. Tasche und Futter rechts auf rechts aufeinanderlegen. Oben im Falz steppen. Wenden. Die Öffnung von Hand zunähen. Das Futter in die Tasche stecken. Die porzellanblaue Litze auf die Hälfte falten und zwirbeln, bis sie sich von selbst zu einer Kordel zusammendreht. Die Enden der Kordel auf beiden Seiten innen festnähen.

Auf 70% verkleinert

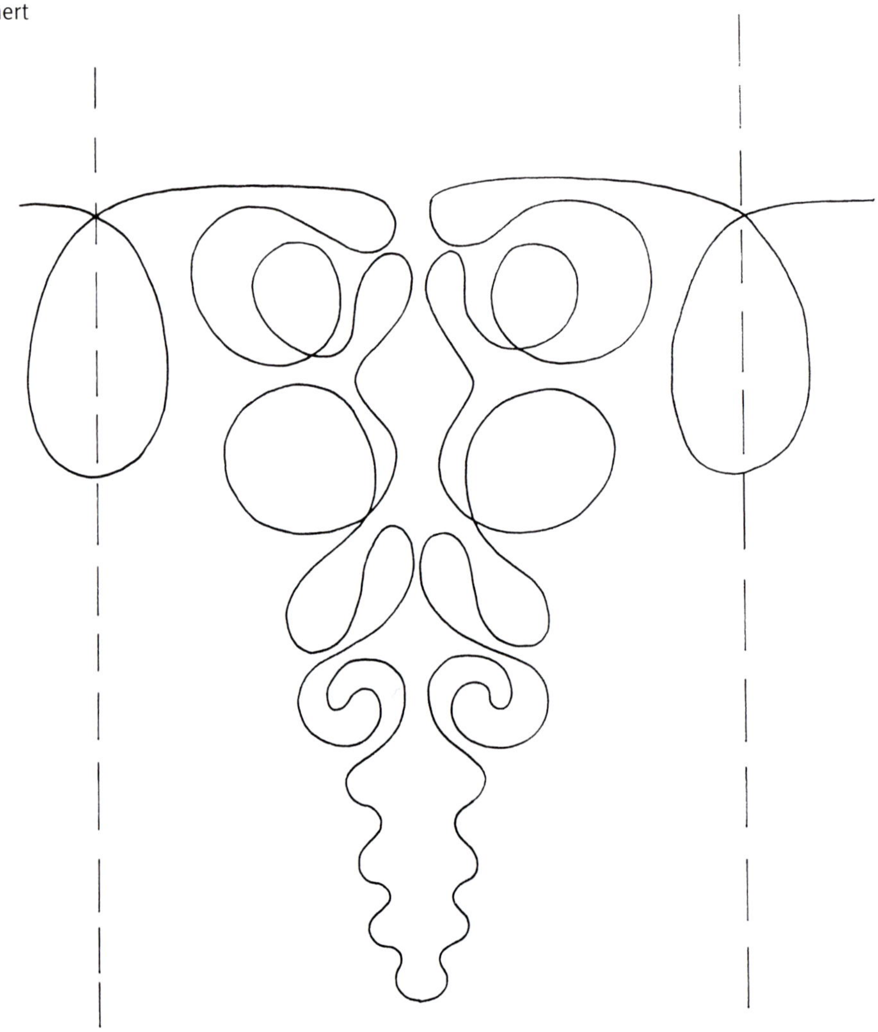

Der Gitterstich in Variationen

Die Stiche in diesem Kapitel bestehen alle aus langen Stichen, die einander überkreuzen und so ein gitterartiges Netz bilden. Damit lassen sich unterschiedliche Flächen füllen oder dekorative Friese gestalten. Zur Betonung ihrer regelmäßigen Struktur sollte man sie auf Stoffen mit gut erkennbaren Gewebefäden sticken.

DER GERADE GITTERSTICH in 2 Schritten

Schwierigkeitsgrad: leicht, für Anfängerinnen geeignet.

Stoff und Garn: Der Gerade Gitterstich lässt sich mit Metallstickgarn (z. B. Anchor Lamé), kombiniert mit Sticktwist, auf Stoffen mit gut erkennbaren Gewebefäden wie Stramin oder auf eng gewebten Stoffen wie Taft, Samt oder Brokat sticken.

Stickrichtung: zuerst senkrechte und waagrechte Stiche für das Gitter, dann waagrechte Reihen beim Überfangen.

Der Gerade Gitterstich ist ein sehr alter Stich, der traditionell mit Wolle gearbeitet wurde. Mit diesem dekorativen Stich lassen sich rasch große Flächen füllen. Er wirkt noch interessanter, wenn man ihn mit zwei verschiedenen Farben stickt.

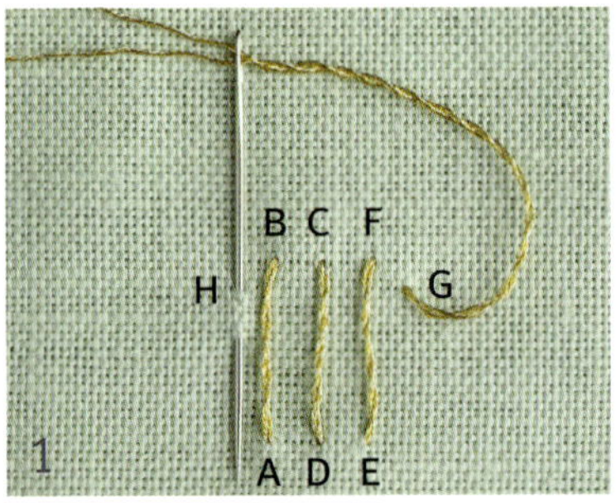

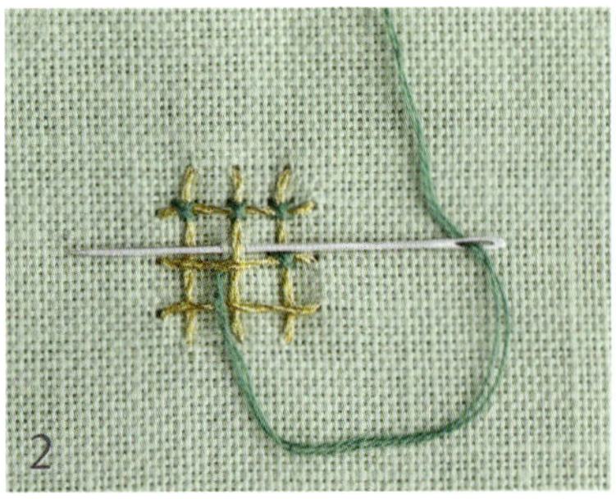

SCHRITT 1

Mit Metallstickgarn lange senkrechte Stiche spannen. Links unten bei A durchstechen und einige Zentimeter darüber bei B einstechen. Sechs Gewebefäden rechts von B bei C ausstechen und in einem zweiten senkrechten Stich bei D wieder einstechen. Bei E aus- und bei F wieder einstechen. Schräg rechts unterhalb von F bei G die Nadel herausführen und zum ersten waagrechten Stich ansetzen. Links vom ersten senkrechten Stich bei H wieder einstechen und so die Gitterlinien vervollständigen.

TIPP

Falls Sie einen eng gewebten Stoff verwenden, können Sie das Gitter vorher mit Schneiderkreide aufzeichnen, damit das Muster gleichmäßig wird.

SCHRITT 2

Mit zwei Fäden Sticktwist über jeden Schnittpunkt des Gitters einen Kreuzstich sticken. In dieser Weise links oben beginnend Reihe für Reihe jeden Kreuzungspunkt mit einem vollständigen Kreuzstich überfangen.

DER SCHRÄGE GITTERSTICH in 2 Schritten

Schwierigkeitsgrad: mittelschwer, für Stickerinnen mit Vorkenntnissen.

Stoff und Garn: Der Schräge Gitterstich lässt sich mit Metallstickgarn (z. B. Anchor Lamé), kombiniert mit Sticktwist, auf Stoffen mit gut erkennbaren Gewebefäden wie Stramin oder auf eng gewebten Stoffen wie Taft, Samt oder Brokat sticken.

Stickrichtung: zuerst diagonale Stiche für das Gitter, dann in senkrechten Reihen beim Überfangen.

Dieser Stich ist eine Variante des Geraden Gitterstichs. Hier besteht das Gitter aus langen schrägen Stichen, die an jedem Kreuzungspunkt mit einem senkrechten Stich überfangen werden.

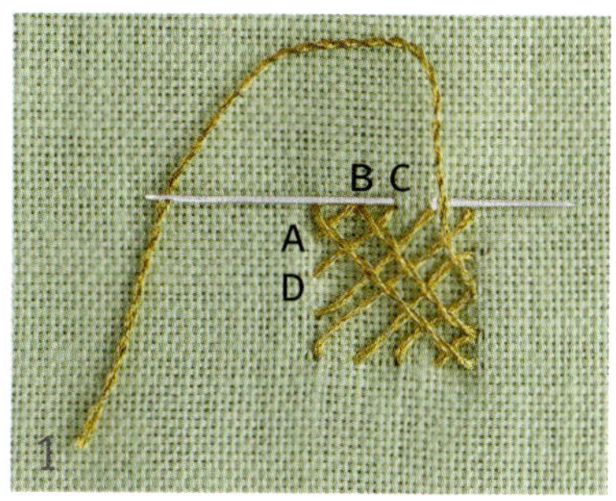

SCHRITT 1

Mit Metallstickgarn lange diagonale Stiche spannen. Links oben bei A durchstechen und schräg nach rechts bei B einstechen. Sechs Gewebefäden rechts von B bei C ausstechen. Sechs Gewebefäden unterhalb von A bei D wieder einstechen und so den ersten Durchgang mit den langen Schrägstichen fertigstellen. Für die Gitterstiche in der umgekehrten Richtung nochmals in die Durchstichstellen der vorigen Stiche einstechen und dabei die Diagonale nach links ausrichten.

TIPP

Wenn das Gitter großzügig und luftig ist, kann man über jeden Schnittpunkt einen geraden Kreuzstich setzen. Ist es dagegen eng, arbeiten Sie im zweiten Schritt lieber kleine Spannstiche.

SCHRITT 2

Mit zwei Fäden Sticktwist jeden Schnittpunkt der Gitterlinien mit einem kleinen senkrechten Spannstich (siehe S. 97) überfangen. Links oben am Gitter beginnen und Reihe für Reihe abwärts arbeiten; dabei über jeden Kreuzungspunkt einen Spannstich über zwei Gewebefäden setzen.

DER BÜSCHELSTICH in 2 Schritten

Schwierigkeitsgrad: mittelschwer, für Stickerinnen mit Vorkenntnissen.

Stoff und Garn: Der Büschelstich lässt sich mit Metallstickgarn (z. B. Anchor Lamé), kombiniert mit Sticktwist, auf Stoffen mit gut erkennbaren Gewebefäden wie Stramin oder auf eng gewebten Stoffen wie Taft, Samt oder Brokat sticken.

Stickrichtung: zuerst senkrechte Spannstiche, dann in waagrechten Reihen überfangen.

TIPP

Die Wirkung ist noch größer, wenn Sie den Büschelstich in waagrechten Reihen arbeiten und die Büschel jeweils versetzt zu denen der Vorreihe platzieren.

Mit dem Büschelstich, auch Garbenstich genannt, lassen sich vor allem Friese gut gestalten. Auch eine kaum gefüllte Fläche kann mit einem regelmäßigen Streumuster in diesem äußerst dekorativen Stich hervorgehoben werden.

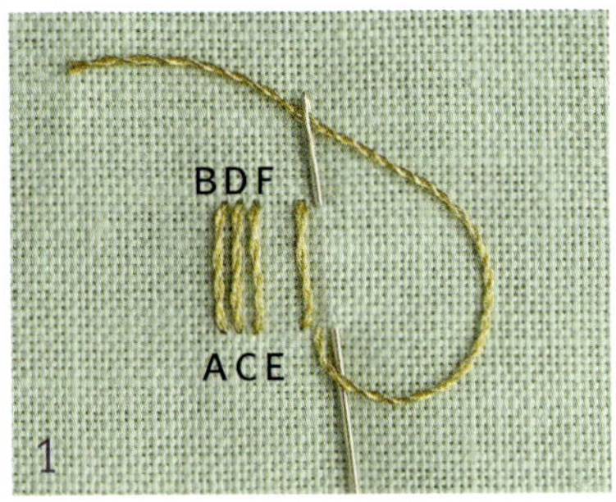

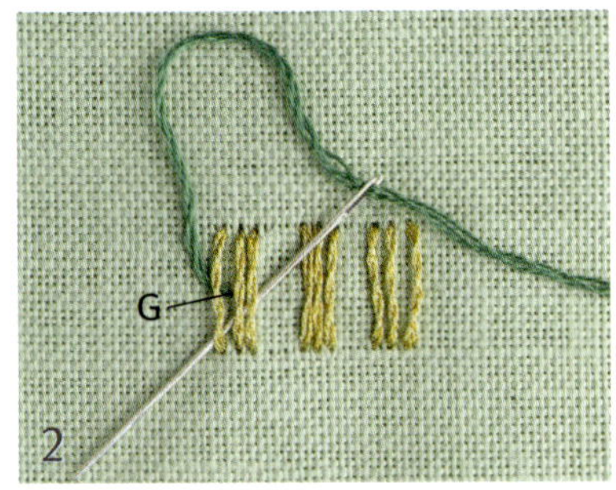

SCHRITT 1

Mit Metallstickgarn drei lange senkrechte Spannstiche (siehe S. 97) anlegen. Links unten bei A durchstechen und einige Millimeter darüber bei B einstechen. Zwei Gewebefäden rechts von A bei C ausstechen und zwei Gewebefäden rechts von B bei D wieder einstechen. Bei E aus- und bei F wieder einstechen. Damit ist die erste Gruppe aus drei Stichen entstanden. Sieben Gewebefäden rechts davon eine weitere Gruppe von drei senkrechten Stichen sticken. In dieser Weise die ganze Reihe arbeiten.

SCHRITT 2

Den Sticktwist zweifädig nehmen und unter der Mitte der ersten Stichgruppe bei G nach links durchstechen. Den Faden von rechts nach links unter dem ersten Büschel hindurchführen und den Stich zusammenziehen. Dann den Faden über das Büschel führen und bei G wieder einstechen. Das erste Büschel wird nun von zwei waagrechten Stichen in der Mitte zusammengefasst. Anschließend unter den drei senkrechten Stichen des nächsten Büschels ausstechen und Schritt 2 von Anfang an wiederholen.

DER GEKNOTETE BÜSCHELSTICH in 2 Schritten

Schwierigkeitsgrad: anspruchsvoll, nur für erfahrene Stickerinnen.

Stoff und Garn: Der Geknotete Büschelstich lässt sich mit Metallstickgarn (z. B. Anchor Lamé), kombiniert mit Sticktwist, auf Stoffen mit gut erkennbaren Gewebefäden wie Stramin oder auf eng gewebten Stoffen wie Taft, Samt oder Brokat sticken.

Stickrichtung: zuerst waagrechte Spannstiche, dann senkrecht von oben nach unten.

TIPP

Sie können den Charakter des Stichs stärker herausarbeiten, wenn Sie mit Gruppen aus vier oder fünf parallelen Spannstichen arbeiten. Lassen Sie bei einer größeren Anzahl von Stichen etwas mehr Abstand zwischen den Stichgruppen, damit sie sich gut voneinander abheben.

Der Geknotete Büschelstich, eine Variante des Büschelstichs, eignet sich ausschließlich zur Verwendung in Friesen und Bordüren. Die Stichgruppen sind durch einen Gedrehten Kettenstich, der zu einer Mittelrippe wird, miteinander verbunden.

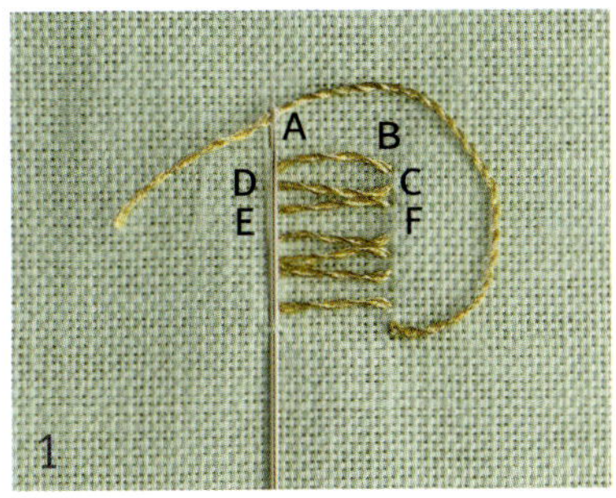

Der fertige Stich bildet ein waagrechtes Fries, der Einfachheit halber wird er jedoch senkrecht gearbeitet.

SCHRITT 1

Mit Metallstickgarn drei lange senkrechte Spannstiche (siehe S. 97) anlegen. Links oben bei A durchstechen und einige Millimeter weiter rechts bei B einstechen. Unterhalb von B bei C ausstechen und unterhalb von A bei D wieder einstechen. Bei E aus- und bei F wieder einstechen. Damit ist die erste Gruppe aus drei Stichen entstanden. Vier Gewebefäden darunter eine weitere Gruppe aus drei waagrechten Stichen sticken.

SCHRITT 2

Den Sticktwist zweifädig nehmen und eine Reihe Gedrehte Kettenstiche (siehe S. 33) sticken. Über der Mitte des ersten waagrechten Stichs bei G durchstechen und unterhalb von G etwas weiter links bei H wieder einstechen. Senkrecht unter G bei I wieder ausstechen, den Faden unter die Nadel legen und locker zu einer Schlinge durchziehen. Die Fadenschlinge umfasst die erste Gruppe aus drei Plattstichen. Die Reihe Gedrehte Kettenstiche in der beschriebenen Weise weiterarbeiten.

DER GITTERWERK-ÜBERFANGSTICH in 3 Schritten

Drei Arbeitsgänge mit verschiedenen Fäden verleihen dem Gitterwerk-Überfangstich seinen Reiz. Er zählt zu den schönsten Anlegearbeiten mit Überfangstich und wird fast ausschließlich für kostbare große Arbeiten angewandt, bei denen seine grafische Struktur besonders gut zum Ausdruck kommt.

Schwierigkeitsgrad: anspruchsvoll, nur für erfahrene Stickerinnen.

Stoff und Garn: Der Gitterwerk-Überfangstich lässt sich mit Metallstickgarn (z. B. Anchor Lamé oder Coats Cristallina), kombiniert mit Sticktwist, auf Stoffen mit gut erkennbaren Gewebefäden wie Stramin oder eng gewebten Stoffen wie Taft, Samt oder Brokat sticken.

Stickrichtung: 1. senkrechte Stiche, 2. schräge Stiche für das Gitter, 3. senkrechte Spannstiche in waagrechten Reihen beim Überfangen des Gitters.

TIPP

Für ein perfektes Ergebnis mit sehr schönem Reliefeffekt müssen die angelegten Fäden des ersten Arbeitsschritts den Untergrundstoff vollständig bedecken. Verwenden Sie dafür das Metallstickgarn drei- oder vierfädig.

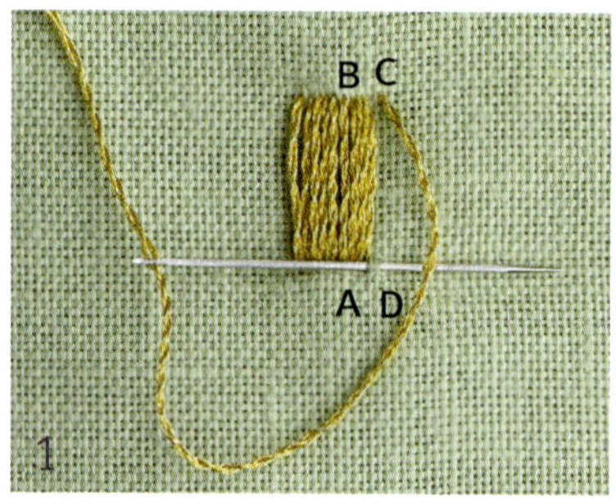

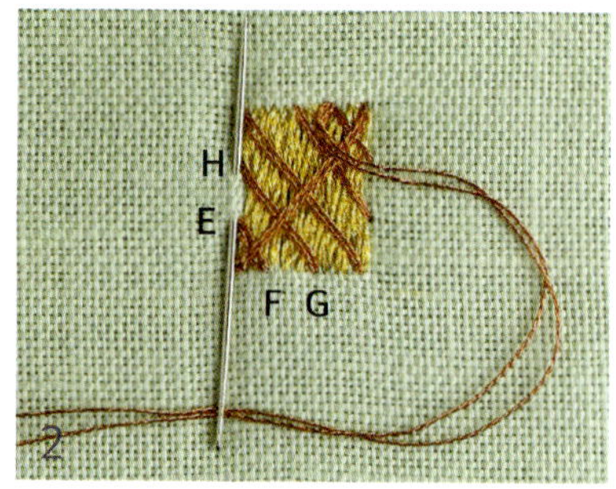

SCHRITT 1

Mit Metallstickgarn lange senkrechte Stiche spannen. Links unten an der zu bestickenden Stickfläche bei A durchstechen und senkrecht darüber bei B einstechen, so dass der erste große angelegte Stich entsteht. Etwas rechts von B bei C ausstechen, dann dicht neben A bei D wieder einstechen. Der zweite Stich liegt parallel zum ersten. In dieser Weise die gesamte Stickfläche mit großen senkrechten Stichen bedecken.

SCHRITT 2

Das Metallstickgarn zweifädig nehmen und lange schräge Stiche ausführen. An der linken Seite des Motivs bei E durchstechen und diagonal nach unten bei F einstechen. Sechs Gewebefäden rechts von F bei G ausstechen und sechs Gewebefäden über E bei H wieder einstechen. In dieser Weise den ersten Durchgang mit den großen Schrägstichen fertigstellen. Für den zweiten Durchgang mit den Schrägstichen in der umgekehrten Richtung nochmals in die Durchstichstellen der vorigen Stiche einstechen und dabei die Diagonale nach links ausrichten.

SCHRITT 3

Den Sticktwist zweifädig nehmen und jeden Schnittpunkt der Gitterlinien mit einem kleinen senkrechten Spannstich (siehe S. 97) überfangen. Links oben am Gitter beginnen und Reihe für Reihe nach unten arbeiten.

Brillenetui

Glänzende Goldtöne in harmonischer Verbindung mit einem prächtigen Gitterwerk schmücken ein ausgefallenes Brillenetui. Damit diese Stilübung gelingt, brauchen Sie nur die Gewebefäden des Stoffs zu zählen ...

WISSENSWERTES

Schwierigkeitsgrad
Leicht

Stickstiche
Gerader Gitterstich (siehe S. 226)
Schräger Gitterstich (siehe S. 227)

Maße
Das fertige Brillenetui ist 18 x 8,5 cm groß; es wird nur die Oberseite bestickt.

MATERIAL

20 x 20 cm Baumwollstoff, 11 Stich pro cm, blau
1 Spule Anchor Metallic in Gold (Fb. 300)
1 Spule Coats Reflecta in Kupfer(Fb. 314)
Stumpfe Sticknadel
Stickrahmen
Nähfaden, blau

MOTIV

Die Kanten des Stoffstücks versäubern. Den Stoff in der Mitte falten, so dass sich zwei Rechtecke ergeben; davon wird nur eines bestickt. Mit einem Heftfaden die Mittellinien des Rechtecks markieren. Das Gittermuster wird mit gezählten Stichen gearbeitet. Bei der Zusammenstellung der Motive das Zählmuster beachten.

STICKEN

Das Effektgarn vierfädig verwenden. Den Stoff in den Stickrahmen spannen. Mit den vier Motiven im Geraden Gitterstich beginnen, dann die Bordüren oben und unten am Etui im Schrägen Gitterstich arbeiten. Den Stickrahmen nach Bedarf versetzen. Zum Schluss die Heftfäden entfernen.

FERTIGSTELLEN

Die obere Stoffkante folgendermaßen säumen: einen 1 cm breiten ersten Umschlag bügeln und heften, dann die Kanten noch einmal 1,5 breit umschlagen. Den Saum von Hand nähen oder mit der Maschine steppen. Den Stoff auf die Hälfte falten, rechts auf rechts aufeinanderlegen und zu einem Etui zusammenfügen. Die offene Seite sowie die untere Kante des Etuis in 0,5 cm Abstand vom Rand zunähen. Die Arbeit bügeln und wenden.

Auf 90% verkleinert

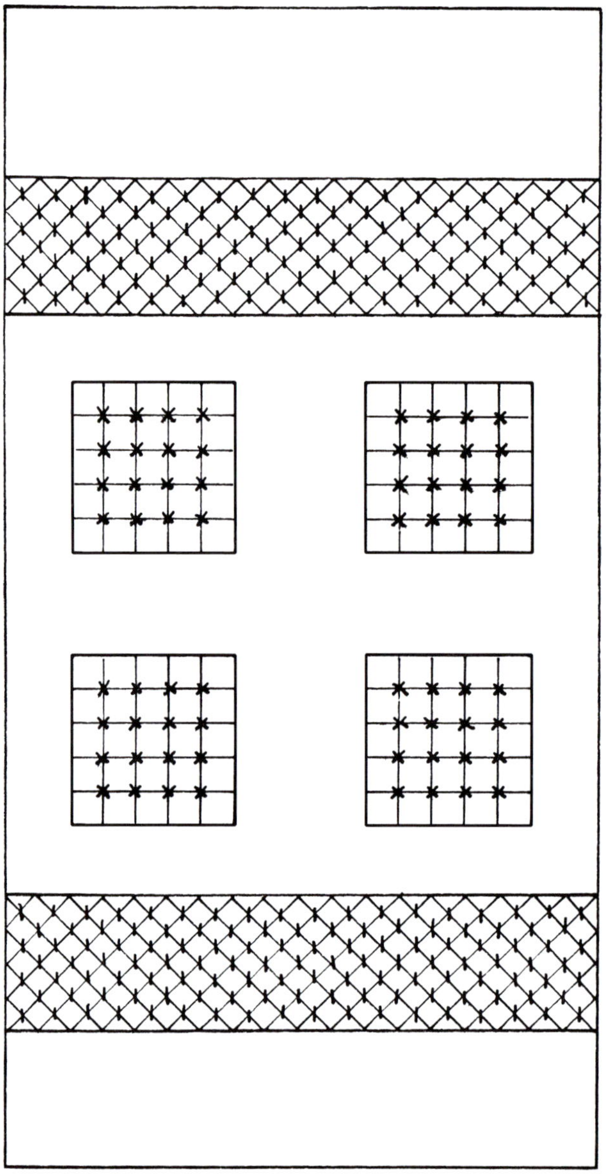

HINWEIS

Die hier vorgestellten Gitterstiche sind sehr haltbar. Um jedoch die Garnoberfläche zu schonen und zu verhindern, dass die Fäden von den Brillenbügeln herausgezogen werden, sollte man das Etui innen füttern. Dafür kommt entweder ein feiner Baumwollstoff oder ein Futterstoff aus Synthetik in Frage. Bevor Sie mit dem Zusammennähen beginnen, legen Sie den Futterstoff in den genauen Maßen des ursprünglichen Stoffquadrats auf die Rückseite der Stickarbeit. Versäubern und heften Sie die Kanten, indem Sie Oberstoff und Futter zusammen erfassen, und fahren Sie fort, wie unter „Fertigstellen" beschrieben.

Webstiche in Variationen

Mit Webstichen versucht man besondere Gewebeeigenschaften von Stoffen bis hin zu den Jacquardeffekten von Damaststoffen zu imitieren. Die Webstiche werden in mehreren Arbeitsschritten gestickt und weisen im Allgemeinen ein starkes Relief auf, sie wirken teilweise sogar gepolstert. Man verwendet sie zum Füllen großer Flächen, auf denen ihre Webstruktur besonders gut zum Ausdruck kommt.

DER MOSAIKSTICH in 3 Schritten

Schwierigkeitsgrad: anspruchsvoll, nur für erfahrene Stickerinnen.

Stoff und Garn: Der Mosaikstich lässt sich mit Metallstickgarn (z. B. Anchor Lamé), kombiniert mit Sticktwist, auf eng gewebten Stoffen wie Taft, Samt oder Brokat sticken.

Stickrichtung: zuerst senkrecht, dann waagrechten Reihen beim Überfangen.

TIPP

Damit die geometrischen Muster gleichmäßig werden, bereiten Sie Ihre Webarbeit am besten auf Millimeterpapier vor. So können Sie die exakte Größe der Abstände und der waagrechten Stiche festlegen.

Mit seinem aparten Relief passt der Mosaikstich zu vielen geometrischen Mustern und bildet die Grundlage für Dreiecke, Rauten, Zacken usw. Wie bei allen Webstichen werden in einem ersten vorbereitenden Arbeitsschritt die Fäden über die Stickfläche gespannt. Das geometrische Motiv wird anschließend mit Metallstickgarn eingewebt.

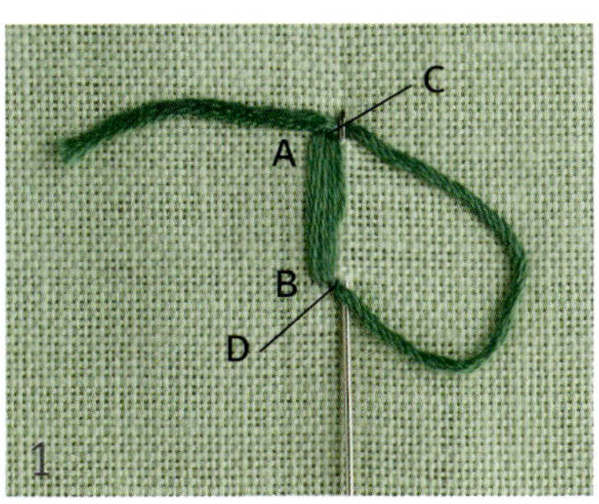

SCHRITT 1

Den Sticktwist ganzfädig nehmen und links oben an der Stickfläche bei A durchstechen. Senkrecht unter A in einem ersten großen angelegten Stich bei B einstechen. Knapp neben A bei C ausstechen und knapp neben B bei D wieder einstechen. Der zweite Stich liegt nun parallel zum ersten. In dieser Weise die gesamte Fläche füllen.

SCHRITT 2

Zwei Fäden Sticktwist nehmen und oben rechts an der bestickten Fläche mit kleinen waagrechten Stichen beginnen. Dabei geht die Nadel jeweils über zwei Anlegefäden und wird unter den nächsten vier Stichen hindurchgeführt. In dieser Weise die ganze Reihe arbeiten.

SCHRITT 3

Bei den nächsten Reihen wie in Schritt 2 verfahren, aber die Webstiche um zwei Anlegefäden versetzen, so dass die Reihen aus den kleinen waagrechten Überfangstichen schräge Linien bilden. Am Ende jeder Reihe durch den Stoff stechen, um zur darunter liegenden Reihe zu gelangen.

DER GESTREIFTE BORDÜRENSTICH in 3 Schritten

Schwierigkeitsgrad: anspruchsvoll, nur für erfahrene Stickerinnen.

Stoff und Garn: Der Gestreifte Bordürenstich lässt sich mit Metallstickgarn (z. B. Anchor Lamé), kombiniert mit Sticktwist, auf eng gewebten Stoffen wie Taft, Samt oder Brokat sticken.

Stickrichtung: zuerst waagrecht, dann senkrecht beim Einweben.

TIPP

Verwenden Sie stumpfe Sticknadeln zum Einweben, damit Sie nicht in der Leiter hängen bleiben.

Wie sein Name erwarten lässt, kommt der Gestreifte Bordürenstich fast ausschließlich bei Friesen und Bordüren vor. Seine Grundlage besteht wie bei den anderen Webstichen aus Spannstichen, die der anschließenden Weberei Struktur geben und hier die Sprossen einer Leiter bilden.

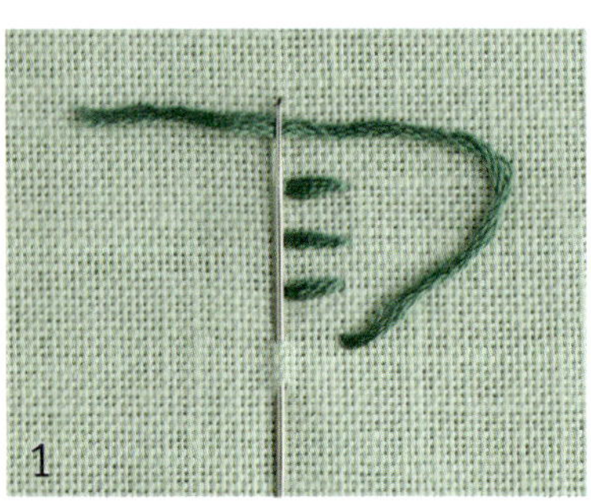

SCHRITT 1

Den Sticktwist ganzfädig nehmen und eine Leiter aus waagrechten Spannstichen (siehe S. 97) sticken. Darauf achten, dass die Stiche gleich groß und gleich weit voneinander entfernt sind.

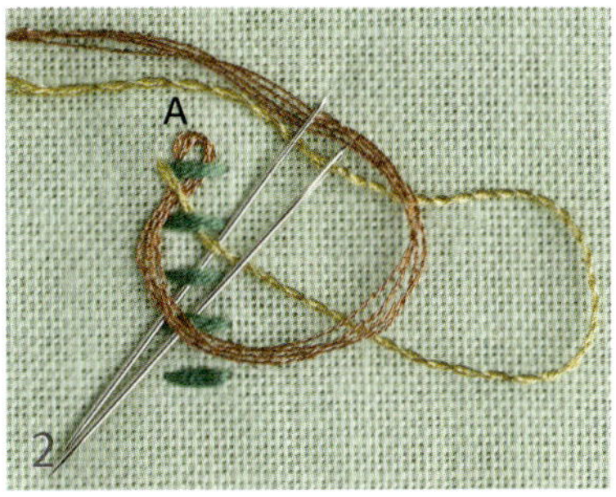

SCHRITT 2

Eine Nadel mit Gold- und eine mit Kupferfaden einfädeln. Beide Fäden oberhalb der ersten Leitersprosse bei A durchstechen. Den Goldfaden über diesen ersten Stich führen, dann einmal über und einmal unter den Leitersprossen hindurchweben. Den Kupferfaden unter die erste Leitersprosse und unter den Goldfaden legen. In dieser Weise zwischen den Leitersprossen hin und her weben und jedes Mal die beiden Metallfäden kreuzen.

SCHRITT 3

Die nächste Reihe rechts von der ersten beginnen und weben wie in Schritt 2 beschrieben. Um die Bordüre zu vervollständigen, sollte man drei oder vier Reihen in den beiden Farben arbeiten.

DER UKRAINISCHE GEFLECHTSTICH in 3 Schritten

Schwierigkeitsgrad: leicht, für Anfängerinnen geeignet.

Stoff und Garn: Der Ukrainische Geflechtstich lässt sich mit Metallstickgarn (z. B. Anchor Lamé oder Metallic), kombiniert mit Sticktwist, auf eng gewebten Stoffen wie Taft, Samt oder Brokat sticken.

Stickrichtung: zuerst waagrecht, dann diagonal beim Einweben.

TIPP

Zur Abwechslung kann dieser Webstich statt mit Goldfäden auch mit feinen Bändchen gearbeitet werden.

In einem Land mit einer so bedeutenden und alten Textilkultur wie der Ukraine gibt es bis heute Meisterstickerinnen. Der Geflechtstich findet sich vor allem auf Tisch- und Bettwäsche, aber auch auf Verzierungen von Trachten.

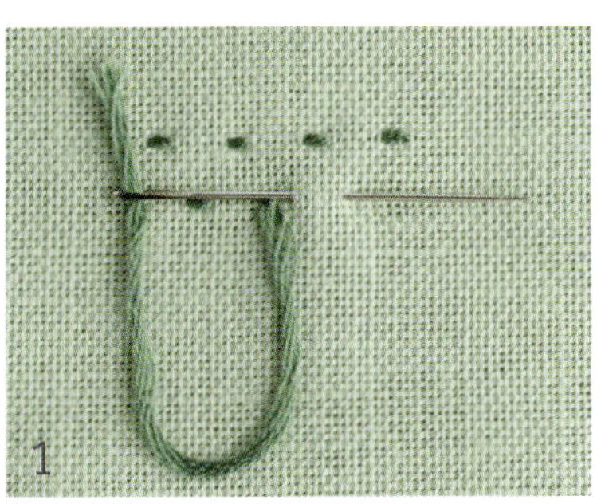

SCHRITT 1

Den Sticktwist ganzfädig nehmen und eine Reihe waagrechte Vorstiche (siehe S. 130) sticken. Achten Sie darauf, dass die Stiche gleich groß und gleich weit voneinander entfernt sind. In der nächsten Reihe die Stiche versetzt zur vorhergehenden Reihe platzieren.

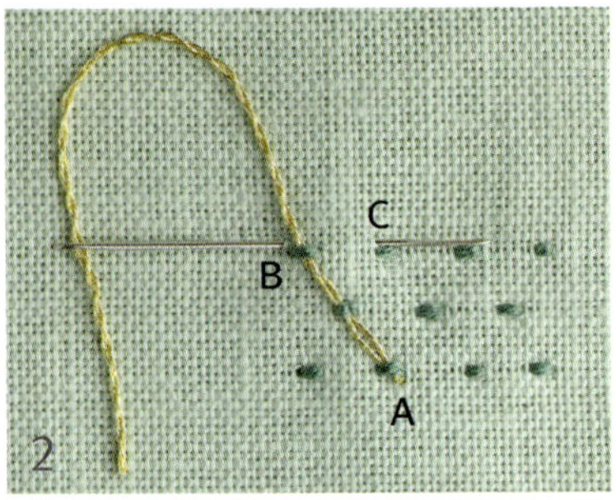

SCHRITT 2

Mit einem Metallstickgarn unten an der Stickfläche bei A durchstechen. Die Nadel von unten nach oben unter den Vorstichen hindurchführen, so dass eine Schräglinie nach links entsteht. Oben am Stickmotiv bei B einstechen, um den Faden zu fixieren, und über dem nächsten Vorstich bei C wieder ausstechen. Die Nadel von oben nach unten unter den Vorstichen hindurchführen und die Stickfläche mit parallelen Schräglinien bedecken.

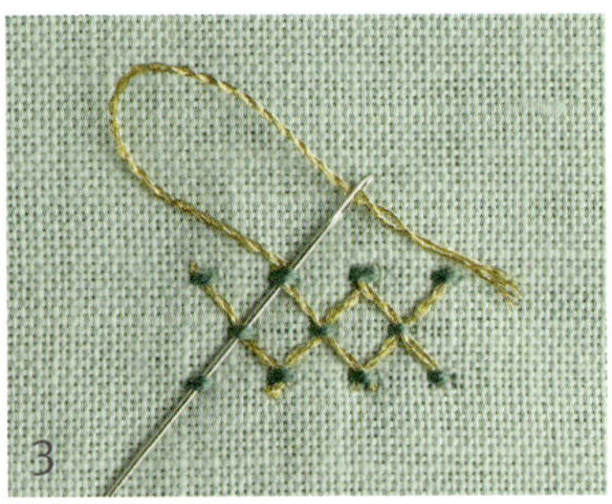

SCHRITT 3

In der nächsten Reihe die Diagonalen in der umgekehrten Richtung arbeiten und so das Gitter vervollständigen. Außen an jeder Reihe die Nadel durch das Gewebe stechen und den Faden wieder über dem nächsten Vorstich positionieren.

DER TÜRKISCHE GEFLECHTSTICH in 3 Schritten

Schwierigkeitsgrad: anspruchsvoll, nur für erfahrene Stickerinnen.

Stoff und Garn: Der Türkische Geflechtstich lässt sich mit Metallstickgarn (z. B. Anchor Lamé), kombiniert mit Sticktwist, auf eng gewebten Stoffen wie Taft, Samt oder Brokat sticken.

Stickrichtung: 1. senkrecht, 2. waagrecht, 3. senkrechte Überfangstiche.

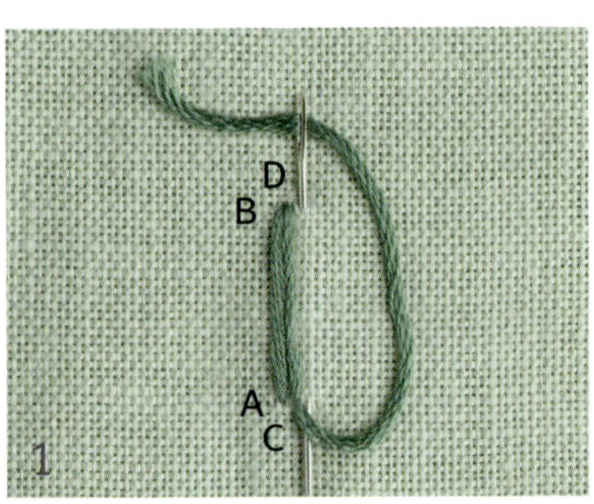

Der Türkische Geflechtstich wird über zwei im rechten Winkel zueinander liegenden Schichten angelegter Stiche gearbeitet. Im ersten Arbeitsschritt wird der Stich unterlegt und erhält dadurch eine dichte Struktur. Aufgrund dieser Eigenschaft findet er sich vorwiegend auf Dekorationselementen und modischen Accessoires.

SCHRITT 1

Den Sticktwist ganzfädig nehmen und lange senkrechte Stiche ausführen. Links unten an der Stickfläche bei A durchstechen und senkrecht über A bei B einstechen, so dass der erste große angelegte Stich entsteht. Rechts von A bei C ausstechen und rechts von

TIPP

Da die erste Schicht angelegter Stiche völlig überdeckt wird, hat die Garnfarbe eigentlich keine Bedeutung. Achten Sie trotzdem darauf, einen Sticktwist zu verwenden, durch den die Nadelspitze im dritten Durchgang leicht durchgleitet.

B bei D wieder einstechen. Der zweite Stich liegt parallel zum ersten. In dieser Weise die gesamte Stickfläche mit großen senkrechten Stichen bedecken.

SCHRITT 2

Das Metallstickgarn in Gold zweifädig nehmen und waagrechte Stiche im rechten Winkel zur ersten Flächenfüllung anlegen. Oben links bei E durchstechen und rechts vom Stickmotiv bei F einstechen, so dass der erste waagrechte Stich entsteht. Die Nadel unterhalb von F bei G herausführen und unterhalb von E bei H wieder einstechen. In dieser Weise weitere Stiche auf der ersten Schicht von Stichen anlegen. Diese wird dann völlig unsichtbar.

SCHRITT 3

Das Metallstickgarn in Kupfer zweifädig nehmen und Reihen mit kleinen senkrechten Spannstichen (siehe S. 97) sticken. Links unter den beiden ersten waagrechten Stichen bei I durchstechen und zu einem ersten senkrechten Stich bei K einstechen. Einige Millimeter weiter rechts bei L wieder ausstechen und mit einem weiteren senkrechten Stich die Metallfäden auf dem Stoff fixieren. In der zweiten Reihe die senkrechten Stiche versetzt zur 1. Reihe platzieren.

DER BILDERSTICH in 2 Schritten

Schwierigkeitsgrad: mittelschwer, für Stickerinnen mit Vorkenntnissen.

Stoff und Garn: Der Bilderstich lässt sich mit Metallstickgarn (z. B. Anchor Lamé) kombiniert mit Sticktwist, auf eng gewebten Stoffen wie Taft, Samt oder Brokat sticken.

Stickrichtung: zuerst waagrecht, dann senkrecht beim Einweben.

Der Bilderstich hat große Ähnlichkeit mit dem Boulogne-Überfangstich, wird jedoch auf ganz andere Art gearbeitet. Während sich mit dem Boulogne-Überfangstich kleine Details füllen lassen, wird der Bilderstich ausschließlich für Hintergründe verwendet.

TIPP

Damit das Weben schön gelingt, sollte man die Arbeit unbedingt in einen Rahmen spannen. Wenn der Stoff nicht gleichmäßig gespannt ist, besteht vor allem bei großen Stickflächen die Gefahr, dass die Webfäden sich verwirren oder im Weg liegen.

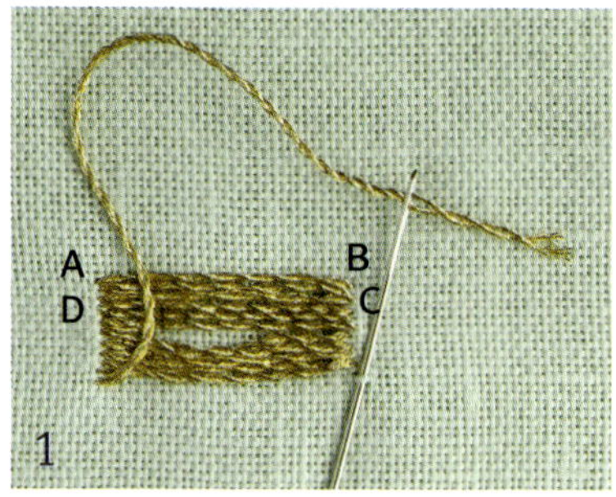

SCHRITT 1

Das Metallstickgarn zweifädig nehmen und links oben an der Stickfläche bei A durchstechen, dann auf einer waagrechten Linie zu A bei B einstechen, so dass der erste große angelegte Stich entsteht. Unterhalb von B bei C ausstechen und unterhalb von A bei D einstechen. In dieser Weise die ganze Stickfläche bedecken.

SCHRITT 2

Den Sticktwist vierfädig nehmen und das Weben in senkrechten Reihen beginnen. Oben rechts an der mit angelegten Stichen gefüllten Fläche bei E durchstechen. Die Nadel immer über und unter zwei Stichen aus Metallstickgarn hindurchführen. Am Ende der Reihe die Nadel durch den Stoff stechen. Einige Gewebefäden weiter links die Nadel wieder herausführen und nun aufwärts weben. Die ganze mit Metallstickgarn bedeckte Fläche mit gleichmäßigen Webstichen durcharbeiten.

Nadelkissen

Mit dem augenfälligen Kontrast zwischen den Goldfäden des Bilderstichs und dem groben Charme des Naturleinens wird solch ein Nadelkissen in Ihrem Nähkästchen Furore machen.

WISSENSWERTES

Schwierigkeitsgrad
Mittelschwer

Stickstich
Bilderstich (siehe S. 239)

Maße
Das fertige Nadelkissen ist 12 x 12 cm groß.

MATERIAL

15 x 27 cm Leinenstoff, naturfarben
1 Strang Metallstickgarn Anchor Lamé in Gold (Fb. 300)
1 Strängchen Anchor Sticktwist in Elfenbein (Fb. 926)
50 cm feine Rundlitze, Ocker dunkel
Sticknadel
Stickrahmen
Schneiderkopierpapier, blau
Nähfaden, dunkelgrau
Nähnadel
Füllmaterial aus Synthetik

MOTIV

Den Umriss des Nadelkissens zweimal auf die Rückseite des Leinenstoffs aufzeichnen. Dann das geometrische Stickmotiv mit Hilfe des Schneiderkopierpapiers auf die Oberseite des einen Stücks übertragen.

STICKEN

Den Stoff in den Stickrahmen spannen. Mit dem mittleren Motiv beginnen. Die angelegten Stiche werden mit ganzfädigem Sticktwist ausgeführt, die Webstiche mit zweifädigem Metallstickgarn. Das aus vier Dreiecken bestehende Motiv sticken. Die angelegten Stiche werden mit dem Metallstickgarn dreifädig gearbeitet, die Webstiche mit dem elfenbeinfarbenem Sticktwist zweifädig.
Zum Schluss die kleinen Quadrate in den Ecken sticken, und zwar genauso wie das Quadrat in der Mitte.

FERTIGSTELLEN

Die beiden Stoffstücke in 2 cm Abstand von den Umrisslinien ausschneiden, dann die Kanten versäubern. Die Stoffstücke rechts auf rechts legen, Ober- und Unterseite des Nadelkissens (mit Stecknadeln) zusammenstecken. An der Umrisslinie entlang steppen und an einer Seite offen lassen.

HINWEIS

Geübte Stickerinnen, die den Bilderstich bereits gut beherrschen, können das Modell auch in größeren Abmessungen etwa auf ein Kissen sticken. Damit der Bilderstich dabei seinen besonderen Charakter nicht verliert, sollte er nicht größer als beim Nadelkissen gearbeitet werden.

Die Naht flachbügeln. Das Nadelkissen wenden, mit dem Füllmaterial ausstopfen und die offen gebliebene Seite mit kleinen überwendlichen Stichen zunähen. Die Zierlitze mit überwendlichen Stichen von Hand auf den Rand des Nadelkissens nähen.

Originalgröße 100%

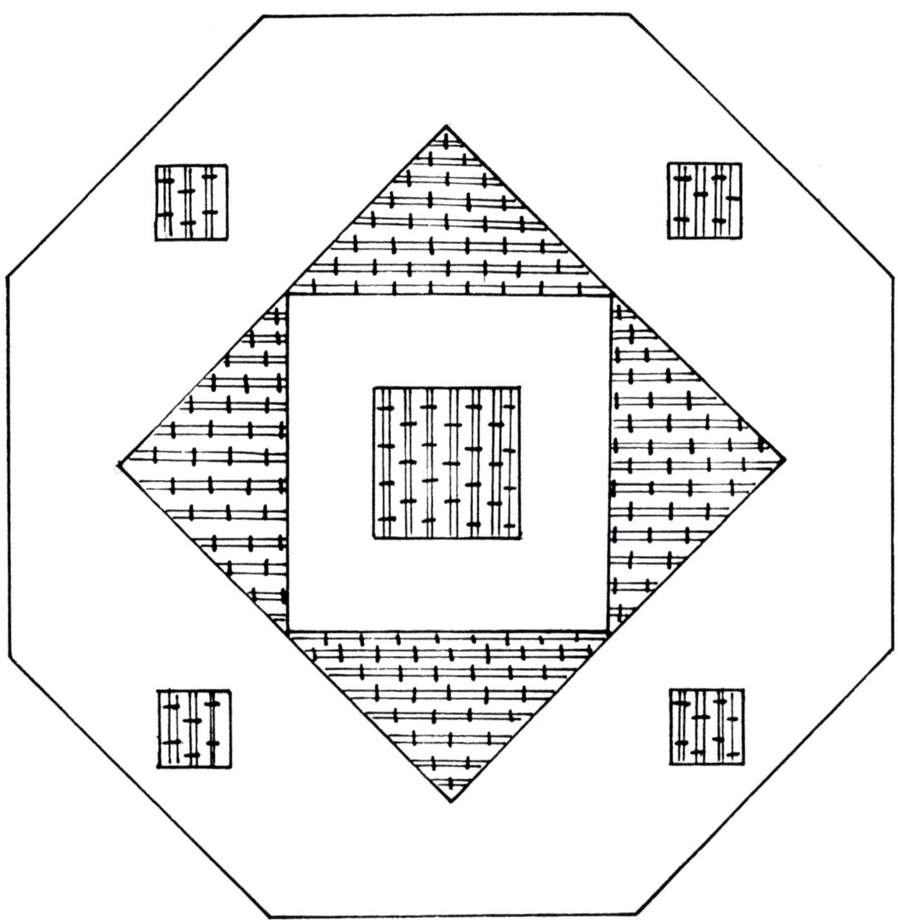

ANHANG

Index der Stiche

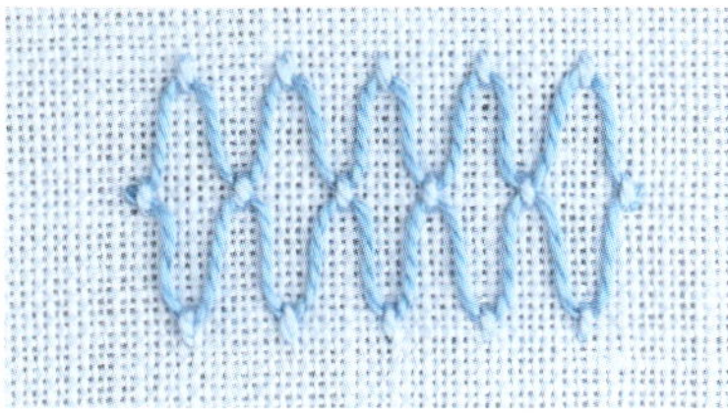

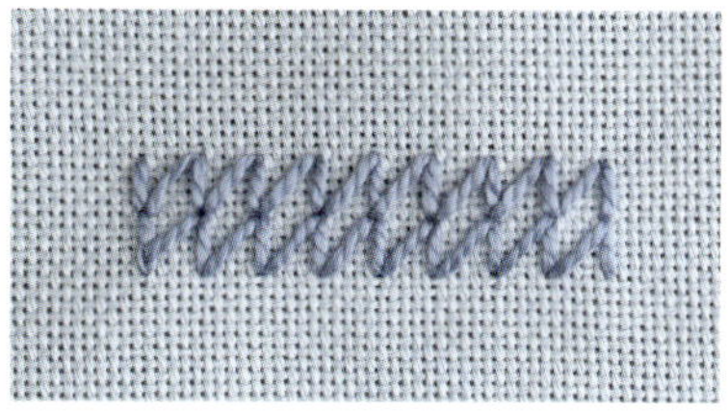

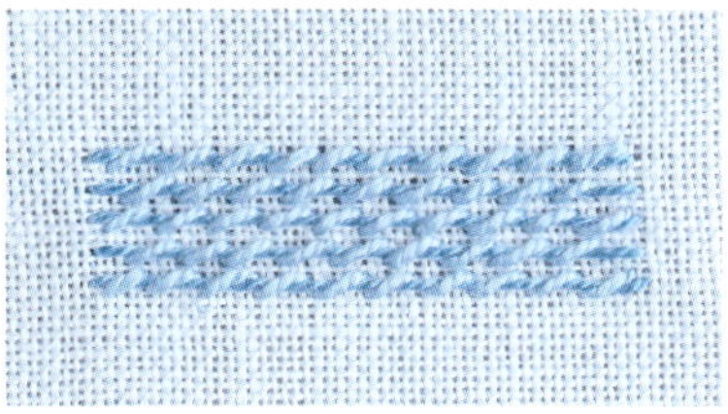

C

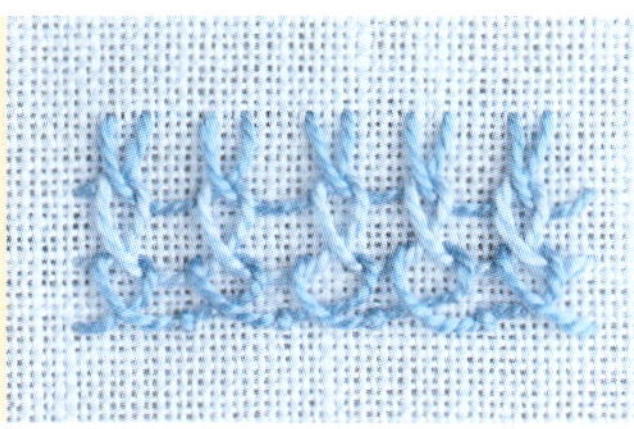

D

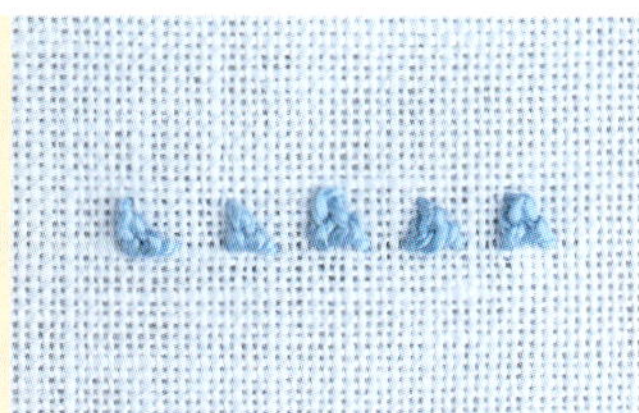

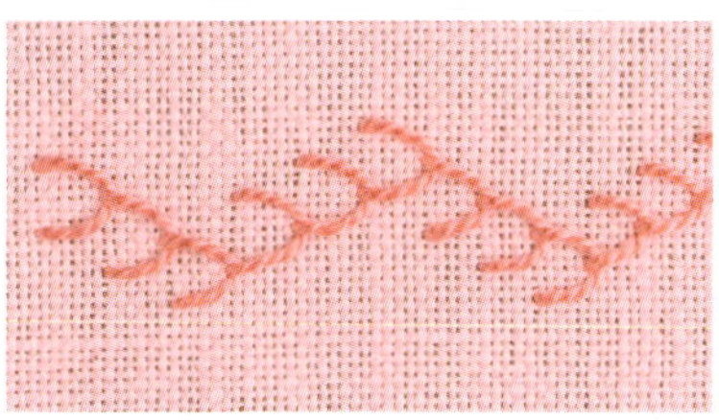

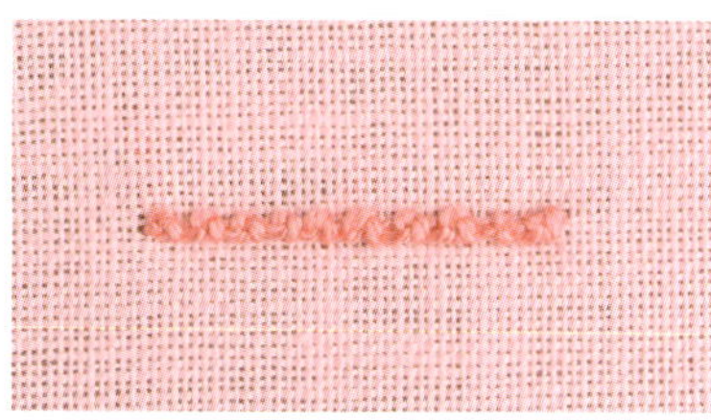

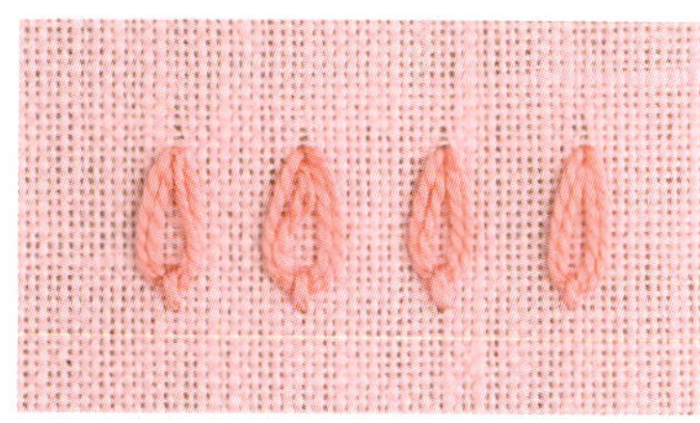

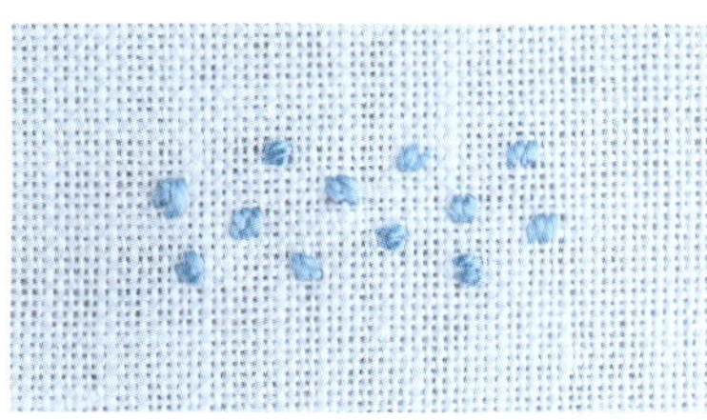

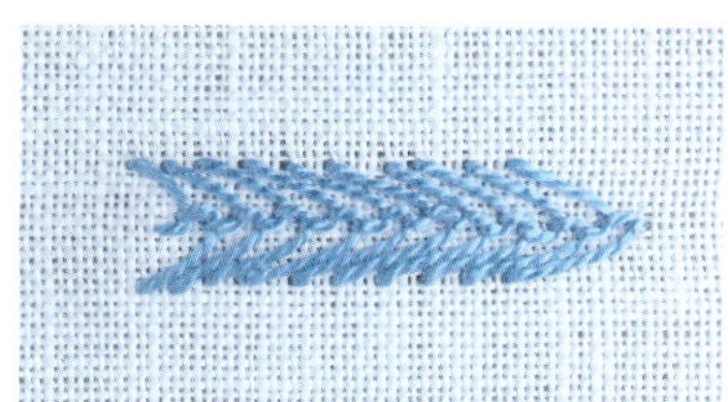

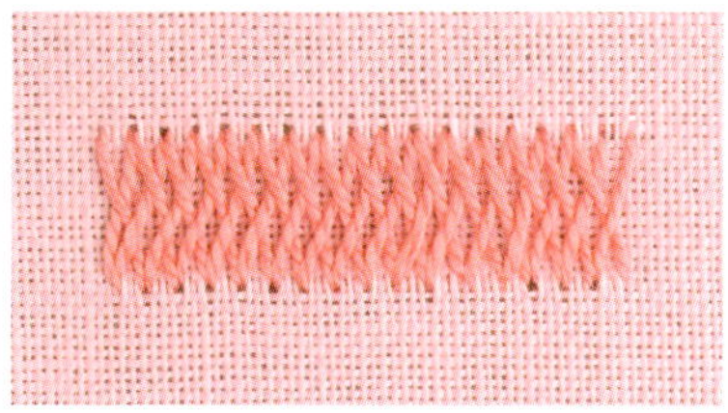

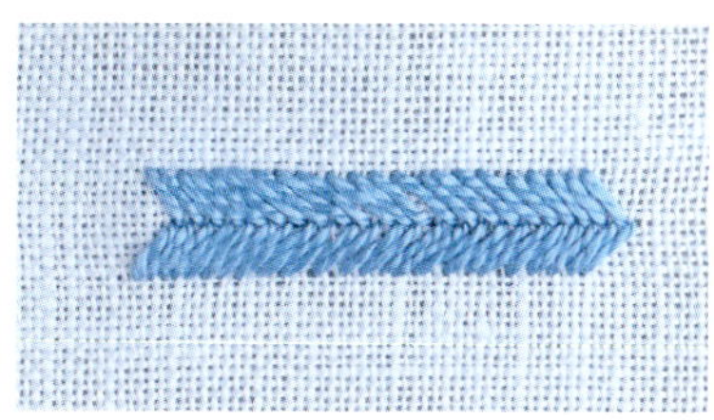

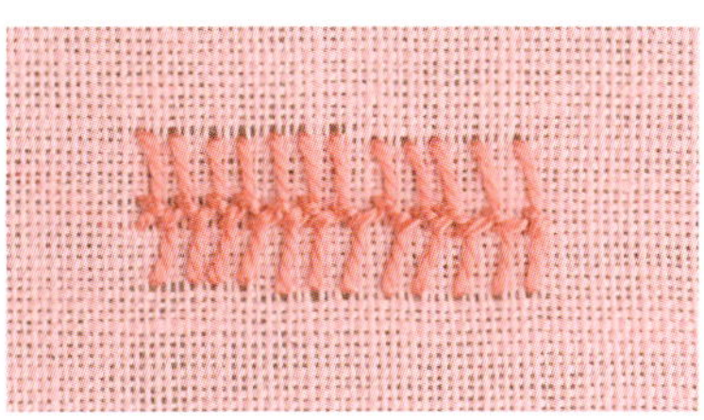

H

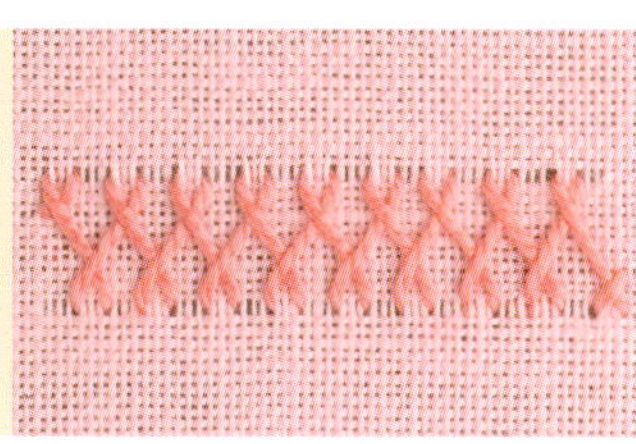

I

J

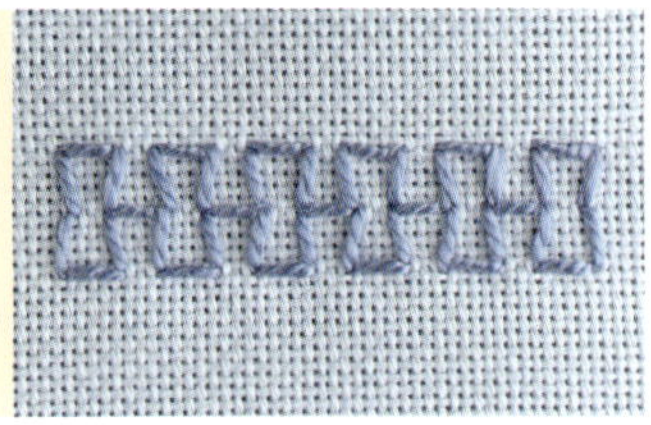

K

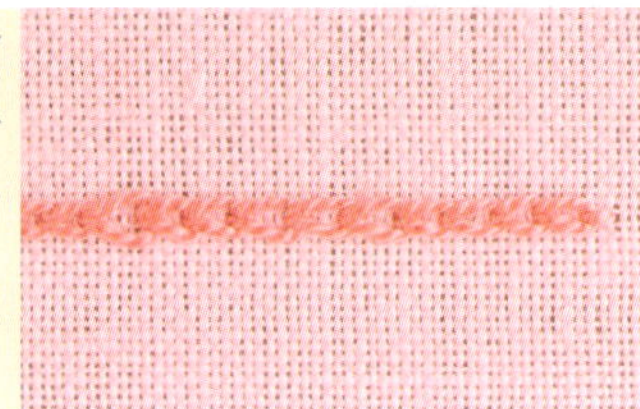

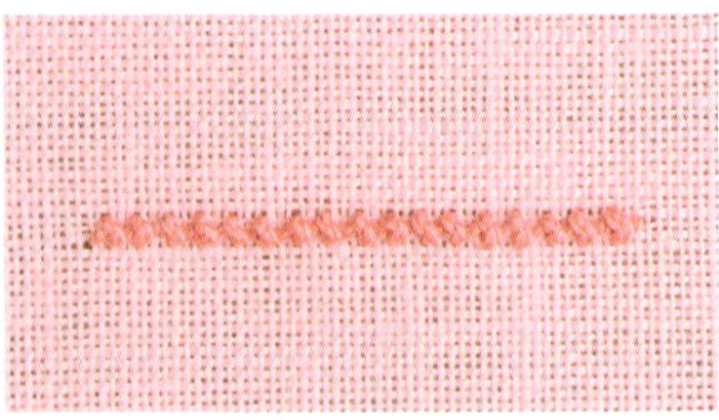

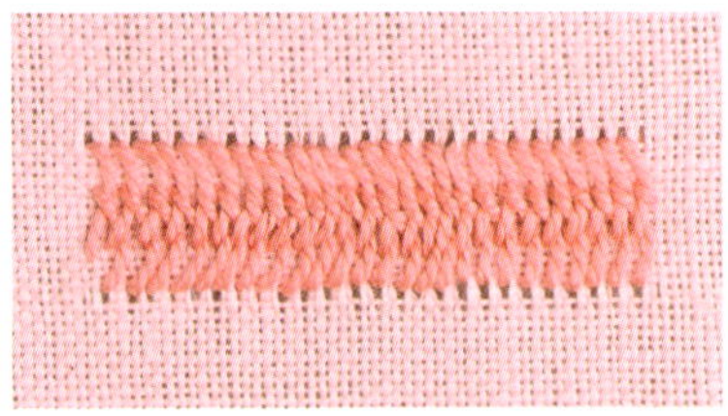

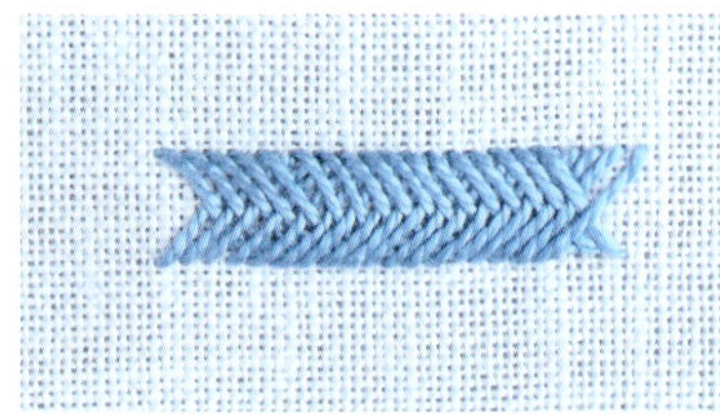

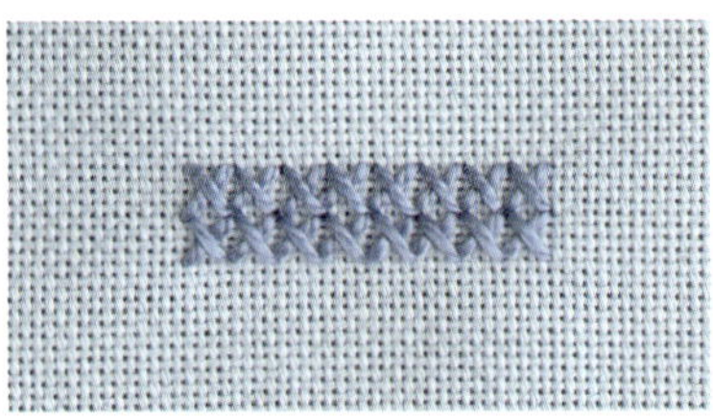

L

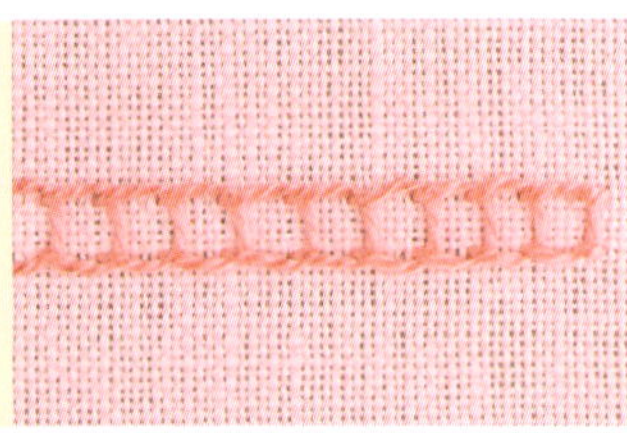

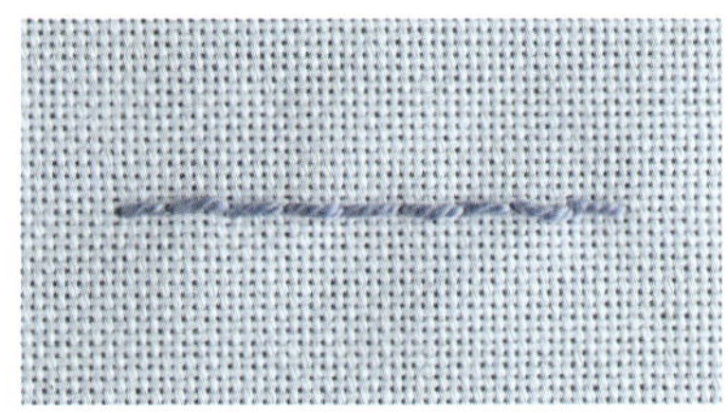

M

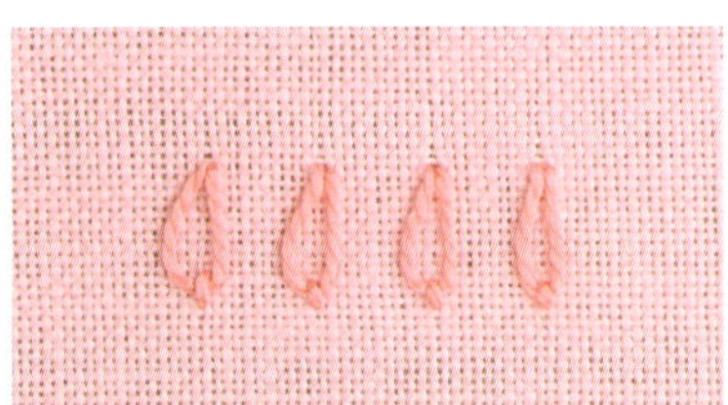

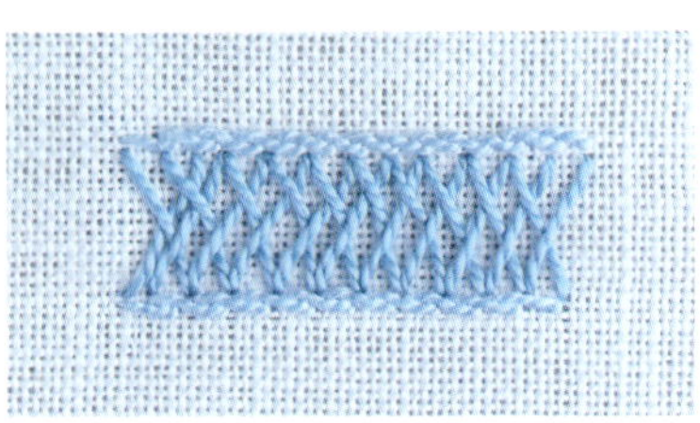

N

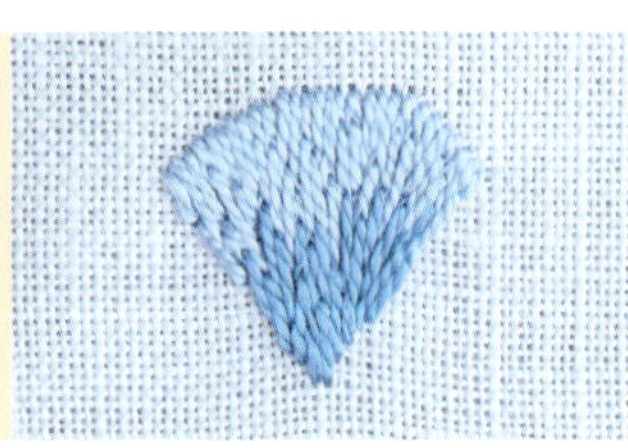

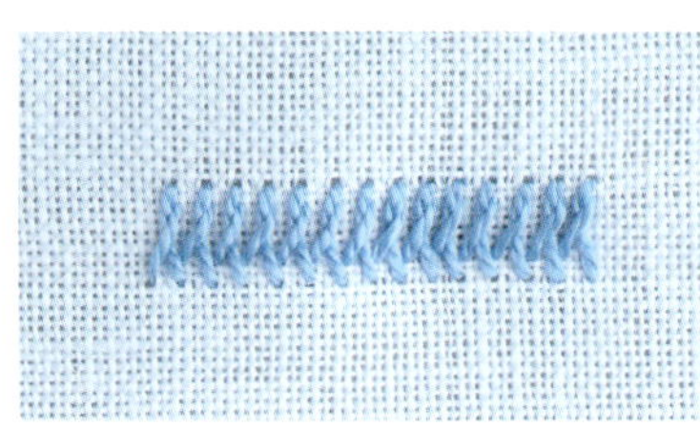

O

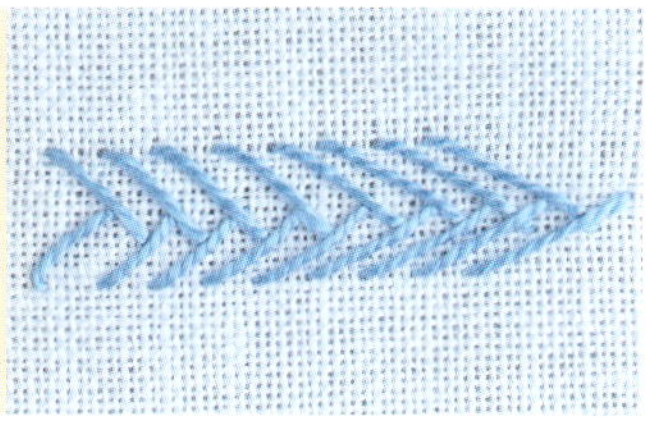

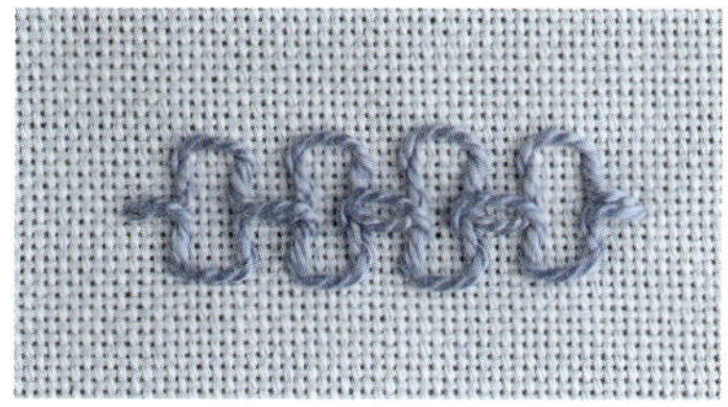

P

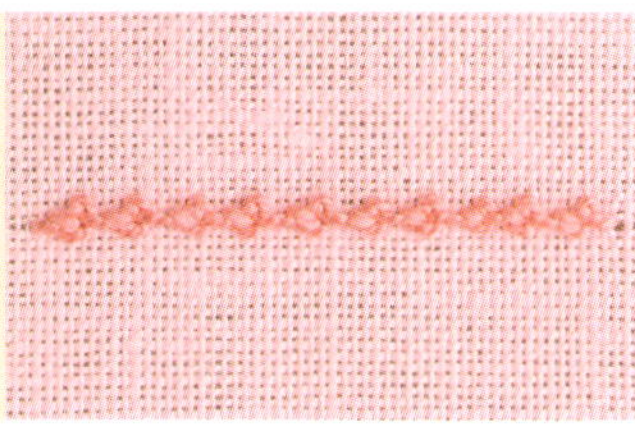

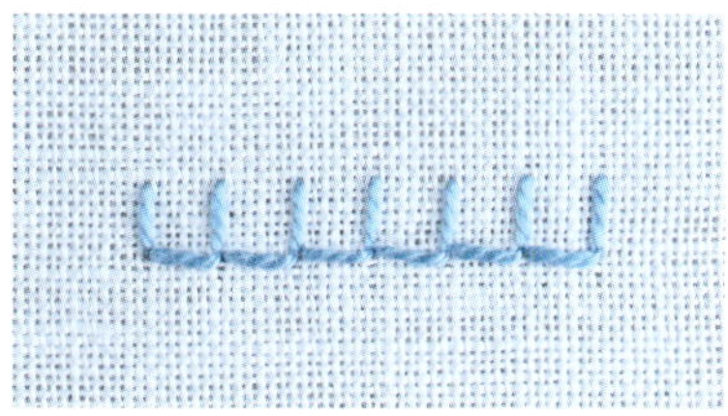

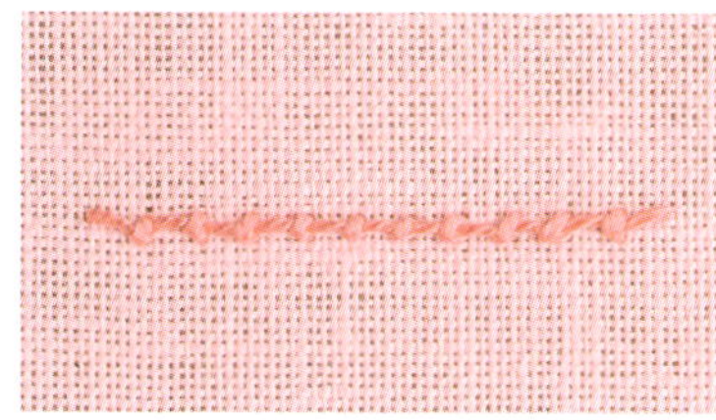

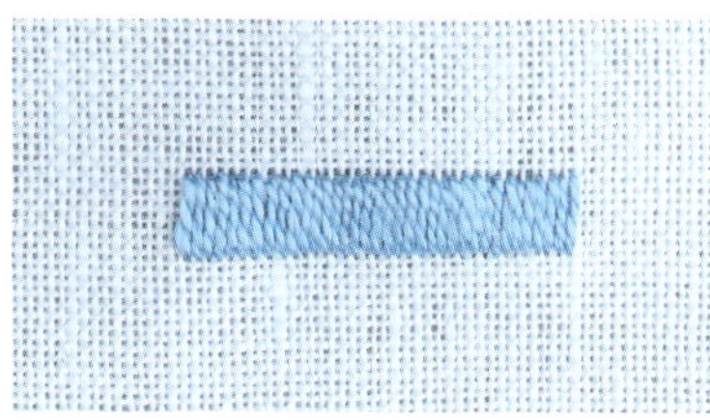

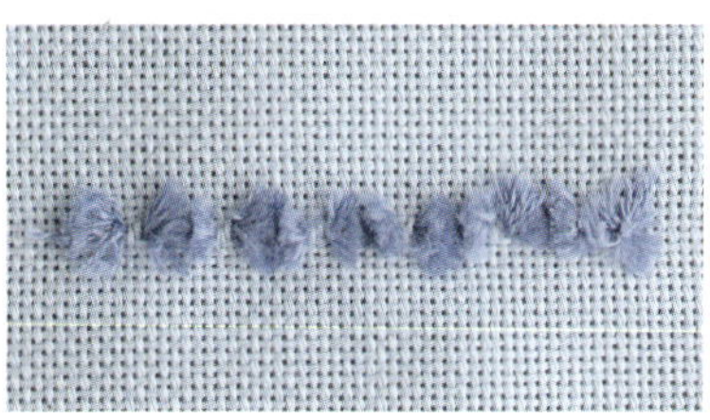

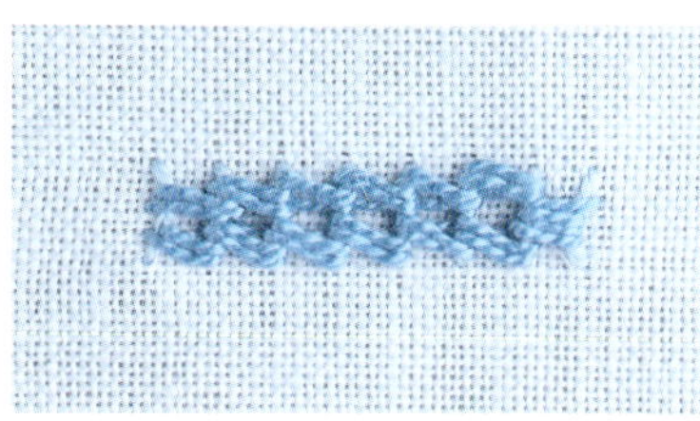

R

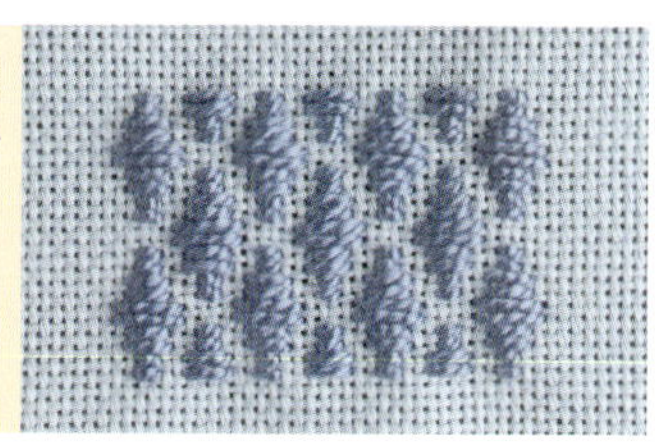

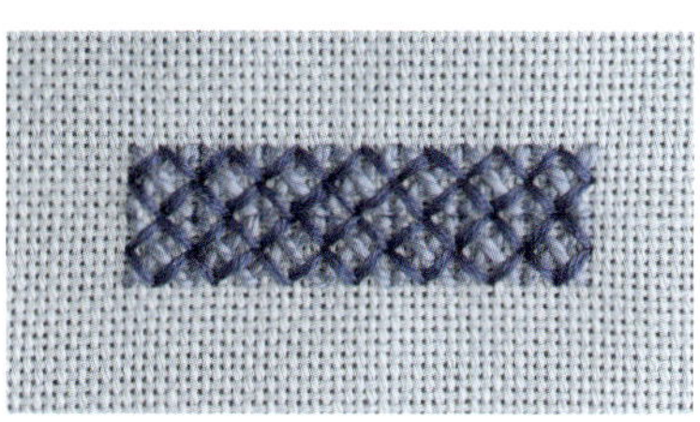

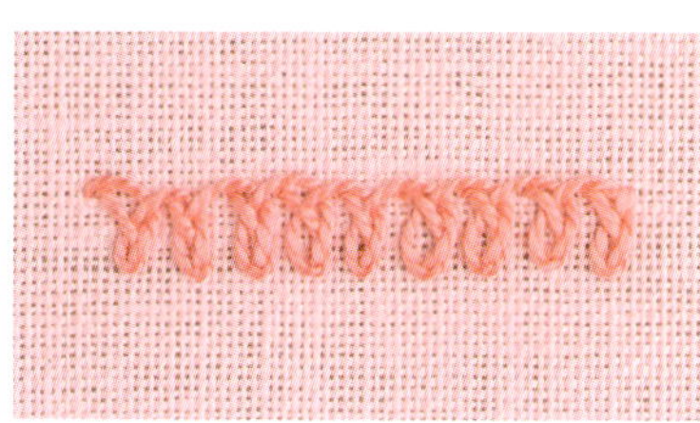

S

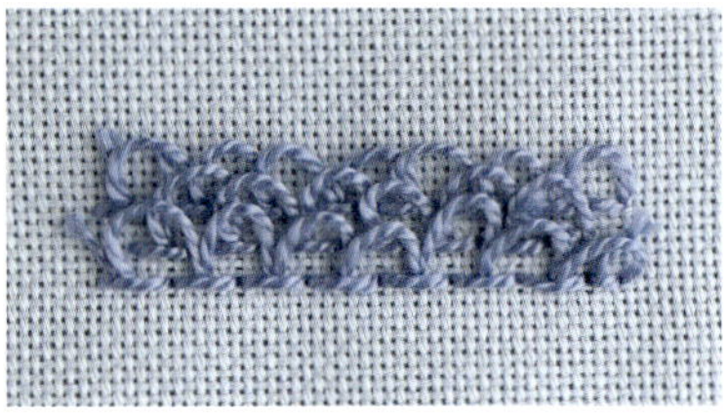

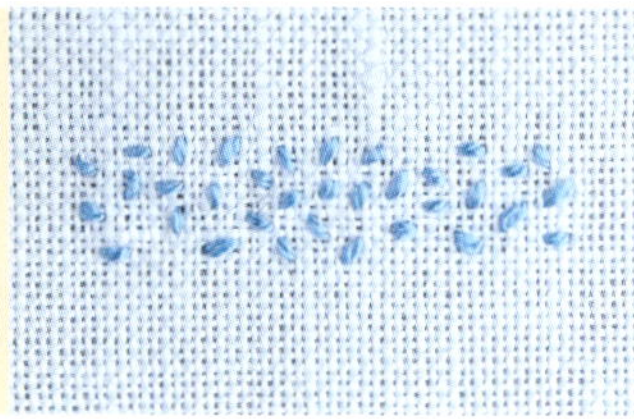

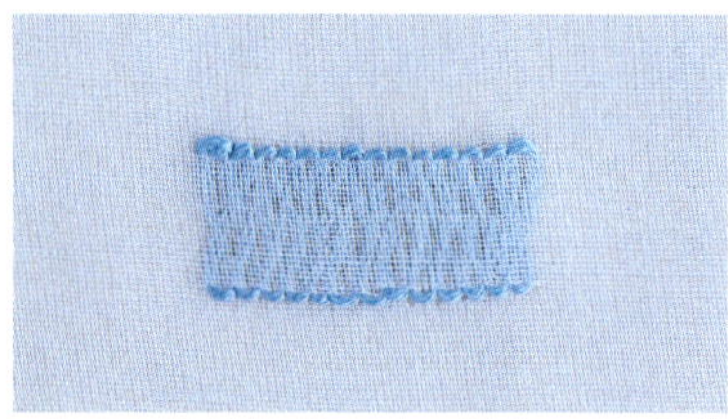

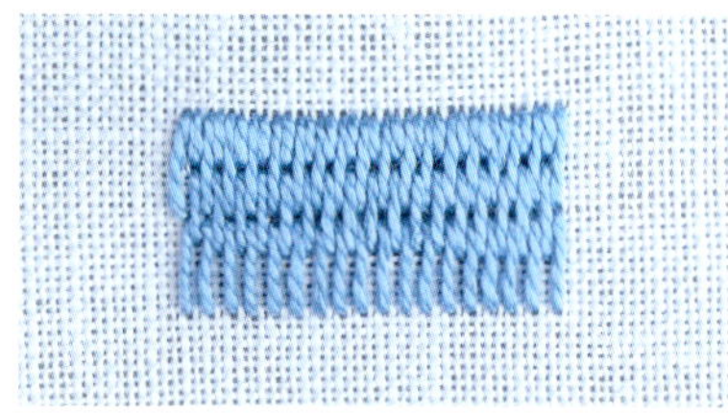

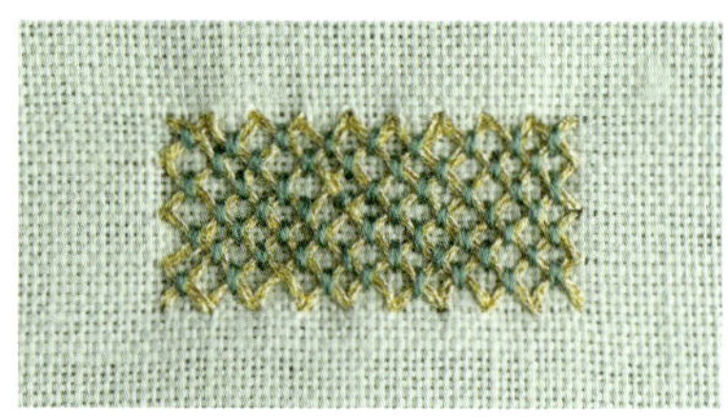

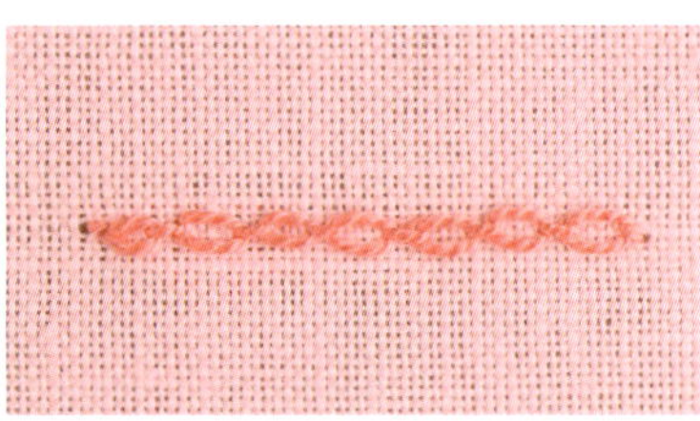

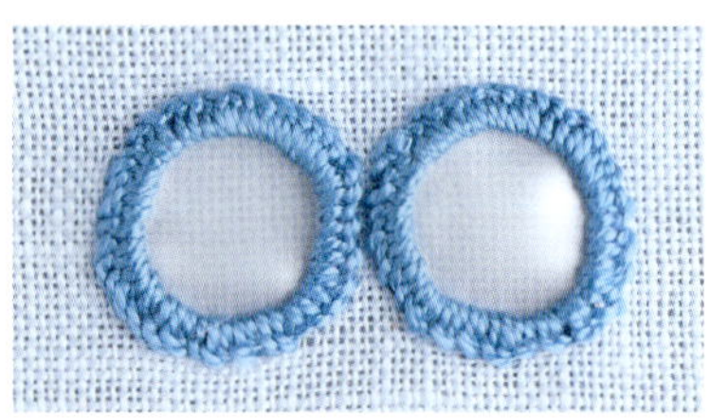

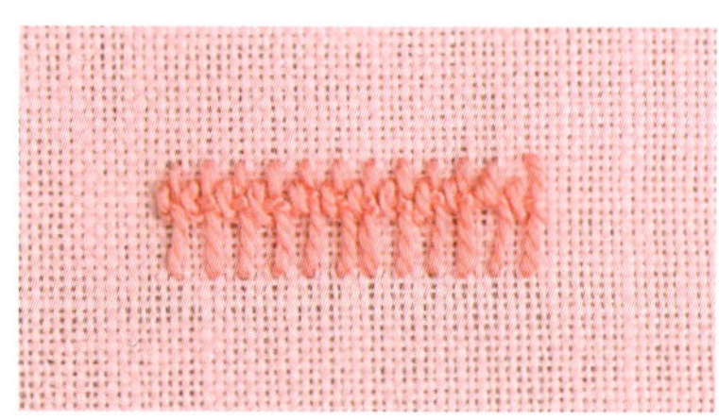

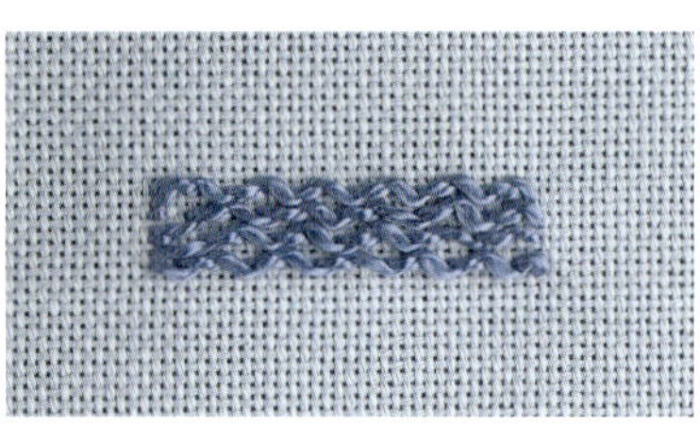

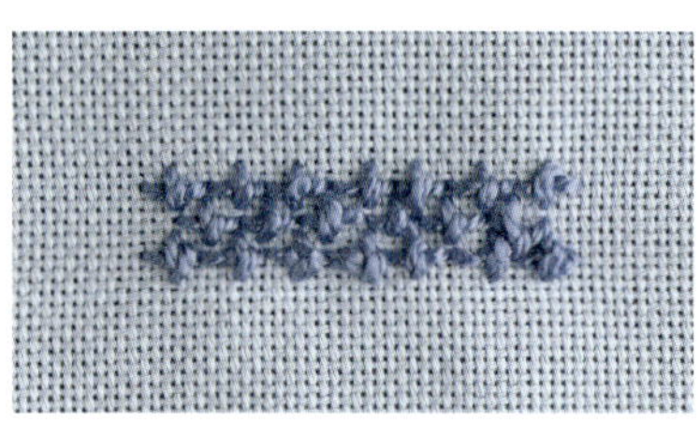

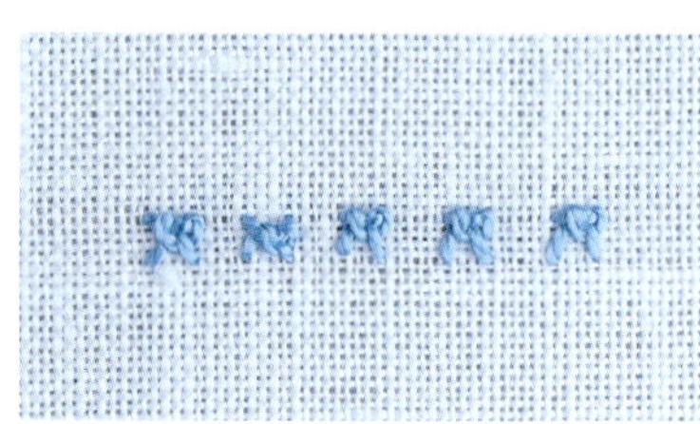

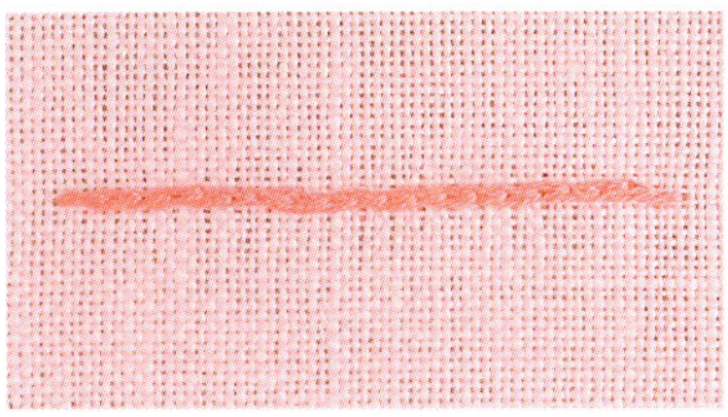

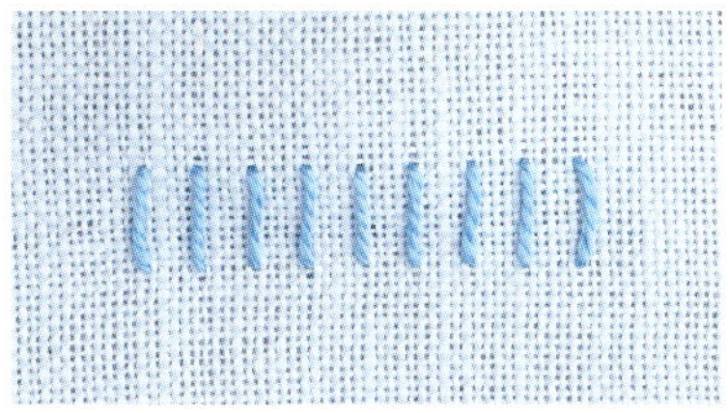

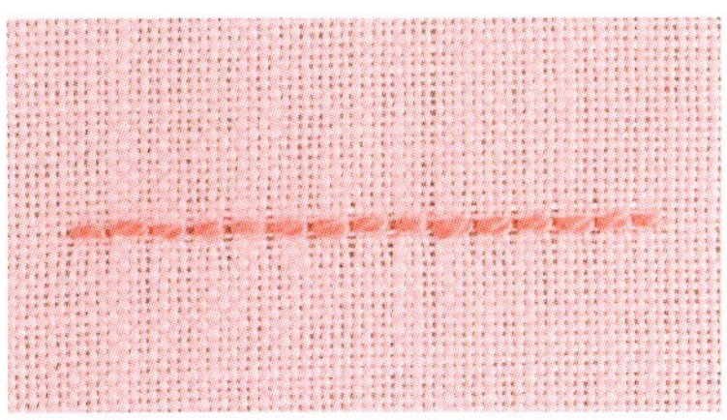

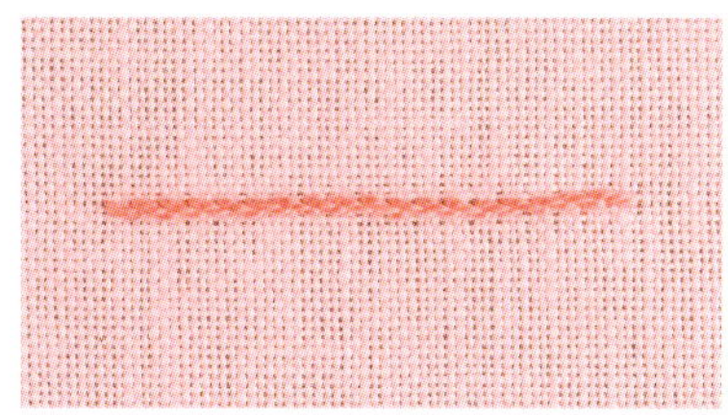

T

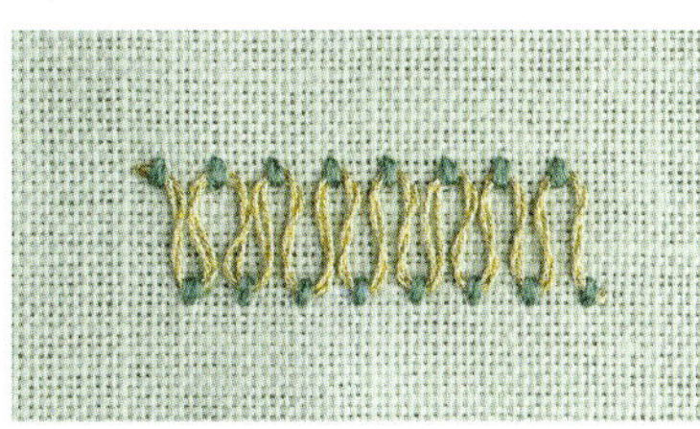

U

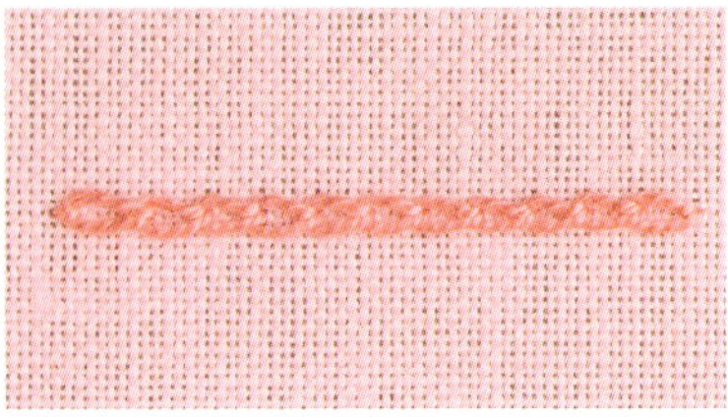

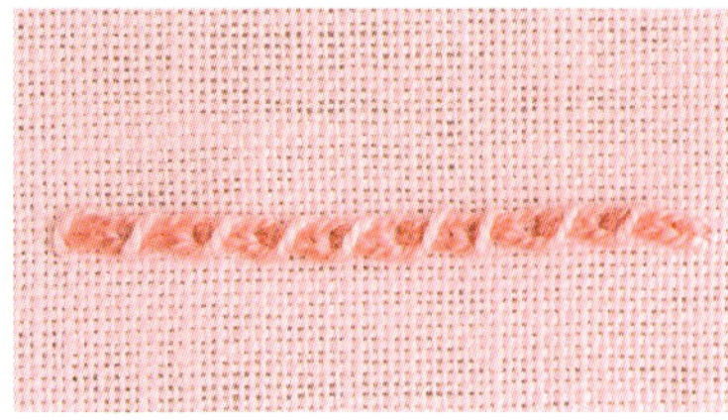

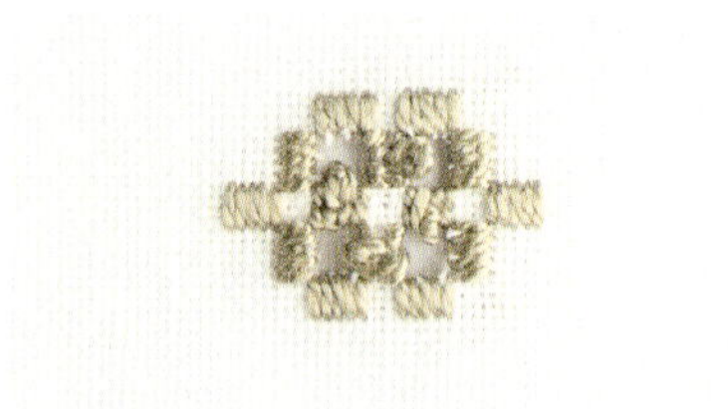

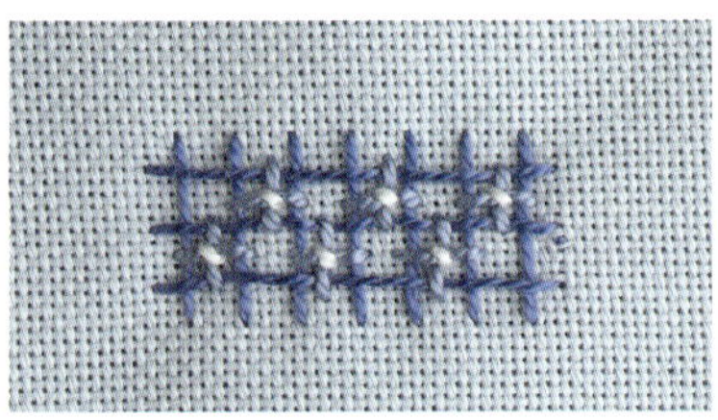

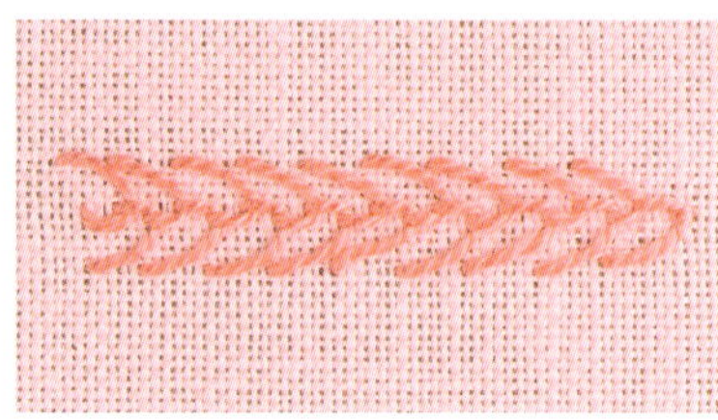

V

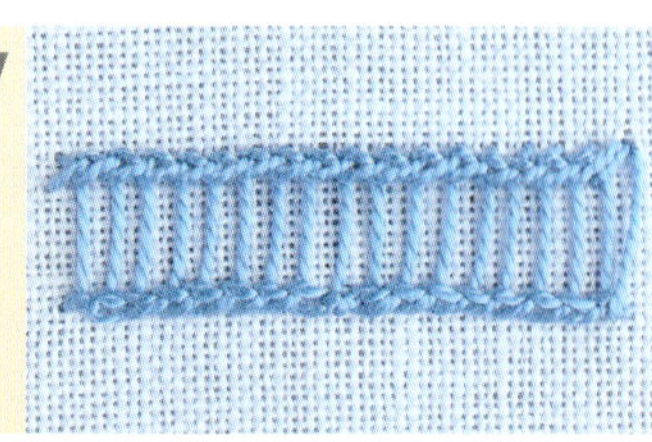

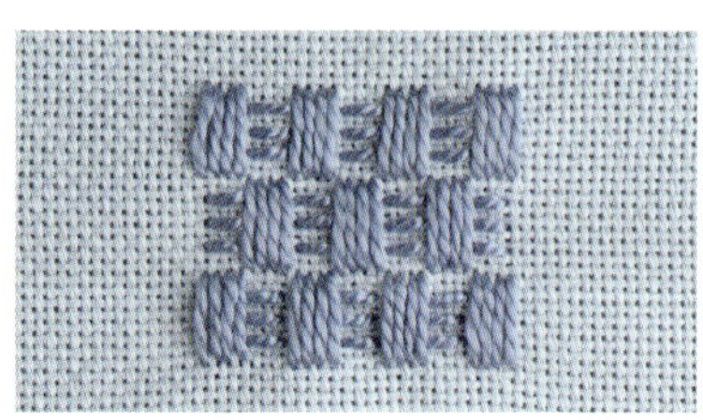

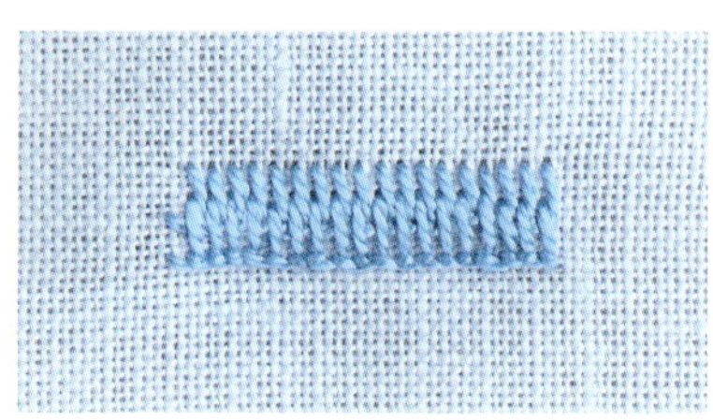

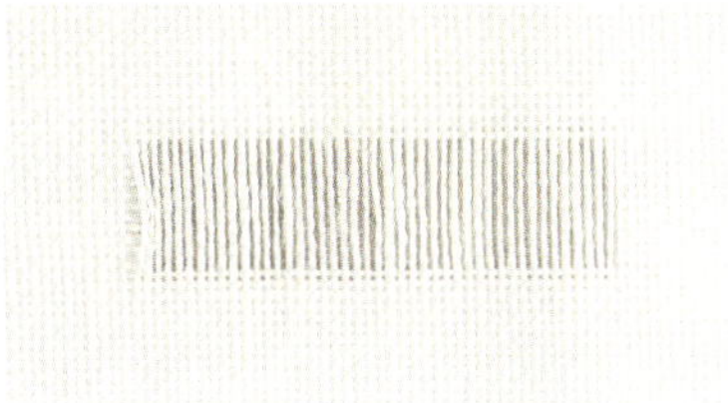

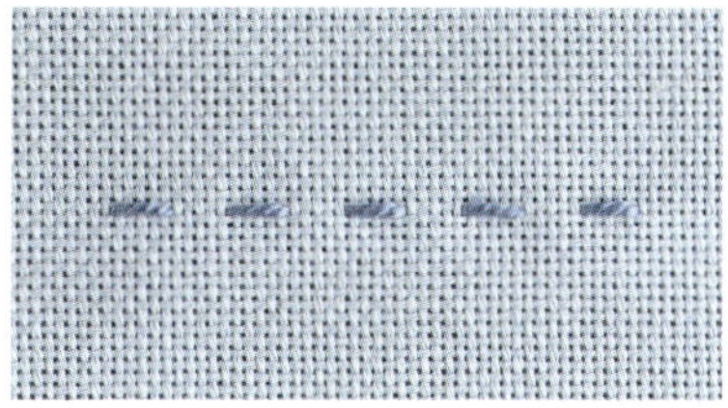

W

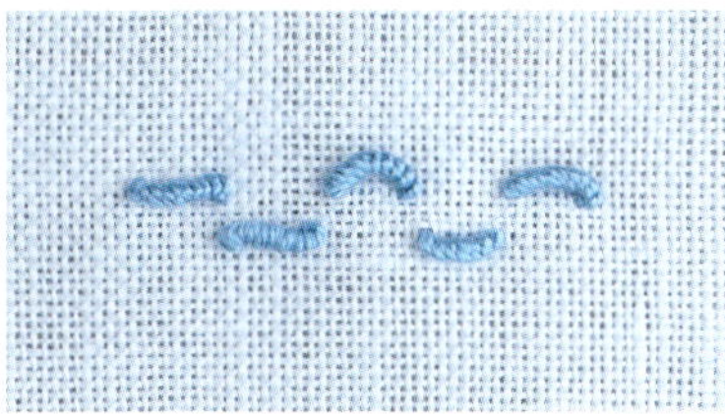

Z

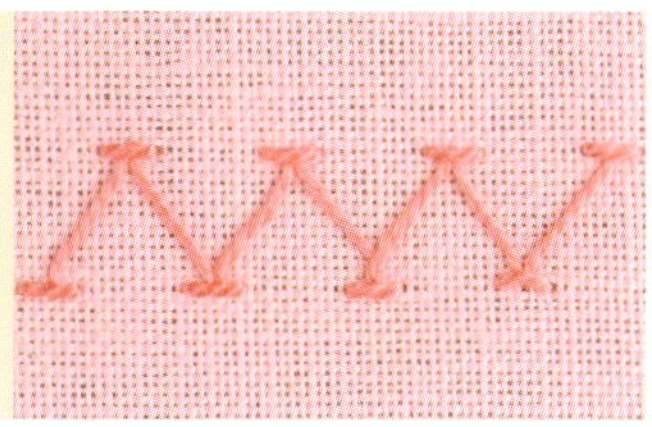

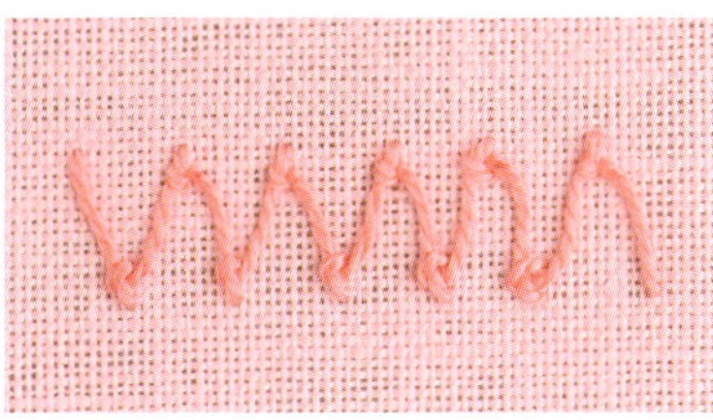

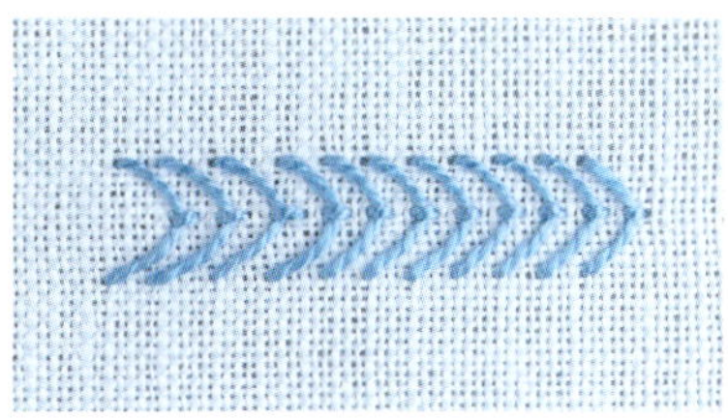

Kapitelregister